U0137885

十批判书

郭沫若　著

华东师范大学出版社

图书在版编目（CIP）数据

十批判书 / 郭沫若著 . —上海：华东师范大学出
版社，2023

ISBN 978 - 7 - 5760 - 3861 - 3

Ⅰ.①十… Ⅱ.①郭… Ⅲ.①先秦哲学 - 研究 Ⅳ.
①B220.5

中国国家版本馆 CIP 数据核字（2023）第 088303 号

十批判书

著　　者　郭沫若
责任编辑　乔　健
特约审读　沈　奕
责任校对　姜　峰　时东明
装帧设计　吕彦秋

出版发行　华东师范大学出版社
社　　址　上海市中山北路 3663 号　邮编 200062
网　　址　www. ecnupress. com. cn
电　　话　021 - 60821666　行政传真　021 - 62572105
客服电话　021 - 62865537
门市（邮购）电话　021 - 62869887
地　　址　上海市中山北路 3663 号华东师范大学校内先锋路口
网　　店　http: //hdsdcbs. tmall. com

印 刷 者　三河市中晟雅豪印务有限公司
开　　本　710×1000　16 开
印　　张　23
字　　数　359 千字
版　　次　2024 年 1 月第 1 版
印　　次　2024 年 1 月第 1 次印刷
书　　号　ISBN 978 - 7 - 5760 - 3861 - 3
定　　价　58.00 元

出 版 人　王　焰

（如发现本版图书有印订质量问题，请寄回本社市场部调换或电话 021 - 62865537 联系）

目　录

古代研究的自我批判

一　古代研究上的资料问题

关于秦以前的古代社会的研究，我前后费了将近 15 年的工夫，现在是达到了能够作自我批判的时候。

我首先要谴责自己。我在 1930 年发表了《中国古代社会研究》那一本书，虽然博得了很多的读者，实在是太草率，太性急了。其中有好些未成熟的或甚至错误的判断，一直到现在还留下相当深刻的影响。有的朋友还沿用着我的错误，有的则沿用着我错误的征引而又引到另一错误的判断，因此关于古代的面貌引起了许多新的混乱。这个责任，现在由我自己来清算，我想是应该的，也是颇合时宜的。

我在这儿想先检讨一下处理材料的问题。

甲　关于文献的处理

无论作任何研究，材料的鉴别是最必要的基础阶段。材料不够固然大成问题，而材料的真伪或时代性如未规定清楚，那比缺乏材料还要更加危险。因为材料缺乏，顶多得不出结论而已，而材料不正确便会得出错误的结论。这样的结论比没有更要有害。

研究中国古代，大家所最感受着棘手的是仅有的一些材料却都是真伪难分、时代混沌，不能作为真正的科学研究的素材。

关于文献上的辨伪工作，自前清的乾嘉学派以至最近的古史辨派，做得虽然相当透彻，但也不能说已经做到了毫无问题的止境。而时代性的研究更差不多是到近 15 年来才开始的。

例如《周易》固然是无问题的先秦史料，但一向被认为殷末周初的作品，我从前也是这样。据我近年来的研究，才知道它确是战国初年的东西[①]，时代拉迟了五六百年。我在前把《周易》作为研究殷末周初的资料，当然是完全错误。

又如《尚书》，我们早已知道有今古文之别，古文是晋人的伪作，但在今文的 28 篇里面也有真伪，也是到近年来才开始注意到的。例如《尧典》（包括古文的《舜典》）、《皋陶谟》（包括古文的《益稷》）、《禹贡》《洪范》这几篇很堂皇的文字，其实都是战国时代的东西——我认为当作于子思之徒。我在前虽不曾认《典》《谟》为"虞书"，《禹贡》为"夏书"，以作为研究虞夏的真实史料，但我却把《洪范》认为确是箕子所作，曾据以探究过周初的思想，那也完全是错误。

《吕刑》一篇，文体与《左传》相近，旧称为周穆王所作，我也相信不疑。但其实那也是靠不住的。我揣想它是春秋时吕国的某王[②]所造的刑书，而经过后来的儒者所润色过的东西。吕国曾称王，彝器中有《吕王作内姬壶》可证，由文字上看来是春秋时的器皿。吕国是大岳伯夷之后，故《吕刑》中两称伯夷，而位在禹、稷之上。这已尽足以证明它决不是周穆王所作的了。

《诗》三百篇的时代性尤其混沌。《诗》之汇集成书当在春秋末年或战国初年，而各篇的时代性除极小部分能确定者外，差不多都是渺茫的。自来说《诗》的人虽然对于各诗也每有年代规定，特别如像传世的《毛诗》说，但那些说法差不多全不可靠。例如《七月流火》一诗，《毛诗》认为"周公陈王业"，研究古诗的人大都相沿为说，我自己从前也是这样。但我现在知道它实在是春秋后半叶的作品了[③]。就这样，一悬隔也就是上下 500 年。

关于神话传说，可惜被保存的完整资料有限，而这有限的残存又为先秦及两汉的史家所凌乱。天上的景致转化到人间，幻想的鬼神变成为圣哲。例如所谓黄帝（即是上帝、皇帝）、尧、舜其实都是天神，却被新旧史家点化成为了现实的人物。这项史料的清理，一直到现在，在学术界中也还没有十分弄出一个眉目来。但这倒是属于史前史的范围，已经超出了古代，并已经超出了历史了。在这一方面，我虽然没有作出什么特殊的贡献，但幸而早脱掉了旧日的妄执，没有陷入迷宫。

乙 关于卜辞的处理

靠着殷虚的发现，我们得到一大批研究殷代的第一手资料，是我们现代考古者最幸福的一件事。就靠着这一发现，中国古代的真面目才强半表露了出来。以前由后世史家所累积构成的三皇五帝的古史系统已被证明全属子虚，即是夏代的有无，在卜辞中也还没有找到直接的证据。但至少殷代的存在是确实被保证着了。

卜辞的研究要感谢王国维，是他首先由卜辞中把殷代的先公先王剔发了出来，使《史记·殷本纪》和《帝王世纪》等书所传的殷代王统得到了物证，并且改正了它们的讹传。如上甲之次为匚乙、匚丙、匚丁，而非报丁、报乙、报丙，主壬、主癸本作示壬、示癸，中宗乃祖乙而非大戊，庚丁乃康丁之讹，大丁以文丁为是，均抉发了3000年来所久被埋没的秘密。我们要说殷虚的发现是新史学的开端，王国维的业绩是新史学的开山，那样评价是不算过分的。

王国维死后，殷虚的科学发掘使卜辞研究进到断代研究的一步。卜辞是由武丁至殷末的遗物，绵延200年左右，先年只能浑沌地知其为殷，近年我们可以知道每一辞或每一片甲骨是属于哪一王的绝对年代了。这样便更增进了卜辞的史料价值，在卜辞本身中我们也可以看出发展了。

我自己在这一方面也尽了一些绵力，如王国维发现"先妣特祭"之例，足证殷代王室还相当重视母权。但我继进又发现了所特祭的先妣是有父子相承的血统关系的，便是直系诸王的配偶虽被特祭，而兄终弟及的旁系诸王的配偶则不见祀典。这又证明立长立嫡之制在殷代已有它的根蒂。

以上可以说是几项重要的发现。卜辞的研究虽然由王国维开其端，但嗣后的成绩却比王氏更大大地进步了。

王氏在卜辞研究之余有《殷周制度论》之作，认为"中国政治与文化之变革莫剧于殷、周之际"。这是一篇轰动了全学界的大论文，新旧史家至今都一样地奉以为圭臬。在新史学方面，把王氏的论文特别强调了的，首先是我。

我把它的范围更扩大了，从社会发展方面来看，我认为殷代是原始公社的末期，周代是奴隶社会的开始。这一扩大又引起了别一种的见解，认为殷代是奴隶社会的末期，周代是封建社会的开始。这见解到现在都还在相持，但其实都是由于演绎的错误。

我自己要承认我的冒昧，一开始便把路引错了。第一我们要知道，《殷周制度论》的价值已经不能够被这样过高估计了。王氏所据的史料，属于殷代的虽然有新的发现而并未到家，而关于周代的看法则完全是根据"周公制作之本意"的那种旧式的观念。这样，在基本上便是大有问题的。周公制礼作乐的说法，强半是东周儒者的托古改制，这在目前早已成为定论了。以这样从基本上便错误了的论文，而我们根据它，至少我们可以说把历史中饱了 500 年，这是应该严密清算的。

卜辞研究是新兴的一种学问，它是时常在变迁着的；以前不认识的事物后来认识了，以前认错了的后来改正了。我们要根据它作为社会史料，就应该采取"迎头赶上"的办法，把它最前进的一线作为基点而再出发。目今有好些新史学家爱引用卜辞，而却没有追踪它的整个研究过程，故往往把错误了的仍然沿用，或甚至援引错误的旧说以攻击改正的新说，那是绝对得不到正确的结论的。

丙　关于殷周青铜器的处理

在古代研究上与卜辞有同等价值或甚至超过它的，是殷周青铜器的铭文。关于这项资料的研究，在北宋时已开其端，已经有 1000 年的历史了。

近 50 年来研究这项学问的人才辈出，如吴大澂、孙诒让、王国维，都是很有贡献的。

这项资料之所以与卜辞有同等价值或甚至超过它，是因为它也是第一手的资料，数量既多，而且铭文有长至四五百字的，与卜辞的简短而几乎千篇一律的情形不同。但这项资料也有它的缺陷，便是出土地多不明白，亘殷周两代千有余年，各器的时代相当浑沌。故如深懂科学方法的王国维，便发出了这样的慨叹："于创通条例，开拓阃奥，概乎其未有闻。"（《殷虚书契考释序》）这是很知道甘苦者的评判，而绝不是漫无责任、任意抹煞一切者的放言。

王氏心目中的"条例"究竟是怎样，因为他自己没有"创通"出来，我们无从揣测。但我们准一般史料研究的公例，大凡一项资料，总要它的时代性准确，然后才有充分的史料价值。殷周的年代太长，浑而言之曰殷周，或分而言之曰殷、曰周，都太含混了。因此自北宋以来无论仅存于著录或尚流传于人间的器物尽管将近万件，而却是一团大浑沌。

以前的人也略略分殷、分周，甚至有分出夏代来的。但所谓夏器，近已被证明不是伪器便只是春秋末年的作品。夏器迄今在铜器中尚无发现。殷、周之分，所据的标准是所谓"以日为名"。古时传说殷人以生日为名，故名中多见甲乙丙丁字样。因此凡彝铭中有祖甲、父乙、妣庚、母辛，或兄壬、妇癸者，在前便一律认为殷彝。其实这标准是不一定可靠的。近年发现穆王时的《遹簋》有"文考父乙"，懿王时的《匡卣》有"文考日丁"，足见"以日为名"之习至西周中叶也还有残余，而且已被证明，不是生日而是死日了。这一条例一被打破，于是举凡以前的著录中所标为殷器的都成了问题。而尤其像罗振玉的《殷文存》那部书，主要根据"以日为名"而搜集的 700 种以上的器皿，差不多全盘靠不住。我说"差不多"，因为那里面有些确是殷器。据我们现有的知识，凡疑似殷器中可确切断定为殷器的还不上一打。因此，我在前无条件地把《殷文存》作为研究殷代的资料而使用，近来还有不少的朋友以讹传讹，我是要承认我的冒昧的。

中国青铜器可确定为殷代的均属于殷末，在其前的还未发现。一出马，青铜冶铸的技术便很高度，这是很值得讨论的一个问题。是在黄河流域更早期的器皿还未发现，还是根本没有？而那技术是从南方的江淮流域输入的，这些都只好等将来的地下发掘来回答。我揣想后者是比较有更大的可能性的，因为古来相传江南是金锡的名产地，而南方的发掘先例向来是很少的。或许是南方低湿，古器不容易保存的原故吧？

周代的铜器很多，在前依然只是一片浑沌，即使偶有年代划分，也是漫无标准。例如很有名的《毛公鼎》，以前的人便认为是周文王的儿子毛叔的东西，但近年已经知道它是周宣王时代的作品了。我自己费了五六年的研究，得到一个比较明晰的系统，便是我所著录的《两周金文辞大系》的《图录》和《考释》。我是先寻到了一些自身表明了年代的标准器，把它们作为联络站，再就人名、事迹、文辞的格调、字体的结构、器物的花纹形式等以为参验，便寻出了一个至少比较近是的条贯。凡有国度表明了的，也在国别中再求出时代的先后。就这样我一共整理出了 323 个器皿，都是铭文比较长而史料价值比较高的东西，两周 800 年的浑沌似乎约略被我凿穿了。从这儿可以发展出花纹学、形制学等的系统，而作为社会史料来征引时也就更有着落了。

就两周的铜器而言，武王以前的器物无所发现，武王以后的则逐代增多。但西周的多是王室及王臣之器，诸侯国别之器极其罕见；到了东周则王室王臣之器匿迹，而诸侯国别之器极其盛行。从这儿可以看出文化的进展，武王以前的周室没有什么高度的文化，平王以后的周室则是式微得不堪了。

毫无问题，周人的文化是承继着殷人来的，单从文字的演变上也可以寻出它们递禅的痕迹。周人承用殷人文字，每每有类似之字而被周人错用了的（即是后人的写别字）。如勿匆本非一字，却被周人混同了。根据卜辞，勿本犁之最古字，被周人误用为勿，即其一例。

周人的彝器得到整理，于是乎周公制礼作乐之说纯是一片子虚。周公在周初是一位有权变的政治家，那是毫无疑问的。但周人的礼强半是在西周 300 年间逐渐累积而成，其中毫无疑问有很多殷礼的成分；至其构成为所谓"礼仪三百，威仪三千"的，还是自战国中叶以后。这层关系不明而纵论殷周礼制，那是必然要错误的。

大体上 2000 多年前的孔子所说过的话依然正确，便是："周因于殷礼，所损益可知也。"（《论语·为政》）在前的王国维，其后的我，又其后的认西周为封建制的新史学家们，其实都是错了的。

丁　古器物中所见的殷周关系

先就卜辞考察，殷人自己是始终称为商，不称为殷的。称殷似乎是出于周人的敌忾，初称为"衣"，古书中或作"郼"，在古与"衛"当是一字，入后更转为"殷"。《吕氏春秋·慎大览》"亲郼如夏"，高诱注云："郼读如衣，今兖州人谓殷氏皆曰衣。"《康诰》"殪戎殷"，《中庸》作"壹戎衣"。武王时代的《大丰簋》"丕克乞衣王祀"，鲁炀公时的《沈子簋》也称"迺妹（敉）克衣"，"衣"都是殷。但到周康王末年的《大盂鼎》便直称为殷了——"我闻殷坠命，惟殷边侯甸，粤殷正百辟，率肆于酒。"

衣本是一个小地名，在卜辞里时常见到，是殷王田猎的地方，据我考证，当在河南沁阳县境内，即是《水经·沁水注》所说的殷城。周人对于敌国不称其本号的商，而称为衣或殷。

周人在卜辞中屡次出现，有一例称为"周侯"的，此外有几例说到"聘周"，大抵都是武丁时候的卜辞，足证殷、周本来是同盟兄弟之国。关于"聘"字结构很奇怪，照那最复杂的一个字样写下来可以写成鬶字，我从前释为寇，那是不正确的。按照字的构成应该是从 丵玉由（缶也，盛玉之器），弄（古兵字）声，说为聘字，较为合理。武丁以后，周人在卜辞里面便很少见了。

据古本《竹书纪年》言"文丁杀季历"④，大约是实在的事。自此以后殷周遂成世仇，周文王蓄意报复，没有成功，到周武王的手里公然也就把仇报了。

但周武王之所以能够报仇雪恨把殷朝的王室颠覆了的，倒并不是因为殷纣王（帝辛）怎样暴虐，失掉了民心，而实在是有另外的一段历史因缘的。这段古史的真相也因卜辞的发现才得大白于世。

殷末在帝乙、帝辛两代曾长期和东南夷发生战争。据卜辞所载，帝乙十年及二十年屡次征讨夷方，地点不是在山东的齐与雇，便是在淮水流域的条与瀀，和"渐居淮岱"的东南夷合拍，可知夷方即指东南夷。在帝辛的一代，《左传》上也屡屡说到，说他"为黎之蒐东夷叛之"（昭公四年），说他"克东夷而殒其身"（昭公十一年），说他"百克而卒无后"（宣公十二年）；可见帝辛继承父业，屡次用兵，终于是把东南夷平定了，故尔他能"有亿兆夷人"作他的"臣"（昭公二十四年）——就是奴隶。俘虏能有亿兆，战争可见猛烈，殷将士的损失也必定不在少数。就在这样的情形下周人乘虚而入，殷纣王用俘虏兵对敌，卒致"前徒倒戈"，遭了失败。这便是殷、周之际的所谓征诛的实际。

只有三千奴隶的小奴隶主周人结果把有亿兆奴隶的大奴隶主殷人打败了。殷人之所以致败，主要是在帝乙、帝辛经略东南夷的征战上流血过多；其次大约殷人好酒，生活腐化，也是一个重要的原因吧。

殷人虽被打败，并没有灭亡；在殷纣王的儿子武庚时还反抗过一次，结果又被周公打败；殷人及其同盟民族的一部分便遭了奴役。"殷民六族"被给予鲁公伯禽，"殷民七族"被给予卫康叔，"怀姓九宗"被给予唐叔虞（定公四年），还有些"顽民"被迁于洛邑——主要也就是建筑镇抚殷人的一个军事和政治的据点。另一部分的殷人和他们的同盟民族则被压迫到江淮流域，即殷纣王所开拓出来的东南夷旧地，便成为宋、楚、徐等国。终周之世南北都是对立着的。

二　论所谓"封建"制

旧时说夏、殷、周三代为封建制，以别于秦后的郡县制，这是被视为天经地义的历史事实，从来不曾有人怀疑过，也是不容许人怀疑的。但近年来封建制被赋予了新的意义，因而三代是封建制之说便发生了动摇。

但古时所说的"封建"是"封诸侯，建藩卫"的事，假使是在这种含义上，要说三代或至少周代是"封建"制，那当然是可以说得过去的。

夏代渺茫得很，我们现在还不好多谈。就在周朝初年的人说到殷代的史事虽然相当详细，而说到夏代的便已经很少，看《尚书·无逸》等篇便可以知道。我们更后了三四千年，又无地下发掘可据，我们拿什么来说呢？殷代是有材料可以说的。卜辞里面已经有所谓"诸侯"的痕迹，例如屡见"多田（甸）"与"多伯"，又有"周侯""噩侯""儿伯""盂伯"等称谓。周初的《大盂鼎》也称"维殷边侯甸"。故如《孟子》《王制》《周官》等所说的五等诸侯，《禹贡》《职方》等所说的五服九服等所用的一些字面，至少有一部分在殷代已经出现了。

到了周代所可说的材料更加多了。首先是《左传》定公四年所载的鲁、卫、晋的分封；又如僖公二十四年的"周公吊二叔之不咸，故封建亲戚以藩屏周，管、蔡、郕、霍、鲁、卫、毛、聃、郜、雍、曹、滕、毕、原、酆、郇，文之昭也；邗、晋、应、韩，武之穆也；凡、蒋、邢、茅、胙、祭，周公之胤也"；昭公二十八年的"武王克商，光有天下，其兄弟之国者十有五人，姬姓之国者四十人"。这些我们都可以承认。因为古时所谓"国"本是等于部落的意思，所谓"封建藩卫"也不过是建置大小不等的各种殖民部落而已。异姓之国大抵是原有的部落，同姓之国则多系从新建设的。

《孟子》《王制》等的五等爵禄，《禹贡》《职方》等的畿服制，本互有出入，而他们的物证，我们在周代的彝铭里面找不出来。⑤

就彝铭所可考见的诸侯的称谓来说，并无所谓等级。如鲁于《春秋》称公而彝器中称侯，晋于《春秋》称侯而彝器中称公，秦于《春秋》称伯而有《秦公钟》《秦公簋》，又有《秦子戈》。滕、薛之器一律称侯，邾有《邾公华》《邾公轻》《邾公钶》等钟，而又有《邾伯鼎》《邾伯鬲》。曾有《曾伯簋》，有《曾子簋》。邓乃称公，都不见于《春秋》盟会者亦称公。许不称男而称子。这些都是有古器物可为证明的，足见等级之制只是后世儒家的依托。

王国维更有一个重要的发现，便是古诸侯在其国内可以称王。他的结论是："古时天泽之分未严，诸侯在其国自有称王之俗，即徐、楚、吴、越之称王者亦沿周初旧习，不得尽以僭窃目之。"⑥这结论是很有根据的。古诸侯在国内既可称王，因而其臣下亦每自称其首长为"天子"，如《献簋》称其君榃伯为"朕辟天子榃伯"便是绝好的例证。但近时的新史学家有的竟连这个发现都不承认，以为称王者仍是化外诸国的僭窃。其实如像《散氏盘》⑦之"矢王"，那是与散氏同在大散关附近的国家，以年代言则在厉王之世。这个宗周畿辅附近的小国也公然称王。且除《散氏盘》之外还有《矢王尊》自称曰"矢王作宝尊"，有同卣曰"矢王锡同金车弓矢"。别有《散伯作矢姬簋》，可见矢还是姬姓之国，这是断难目为化外的。

其实要肯定周代的"封建"是一回事，不必一定要否定儒者的托古改制。即使否定儒者的托古改制，而认为周代确有五等诸侯或五等畿服，也和我们现代所说的封建社会的观念完全不同。在这儿不容许我们的新旧观念绞线。

现代的封建社会是由奴隶社会蜕化出来的阶段。生产者已经不再是奴隶，而是被解放了的农工。重要生产工具，以农业而言，便是土地已正式分割，归为私有，而有剥削者的地主阶层出现；在工商方面，则是脱离了官家的豢养，而成立了行帮企业。建立在这阶层上面的国家是靠着地主和工商业者所献纳的税收所维持着的。这是我们现代所说的封建社会。周代尤其西周的经济情形究竟是不是这样的呢？这是我们应该探讨的中心问题，我们进一步来向这个问题追索吧。

甲　关于殷代的生产状况

我们先来研究殷代的生产情形。

就卜辞所见，殷代的牧畜应该还是相当蕃盛的，因为祭祀时所用的牲数很多，每每有多至 500 头牛的。而牲类则牛羊犬豕俱有，也有了大牢（牛羊豕）和少牢（羊豕）的名称。用牲的方法也非常繁多。这和传说上的盘庚以前殷人八迁、盘庚五迁的史影颇为合拍。这样屡常迁徙，是牧畜民族的一种特征。

但农业已经成为了主要的生产了。田畴农藉等字已经出现，禾黍耒麦稽稟等字也数见不鲜。和农业相关的历法已经相当的严密，例如年字从人负禾，也就是象征一年的收获。春秋冬夏等季节名称虽然还没有得到确证，但已有年终置闰称为"十三月"，系为调整十二月之太阴历与四季之太阳历而设，则四季当已划分。又有祈年的记录，据所标明的月份上看来，多在春秋二季，似乎周人所行的春社秋社的典礼在殷时已经萌芽了。此外也还屡见"告麦"和"观黍"等的记录，足见农产品之被重视。

祭神时多用酒鬯，这是农产的再制品，没有农业的发达是不能想象。殷人好酒也就间接地说明了这回事。

蚕桑丝帛等字已经出现了，大率丝织业也是发明了的。工艺品的名汇相当多，殷虚出土的实物也不少。周初的文献里面已经有"百工"的称谓，当然是沿着殷代而来。这些都足以为农业已经发达的旁证。

农耕的工具，由藉字的构成看来有"耒"，原字像一人执一柄两股叉的工具在操作。这两股叉的工具是耒，从金文耒字藉字可以旁证，汉代武梁祠石刻中的夏禹手里也操着这个东西。又有犁字作勿，像用耒启土之形。虽然多假借为犁牛之犁（黑色），原文为农具字是毫无问题的。但这些耒，是用木制，还是用金属，无从断定。用铁之事在殷代不能有，青铜器的耕具在中国不曾发现过，就在全世界上也不曾发现过。⑧或者两叉的耒就是木叉，所谓"斩木为耜，揉木为耒"。而犁锄之类或用尖石与海蚌，所谓"剡耜而耕，摩蜃而耨"。由农字从辰，耨字从辰等看来，辰当是耕器，即是蜃之初文。卜辞辰字极多见，其字形上部或作曲线之弯曲形像蚌，或作直线之磬折形像石，可知殷代耕具确曾经过蚌制与石制两个阶段。这些用具是不是已经下了舞台，我们还不敢断言。要说用这样原始的耕具为什么发展出相当高度的农业，我看这也不难于说明。因为用多量的奴隶作过分的榨取，是可以达到这个目的的。这是工具的原始性发挥着奴隶制的制约性或保障作用，不然便会用不着大规模的奴隶生产了。

殷人耕田是不是在用大规模的奴隶呢？是在用大规模的奴隶。耕田的人称为"众"或"众人"，我引几项卜辞在下边吧。

> 乙巳卜殻贞：王大令众人曰协田！其受年。十一月。（《粹》八六六，《前》七、三〇、二，又《续》二、六、五）
>
> 戊寅卜宾贞：王往，以众黍于同。（《卜》四七三，《前》五、二〇、二）
>
> 贞维小臣令众黍。一月。（《卜》四七二，《前》四、三〇、二）

这些"众"字都作"日下三人形"，耕种的规模就原辞的气势上看来也是相当宏大的。周初的诗里面耕种者依然叫着"众人"，如《周颂·臣工》"命我众人，庤乃钱镈，奄观铚艾"，便是明证。又有名的《智鼎》是穆王以后的器皿（因原铭有"周穆王大室"语，我参以它证断定为孝王时器）。铭文的第三段载有名叫匡季的，在一次饥荒年辰抢劫了智的禾稻十秭；智控诉匡季于东宫，匡季自愿以田五田、众一夫、臣三人来赔偿。可见众与臣是同性质的东西，是可以任意转移物主的什物。"众"或"众人"就在周穆王以后都还是奴隶，在殷代的情形便可以由这儿逆推了。

在这儿《尚书·盘庚》三篇值得我们引用，以前我把它们的价值评判过低，现在可以承认是错了。那三篇东西确实是殷代的文献，但次序可是紊乱了。现有的《盘庚上篇》是告"众戚"的[①]，是迁殷以后相当久的事；《盘庚中篇》是将迁时告民众的；《盘庚下篇》是迁徙后不久告百姓的。民众、百姓、众戚，三篇的对象不同，三种人的身份也是不同的。民众是"畜民"，也就是奴隶；百姓是百官，是"邦伯师长百执事之人"；众戚是"婚友"，是同姓或异姓的贵族。"畜民"亦屡称为"众"，和卜辞的用语是相契合的。

在卜辞中，众或众人又屡用以从事战争。这是当然的事体。凡是奴隶社会的生产者，在战时也就是战士，这是公例。因此我们可以知道牧野之战前徒倒戈的"亿兆夷人"，在平时也必然是农夫或其他从事工艺的人了。

殷代确已使用大规模的奴隶耕种，是毫无问题的。因此，我在十几年前认为殷代是原始公社制末期的那种看法，当然要修正才行。

殷人是不是已经用牛耕，没有直接的证据。有犁字作犁，从牛，但均用作犂牛（黑色的牛），不知道哪一种是它的本义。又牛字每于角上加横画以示楷，常见告字，即系楷之初文，牛当然已在被驯服了，但不知道是用来耕田，还是用来拉车。依照殷人的传说，服牛是先公王亥所发明的。牛既用以拉车，当然也可用以耕田，这或者也就是使殷人农业能够发展的另一个重要因素吧。

殷人的商行为无疑是已经开始了。《周书·酒诰》称妹土人"肇牵车牛远服贾"，肇者始也，可见在周初人的眼目中认商行为是始于殷。大约就因为这样，所以后世称经营这种行为的人便为"商人"的吧。但在卜辞里面，关于商行为的直接的例子无可考见。贝字是出现了。这个字的出现尽足以表示商行为业已存在。贝即贝子，学名所谓"货贝"（Cyprea moneta），是南海出产的东西，特别以中南半岛附近所产为名贵；东海海岸不产此物，殷代已有贝，可知必自南方输入。至今南洋土人犹呼贝子为 Bia，音与华语相近，可知贝之为物不仅是三四千年前的舶来品，即贝字读音也是三四千年前的舶来语。贝子的输入是由实物交易而得，毫无疑问。其初入中国只是当着装饰品使用的，以若干贝为一朋，一朋即是一条颈链，故赒字从贝（赒，贝连也），贲字从贝（贲，饰也），赞字从贝（赞，美也）。贝不易得，后来替之以骨，更替之以石，全仿贝子之形而加以刻画。后来更兼带有货币的作用。

但这转化过程是到周代才完成了的。周代彝器有《遽伯还簋》，其铭为"遽伯还作宝隮彝，用贝十朋又四朋"，大约是西周末年的器皿。这确实是把贝子作为货币在使用了。贝子兼有货币作用之后又有铜制的仿造品出现，古董家称之为"蚁鼻钱"。罗振玉说："蚁鼻钱间有文字者，验其书体乃晚周时物。"据我所见到的实物，他这个断定是正确的。

周初的彝器中有以金属的若干分量为赏罚的例子，我们可据以推定是承继了殷人的习惯而来的。

第一是《禽簋》：

> 王伐楚侯，周公某（诲）禽祝，禽又（有）毁（贤）祝，王易（锡）金百孚。

周公，据我考定即是周公旦，禽即伯禽，伯禽在周曾为大祝，别有《大祝禽》鼎可证。"金百孚"即铜一百孚。孚重十一铢又二十五分之十三。这个字在今文《尚书·吕刑》作"率"（见《史记·周本纪》），古文《尚书》误作锾（今本《书经》如是）。率是译音，亦或作律，锾是读了别字。东汉的古文家们古文程度并不深，时常爱读别字。

第二是《师旅鼎》：

> 唯三月丁卯，师旅众仆不从王征于方，雷使厥友弘以告于伯懋父……伯懋父乃罚得夏古三百孚，今弗克厥罚。

伯懋父，经我考定即卫康叔的儿子康伯髦。于方当即卜辞所常见的孟方，是东南夷里面的一族。王，无疑是周成王。"罚得"下一字可惜不认识，或者是显字的变体，读为献。但顶重要的是古今两字相对待，器既属于周初，言今自然是指周，言古则当然是指殷了。据此可见殷、周的衡量一定有轻重的不同，殷孚必重于周，故言"今弗克厥罚"。而且金属的使用价值在殷代已经在用一定的衡量来表示，也是毫无问题的。

不过这些例子，我们只知道殷末周初已经在宝贵贝玉，或者竟以之为货（商品），但不是已成为价值媒介的纯粹货币，这层我们是须得注意的。殷末的商业只能在物物交易的阶段，我们从周代经济的发展上来看更可以得到详细的证明。

乙　关于西周的生产状况

西周的文化大体上是承继殷人的遗产。我们无论从周初的彝器来看，或从《尚书》里面的《大诰》《康诰》《酒诰》《召诰》《洛诰》《多士》《多方》《无逸》《君奭》那几篇来看，周人自己都承认是接受了殷人的遗产，而且要以殷先哲王为模范。故从文字结构上看不出差别，在器物形制上看不出差别，甚至如年月日的写法一如欧洲的方式把年放在最后，也看不出差别。殷人用卜，周人也用卜，只是我们现在还没有发现周人的甲骨文字而已，谁也不能断定说周人一定没有。殷人祀天，周人也祀天；殷人祭祖宗，周人也祭祖宗；侯甸男邦采卫是沿用着殷人的体制，所有一切的内服外服也一仍旧贯。除掉因军事胜利的结果，主客易位，把殷人奴化，而建立了一些周人的殖民部落而外，我们所看到的最显著的差异，便是殷人嗜酒，周人严厉禁酒；祭祀时殷人用牲特别多，而周人十分少，如此而已。

周公禁酒确是很厉害的，动辄便要杀人。但这禁酒和嗜酒的区别，与其从道德性上去追求它们的根源，倒应当是由于生产力有强有弱吧。酒是农业的精制品，嗜酒必以农业发达为前提。周人生于比较硗瘠的西北，不敢把农产品多事浪费，故养成了禁酒的习惯。周人虽以农神后稷为祖，只表示他们尊重农业，并不能作为农业十分发展的根据。周人的周字是古初的瑂字，《函皇父簋》中周娟一作瑂娟，便是明证。字像平板上有点线的瑂画，金文画字下体从周，也就是象征一只手执刀笔在瑂刻点线。有人以古周字和田字相近（古文周或省口，而于田字形的空白中各加一点），以为是像周人的农田种植，那也完全是臆说。

用牲数少，毫无疑问是畜牧业衰颓了的现象。我们看《召诰》里面所用的牲数：“丁巳，用牲于郊，牛二。越翼日戊午，乃社于新邑，牛一，羊一，豕一。”再看《洛诰》里面所用的牲数：“戊辰，王在新邑烝祭岁，文王骍牛一，武王骍牛一。”胜利者周公和成王祭天地祖宗所用的牲体才仅只有这么样一二头的数目，和卜辞动辄四五百头的比较起来，不是有天渊之隔的吗？在《逸周书·世俘篇》里面倒有一二例的牲数用得特别地多：

> 乙卯，武王乃以庶国馘祀于周庙……断牛六，断羊二……用小牲羊犬豕于百神水土……用牛于天于（与）稷五百有四。用小牲羊豕于百神水土社二千七百有一。

这一些超级的数目，旧时的人不大相信，如孔晁注便以为“所用甚多，似皆益之”，但我以为《世俘》这一篇倒可算是真实记录，以后人头脑就要夸张也夸张不到的。但周武王之所以能够这样慷慨地用一次，并不表示周人养猪养羊特别地讲究，而是因为用的是殷人的遗产！而且只慷慨了这一次，以后便倒楣了。在历史上只留下了这么空前绝后的一例。

周初的农业自然已经有了高度的发展，但这发展并不是周人特异的突出，而是殷代遗产的继承。我们看《尚书·无逸篇》吧，周公自己说他的父亲"文王卑服，即康（糠）功田功"，可见文王这位酋长还在亲自下田风谷。又看《楚辞·天问篇》"伯昌号衰，秉鞭作牧"，可见这位下田风谷的酋长文王同时也还在看牛看羊。这些都是很可靠的资料，和文王的祖父太王还在穴居野处的传说是很相称合的。故所以周代的铜器，在武王以前的一个也没有。

但到了成王时代，气象便迥然不同了。

要考察周初的产业情形，最好的资料是《周颂》里面的几篇关于农事的诗。《噫嘻》《臣工》，特别地早。大小《雅》和《国风》里面的那几篇洋洋大作的农事诗，都是西周末年或更后年代的东西了。

我们看《噫嘻》吧。

> 噫嘻成王，既昭格尔。率时（是）农夫，播厥百谷。骏发尔私（耜），终三十里；亦（弈）服尔耕，十千维耦。

这诗非常素朴。这可能就是成王时代的作品，因为文、武、成、康这些名号都非死谥。死后追谥的事是战国中叶以后才出现的。这由王国维首先发现，继经我补充证明，目前是已经成为定论了⑩。诗也经过改窜是毫无问题的，证据就在一个"尔"字。这个第二人称代名词的使用，由彝器看来，是春秋中叶才开始的。殷代及西周的古器物铭文里面的人称代名词，第一人称主格用我，用余，不用予字；领格用朕，有时用我；宾格用余，有时亦用我。第二人称主格用女（汝），有时用若（极罕见）；宾格亦用女；领格则专用乃。第三人称主格罕见（春秋时器用皮，即后世彼字）；领格用其，用厥；宾格用之。这是东周以前用字的通例。凡《诗》《书》中用朕为主格，用予吾尔汝等字，不是后人伪托，便是经过改窜的东西。

《噫嘻》虽然采的诗形，但假如简单化起来，仅只是这么一句：成王叫你们来，带领着这些农夫去播种耕田。这和卜辞的"王令小臣以众黍于某"在根本上并没有什么不同。

特别值得注意的是"十千维耦"的一句,这是讲有二万人在同时集体耕作。这和卜辞的"王大令众人曰协田",也恰恰彼此得到注释。我们不好把这些辞句只轻率地看为夸张便了事,我从前是曾经犯了这样的轻率的毛病的。西周诗人极其质实,决不肯振奋一下想象力的翅膀。大抵他们所举的数目字都可认为有账簿性的效用。此处的"十千维耦",《载芟》的"千耦其耘",以及所谓"千斯仓,万斯箱""如茨如梁,如坻如京"之类,都是实写,便是有大规模的集体耕作为它们的蓝本的。这样的场面早已下了历史舞台,后代的诗人是不能想象的了,因此也再没有这样的诗篇产出了,便是要夸张也夸张不出。

在这儿可容许我们考虑到的便是殷周两代曾经实行过井田制。

这个问题,在前被人否定过,也被我自己否定过的;现在我却要肯定它,而且认为这是解决殷周社会组织的一个极重要的关键了。我也算经过了 15 年的探讨而来,绝不是一时的心血来潮,为了要自圆其说,而任意地翻云覆雨。

井田制是断然存在过的,我们可以得到很多的证明。例如田字本身便是一个证据,这个象形文是有图画价值的,古代必然有过豆腐干方式的田制,才能够产生得出这样四方四正、规整划分的田字。在甲骨文字里面已经就是这样,几千年来都没有改变。

其次是西周的金文里面有好些赐田和以田地赔偿或交易的记录,而都是以"田"为单位。例如上面已经提到的《智鼎》(孝王时)叙匡季起初以田赔偿盗禾之罪"田五田",不能了息,后又"用田二","凡用即智田七田"。又如《卯簋》乃先后年代之器,叙荣伯赐卯的物品里面有"马十匹,牛十,锡于亡一田,锡于×一田,锡于×一田,锡于×一田"。《不娶簋》(夷王时)叙不娶伐狁狁有功,伯氏赐他"弓一,矢束,臣五家,田十田"。《敔簋》(夷王时)叙敔抵御淮夷有功,王赏赐他"贝五十朋,赐田于敔五十田,于早五十田"。像这样以一田、二田、七田、十田、五十田为计,明明是以"田"为计算单位,这更足以证明田的亩积必然有一定的大小。

这样,田有一定的亩积而且规整划分的制度,除井田制之外不能想象。正因为古时候有过这样的田制,故尔《周官·遂人》有治野的方法,《考工记》

也才有匠人为沟洫，叙述井田构成的方式。又如子产在郑变法还在"井洫沟衍"；李悝为魏文侯行尽地力之教，也还在"地方百里，提封九万顷"；商鞅在秦变法才开始"坏井田，开阡陌"。这些记录没有井田制是讲不通的。

井田制必然是施行过的，问题倒应该是：井田究竟是怎样一种形式。

三　关于井田制

关于井田制，一般大抵是以《孟子》为根据，而逐渐加以发展。孟子劝滕文公行井田时，他说：

> 请野九一而助，国中什一使自赋……方里而井，井九百亩，其中为公田，八家皆私百亩，同养公田。公事毕，然后敢治私事。

又说：

> "夏后氏五十而贡，殷人七十而助，周人百亩而彻，其实皆什一也……《诗》云："雨我公田，遂及我私。"惟助为有公田。由此观之，虽周亦助也。（《孟子·滕文公上》）

照孟子的意思，三代的田制虽然略有因革损益，但在原则上是一致的，至少八家共井式的井田制是为殷周两代所共通，不同的仅仅殷人以七十亩为单位，周人以百亩为单位而已⑪。这大约多少是有些根据的。他也引到龙子曰："治地莫善于助，莫不善于贡。"龙子不知何许人，必是孟子先辈而有名于时的人，故孟子引其说为说。或疑为商鞅变法时与之辩论的甘龙，不仅时代稍后，且远在秦国，未必便能相闻。大约殷人七十亩而取七，周人百亩而取十，会是事实，而变为八家共井式的井田，则只是孟子的乌托邦的理想。古者世禄，画方田仅以代禄，即是给予一般的内服臣工，并不是给予一般耕田的人。孟子主张耕者有其田，故假借古时田制史影以图减少阻碍，所引《大田》的"雨我公田，遂及我私"，固是公田与私田的对称，然要解释为井字形田的当中百亩为公田，周遭的八个百亩为私田，那只是孟夫子的"我田引水"而已。

自有这孟子式井田说出世，到汉代的《韩诗外传》与《穀梁传》便逐渐完整化了起来。《韩诗外传》是汉文、景时的韩婴"推《诗》之意"所作。他推《信南山》的"中田有庐，疆场有瓜"而解释为："古者八家而井，田方里为一井……其田九百亩……八家为邻，家得百亩，馀夫各得二十五亩。家为公田十亩，馀二十亩为庐舍，各得二亩半。"这样倒计算得很周到，不仅和"什一"的说法很能够牵合，而且从《诗经》里面又找到了一个证据，比孟子所找到的公田私田还要显得更切实些。

《春秋》宣公十五年"初税亩"，《穀梁传》也就根据了韩婴⑫，而更加说得像煞有介事。

> 初者始也。古者什一，藉而不税。初税亩，非正也。古者三百步为里，名曰井田。井田者九百亩，公田居一。私田稼不善则非吏，公田稼不善则非民。初税亩者，非公之去公田而履亩十取一也。以公之与民为已悉矣。古者公田为居井灶，葱韭尽取焉。

这样，当中的公田不仅有庐舍，还有水井、灶头、菜园子，想得更比韩生周到了。

然而《信南山》那两句诗的原意，可惜并不是那么一回事。且把那整个一节诗拿来研究一下吧。

> 中田有庐，疆场有瓜，是剥是菹，献之皇祖。曾孙寿考，受天之祜。

庐与瓜是对待着说的，下边统言剥言菹，可以知道庐必与瓜为类，断不会是居宅庐舍之庐。同样的诗例，我们可以举《南山有台》为证。

> 南山有台，北山有莱……
>
> 南山有桑，北山有杨……
>
> 南山有杞，北山有李……
>
> 南山有栲，北山有杻……
>
> 南山有枸，北山有楰……

台既与莱为对文，而其余数章又都是桑杨杞李等植物名汇，则台断非亭台楼阁之台。故古时注家即破台为苔，训为莎草，这便与莱为类了。和这同，与瓜为对文，而可剥可菹（摘来做咸菜）的庐也必然是假借字。我看这一定是芦字的假借，《说文》云"芦，芦菔也"。中田者田中，"中田有庐"亦犹"中谷有蓷"，就是说田当中有芦菔。这样一得到解释，可知韩生引用这两句诗比孟子引用《大田》的那两句是更加胡涂了。孟子之所以不引这两句，倒可借证孟子也是不把庐训为庐舍的。

假使还需要例证的话，也可以举出《七月》的"七月食瓜，八月断壶"。壶字与瓜为对，下文也都说的是植物，故只是葫芦的瓠，而不是茶壶酒壶的壶。这在古人也早就知道了。在前的训诂家称之为"同音通假"，事实上可以说就是写别字。不过壶这个字倒是葫芦之义在先，水壶之意在后，壶起初用葫芦来做，故尔称为壶而已。就是现今的壶也还多少保存着葫芦的形式。

但孟子式的井田说也并不是毫无根据，它所根据的应该是《考工记》的《匠人》职文，或与《匠人》职文同根据一种古代曾经有过的事实。《考工记》毫无疑问是先秦古书。且看那开首的叙记里说到"有虞氏上陶，夏后氏上匠，殷人上梓，周人上舆"，可知时已不属西周，而书亦非周人所作。又说到"郑之刀，宋之斤，鲁之削，吴、越之剑，迁乎其地而弗有为良"，郑、宋、鲁、吴、越等国入战国以后都先后灭亡，其技艺亦早已"迁乎其地"，可知这所说的还是春秋时代的情形。又说到"粤无镈，燕无函，秦无庐[13]，胡无弓车"，或"燕之角，荆之干，妢胡之笴，吴、越之金锡"，作者之国别连燕、秦、荆楚、妢胡都是除外了的。当时重要的国家所没有提到的只是齐和晋。"妢胡"，旧注以为"胡子之国在楚旁"，这样的小国不应有被举的资格；我疑妢即是汾，指晋国，胡仍是"胡无弓车"之胡。如此则只剩下齐国一国了。再看书中所用的度量衡多是齐制，如《冶氏》为杀矢的"重三垸"，垸据郑玄注即东莱称重六两大半两（大半两即三分之二两）的环；如《栗氏》为量的釜豆等量名都是齐制。又如"梓人为饮器，勺一升，爵一升，觚三升，献以爵，而酬以觚，一献而三酬则一豆矣"，即所谓"齐旧四量，豆区釜钟，四升为豆"（《左传》昭公三年）。据此我们尽可以断定：《考工记》是春秋年间的齐国的官书。

《考工记》的年代国别既明，我们来看它的匠人为沟洫的职文吧。

> 匠人为沟洫。耜广五寸，二耜为耦。一耦之伐广尺深尺谓之田甽（畎）。田首倍之，广二尺深二尺谓之遂。九夫为井（井方一里），井间广四尺深四尺谓之沟。方十里为成（十井），成间广八尺深八尺谓之洫。方百里为同，同间广二寻深二仞谓之浍。专达于川。

这就是今文《尚书·皋陶谟》"濬畎浍距川"的详细内容，当然也就是孟子的井田制之所根据。但孟子把它理想化了，把"九夫为井"改为八夫共井，当中一眼改为了公田，以图实现其耕者有其田的理想。《考工记》的井田制大率在齐国是实行过的，《管子·侈靡篇》言"断方井田之数，乘马甸之众〔而〕制之，陵溪立鬼神而谨祭"，虽不必是管子时事，然足见齐国实曾施行过井田。但这和周室施行的办法又多少有点不同。周室治野的办法在《周官·遂人》职文里面还保持着，那是纯粹十进位的办法，没有"九夫为井"的那一套花样，但遂、沟、洫、浍、川等名称是完全相同的。

> 凡治野，夫间有遂，遂上有径。十夫有沟，沟上有畛。百夫有洫，洫上有涂。千夫有浍，浍上有道。万夫有川，川上有路。以达于畿。（这是一纵一横的办法，比《匠人》职文的方式更为简单）

这项资料我觉得同样值得宝贵，并不是出于刘歆的杜撰。因为《周官》尽管是有问题的书，但只是经过刘歆的剪裁添削、割裂改编而已，其中自有不少的先秦资料。故《周官》和《左传》一样，固不可尽信，然亦不可尽不信，使用时须得有一番严密的批判。像这"治野"一段，如是出于杜撰，便应当与《孟子》《考工记》等相同；而现在不同，倒正足以证明其不是杜撰了。

这十进位的办法和古代罗马的百分田法极相类似。古罗马人治野，先要视飞鸟之影以察几祥，卜地既吉，乃用悬规以定地之中点（仿佛古人所谓"土中"）。中点既定，即由此引出正交之纵横二路。以此为基线辟一中央四分之方形或矩形（恰如我国田字）。于四隅建封疆，或以木，或以石（此如用我国古制称之，亦即所谓"封建"）。再与纵横二路两两平行，各作小径，划成无数正整的区域，每区以罗马尺 240 方尺之正方形或矩形为正规。这种遗迹在意大利境内已经由地下发掘出来了。这和《遂人》职文不是极相类似吗？从前怀疑井田制的人以为那样划豆腐干方式的办法不曾有，也不能有，然而经过考古上的证明，罗马在奴隶制时代已经有过了。我们的井田虽然还不曾从地下发掘出，但将来是很有希望的，谁也不能断定它绝对不能出土。

地下的证据虽然还没有得到，古文献和古器物上的证据是已经有得够充分了。例如古时灭人国有改变人的亩道之事。《春秋》成公二年晋郤克打败了齐侯，他所要求的媾和条件便有"使齐之封内尽东其亩"的一项。这也正好是井田的一种证明。因为亩道系以国都为中心，故有南北纵走与东西横贯的两种大道，南北纵走的是南亩，东西横贯的就是东亩。《诗》上所说的"我疆我理，南东其亩"（《小雅·信南山》），就是这个事实。齐国在晋的东边，"尽东其亩，唯戎车是利"⑭，事实上就等于撤销它的首都和国防，把南北纵走的大道一律改为东西横贯，以便一有战事时晋国的兵车可直达齐国的全境。这些资料好像与井田制并无直接关系，而其实它们正是绝好的证明。

古器物铭文上的直接资料，如田字本身的结构，周代金文里面的以田为单位的一些记录，我在上面已经叙述到了，不再赘述。此外也还有几项更确实的证据。

一、《召卣》：

> 唯十又三月初吉丁卯，召启进事，奔走事皇辟君，休。王自殷使赏毕土方五十里。

这是周初的器皿，由花纹、形制与字体都可判定，"十又三月"是年终置闰，也沿用着殷人的习惯。"赏毕土方五十里"，是说予以毕地之土田五十里见方。毕在陕西长安、咸阳二县的西北，乃毕公高所封。高召古音同部，因此这位"召"应该就是高的本字了。我从前因为不相信豆腐干式的划土分田法，曾极尽曲解的能事，想推翻这个铁证。现在想起来，真是徒劳的妄举了。

二、《段簋》：

> 唯王十又四祀十又一月丁卯，王在毕烝……念毕仲孙子，令龏躯遗大则于段。

这是昭王十四年的器皿。"大则"即《周官·大宗伯》"五命赐则"之则。郑玄注："王莽时以二十五成为则，方五十里。"莽制复古，一切都是有根据的。"则"上加一"大"字，或许比方五十里还要多些吧。

三、《贤敲》：

> 唯九月初吉庚午，公叔初见于卫，贤从。公命史晦（贿）贤百晦（亩）。

这个器皿的字体也是很古的，断然属于周初。公叔当即卫康叔。这"百亩"地应该就是一田的地积。两个晦字，即古亩字，但上一个是动词，有赐予之义，故知读为晦，亦即是贿字。

根据以上的一些证据，我们确切地可以说：殷周两代是施行过豆腐干式的均田法的；其在西周不仅行之于镐京，于洛阳，而于齐于卫都有朕迹，只是各地所行的方式多少有些出入。这些一律都可以叫作井田，不必一定要九夫为井或八家共井。因为那样规整地划分的田地，从其一局部看来，是和井字很相仿佛的——无论甲骨文或金文，井字形都和现行楷书是一样，而纵横笔画更是完全整齐的。

四　施行井田的用意

为什么要施行这样豆腐干式的井田呢？

这显然是由于两层用意所设计出来的：一是作为榨取奴隶劳力的工作单位，另一是作为赏赐奴隶管理者的报酬单位。古时候没有正确的时间和一定的考核标准，故尔划分出一定的地积来以便容易考查奴隶生产的勤惰。《王制》所谓"制农田百亩，百亩之分上农夫食九人，其次食八人，其次食七人，其次食六人，下农夫食五人"，实际就是要榨取一人的劳力来供养五人至九人的食粮。在上者以这为标准课农夫的勤惰，也以这为标准而定其上下，加以赏罚。

有了生产奴隶出现之后，必然有管理生产奴隶的人。在奴隶数目不多的时候，奴隶主自己可以管理；但如数目一多，生产一扩大了，那就须得有得力的或忠实的管事们来代管，于是官就出现了。这就是阶级统治的形成。等奴隶数目更多，生产规模更扩大，管奴隶的人也就更加多，而管奴隶的人也就须得更有人来管理。于是层层相因，而所谓公卿大夫士的层次，或王公大夫士皂舆隶僚仆台的十等，就逐渐产生出来了。除王以外的这些管事必得有一定的报酬，在后人是用薪俸，在秦汉是用谷米，而在殷周则更原始地就用生产工具的土地。为要表示出等级，使报酬有一定的多寡，因而也就得利用这规整分地的办法了。

管理奴隶的人除奴隶领主自己的兄弟亲戚之外，愈和奴隶层接近的下层管事，照例是由奴隶提升起来的顺民。普通的官僚在古时称为臣宰，在初都只是奴隶的称号（臣是亡国奴，宰是"罪人在屋下执事者"）[15]。卜辞中屡见以多臣多宰从事征伐，或命臣以众庶从事战争或耕稼的记录。臣宰的初义在殷周还未尽失，愈朝后代走便愈涂上了光彩，所谓大臣冢宰之称那差不多是光荣绝顶的名词了。

就这样，阶级统治随着历史的进展便愈见隐晦下来。我们为了求得它的本来面目，最捷的途径是从停留在原始阶段中的氏族社会里去找资料。在我国这种后进的兄弟民族是很多的，如像彝族，那毫无疑问是还停留在奴隶制阶段的。如像凉山彝族，有黑骨头与白骨头之分。黑骨头便是真正的彝族，是贵族；白骨头是先后被俘掳去的汉人，是奴隶——"娃子"。据往年的调查，凡汉人被俘为奴，起初是备受缧绁之苦。但经若干时期之后，只要你诚心归顺，便可以得到身体的自由，而一切的耕作与劳役都得唯命是听，有事时还须参加战争。这些都是所谓"娃子"。娃子如有才干并特别忠顺，为主人所赏识了，便被提升为"管家娃子"。可以让你同另一异性的忠顺娃子结婚，给你一片土地，一所房屋，让你去自耕自食，每年年终只消献纳猪一头、杂酒一罐。但平时劳役、战时出阵，也都要唯命是听的。管家娃子也能俘掳汉人，驯服之以为自己的奴隶，这种奴隶叫作"三滩娃子"。滩是等级的意思。管家娃子为头滩，普通娃子为二滩，娃子的娃子为三滩[16]。

我们根据这个原始的奴隶社会，很可借以了解殷周时代的社会机构。所谓"百僚庶尹，惟亚惟服，宗工，越百姓里居"的内服，其实一多半也就是所谓"管家娃子"。还有所谓"侯甸男卫邦伯"的"外服"[17]，那是些酋长族的分家。那些各个的分家、殖民部落，自然又是一些由奴隶的等级所累积起来的金字塔了。这就是我们中国古时候的所谓"封建"。近年有些新史学家依然为这种原始字面所蒙蔽，他们说"西周是大封建社会"，或"初期封建社会"，因而也很在努力，想从新的观点来证成这种说法，在我看来不免是徒劳的。

新史学家们对于史料的征引，首先便没有经过严密的批判：《易经》仍被视为殷末周初的古书，《书经》甚至引用到梅赜的伪古文，《诗经》则一本《毛传》。对于旧文献的批判根本没有做够，不仅古史辨派的阶段没有充分达到，甚至有时比康有为、阎百诗都要落后，这样怎么能够扬弃旧史学呢？有好些朋友又爱驰骋幻想，对于神话传说之被信史化了的也往往无批判地视为信史，对于甲骨文的引用和解释也太随便。甲骨文字的研究是方兴未艾的一种学问，前人的成说每每不久便被推翻，我们如不去全面追踪或过于轻信，便容易以不狂为狂，以狂为不狂。例如新史学家们所爱征引的"夼奴"说早就被扬弃了，"夼"是娩字，"奴"是嘉字。又例如同样爱被征引的"归矛"说也早就被扬弃了，"归"为妇字，"矛"是包字⑬。然而新史学家们至今都还在引用来著书立说。"帚侳"是人名，而说为子侳之侳。"臣在斗"的斗字是地名，而认为奴隶用于角斗。其他错误，不遑枚举。关于金文，《殷文存》仍全被视为殷文。周代的彝器则笼统活脱地被使用着，不肯从分别时代上着眼。这些作风，不能不说是在基本上就颇成问题的。

但是，这些问题我们姑且抛开，且就新史学家们认周代为封建社会的主要根据重新作一番检讨吧。

首先他们是否认井田制的，但信口又把孟子所理想化了的井田式认为庄园制的雏形。这是不着边际的循环论证。由我上文的叙述自可表明，无庸再说了。

其次他们认为土地已经分割，即是土地已经私有，也就是庄园地主已经存在。土地已经分割是事实，但只是土地的享有，而非土地的私有。内服的百僚"田里不鬻"，外服的诸侯只是殖民的代办，有罪则"有削地"（《王制》，"诸侯，其有削地者归之闲田"），有废国（如"降霍叔于庶人"）。削地废国之权直到春秋初年的周室都还保存，如隐公十一年"王取田于郑，而与郑人苏忿生之田"之类，即其证。所以诗人说："普天之下，莫非王土。"

又其次认为耕者都是农奴，是自由民。这由于没有把古代民字的本义认识清楚。殷周两代从事农耕者谓之民，谓之众，谓之庶人，其地位比臣仆童妾等家内奴隶还要低。我引了不少的证据，也反复讨论过多少次，然而总得不到一致的见解，而又无正面的反驳，不知道这问题的症结究竟是在哪里。我想，主要的原因或许是农业奴隶与封建制下的农奴性质相近而生出了混同吧。农业生产奴隶和手工业的生产奴隶或商业奴隶，性质不尽同。这在典型的奴隶制时期的希腊已经是表明着的。注重手工业和商业的雅典，奴隶是无身体自由的；而注重农业的斯巴达，它的农耕者黑劳士（Helots）便有充分的身体自由。这是因为农业的土地发挥着更大的缧绁髡钳的作用，耕者不能离开土地，离开了便有更深沉的苦痛。这层土地的束缚作用，连相当原始的彝族都是无意识地利用着的。中国是大农业国，故殷周两代的农耕奴隶能显得那么自由。

新史学家们爱引用《尚书》里面的几句话——"尔乃尚有尔土""今尔惟时宅尔宅，继尔居"（以上《多士》）、"今尔尚宅尔宅，畋尔田"（《多方》），以为都足以证明殷灭亡后的那些顽民都成了农奴——自由民，有自己的土田房屋。其实在这里面顶多是包含了一些"管家娃子"。所谓"有尔土"是享有尔土，不是私有尔土；所谓"宅尔宅，继尔居"或"畋尔田"，是宅尔所宅之宅，继尔所居之居，畋尔所畋之田。我们如把享有认为私有，那是会差之毫厘而谬以千里的。

土地既可作为酬劳臣工的俸禄代替，更重要的生产工具——奴隶当然也可以作为酬劳品。故鲁公伯禽受封时有"殷民六族"，卫侯康叔受封时有"殷民七族"，唐侯叔虞受封时有"怀姓九宗"。而西周金文中由我所发现的臣民与土田同赐之例更屡见不鲜。说者也每每认为这些都是农奴，"就是因为他们大半都是连同土地而被赏赐"[19]。其实土地的束缚性很大。即到资本制下农民和土地都还不容易分开，但它们是可以分开的，分合是可能全凭个人意志。封建制下也可以分开的，分合是可能半凭个人意志。到了绝对分不开，全无个人选择的自由，不正好证明是奴隶吗？在这儿，18世纪绝对专制王权下的俄国暴政把农奴成千成万的连同土地一道给人，那种变例是不能拿来做证明的。因为农奴在历史的反常期中屡屡被横暴的领主或征服者逆化而为奴隶，在中国秦汉以后的历史上也正不乏其例。就在目前的世界大战中希特勒不正把无数资本主义的乃至社会主义的国家的人民化为奴隶吗！我们能引据目前的资料证明西周已经是资本制度么？

要之孟子式的井田制不能认为庄园。土田虽见分割并非私有，即彝族社会里也有这样的现象，不能认为封建制的特征。农业奴隶本有较广泛的身体自由，其与土田同被分赐正表示其自由实有条件，决不能认为农奴。耕者深受土地束缚，随着土地而转徙，颇类于土地上的树木。然此亦非被分赐者所私有，而实为其所享有，故诗人又说："率土之滨，莫非王臣。"

历史是整个的，个别的社会关系也要看整个的社会关系来决定。西周还是青铜器时代，做青铜器和其他器具的工人都还是奴隶（说明详下），而农耕者已经是半自由民或自由民，那是怎么也说不通的事。

五　申述人民身份的演变

为了大家省得翻书去逐步找寻起见，我不妨再把我所见到的人民身份的变迁更综合地叙述一遍吧。

人民本是生产奴隶，这是我在古代社会中所发现的一个重要的事项，但其实这已经是一种进步，人民在达到这个历史阶段之前是连做奴隶的身份都没有的。

我们知道人类的原始时代是纯粹的家族集团或宗族，那时是无所谓奴隶的。一族人就如一家人，虽有族长或家长，并无所谓主奴之分。奴隶是来自异族。起初征服了或战胜了异族，俘获的人是要尽遭屠杀的，每每把这种人来作为牺牲以祭本族的祖宗神祇。就是在卜辞里面以人为牺牲的记录也多到举不胜举。用人牲之例多言"伐"②，伐若干人即是杀若干人，有一次伐至 2656 人的②。又屡言"芳"，芳若干人即是辜若干人，磔若干人。可见殷人的原始性依然相当强，对于人夫并不怎样爱惜。但人是有使用价值的，起初择其辩黠柔顺者以备驱遣，那便是臣，便是妾，即所谓家内奴隶。继进即其顽强不听命者亦强迫之以事生产，那便是众，便是民。最有趣味是民与臣两个字，在古时候本都是眼目的象形文——臣是竖目，民是横目而带刺。古人以目为人体的极重要的表象，每以一目代表全头部，甚至全身。竖目表示俯首听命，人一埋着头，从侧面看去眼目是竖立的。横目则是抗命平视，故古称"横目之民"。横目而带刺，盖盲其一目以为奴征，故古训云"民者盲也"。这可见古人对待奴隶的暴虐。古人于奴，髡首、黥额、刖足、去势，乃家常茶饭，盲其一目固无所惜。特一目被盲不便生产，后世不用此法而已。盲双目以为音乐奴隶之事则仍未绝灭。

卜辞中无民字，亦无从民之字，但这只是没有机会用到而已，并不是殷代无民。也就如金字亦不见于卜辞，我们也不能说殷代还没有铜。《盘庚》《高宗肜日》《微子》那几篇《商书》都已经有了民字，而尤其《高宗肜日》的"王司敬民，罔非天胤"那句祖己所说的话，简直是思想上的一大进步，把人民都平等地看成为天的儿子了。但这无疑是经过后代儒家所润色的。

周初的几篇《周书》都有民字。在彝器方面，成王时代的《班簋》叙毛伯伐东国，三年告厥成功，有"惟民氓拙哉，彝昧天命，故亡"的话，当然指斥的是殷之顽民。康王二十三年的《大盂鼎》言"在武王嗣文作邦，辟厥匿，匍有四方，畯正厥民"，又言"粤我其遹相先王，受民受疆土"，这些都和《周书》的观念很接近，表示民与土地是天所授予王室的财产，所谓"皇天付中国民越（与）厥疆土于先王"（《梓材》）。这些都很明显地是殷代传下来的观念。"有人此有土，有土此有财，有财此有用"，疆土和人民本来是分不开的。

民在周初又称为人鬲。《大盂鼎》记康王赐盂的物品说道："锡汝鬯一卣，冕衣芾为车马。锡乃祖南公旂用狩。锡汝邦司四伯，人鬲自驭至于庶人六百又五十又九夫。锡夷司王臣十又三伯，人鬲千又五十夫。亟××自厥土。"所谓"邦司"就是管家娃子，所谓"夷司王臣"也就是专管夷仆的王家娃子。这两项是分开来记载的，同一人鬲也是分开来记载着。据此，我们可以推想到"邦司"所管的人鬲是旧有的奴隶，"夷司王臣"所管的人鬲一定是征服殷室后新归附的夷人。特别值得注意的是这人鬲的内涵，前项的659人中分明包含着"自驭至于庶人"。庶人在人鬲中居于最下位，这也就和"人有十等"之外而"马有圉，牛有牧"未能入等的是同样[2]。驭当即十等人中的舆，可见人鬲是把下等的家内奴隶也包含着的。这项把庶人身份表示得绝好的材料，它的价值决不亚于爪哇岛上发现了一个原始人的牙齿，而学者们偏不重视它，不在这些地方驰骋一下想象，倒是有点不可思议的事。

人鬲又省称为鬲。成王时的《作册矢令簋》言："作册矢尊宜（进肴）于王姜，姜赏令贝十朋，臣十家，鬲百人。"这也是臣与鬲为对。臣以家言，可见是有家有室的管家娃子；鬲以人言，可见还是单身汉的普通娃子。这鬲也就是《逸周书·世俘篇》"馘磿亿有七万七千七百七十又九人"的磿，两字的读音是相同的，在我看来恐怕也就是黎民的黎。

臣民本是王家所授予，和"田土不鬻"一样，也不宜私相授受，或有所损失。故周初的人时常谆谆告诫要"怀保小民"[23]。但年代经久了，享有逐渐化为私有，而人臣蕃昌之家又能自备三滩娃子。于是臣下之间也同样把自己的娃子或土地分予人了。这种情形由金文看来，是周穆王以后才频繁起来了的。

人民不仅可以授与，而且可以买卖。《周礼·地官·质人》"掌成市之货贿、人民、牛马、兵器、珍异"，《秋官·朝士》"凡得获货财、人民、六畜者委于朝，告于士"，人民与牛马六畜同科，可以在市上交易。这在有名的《智鼎》里找到例证，并且找到了在孝王时人口贩卖的价格。《智鼎铭》第二段言智先生向一位奴隶主限先生讲好了用匹马束丝买 5 名奴隶，连马匹丝束都交付了，但限先生变卦，不肯卖。只得又改用一种金属 100 乎，但限先生又变了卦。因此便结成讼事，结果限先生输了。据这段彝铭我们可以知道，不仅是在孝王时的贸易还在行着实物交易与准货币交易两种形式，而且人也可成为交易的货物。五个人的价格仅抵一匹马和一束丝，而用货币交易时一个人也仅抵 20 个乎。一乎等于十一铢又二十五分之十三，用汉代的五铢钱换算时一个人值不上 50 文制钱。这人的价格是多么地贱呀！

《智鼎铭》的第三段前面曾经征引过，匡季愿出田七田、众一夫、臣五人，去赔偿劫稻，而不愿出三十秭禾的罚款。这也足见七个田和六个人的价值比三十秭禾还要低。一秭是半秅（见《说文》），一秅是四百秉（见《仪礼·聘礼》），一秉是一把（郑玄说）。一把禾可取米一合，六千把仅合六石。五个人和七个田还抵不上六石米，这人价和地价不是便宜得可以惊人吗？

但奴隶的价格并不是长久都是这样贱的，入后渐渐地贵了起来。我们在这儿可以引两件有名的故事来凑成这段奴隶涨价的历史。

第一件是春秋末年齐国的宰相晏婴赎越石父的故事。越石父为人奴，晏子出而遇之于途，奇其貌，解左骖赎之（见《史记·晏婴传》及《晏子春秋》）。这明明表现着，一名奴隶已经值得一匹上好的马了，比起孝王时的价钱是涨了5倍以上。

第二件是战国梁襄王时候的事，卫嗣君有胥靡逃亡了，到梁国去替襄王后治病。卫君知道了，先请用50金赎回，往返五次梁王都不肯。后来便决计以一个都邑名叫左氏的去更换他（见《韩非·内储说上》）。这些不用说都是特别的情形，不能认为当时一般的奴隶市价。用都邑自不用说，就是用五十金也未免太贵了。因为一金的重量有20两与16两的两种说法，50金则为1000两或800两。尽管用的是铜，都觉得贵得太厉害了一点。但无论怎样，从这个例子里面，总可以反映出战国时代的奴价是比春秋时代更加增高了。

奴隶为什么会这样涨价呢？这是社会变革的一个契机，且留待下面慢慢地解释吧。

六　井田制是怎样破坏了的

井田除王室或公室自奉而外，其余是公卿大夫士等的俸田，但这一律都为公家所有，也就是一律都应该称为公田的。

井田制的开始破坏应该是由于私田的产生。俸田不得称为私田。即使夺取同僚的俸田，或甚至篡有公家的官田（这样的事在《左传》里面很多），也只是所有权易主而已；在仅有的田积里面，并没有产业的发展，因而也就不能扬弃一种社会制度。夺取别国的田地可以促进一部分的产业的增加，但这只能说明得一种后果，而未能说明其本身的前因。因为兼并侵略是由生产发展派生出来的，是什么因素使生产发展了并没有得到说明。近时的新史学家们在说明古代社会的变革上差不多翻来覆去地只是强调这兼并侵略的事项，他们的见解事实上丝毫也没有脱掉旧史学的窠臼。

井田制的破坏是由于私田的产生，而私田的产生则是由于奴隶的剩余劳动之尽量榨取。这项劳动便是在井田制的母胎中破坏了井田制的原动力！这层我们是要特别强调的。

公卿大夫士这些上层的管家娃子所领得的采邑或俸田虽然有限度，但他们对于所获得的三滩娃子的劳动榨取尽可以是无限度的。可幸中国又是温带里面的大陆国，除平衍地区的井田官地之外，有无量的山林陂池可供开拓。那些小奴隶主是绝对不会放松这些利源的。就这样驱使所有的奴隶以开拓这些羡余，所谓"筚路蓝缕，以处草莽，跋涉山林"[㉓]，所谓"庸次比耦，以艾杀此地，斩之蓬蒿藜藋"[㉕]，这些当然是不犯禁的事体，而且勤劳有加倒常是受国家奖励的。这样所开辟出来的东西便成为自己所私有的东西，鬻卖抵偿，纯是自己的自由；既非受自公家，当然也就毫无纳税的义务。领主们这样纯粹享有着奴隶生产的剩余价值，在时间的经过当中便逐渐富庶起来，所有的私田加多，三滩娃子也加多了。这也就是他们能够更进一步去推行兼并侵略的资本了。

私田的垦殖是在国家大法的范围之外的，当然不必遵守你那种四方四正的古板办法，而且也不能遵守。山林陂隰，那是无法拓出井字来的。这就是所谓"暴君污吏必漫其经界"，也就是所谓"辟草莱，拓土地"了。这种因任地势的自然田畴，我们在金文里面可以找出它的详细的刻画，那便是有名的《散氏盘》了。那盘铭一开首就说"用矢扑散邑，乃即散用田"，便是因为矢国在前去扰犯了散国的城邑，结果——大概是打败了——便用田去向散国赔偿。田是两个，一个是眉田，一个是井邑田。铭中把这两田的疆界叙述得很清楚，接着叙出参加验界的双方的官吏，接着是两处田官的先后发誓，自言没有隐瞒，也不会变卦，如有则受重罚。就这样还画成了地图，由矢王送给散氏。

顶值得注意的是两个田的疆界。那儿涉水涉湖，登山下山，一封二封地表示界标，或者利用天然林木，或者利用人行道路；地域究竟有好宽，不得而知，但那田形毫不平坦，也绝不规整，是毫无疑问的。从前我就不止一次地征引过这项铭文来否定井田制，以为毫无井田的痕迹。其实我的思虑是太不周到了。它这本来就不是井田，而是矢族的私田，正因此矢王才能够自由处理。故尔这项重要的资料并不足引据以否定井田，倒适足引据以证明井田之渐被否定。

《散氏盘》毫无疑问是厉王时代的东西，足证厉王时各族所有的私田是已经不少了。在同一时代里面有两个鬲攸从的器皿（这个人的名字见于《散氏盘》，故毫无疑问是同时），一个是《鬲从盨》，另一个是《鬲攸从鼎》，两个都说的是田邑的事情。前者是叙说有章氏用八邑去向鬲从换田，又有良氏也用五邑换田，结果都顺当成交。后者是叙鬲攸从分田地给攸卫牧，而攸卫牧没有报酬，遂成讼事。结果是使攸卫牧发誓："我弗具付鬲从其且（租），射（谢）分田邑，则放。"于是乎讼事便了结。这倒足以证明厉王时地主形态的人的确是存在了。但一只燕子还不能算是春天，地主关系要经过法定而成为制度是还需要好几百年的。

然而井田制的危机是出现了，建立在这个基础上的社会关系也就开始动摇。又加以厉王是一位暴君，所以成其为暴者是因为保守旧的势力以压制新的势力，结果他曾被新起的地主阶层和工商阶层从京城里赶跑。一时曾出现过一次早产的、结果是夭折了的地主政权，便是 13 年间的"共和行政"。共和是共伯名和，这由古本《竹书纪年》《庄子》《吕氏春秋》等书表示得很明白，但被《史记》误为周、召二公共和而治。近时的新史学家也还有根据《史记》为说的，我要请这样的朋友读读朱右曾、王国维的关于《竹书纪年》的研究。

这早期政权虽然失败了，但等宣王即位时已开始"不藉千亩"，这正表明井田制下的仪式已经形式化而不被遵守了；又开始"料民于太原"[25]，也是想把涣散了的奴隶统治来从新编配，借以维持其反动政权。对于新兴地主们的锐锋是使他们由内部转向外部，北伐猃狁，南征淮、徐，以满足他们开疆拓土的欲望。就这样又把内在的危机一时延引下去了。这便是旧式史家所说的"宣王中兴"。

有两个《召伯虎簋》，那是千真万确的宣王时候的器皿。其中有一个是宣王的后妃责备召伯虎的，那里面重要的一句话是："余考止公仆庸土田，多债，必伯氏纵许"，是说父家田赋多积欠，是召伯虎没有帮忙。看情形是召伯虎在对于新兴的兼并势力加以削弱，至少被疑为是。

又有一个《兮甲盘》，也是宣王时的器皿。那是宣王五年，兮甲从王刚好伐了猃狁之后，又奉命去征收四方的积欠一直南到淮夷。王的命辞这样说道：

> 淮夷旧我帛贿人（犹言朝贡之臣），毋敢不出其帛其积。其进人，其
> 贮，毋敢不即次，即市。敢不用命，则即刑扑伐。
>
> 其惟我诸侯百姓，厥贮毋敢不即市，毋敢或入蛮宄贮，则亦刑。

说得有声有色，甚为严烈。在这儿正表示着把内乱转化为对外侵略的机微。诸侯百姓等所谓内外臣工都已经不奉命令，而却远远去和淮夷算账，要叫他服力役之征（"进人"），要叫他献纳赋贡（"贮"）。结果是引起了徐、淮的战争。《大雅》里面有好几篇歌功颂德的诗，写得十分堂皇，把胜利也形容得十分彻底。"于疆于理，至于南海"（《江汉》），"四方既平，徐方来庭"（《常武》），俨然像淮、徐都被征服，一直打到了南中国海，而文武盛世重现了的一样。然而徐、楚在春秋时正大称其王㉗，而外强中干的周室却不久便为犬戎所扫荡了。一切对于统治帝王所呈献的功德颂本是骗人的东西，我们是不好轻信的。

周室就这样倒楣了下去，便形成为"礼乐征伐自诸侯出"的时代（春秋前半）。但那些老牌诸侯也并没有辉煌得多久，又挨一连二地沿走着周室的途径而趋向末路。姑且把鲁国来举例吧。这是西周诸侯中坐第一把交椅的。虽然它在春秋初年也曾经红过一时，如桓公十三年"春二月，公会纪侯、郑伯。已巳，及齐侯、宋公、卫侯、燕人战，齐师、宋师、卫师、燕师败绩"（《春秋》）。仅和纪、郑两小国联盟便打退了四个大国的联军，不是颇有点霸主的风度吗？然而在春秋末年却已经让孔子发出了"禄之去公室五世矣，政逮大夫四世矣，三桓之子孙微矣"的浩叹了（《论语·季氏》）。这"五世"大概是从宣公起算㉘、"四世"是从成公起算的吧，约略当春秋的一半。在春秋242年当中，鲁国的产业情形虽然书阙有间，但就在宣公十五年却留下了一项在社会史上极其重要的记录，便是上面举出过的"初税亩"这三个字。虽然只是这样的三个字，但它们确是新旧两个时代的分水岭，以前的《春秋》三传也同样重视了这三个字。这的确是井田制的死刑宣布，继起的庄园制的汤饼会。

我们为什么要重视这三个字？因为在这时才正式地承认了土地的私有。自殷周以来的土田都是国有的或王有的公田，虽然在西周末造已经有私田出现，但和国家的经济机构毫无关系，也可以说是未经合法承认的私有。因为初出现

时不能影响大局，公家一直默认了它。然而时间一经久了，私田的亩积便超过公田，私门富庶了，公家便式微了下来。因而"礼乐征伐"便逐渐"自大夫出"，更达到"陪臣执国命"的地步。公室为挽救自己的式微，便被逼得把传统的公田制打破，而公开承认私有，对于私田一律课税。这样便是社会制度的改革。

私肥于公，因而泯却公私而一律取税，这在初是有利于公家而不利于私家的。公家可以多得些税收，而私家则不能再偷税了。因此这一税亩制度在初必曾遭遇过反对。果然在 32 年后的襄公十一年，三家来一次总反攻，"三分公室而各有其一，季氏尽征之，叔孙氏臣其子弟，孟氏取其半焉"（昭五年）。季孙氏采用征税的新制度，叔孙氏沿用奴隶制，孟孙氏则新旧参半。再隔25 年，又"四分公室，季氏择二，二子各一，皆尽征之，而贡于公"（昭五年）。行新制度的季孙掌握了霸权，三家都采取征税制，而把鲁公室瓜分了。但鲁公室依然存在，它是靠着三家的贡税而维持着的。这"贡"在哀公时已是十分取二，但仅限于三家所分的公田，其三家的私田不在献贡的范围之内。这一制度变革的经过，由《论语》上下列一段颇难索解的故事，可以得到补充。

> 哀公问于有若曰："年饥用不足，如之何？"
>
> 有若对曰："盍彻乎？"（十分取一为彻）
>
> 曰："二吾犹不足，如之何其彻也？"
>
> 对曰："百姓足，君孰与不足？百姓不足，君孰与足？"（《颜渊》）

这段文字骤看起来是有点滑稽的，一向的注家把它当作仁政在讲，那是只有更增加滑稽的程度。哀公已经增加了田税，十分取二了，还感国用不够，而有若却教他"何不十分取一"。这位有若先生岂不是一位十足的书呆子吗？然而我想，有若不会有这样的呆——这样的呆得不成话。但假如我们明瞭了当时的情形，那这段滑稽文字便并不那么滑稽了。哀公所说的"二吾犹不足"是由鲁国旧有的公田十分取二，而有若的"彻"是叫他撤去公私之分，不管你公田私田，而一律的十分取一。这样从多量的田积中虽然取得少些，实在比你从少量的田积中取得多些的，还有更多的收获。所以说："百姓足，君孰与不足？"

百姓在这儿是指三家等的贵族的。贵族们都有十足的私田，你公家从多中捞末，为什么会不足呢？这样十分富有社会史料价值的一段故事，可惜一向竟被人忽略而且完全误解了。我们现在得到了正确的解释，便可以知道鲁国的公田制，也就是井田制，是在春秋末年才废除了的。

这样的变革在当时的中国并不是平衡地发展起来的。大多数的国家比鲁国迟，而有的国家来不及蜕变便被人吞并了；但在战国年代所有存在着的国族都先先后后起着变革，一直变到秦始皇并吞六国，乃至陈、吴、刘、项的奴隶大暴动㉗的成功为止，才达到了它的最后终结。

七　工商是怎样分化出来的

原始工艺大抵都是农人的副业，例如织布抽丝，织屦编笠，制造简单的匏土革木之器，甚至修造古时的简单的宫室社庙，这些都用不着怎样高超的技术，无须乎有人来专司其事的。但社会进展了，工艺品的需要提高了，特别是领主贵族们已经领略了安逸享受的滋味，不能再满足于农人们在农忙之暇所造作出来的那种土气十足的东西了。于是工艺就来了一个初步的分化，那便是有高级品（雅）与低级品（土）的两种东西。高级品不再是让农人们抽闲来干得了的，于是便不得不有专门职司的人。故尔殷周两代都有"百工"，就是职司各种工艺的百官。就在春秋时代，管仲也说"处工就官府"（《齐语》），而晋文公时的晋国也是"工贾食官"（《晋语》）。前面说过《考工记》是春秋时齐国的官书，他们的"攻木之工七，攻金之工六，攻皮之工五，设色之工五，刮摩之工五，抟埴之工二"，三十工也都是官。那儿所管的工事差不多全部都是上等的东西，只有一项"段氏为镈器"是和农业生产有关的，而职文偏偏缺了。

官也要来做工的吗？如有人肯这样发问，问题便容易得到答案。其实那不是官自己动手，而是把工艺分成若干部门，设些官来专门掌管这些部门的无数群工艺奴隶而已。管理工奴的有工官，也就和管理耕奴的有农官一样。管理耕奴的农官，在卜辞里似乎称为"藉臣"，其在周代则称为"田畯"或"保介"。农业生产尽管庞大，但生产样式只有那么一套，故尔管理耕奴的官职比较少

（人数却不必少），而工艺部门的生产花样多，故尔管理工奴的官职要比较多。就从工艺这一分野，我们也尽足以证明殷周同是奴隶社会。这些并不是我在驰骋幻想，请记起鲁成公二年，楚国侵鲁，鲁国"赂之以执斲、执针、织纴皆百人"（《左传》）以求和的故事吧。那不足以证明就在春秋中叶以后，鲁国的木工、绣工、织工、缝工都还是没有人身自由的奴隶吗？

《考工记》的工官，单就那六种"攻金之工"来说，那所攻的金大抵都是青铜。青铜是铜与锡的合金，各种器具所用的青铜在它们的合金成分上各有不同，《考工记》中都是详细地记载着的。

> 金有六齐（剂）。六分其金而锡居一，谓之钟鼎之齐；五分其金而锡居一，谓之斧斤之齐；四分其金而锡居一，谓之戈戟之齐；三分其金而锡居一，谓之大刃之齐；五分其金而锡居二，谓之削杀矢之齐；金锡半，谓之鉴燧之齐。

只有镈器之剂没有提到，镈器在春秋时是已经有了用铁的证据的。青铜的冶铸都有工官职管，因而我们可以知道，殷周两代传世的青铜器都是出于工艺奴隶之手，而青铜器也就恰好是殷周社会所遗留下来的时代铜像了。在这儿我们看不出殷周之间有什么划时代的区别，不仅没有，就像青铜合金一样混合着，铜与锡分不开来。

中国的青铜器时代起源于什么时候，现在还不知道。但我们所知道的是殷末和西周前半已经达到了青铜冶铸的最高峰。体质、形式、花纹、铭辞、字体，一切都非常庄重，丝毫也不苟且。这一时期的古器，向来是为古董家们所特别珍重的。除掉直接由殷虚发掘，或由铭文本身表露着是殷是周，我们因而可分别为殷器或周器之外，无铭或仅一二个图形文字，以及有"以日为名"的一二个简单的名号，如祖甲、父乙、妣丙、母丁、兄壬、妇癸之类的，我们是无法分别殷、周的。旧时以"以日为名"为殷习，凡有那种名号之器统称为殷彝，现在我们已经知道"以日为名"之习就在西周中叶也还残留着，那个根据是不能成为绝对的标准了。

西周初年的一切都是沿袭着殷制，尤以这青铜器为最显著。最好请从花纹上去看时代吧。所谓夔龙、夔凤、饕餮、雷纹，全部都沿用着殷代的图案，原始的图腾气味是十分浓厚的。但到恭王、懿王以后就渐渐改变了。体质、形式、花纹、铭辞、字体，一切都变得很潦草。以花纹而言，前期的那些图案渐渐消灭，或变而为异常简单的粗枝大叶的几条曲线，如夔龙变成为横写的 S 字形之类，非是细心的人，追迹着全时代的进展，是找不出它们之间的联系的。铭辞字体都非常草率，甚至有不少夺掉字句的例子。这颓废的气韵一直传到春秋中叶，又才来了次一期的变化。这一次的变化可以说是"中兴"，然而与殷末周初还是判然不同的。在中兴期里面，一切都变得精巧玲珑了。体质轻便，形式新鲜，花纹工细，铭辞多韵文，字体用花文，草率的陋习完全革掉，而原始的风味也完全扬弃了。特别是在花纹里面，有现实的动物形象出现，工细之极已经开始使用印板。字体有意求工固不用说，而且有所谓"鸟篆"出现，一字的笔画尽可能使之鸟形化，或把鸟形附加上去，纯粹是装饰的意味。这一期也可以称为艺术期，自春秋中叶至于战国末年。但自战国末年以后随着青铜器时代的下台，这些艺术的努力便从青铜器上面移往别的器用上去了。

　　以上是青铜器的演变。这样的波动，我们从社会史上怎么来加以说明呢？这很简单，和农业的发展是一致的。便是在殷末周初是奴隶生产的最高度发展的时期。恭、懿以后毛病渐渐生出来了，就和有农田和耕奴的人尽力榨取耕奴的剩余劳动以成为地主一样，管工奴的人也尽力榨取工奴的剩余劳动以成为工头了。怎样榨取法呢？便是对于公家的器皿尽力草率，敷衍塞责，而把劳力挪用到低级品的生产上，以换取新兴地主或耕奴们的米谷钱财。这样也就促进了商行为。所谓"如贾三倍，君子是识"⑧，所说的就是这个事体。因为交易主要发生于农工之间，而农官、工官都是所说的"君子"。就这样百工们也领略到做生意比做工官还要有利，他们也就渐渐脱离官籍，而新成为一种工商阶层，故尔他们的姓氏多半是沿用着他们的职名。这分化和地主的产生过程相同，而时期也约略一致。在初这些私人生产也和私田一样，国家是不课税的，所谓"市廛不税，关讥不征"。然而涓涓之水后来成了江河，和私田不能不取赋一样，关市也就不能不征税了。这一转变，在周室大约是在厉王时代，所谓厉王"学专利"（《国语·周语》），案其实也就是想把那些私人生产的所得收归国有，而结果是遭了大反对，被逼着出了京城。宣王承继着他，把政策缓和了一点，所谓"不藉千亩"，所谓"诸侯百姓，厥贮毋敢不即市"，是表明着私田有税，关市有征，然而不是全盘夺取了。

新兴的地主阶层和工商阶层，在初起时在本质上并没有什么差异。地主依然靠奴隶的剥削，工商也一样靠奴隶的剥削。金文里面有把邑来和田交换的例子。邑中必带有生产的工奴，田中也必带有生产的耕奴，不然那是不成意义的。还有把邑来做赏赐品的，也不能认为只有房屋没有人。《易·讼卦》九二："不克讼，归而逋其邑人三百户。"这些逃亡了的"邑人"岂不同样是奴隶吗？这样无限制的剩余劳动的剥削便同样地使商人的势力后来逐渐庞大了。拿郑国的情形来说，在东周初年郑国的建国差不多就是纯全靠执政者（新兴地主）和商人的同盟而成立的。子产有一段建国的追忆，这样说道：

> 昔我先君桓公，与商人皆出自周。庸次比耦，以艾杀此地，斩之蓬蒿藜藋（当时的河南还是这样的情形，请注意）而共处之。世有盟誓以相信也，曰："尔无我叛，我无强贾。毋或匄夺。尔有利市宝贿，我勿与知。"恃此质誓，故能相保，以至于今。（《左传》昭十六年）

地主和商人都是遭了亡国的惨祸，由宗周逃走出来的，走到新开的土地，组织了这么一种新式的联合政权。而这政权的联系看来也是很疏松的，商人毫无纳税义务，竟俨然敌国。这种商人如没有控制着多量的奴隶以从事生产或流通，那是怎么也不能想象的事。

说到郑国的商人使我们必然联想到的是弦高犒师的故事。鲁僖公三十三年春，秦国的兵走过周的北门，到了滑地，打算侵袭郑国。适逢其会，郑国的商人弦高要到周去做生意，便在路上碰着。弦高便用 12 条牛拖着 4 车皮革以犒劳秦师，矫称奉郑国的君命，以表示郑国有备；一方面又派人兼程回郑国报信。结果秦兵也就不敢侵郑，把滑灭了之后便回去了。

这弦高的气派不也俨然像一个王者吗？这假如不是驱策着一大群奴隶而且有干戈兵甲的保卫以组成一个大商队行进，那也是不能令人想象的事。⑩

郑国是由西周蜕变出来的，它的情形比其他各国要早些的，而实际上不过如此。其他国度，如有名的货殖大家白圭，是战国初年魏文侯时代的人，他所有的大本领之一，是能"与用事童仆同苦乐"（《史记·货殖列传》）。可见他用来经商的管事都还是家奴。一直到战国末年的吕不韦，以一个国际商人的资格，一跃而登上秦国的政治舞台，他所有的家僮是万余人，比起弦高的气派来不用说是更加煊赫了。汉时也还有家僮存在，如西蜀的卓氏、程郑是有名的例子。但是汉代的奴隶多用于工商业的经营，不能认为生产的主流了。

准上我们可以知道，青铜器的制作至春秋中叶之所以突然中兴的关系，是因为新分化的工商业发达了的结果。特别显著的是花纹、器制、铭辞、字体，差不多无分南北，都有一致的倾向。十几年前在呼和浩特市北 100 里左右的李峪村曾经出现过一大批铜器，精巧异常，由法国的商人王尼克（L. 王涅克）⑳运往了欧洲，一时漫无根据地称之为"秦式"。但到后来，在洛阳韩墓，在寿春楚墓，以及淮河流域一带，和最近在长沙出土的器物，都和呼市器群的花纹形式相差不远。因此才得以断定，那并不是什么"秦式"，而是春秋中叶以还普遍于南北的一种新型。这样的普遍性的说明，自然也只好求之于工商业的普遍发展了。

但这一发展是在西周以后，而不是在西周时代，我们是须得把它认识清楚的。

西周的商行为并不是没有，但不能说是已经发展。前面已经提到过，孝王时的奴隶买卖还在实物交易与准货币交易的状态。厉王时的田邑交易，也是实物交易的一例。还有一个《格伯簋》，大约是上下年代的东西，那铭文载着有"格伯爰良马乘于倗生，厥贮（价）卅田则析"，以 30 田去换 4 匹马（四马为乘），也依然是实物交易。

在西周，货币制并未发达。周人曾经沿袭殷人的习惯，使用过贝子与铜块，终西周之世似乎都是这样的情形。金文中有一个字，为西周后半叶所常见的，便是《毛公鼎》（宣王时器）的"取赉卅乎"的取下一字。这个字在别的器皿里面或从双人旁（如《智鼎》《散簋》），或从走之（如《扬簋》《番生簋》《趞簋》）。这种东西是以乎为单位的，可见依然是生铜，如后世使用金锭银锭那样。这只能说是准货币，还未达到纯粹货币的阶段。就是贝子的使用也是这样的，因为它是兼备着装饰品和价值媒介的双重使命的。

纯粹货币的使用盛行于战国年间。它的绝对年代还未十分考出，但至古也不能超过春秋中年。战国时代的货币，形式是多种多样的，概略言之，可以分为四种。一种是秦式，圆形方孔，铸有"半两"二字，古泉家称为寰法。二种是晋式，钱镈形（钱本是耕具，货币因之而名为"钱"，原义反失），大小轻重不等，古泉家称为布，有方足布、尖足布等名。三种是齐式，刀形，出于齐地的有"齐邦法化""即墨法化"，化就是货。出于燕地的有"明"字，古泉家称为明刀。这些都统被称为刀币。四种是楚式，豆腐干形，近年始出土，古泉家称为锾。偶于一小方中有"一两"二字，一大方为十六小方，即为一斤。文献中常见"金若干斤"之语，到现在才得到解释。后来，这些形式都统一于寰法。秦国混一天下固然是政治的原因，事实上还是它本身便当，形成了优胜劣败的现象。世界万国的硬币都通行着圆形。

货币的发展和商业的发展是相应的，商业的发展又依存于农工，以故货币的形式也多是取自农人工人的用具。这是很有趣味的一个现象。例如晋式的镈形是取象于耕具，而楚式的豆腐干形是取象于井田。又例如齐式的刀形是工人用具，而秦式的寰法也是环状石斧的再转化（环状石斧一转化而为璧，再转化而为钱）。

在这儿我还要郑重地纠正我的另一个错误，便是关于铁器使用的时期。

中国的铁器时代是秦以后才正式登上了历史舞台，这是毫无疑问的，例如以铁造兵器是在汉代才普遍化了的。江淹的《铜剑赞序》说："古者以铜为兵。春秋迄于战国，战国迄于秦时，攻争纷乱，兵革互兴，铜既弗克给，故以铁足之。铸铜甚难，求铁甚易。故铜兵转少，铁兵转多，二汉之世，既见其微。"这和考古上所见到的情形是一致的。存世秦前兵器都是铜制，至迟的有如秦《上郡戈》和《吕不韦戈》，足证秦始皇初年都还在用铜兵。汉代的铜兵却一件也不曾发现过。

但铁兵的使用并不始于汉，在战国末年已经在开始使用了。《荀子·议兵篇》"楚人铁钏，惨如蜂虿"，又秦昭王曾赞叹"楚之铁剑利而倡优拙"（《史记·范雎列传》），可见铁兵的使用始于楚。在楚之外也还有别的国家在用铁器的，如中山的力士吾邱鸠的"衣铁甲，操铁杖以战"（《吕氏春秋·贵卒篇》），魏国信陵君的食客朱亥"袖四十斤铁椎，椎杀晋鄙"（《史记·信陵君传》），商鞅的铁殳（《韩非·南面篇》），韩国的铁幕（《韩策》）、铁室（《韩非·内储说上》）等。大率冶铁的技艺还未十分纯熟，没有制出像楚国那样更有效的积极的兵器。

铁兵使用的开始并不就是铁的使用的开始，因为铁要能炼成钢，然后才能铸造成高级的兵器，在钢的使用之前应该还有一段长时期的毛铁的使用。《孟子》书中已言"以铁耕"，可知当时耕具已在用铁。这种使用可以上溯至春秋年间，有文献可考的是在齐国。《管子·海王篇》："今铁官之数曰：一女必有一针一刀……耕者必有一耒一耜一铫……行服连轺輂者必有一斤一锯一椎一凿。"《管子》多是战国时代及其以后的文字纂集，所纂集的齐国史籍可能上溯至管仲时代。又《国语·齐语》也载有管仲的话："美金以铸剑戟，试诸狗马；恶金以铸锄夷斤斸，试诸壤土。"美金自然是青铜，恶金可能就是毛铁了。

但要再朝上溯，便毫无根据了。《考工记》的"段氏为铸器"，职文适缺，是一件遗憾的事，即便是铁器也只是春秋后半叶的情形。《诗经·秦风》"驷驖孔阜"（襄公时诗），说者谓马色如铁（鐵）故名驖，然安知非马名在先而铁名在后，即金色如驖故名铁？铁字并不古，在西周和以前的铁器也始终没有发现过。殷虚的发掘，得到了不少的铜器，有斧斤刀椎针镞矛戈之属及各种礼器，更还有不少的铜模、铜锅、铜矿及大块孔雀石，而却无丝毫的铁的痕迹。铁的发现不能上溯至殷末，由这比较科学的发掘是可以下出断案的。

我从前发表《中国古代社会研究》的时候，殷虚才刚开始地面试掘，方法是很成问题的，我曾因试掘者董作宾的《新获卜辞写本》后记里面，于"同时出产之副产物"中有一个"铁"字，表示过极大的惊异。这经后来的科学的发掘证明，是从被窜乱了的表层里面所拾得的后代窜入物而已。

但比这更草率的，我竟据《诗经·公刘篇》的"取厉取锻"一语而解释为周初已发现铁，作为周人的生产力超过了殷人的根源。这所犯的错误相当严重。《公刘篇》绝不是周初的诗，锻字的初文即是段字，有矿石、石灰石以及椎冶的含义，并没有铁矿的意思。我以前根据郑玄"石所以为锻质"的解释认为铁矿，那完全是牵强附会。

现在我却可以得到一个更正确的推论了。冶铁技术的发明和发展不用说是冶金工业的一大进步，而把铁作为耕具及手工具的使用，又增加了整个的生产力，而使社会生产得到了更高一段的发展。这无疑便成为社会变革上的一个重要的契机。但这些事实，我们知道，并非出现于周初，而是出现于春秋战国时代。那么，这铁的使用倒真正成为春秋战国时代是古代社会的转折点的"铁的证据"了。

八 奴隶就这样得到解放

一些大夫或陪臣们，起先是靠着残酷的剩余劳动的剥削逐渐起家；等到他们的羽翼丰满了，与更上层的榨取者成为敌对的形势，他们必然地要转换作风，把被剥削者的大群作为自己的同盟军，而与公家对抗。人民争夺战便不间断地展开出来。《左传》昭公三年齐国的晏婴和晋国的叔向谈到齐晋之政的那一番有名的对话，是值得我们注意的。

晏婴先说到齐国的情形上来，他说道：

> 此季世也，吾弗知，齐其为陈氏（即田氏）矣。公弃其民而归于陈氏。齐旧四量：豆区釜钟。四升为豆，各自其四，以登于釜，釜十则钟。陈氏三量，皆登一焉，钟乃大矣；以家量贷而以公量收之。③ 山木如市，弗如于山；鱼盐蜃蛤，弗加于海。民参其力，二入于公而衣食其一；公聚朽蠹而三老冻馁。国之诸市，屦贱踊贵。民人痛疾而或燠休之，其爱之如父母，而归之如流水。欲无获民，将焉避之！

这所说的新旧势力的对比相当详细，看这情形和鲁国的三家（特别是季孙氏）与鲁国公室斗争的步骤差不多是一样。

叔向说到晋国的情形上来，可惜又含糊了一点。且看他说：

> 虽吾公室今亦季世也。戎马不驾，卿无军行。公乘无人，卒列无长。庶民罢敝而宫室滋侈，道殣相望而女富溢尤。民闻公命，如逃寇雠。栾、郤、胥、原、狐、续、庆、伯，降在皂隶，政在家门，民无所依。君日不悛，以乐慆忧。公室之卑，其何日之有！

这只说到公室的糊涂，而没有说到家门究竟是在怎样为政。不过我们从这里也可以推想得到一些影子。因为人民既闻公命如逃寇雠，必然另外有吸引他们的力量。而这力量既在家门，则家门所为的政必然是一些德政，至少总不是

"宫室滋侈"而"女富溢尤"的暴政。不过晋国的情形要复杂些，不比齐国那么简单。晋国是六卿专政，在家门与公室之间既有斗争，而家门彼此之间又有斗争。可惜史籍上所剩下来的多是他们在军事上斗争的痕迹，而他们在政治上的施设却差不多完全被湮灭了。

像这样私家与公室之争，争取人民，在春秋战国年代差不多是每一个国家所共通的现象，一直到秦始皇与吕不韦的斗争为止，才逐渐地走下了历史舞台。这儿正表明着一个社会变革的关键，人民就是在这样的契机下从奴隶的羁绊解放出来的。

更进还有值得我们注意的是在春秋年间有所谓"士"的一种阶层出现。人民分化成为四民，所谓士农工商，而士居在首位。这是后来的封建社会的官僚机构的基层。我们如把这层忽略了，不仅周秦之际的社会变革我们得不到正确的了解，那种变革之在周秦诸子的意识形态上的反映，不用说是更得不到正确的了解的。

士的起源究竟可以追溯在什么时代呢？士的含义颇多，如士女对言，那只是等于一般的男子；如公卿大夫士的所谓元士，那只是一些下级的官吏。这些都和我们现在所追求的士民的士不同。因此，如像《周书·多士篇》的"殷遗多士"，那在事实上只是一些"殷之顽民"，和后来的士也是不相同的。后来的所谓士，大率可以追溯到齐桓公的时候。

管仲相齐桓公③，"制国（都城）以为二十一乡，工商之乡六，士乡十五。"农人则居于鄙野，这是他的"四民者勿使杂处"的政策。他说："昔圣王之处士也，使就闲燕，处工就官府，处商就市井，处农就田野。"虽然是假托之于古先圣王，但看他所说的士的内容和古代的情形已经是大有不同了。

> 今夫士，群萃而州处，闲燕则父与父言义，子与子言孝，其事君者言敬，其幼者言悌；少而习焉，其心安焉，不见异物而迁焉。是故其父兄之教不肃而成，其子弟之学不劳而能。夫是故士之子恒为士。

看这样子完全是一座世袭官僚养成所。这当然是从古时的庠序学校等所演变出来的。但在奴隶制时代，庠序学校等是教养贵胄子弟的地方，庶民子弟不能高攀。而在桓公时则有所谓"三选"之法，"匹夫有善可得而举"，可见庶民子弟已经可以上升为士。所以这种士已经不纯是贵胄而至少有一部分是人民了。这是值得特别注意的。

《王制》里面也有一节选举的叙述更为详细，我率性把它摘录在下面吧。

> 命乡论秀士，升之司徒，曰选士。司徒论选士之秀者而升之学，曰俊士。升于司徒者不征于乡，升于学者不征于司徒，曰造士。
>
> 乐正崇四术，立四教，顺先王《诗》《书》《礼》《乐》以造士。春秋教以《礼》《乐》，冬夏教以《诗》《书》。王大子、王子、群后之大子、卿大夫元士之适子、国之俊选，皆造焉。
>
> 大乐正论造士之秀者以告于王而升诸司马，曰进士。
>
> 司马辨论官材。论进士之贤者以告于王而定其论。论定然后官之，任官然后爵之，位定然后禄之。

这无疑也是从春秋或战国时代的文献所纂录下来的。因为司徒司马等官在春秋以前，其官位并不隆崇，他们只是天官六大（大宰、大宗、大史、大祝、大士、大卜）之下的事务官而已。到了春秋时代，天官倒了楣，司徒司马等职才辉煌了起来。

在这一节叙述里面所值得注意的是一些选士俊士等的所谓"国之俊选"，都是从人民里面选举出来的人。这就更加严密地接近后人所谓士了。当然，这些士虽说都由乡里所选进，而在事实上也并不必选自真正的劳力的人民，而只是选自新起的一些小地主。但这些小地主的本身也多半还是奴隶，故从整个来说，奴隶是获得解放，而且获得了参预政权的门路，是毫无疑问的。

这些初期的所谓士在性质上多少也还有些不同，便是他们是文武不分。故尔平时虽在讲学论道，而战时却一样地要被坚执锐。

士既由民间上升，则上层的礼乐刑政所谓文化，也就因士为媒介而下降。文化便起了对流。不下庶人的礼乐，一部分下了下来；不登大雅之堂的东西，一部分也要登了上去。这种变革在文字上表现得最为明显。中国的头号古文如《诗经》的《雅》《颂》，《书经》的《诰》《命》，以及卜辞金文等，那和民间口语是绝对隔离的，焉乎也者那样的语助（表示口语形态的音符）是绝对不用的。到了春秋和战国时代，有这种语助辞的文体便大批出现了；我是称之为中国的二号古文，在当时其实就是口语。故从这文字的变革上也正明白地反映着社会的变革。

士在春秋前期大抵是由各诸侯的公室所养畜，贵族或逃亡贵族的子弟占多数。但到末叶以后，私门和公室斗争，公室既在养士，私门也在养士。例如齐陈成子"杀一牛，取一豆肉，余以食士"（《韩非·外储说右上》），又如鲁孙季"养孔子之徒，所朝服而与坐者以十数"（《韩非·外储说左下》），可见私门养士之风已大盛行。至战国时代，公室如鲁穆公、魏文侯、齐威王、齐宣王、梁惠王、燕昭王等都曾经有一段时期成为文士的集中保护者。而私门如四公子——孟尝君、春申君、平原君、信陵君及秦的吕不韦，也都动辄是食客三千，真可谓登峰造极。私门与公室之间就在养士上也有竞争。公室不能容便走私门，如田骈受谗于齐而奔薛，孟尝君闻之，使人以车迎。私门呆不住便跑公室，如李斯因吕不韦失足而上《谏逐客书》以媚秦王。于是乎所谓士的流品也就日渐复杂了。士成为了一种吃饭的职业，有所谓游士，有所谓辩士，走公室，跑私门，不狩不猎，不工不贾，四体不勤，五谷不分，也就尽可以糊其口于四方了。

士一成为职业，自然也就成为择业的对象。有的人认此为终南捷径，便大家竞争着来学做士。《韩非·外储说左上》载有两段故事，便是"中章胥己仕，而中牟之民弃田圃而随文学者邑之半；平公腓痛足痹，而不敢坏座，晋国之辞仕记者⑤国之锤（四分之一为垂）"。这些都是春秋末年的事，想见当时学读书学做士已经成了风气。孔子和墨子那两大读书帮口便是在这样的风气中形成的。既有多数的人要靠着读书来取进身之阶，自然也就有孔、墨这样的大师，靠着教书来铺张自己的场面了。孔子有弟子72人，墨子有弟子180人，这些数目大概都是可靠的。孔子是宋人的私生子而生于鲁，自称"少也贱"，后来做到鲁国的大夫；墨子是鲁国贱人，后来也做到宋国的大夫。这些大概也都是事实。但他们的出身都是文学之士，墨子曾"习儒者之业"，这也是毫无问题的，不然他们根本就得不到接近学术的机会，哪里还能够一跃而成为天下的"显学"呢？

士之中也有专门的武士，便是士卒。高级一点的自然是官，最低级的便只是兵。在战国时代为保卫所有权并侵夺弱者的所有权起见，各国便开始有常备兵的设置。因而当兵也就成为了人民解放的一个门径。关于兵的待遇，各国的情形不同，《荀子·议兵篇》替我们保存了一些重要的资料；在这里面，战国时，各国的社会由奴隶制蜕化的情形也表示得非常显明。

> 齐人隆技击，其技也，得一首者则赐赎锱金。（取得一个首级的，给以八两黄铜）
>
> 魏氏之武卒以度取之。衣三属之甲，操十二石之弩，负矢五十个，置戈其上，冠胄带剑，赢三日之粮，日中而趋百里。中试则复其户（免其奴役），利其田宅。（公田公宅归其私有）
>
> 秦人……功赏相长也，五甲首而隶五家。（取得五名著甲者的首级的，便给以五家奴隶）

《汉书·刑法志》引用此文，以为"齐湣以技击强，魏惠以武卒奋，秦昭以锐士胜"。这可见齐之技击、魏之武卒、秦之锐士，为时先后，相差不远。齐人用金钱赏赐是商业式的办法，魏人用田宅赏赐是农业式的办法，秦人用奴隶赏赐可以说是工业式的办法。虽然方法不尽相同，但当兵的靠着自己的体力和本领，不仅解放了自己的奴役（复户），而且得到了财力物力人力的私有。这无疑又是奴隶解放的另一种直接的关键，从这儿当然又可以有小规模的有产者出现了。

又有所谓隐士或"辟世之士"。这在《论语》里面便有楚狂接舆、子桑伯子（即《庄子》的子桑户）、荷蓧丈人、荷蒉、晨门、长沮、桀溺。孔门里面的颜回、原宪、琴张、曾晳、牧皮（即孟之反），也是这一流。就连孔子自己多少都有些这样的倾向。孔子的老师老聃，老聃的弟子杨朱，不用说也就是这一派的大头目了。

这一派人产生在春秋末年的社会关系，也是很容易地可以得到说明的。他们有的是由贱人上升的，有的是由贵族降落的；他们都有相当优越的智慧，并也都有不愁饥寒的小的官职或产业；在那社会的大动荡中经不起波折，或者无心上进，或者也无法上进，便乐得高尚其志，过着脱离现实的独善生活。有的疾世愤俗，做出些狂放不检的行为，故意去破坏既成的或方生的秩序（即所谓"礼教");有的又恬淡无为,安贫乐贱,而陶醉于自己所幻想出的精神世界。表现的方式虽然不同,但他们都是一群脱离现实的利己主义者,那是毫无问题的。

既有这样的生活,当然会有超现实的理论出现以作为这种生活的根据。人是喜欢找理由来说明自己的立场的。因而老聃、杨朱的形而上的思想便发生了。但这思想,由于是脱离现实或超现实的东西,没有群众的基础,因此它不能像儒墨那样在春秋战国之交及早形成为一种有力的潮流。它的发展而为家派,要到齐国的威王、宣王时代,新兴的地主政权已经获得初步的稳定的时候,在一种高等的文化政策保护之下,才被培育了起来的。当时的稷下先生们里面,一大半是道家,如宋钘、尹文、田骈、慎到、接予、环渊之流,在稷下是执掌着牛耳的。在当时墨家已流入于秦,为秦惠王所保护;钜子腹䵍是惠王的先生,唐姑果是他的亲信。而齐国则保护道家。所以栖栖遑遑、找不着主子的儒家代表孟轲,便大发其牢骚,说"天下之言,不归杨,则归墨",这话倒也是当时的学派势力的正确的反映。

近时学者对于这些发生和发展的过程,不曾作出充分的追迹。他们只在浮面上看见杨朱没有著作传世(《列子》中有《杨朱篇》是晋人伪托),又看见传世《道德经》是战国时人的述作,于是便怀疑杨、老的存在,有的又要把他们的年代降到战国中叶以后,这是受了形式逻辑的限制。在我看来,正是"知其一而不知其二"的见解。

春秋末年还没有专门著书的风气,这早为学术界所承认了。故如孔、墨的书都只是门弟子们的记录。像老聃和杨朱那样避世者流,当然更不会自己动手著书了。但他们总得也有些口说流传,我们是没有理由否认的。例如《庄子·天下篇》论到彭蒙、田骈、慎到的一派,说明了彭蒙是田骈之师,而彭蒙又有"彭蒙之师"。彭蒙之师曰:"古之道人至于莫之是,莫之非而已矣。"这是先秦古籍中的唯一的资料。以年代而言,"彭蒙之师"或当与墨翟同时,相当于孔门弟子或再传弟子,然而他已经在说"古之道人",而见解也是道家的见解。我们不因《天下篇》的孤证而否认"彭蒙之师",以何因缘而能否认先秦诸子所公认的杨朱、老聃呢?

以前的人,又有的因为要争道统,不愿在通天教主的孔仲尼之上还有教祖存在，故尔要否定老聃。像唐代的韩愈就是这一派的代表，他认老聃是道家假造来争夺教席的，甚至儒家也胡涂了，竟承认孔子的确师事过老子。这完全是不顾事实的偏见。我们还有什么争道统的必要吗？尽管你是怎样的通天教主，但你总不能没有老师。其实孔子自己早就承认了："述而不作，信而好古，窃比于我老彭。"（《论语·述而》）"老"就是老子，我们无须乎一定要强辞夺理地来剥夺这层师弟关系。

我的看法倒很老实。我认为老子确有其人，也确是避世理论的倡导者。他虽然不曾著书，但有口说流传。现存的《道德经》是环渊（亦即关尹）所著录，但这书不是记录体，而是赞颂体，因而强半以上都是环渊自己的东西。孔子是师事过老子的，但他们的生活态度不同，思想上没有多大关涉。老子的思想虽在孔、墨之先，而它的成为学派是在孔、墨之后，这种现象就在近代的科学史中也有类似的例子。

最后，还有所谓任侠之士，大抵是出身于商贾。商贾而唯利是图的便成为市侩奸猾，商贾而富有正义感的便成为任侠。故在古时如聂政、朱亥、剧孟、郭解之流，都大大小小地经营着市井商业。直到现在的江湖人士也还保存着这个传统。这在后来虽不再以士视之，而在古时可依然是士的一部分。《墨经上》说"任，士损己而益所为也"，可见墨家后学也还视任侠为士。大约就因为这样吧，近时的学者差不多普遍地有认任侠出于墨家的倾向，但那是不正确的。司马迁很同情游侠，曾为侠士们立传；除掉把延陵、孟尝、春申、平原、信陵都认为是豪侠之外，而他说"闾巷之侠""儒墨皆排摈不载"，可见侠固非儒，然亦非墨。墨家的行谊有些近于任侠是实在的，但儒家里面有漆雕氏之儒，"不色挠，不目逃，行曲则违于臧获，行直则怒于诸侯"（《韩非·显学篇》），而却为墨子所反对，谓"漆雕刑残，〔辱〕莫大焉"（《非儒篇》）。汉初甚至有道家而"尚任侠"的人，最明著的如张良、如田叔，隐僻一点的如黄石公、如乐巨公都是。足见任侠出于墨实在缺乏事实上的根据，而是富于盖然性的揣测。主要是由于墨家的基本立场隐晦了，我们只看见他们在"摩顶放踵"或"赴火蹈刃"，而忽略了他们是在为谁如此。最好是平心静气地把《非儒篇》来研究一下，在那里面，墨家非毁儒者都是以帮忙私家——所谓"乱臣贼子"为根据的，那么墨子自己岂不是明显地站在公室一方面的吗？这种立场和任侠的态度根本相反。因此，我很诚恳地请求，研究古代思想的朋友们从这项资料上来从新加以考虑。

士的流品的复杂，所谓鸡鸣狗盗、引车卖浆者流都可以成为士，那倒表示着在社会变革的过程当中奴隶解放的程度相当彻底。但这种现象是不能够长久的。社会的动荡一平静了之后，士的成分便逐渐纯化；工农所打出来的天下，又由新的贵族们来君临着。那些地主和工商业的巨头代替了奴隶主的地位，把所谓"士"垄断了，也就是说把刑政大权垄断了。于是又形成一种新的封建秩序。工农所得的是什么呢？由有形的锁链变而为无形的锁链而已。

1944 年 7 月 18 日

注释

①参看《周易之制作时代》（有单行本，亦见《青铜时代》）。——作者注

②《吕刑》首句是"惟吕命王享国百年"。古者令命一字，"令王"殆假为灵王，百年当是四年之伪，古文四与百形极相近。——作者注

③参看《由周代农事诗论到周代社会》（《中原》第四期，亦见《青铜时代》）。——作者注

④《晋书·束皙传》，《史通·疑古篇》及《杂说篇》所引。——作者注

⑤见作者《金文所无考》（《金文丛考》）。

⑥王国维《古诸侯称王说》，《观堂别集》卷一。

⑦散氏盘，又称矢人盘，见《两周金文辞大系图录考释》。

⑧世界各国均无铜犁出土，见 M. Ebert《Reallexikon der Vorgeschichte》第 10 卷第 118 页 Ptlug 项下。——作者注

⑨首句"盘庚迁于殷，民不适有居，率吁，众感出矢言"，言民不安于新居，动辄呼吁，众戚便赌咒说的意思。旧以"率吁众感"为句，致"出矢言"者为民，全文遂不可通。——作者注

⑩见作者《谥法之起源》一文。

⑪据余考证，殷尺大于周，则殷亩必大于周亩，则七十与百之比在事实上恐无差

别。——作者注

⑫崔适与钱玄同认《穀梁》为古文家，乃西汉末年之书。详钱著《重论经今古文学问题》（《古史辨》第三册）。——作者注

⑬这个庐字也不是庐舍的庐，《考工记》"庐人为庐器"，是做戈戟枪矛的杆子，也可以说就是殳。古语说"侏儒扶庐"，就是矮子爬棍棒。——作者注

⑭《左传》成公二年："今吾子疆理诸侯，而曰'尽东其亩'而已，唯吾子戎车是利，无顾土宜，其无乃非先王之命也乎？"

⑮可参看《甲骨文字研究·释臣宰》。——作者注

⑯作者依据的是1935年4月出版的重庆中国西部科学院特刊第一号《四川省雷马峨屏调查记》。作者在《奴隶制时代》一书的《改版书后》中写道："我曾经注意到彝族社会的情况，在《青铜时代》和《十批判书》中都曾提到过……但我所依据的资料是已经陈旧了。"

⑰《尚书·酒诰》。

⑱可参考《古代铭刻汇考续编》中《骨臼刻辞之一考察》一文。——作者注

⑲翦伯赞《中国史纲》第313页。——作者注

⑳伐字旧解为舞，那是臆说。卜辞有祭妣庚二例，所列祭品中上言"伐廿"，下言"扱二"或"扱三"。扱即古服字，罗振玉说为俘。说者或将引此为证，怀疑用人为牲之例何以重出。案扱乃用为女奴，《殷契粹编》七二〇片"戊辰卜，有扱，妣己一女，妣庚一女"，即其明证。故伐与扱，不相冲突，伐者田奴，扱者女奴。所祀者为妣，故有用女奴必要。——作者注

㉑见《后》下四三，九。

㉒《左传》："人有十等。王臣公，公臣大夫，大夫臣士，士臣皂，皂臣舆，舆臣隶，隶臣僚，僚臣仆，仆臣台。马有圉，牛有牧。"（昭公七年）——作者注

㉓《尚书·无逸》。

㉔《左传》昭公十二年。

㉕《左传》昭公十六年。

㉖《国语·周语》。

㉗彝器中有"徐王义楚"之器，以前清光绪十四年（1888）出土于江西高安。此人即《左传》昭公六年"徐仪楚聘于楚"的仪楚，古义仪为一字。足为徐在春秋称王之证。楚国的例证可无须引举了。——作者注

㉘董仲舒《春秋繁露·玉杯篇》"政逮大夫四世矣，盖自文以来之谓"，则五世当

自僖公起算。然董说亦不过推测之辞。——作者注

㉙"陈、吴、刘、项的奴隶大暴动"的观点，作者后来已有改变，参见《奴隶制时代》一书。

㉚《诗经·大雅·瞻卬》。

㉛弦高退秦公的这段故事，除见《左传》外，亦见《淮南子·人间训》，言"郑之贾人弦高、蹇他相与谋"云云。而且有下文："郑伯乃以存国之功赏弦高，弦高辞之……遂以其属徙东夷，终身不反。"这大约在弦高立功之后，又被人理想化了。——作者注

㉜"王尼克"，《两周金文辞大系图录考释》译作"王涅克"。按：当译作"L. 王涅克"。

㉝《韩非·外储说右上》有"景公与晏子游于少海"一节，所述与此大同小异。——作者注

㉞以下根据《国语·齐语》及《管子·小匡篇》。——作者注

㉟"仕记"二字或作"仕讬"，疑均是误字。由其故事的含义揣之，当是"经纪"二字，言人弃商贾而求学为士。——作者注

孔墨的批判

一　论孔墨的基本立场

到了现在要来论孔子与墨子实在不是件容易的事。他们都是大师，有不少的门徒，尤其孔子，2000 年来是被视为了通天教主的，关于他们的事迹和学说，自然不免有不少的美化和傅益。譬如我们读一部《新约》，便只见到耶稣是怎样的神奇，不仅难治的病着手成春，而且有起死回生的大力。孔与墨虽然没有这样被人神化，而在各自的门户内是充分被人圣化了的。因此，我们如未能探求得他们的基本立场之前，所有关于他们的传说或著作，我们都不好轻率地相信，那么又从什么资料上来探求他们的基本立场呢？很可庆幸的是他们的态度差不多完全相反，我们最好从反对派所传的故事与批评中去看出他们相互间的关系。反对派所传的材料，毫无疑问不会有溢美之辞，即使有诬蔑溢恶的地方，而在显明相互间的关系上是断然正确的。因此我采取了这一条路，从反对派的镜子里去找寻被反对者的真影。

墨子后起，他是反对孔子的。在现存的《墨子》书里面有《非儒篇》，那里面有几段关于孔子的故事，我觉得最有研究的价值。

第一个故事：

齐景公问晏子曰："孔子为人何如？"

晏子不对。公又复问，不对。

景公曰："以孔丘语寡人者众矣，俱以为贤人也。今寡人问之而子不对，何也?"

晏子对曰："婴不肖，不足以知贤人。虽然，婴闻贤人者入人之国，必务合其君臣之亲，而弭其上下之怨。孔丘之荆，知白公之谋而奉之以石乞。君身几灭而白公僇。婴闻贤人得上不虚，得下不危；言听于君必利人，教行于下必利上。是以言明而易知也，行明而易从也，行义可明乎民，谋虑可通乎君臣。今孔丘深虑周谋以奉贼，劳思尽知以行邪，劝下乱上，教臣杀君，非贤人之行也；入人之国而与人之贼，非义之类也；知人不忠，趣之为乱，非仁之类也。逃人而后谋，避人而后言，行义不可明于民，谋虑不可通于君臣；婴不知孔丘之有异于白公也，是以不对。"

景公曰："呜乎，贶寡人者众矣，非夫子则吾终身不知孔丘之与白公同也。"

这个故事在年代上有些大漏洞：楚白公之乱见《左传》哀公十六年。这一年的四月孔子死。七月白公胜发难。齐景公呢，已经死去 12 年了。晏婴比景公还要死得早。因此以前的人便都说这是墨子的"诬罔之辞"，那自然是没有什么问题的。不过诬罔就算是诬罔吧，我觉得很有意思。因为我们从这儿可以看出：墨子是赞成"入人之国，必务合其君臣之亲，而弭其上下之怨"的；孔子呢，则和这相反，"劝下乱上，教臣杀君"。更说质实一点吧，便是墨子是反对乱党，而孔子是有点帮助乱党的嫌疑。这是极有趣味的一个对照。

第二个故事：

孔丘之齐，见景公。景公悦，欲封之以尼溪，以告晏子。

晏子曰："不可。夫儒浩居（傲倨）而自顺者也，不可以教下；好乐（音乐）而淫人，不可使亲治；立命而怠事，不可使守职；宗（崇）丧循哀，不可使慈民；机服勉容，不可使导众。孔丘盛容修饰以蛊世，弦歌鼓舞以聚徒，繁登降之礼以示仪，务趋翔之节以观众，博学不可使议世，劳思不可以补民；累寿不能尽其学，当年不能行其礼，积财不能赡其乐。繁饰邪术以茕世君，盛为声乐以淫愚民；其道不可以期世，其学不可以导众。今君封之，以利齐俗，非所以导国先众。"

公曰："善。"

于是厚其礼，留其封，敬见而不问其道。

孔丘乃恚怒于景公与晏子，乃树鸱夷子皮于田常之门，告南郭惠子以所欲为，归于鲁。有顷闻齐将伐鲁，告子贡曰："赐乎！举大事于今之时矣。"乃遣子贡之齐因南郭惠子以见田常，劝之伐吴；以教高、国、鲍、晏，使毋得害田常之乱；劝越伐吴。三年之内齐、吴破国之难，伏尸以亿术数。孔丘之谋也。

这段故事的前半也见《晏子春秋》外篇，但《晏子春秋》一书很明显的是墨子学派的人所假托的。晏子反对孔子的说话完全是墨子的理论，《公孟篇》云："子墨子谓程子曰：'儒之道足以丧天下者四政焉。儒以天为不明，以鬼为不神，天鬼不说，此足以丧天下。又厚葬久丧，重为棺椁，多为衣衾……此足以丧天下。又弦歌鼓舞，习为声乐，此足以丧天下。又以命为有……此足以丧天下。'"这四政和这儿的傲倨自顺、好乐淫人、立命怠事、崇丧循哀，是完全一致的。这段故事当然也是在做小说。但最重要的还是在后半，同前一个故事表示孔子在帮白公胜忙一样，他又在帮田成子忙。这事恐怕倒近乎事实。另一反对派的庄子后学，在《盗跖篇》里也提到过一些影子："田成子常杀君窃国而孔子受币。"但在《论语》里面所说的情形便完全不同了：

陈成子弑简公，孔子沐浴而朝，告于哀公曰："陈恒弑其君，请讨之。"

公曰："告夫三子。"

孔子曰："以吾从大夫之后，不敢不告也。君曰告夫三子者？"

之三子告，不可。

孔子曰："以吾从大夫之后，不敢不告也。"（《宪问》）

这纯全是忠于主上而反对乱贼的立场。但我们如要做一个公平的批判人，就宁肯相信《墨子》和《庄子》，而不肯相信一些孔门后学的。因为"三占从二"，我们当从多数，这是一；凡是扶助或同情乱党的人，他的子孙后进是谁也要替他掩盖掩盖的，这是二。

第三个故事：

> 孔丘为鲁司寇，舍（捨）公家而奉季孙。季孙相鲁君而走，季孙与邑人争门关，决植。

这故事颇残缺，"决植"两字上当有夺文，不过意思是可领会的。决假为抉，植是户旁柱，相传"孔子之劲举国门之关而不肯以力闻"①，"决植"大约就是当季孙逃走时，城门掩上了，逃不出，而孔子替他把城门挺开了。这位千斤大力士，照墨子看来是心术不正，所以他的弟子们也就跟着他学，到处捣乱。以下是这三个故事的总批评：

> 孔丘所行，心术所至也。其徒属弟子皆效孔丘。子贡、季路辅孔悝乱乎卫，阳货乱乎齐，佛肸以中牟叛，漆雕刑残，×莫大焉。夫为弟子后生〔于〕其师，必修其言，法其行，力不足，智弗及而后已。今孔丘之行如此，儒士则可以疑矣。

我们真应该感谢墨子或其后学，有他们这样充满敌忾的叙述和批评，不仅表明了孔子的真相，而且也坦露了墨子的心迹。一句话归总：孔子是袒护乱党，而墨子是反对乱党的人！这不是把两人的根本立场和所以对立的原故表示得非常明白吗？

乱党是什么？在当时都要算是比较能够代表民意的新兴势力。陈成子以大量贷出而以小量收回，因而把齐国公室的人民尽量争取去了，这是很有名的故事。季孙氏在鲁也有类似的情形，他礼贤下士，"养孔子之徒，所朝服而与坐者以十数"（《韩非·外储说左下》）。就拿白公胜来说吧，令尹子西分明称赞他"信而勇，不为不利"，就是反对他的叶公也只说他"好复言而求勇士，殆有私乎"，如此而已。"好复言"应该是说话算数的意思，也就是所谓"信"了。他作乱的一年恰巧是孔子死的一年（鲁哀公十六年），《左传》把那时的情形叙述得相当详细。他在七月发难，把令尹子西和司马子期都杀了，同时也把楚惠王捉着了。石乞劝他杀掉楚王，他不肯；劝他焚府库，他也不肯。结果惠王被人盗去，府库为叶公所利用，他竟一败涂地，"奔山而缢"了。关于焚府库的一节，《吕览·分职篇》有更详细的叙录，今揭之如次：

白公胜得荆国，不能以其府库分人。七日，石乞曰："患至矣，不能分人，则焚之。毋令人以害我。"白公又不能。九日，叶公入。乃发太府之货与众，出高库之兵以赋民，因攻之。十有九日而白公死②。

据这故事看来，白公这个人实在还太忠厚了一点。石乞倒确是一位好汉。白公死后，他被人生擒，人们要他说出白公的死所，当然是准备戮尸，石乞不肯说。不说便要烹他，他也不肯说。结果他被人烹了。他倒确是一位智勇兼备的人。假使他果真是出于孔子的推荐，孔子不要算是很有知人之明的吗？

以下我们再把孔门弟子帮助乱臣贼子的罪状追究一下吧。

第一，"子贡、季路辅孔悝乱乎卫"。

这是鲁哀公十五年的事，在孔子死的前一年。那时候的卫君辄是蒯聩的儿子。卫灵公不喜欢蒯聩，把他赶出国外去了。灵公死后卫国立了他的孙子辄为卫君，在位都已经12年了。蒯聩施用阴谋回到国里来，劫持着孔悝，夺取了自己儿子的君位。子路在做孔悝的家臣，他因为反对蒯聩，被蒯聩的人砍死了。后来他的尸首也被煮成了肉酱。消息传来的时候，据说孔子正在炖肉吃，他连呼"天祝（祝者，斫也）予！天祝予！"叫人把炖的肉也倒了。这事，在庄子后学也在加以非难。《盗跖篇》云："子路欲杀卫君而事不成，身菹于卫东门之上。"可见墨家和道家是同情蒯聩，而儒家是同情卫辄的。这在我们是无可无不可的事情，但要说"季路辅孔悝乱乎卫"或"欲杀卫君（指蒯聩言）而事不成"，不仅和当时的情形不甚相符，而且是有点类似于鞭尸戮墓了。

关于子贡的参加，《左传》和《史记》等书均不曾言及，但除这《非儒篇》之外，《盐铁论》的《殊路篇》也说到子贡。"子路仕卫，孔悝作乱，不能救君出亡，身菹于卫。子贡、子皋（羔）遁逃，不能死其难。"《盐铁论》或别有所本，大约在当时子贡在卫国也是担任什么职守。

第二，"阳货乱乎齐"。

阳货一名阳虎，这人在孔门弟子是没有把他当成孔门看待的，而且也把他说得很坏。但其实倒是一位了不起的人物。《孟子·滕文公篇》引阳虎曰"为富不仁矣，为仁不富矣"，真不失为千古的名言。《盐铁论·地广篇》引此二语作为"杨子曰"，因此有人遂疑阳货即杨朱（宋翔凤《论语说义》中有此说），但在我看来，毋宁是杨朱的兄弟杨布。《韩非·说林下》云："杨朱之弟杨布，衣素衣而出，天雨，解素衣，衣缁衣而反。其狗不知而吠之。杨布怒，将击之。杨朱曰：'子毋击也。子亦犹是。曩者，使汝狗白而往，黑而来，子岂能毋怪哉？'"这两弟兄的性情一缓一急，颇有点像宋时的程明道与程伊川。古者布与虎同音，而布作钱币用，与货同义，是则布与货是一字一名，虎是假借字了。以时代说来没有什么龃龉，性格也还相符。

阳虎本作乱于鲁，《左传》定公八年及九年载其事。八年冬十月，阳虎欲去三桓，入于谨、阳关以叛。翌年六月鲁国伐阳关，阳虎出奔齐。他到齐国，请齐国出兵伐鲁。齐景公都打算答应他了，鲍文子以为不可。鲍文子说他"亲富不亲仁"，又说齐侯富于季孙，齐国大于鲁国，正是阳虎所想"倾覆"的。于是齐侯便听了他的话，把阳虎囚禁了起来。阳虎逃了两次，终竟逃到了晋国，投奔赵氏。《左传》在这儿加了一句孔子的批评："赵氏其世有乱乎！"这意思当然是很不满意于阳虎了。

以上是节取《左传》的叙述，照这情形看来，阳虎无"乱乎齐"的痕迹，因而《孔丛子·诘墨篇》便引作"乱乎鲁"，孙诒让以为"当从《孔丛》作鲁"。然在《韩非子·外储说左下》有下列一段关于阳虎去齐走赵的故事。

> 阳虎去齐走赵。简主问曰："吾闻子善树人。"
> 虎曰："臣居鲁，树三人，皆为令尹。及虎抵罪于鲁，皆搜索于虎也。臣居齐，荐三人，一人得近王，一人为县令，一人为候吏。及臣得罪，近王者不见臣，县令者迎臣执缚，候吏者追臣至境上，不及而止。虎不善树人。"

据此可见阳虎居齐为时颇久，而他之去齐是因为"得罪"，则"乱乎齐"似乎也是事实，只这事实的真相是怎样不得而知了。唯《韩非·难四篇》亦言齐景公囚阳虎事，则与《左传》所述相同，或者是传闻异辞的吧。

此外，《韩非子·外储说左下》，还有批评阳虎的一节：

> 阳虎议曰："主贤明则悉心以事之，不肖则饰奸而试（弑）之。"逐于鲁，疑于齐，走而之赵。

赵简主迎而相之。左右曰："虎善窃人国政，何故相也？"

简主曰："阳虎务取之，我务守之。"遂执术而御之，阳虎不敢为非，以善事简主，兴主之强，几至于霸也。

这批评可以算得公允。"兴主之强，几至于霸"和《左传》的"赵氏其世有乱乎"完全相反，仲尼的那句评语不是七十子后学的蛇足，便可能是刘歆弄的花样了。特别值得注意的是这可宝贵的二句"阳虎议"："主贤明则悉心以事之，不肖则饰奸而弑之。"这确实是含有些革命的精神在里面的。这种精神不失为初期儒家的本色，例如孟子也说过这样的话——"君有过则谏，反复而不听则易位"——和阳虎这两句的主张是很相仿佛的。

第三，"佛肸以中牟叛"。

佛肸是晋国范氏的家臣，他以中牟叛大约是在鲁哀公五年。《左传》在此年夏言："赵鞅伐卫，范氏之故也，遂围中牟。"赵氏与范氏敌对，因卫助范氏故伐卫，因中牟叛晋故围中牟也。关于这事，《论语·阳货篇》有记录：

佛肸召，子欲往。

子路曰："昔者，由也闻诸夫子曰：'亲于其身为不善者，君子不入也。'佛肸以中牟畔，子之往也如之何？"

子曰："然，有是言也。不曰坚乎，磨而不磷？不曰白乎，涅而不缁？吾岂匏瓜也哉？焉能系而不食？"

佛肸要找老师去帮忙，老师也很想借这个机会去行道。"我难道是个硬壳葫芦儿，只能挂着做摆设，不能吃的吗？"急于想用世的孔老夫子的心境，真是吐露得淋漓尽致。这样袒护乱党的行径，连子路都不大高兴的，公然逃过了儒家后学的掩饰而收在了《论语》里面，实在是值得珍异的事。而且同在《阳货篇》里面还有公山弗扰的一节：

公山弗扰以费畔，召。子欲往。

子路不说（悦）曰："末之也已，何必公山氏之之也！"

子曰："夫召我者而岂徒哉？如有用我者，吾其为东周乎！"

《左传》作公山不狃,以费畔事系于定公十二年,然在《孔子世家》则系于定公九年阳虎奔齐之后。公山与阳虎同党,阳虎于定公八年"入讙、阳关以叛",公山当亦同时响应,其定公十二年之畔,盖定而复反者也。定公十二年时孔子正为鲁司寇,则召孔子事当在八年。此事虽记于《论语》,而《非儒篇》不及,盖因公山氏非孔门弟子之故。

第四,"漆雕刑残"。

《孔丛子·诘墨篇》引作"漆雕开形残",形与刑通,漆雕之为漆雕开,殆无疑问。唯因何而"刑残",事无可考。《韩非·显学篇》儒家八派中有漆雕氏之儒,又言"漆雕之议,不色挠,不目逃,行曲则违于臧获,行直则怒于诸侯",虽同一有姓而无名,亦当是漆雕开。王充《论衡·本性篇》载漆雕开言"人性有善有恶",与宓子贱、公孙尼子、世硕诸儒同,可见漆雕开确曾成一学派。《汉书·艺文志》儒家有"《漆雕子》十三篇",班固注云"孔子弟子漆雕启后",启即是开,因避汉景帝讳而改。后乃衍文。盖启字原作启,与后字形近。抄书者于字旁注以启字,及启刊入正文,而启则误认为后,更转为后也。这一学派既尚勇任气,藐视权威,自然是有遭受"刑残"的充分的可能。且此事既与子路乱卫、阳货乱齐、佛肸畔晋等并列,必然也是所谓叛乱事件,那是毫无疑问的。

尤可注意的,初期儒家里面也有这样一个近于任侠的别派而为墨家所反对。近时学者每以为侠出于墨或墨即是侠,有此一事也就是强有力的一个反证。任侠之轻死虽有类于墨氏的"赴火蹈刃",但他们的反抗权威却和墨家的"尚同"根本相反,我们是须得注意的。

又《孟子》书中言:"北宫黝之养勇也,不肤挠,不目逃,思以一毫挫于人,若挞之于市朝。不受于褐宽博,亦不受于万乘之君;视刺万乘之君若刺褐夫。无严诸侯,恶声至,必反之。"(《公孙丑上》)这和漆雕氏之议很相近。孟子又说"北宫黝似子夏",大约这位北宫黝也就是漆雕氏的后学,是一位儒家了。

以上,孔子帮助乱党,与其门人弟子帮助乱党例,见于《非儒篇》者一共七项。墨家既一一列举出来加以非难,在墨家自己当然是绝不会照着这样做的了。这不是很鲜明地表示着了儒墨两派的基本立场吗?至少在初期,这情形是无可否认的。所揭举的事实虽然不尽可靠，而《非儒篇》也不必就是墨子所写下来的文字，然把两派的立场实在是画出了极其鲜明的轮廓。以前推崇孔子的人，因为孔子已经成为了"大成至圣"，对于这些材料一概视为诬蔑，全不加以考虑。现今推崇墨子的人，把墨派几乎当成了不可侵犯的图腾，对于这些材料又一概视为痛快，也全不加以考虑。这些态度，我认为都是有所蒙蔽；非把这蒙蔽去掉，我们是得不到正确的认识的。

自汉武帝崇儒术黜百家以来，孔子虽然处于至高无上的地位，但在他的生前其实是并不怎么得意的。《庄子·让王篇》说他"再逐于鲁，削迹于卫，伐树于宋，穷于商周，围于陈蔡，杀夫子者无罪，藉夫子者无禁"。《吕览·慎人篇》亦有此说。注云"藉犹辱也"，足见孔子在当时，至少有一个时期，任何人都可以杀他，任何人都可以侮辱他的。这和亡命的暴徒有何区别呢！因此，我们要说孔子的立场是顺乎时代的潮流，同情人民解放的，而墨子则和他相反。这在孔门后学或许会喊冤屈，而在墨家后学是应该没有什么话好说的。

儒者要喊冤屈，这可能性很大。就是孔子在生当时，他的门徒已经在替他粉饰了。《论语》里面有下列一段故事，值得我们叙录。

> 子疾病，子路使门人为臣。病间，曰："久矣哉，由之行诈也！无臣而为有臣，吾谁欺？欺天乎！且予与其死于臣之手也，无宁死于二三子之手乎！且予纵不得大葬，予死于道路乎！"（《子罕》）

这个故事不仅表示了孔子的态度，也把过渡时代的当时的时代性表示得很清楚。臣是奴隶。在奴隶制时，主人死了，奴隶大多数是要殉葬的；即使不殉葬，总必然有一些特殊的行动。孔子生了病，子路以为他会死，故尔让门人来假装成奴隶。这在子路或许是沿守旧制，想替孔子撑撑门面吧，也就和现今都还在烧纸人纸马那样。然而竟惹得孔老夫子那样生气、那样愤慨，痛骂了子路一顿。

我顺便要在这儿解释一下"门人"和"弟子"之类的字眼。这是春秋末年的新名词。那时沿守旧制的，有时也称为"徒"，称为"役"。门人服侍先生，和奴隶的情形差不多，不过是志愿性，而非强制性而已。"有事，弟子服其劳；有酒食，先生馔。"先生出门的时候，弟子要"仆"（即是当车夫），要任徒卫。但究竟不是徒，不是役，年稍长者先生视之如弟，稍幼者视之如子，因而有"弟子"之名。保守的子路，似乎不懂得孔子正以有"二三子"为新时代的光荣，而他偏要使同学们退回到旧时代的躯壳里去，竟挨受了那么一顿臭骂，那是罪有应得的。

但在子路或许还是出于无心，而在孔子死后，有心的粉饰更是层出不穷了。所谓"仲尼（孔子）没而微言绝，七十子丧而大义乖"，至少在这些方面是没有什么夸张的。一方面有墨家道家的攻击，另一方面以前的窃国者已经为诸侯了，乱党同情者的帽子是不好久戴的。故尔在《论语》里面也就有"陈恒弑其君，请讨之"的完全相反的记事，也更有"天下有道则政不在大夫，天下有道则庶人不议"之类的有道无道的放言。矛盾固然是矛盾，但我们与其相信神道碑上的谀词，毋宁相信黑幕小说上的暴露。到了孟子手里粉饰工作更加彻底了，如"孔子于卫主痈疽，于齐主寺人瘠环"，大有不择木而栖的情况，也被斥为"好事者为之"，而另外说出了所主的两位正派人物来。到底哪一种说法近乎事实，无从判断，但孟子是惯会宣传的人，他的话要打些折扣才行。举如他所说的"孔子成《春秋》而乱臣贼子惧"，那也就是一个最适当的例。《春秋》或许真是孔子所作的书吧，但那样简单的备忘录，在 242 年的行事当中记下了"弑君三十六，亡国五十二"，与其说足以使"乱臣贼子惧"，毋宁是足以使暴君污吏惧的。

二 孔子的思想体系

孔子的基本立场既是顺应着当时的社会变革的潮流的，因而他的思想和言论也就可以获得清算的标准。大体上他是站在代表人民利益的方面的，他很想积极地利用文化的力量来增进人民的幸福。对于过去的文化部分地整理接受，也部分地批判改造，企图建立一个新的体系以为新来的封建社会的韧带。廖季平、康有为所倡道的"托古改制"的说法确实是道破了当时的事实。

一个"仁"字最被强调，这可以说是他的思想体系的核心。

"仁"字是春秋时代的新名词，我们在春秋以前的真正古书里面找不出这个字，在金文和甲骨文里也找不出这个字。这个字不必是孔子所创造，但他特别强调了它是事实。仁的内涵究竟是怎样呢？虽然没有一个明确的界说，我们且在《论语》里面去找寻一些可供归纳的资料吧。

一、"樊迟问仁，子曰：'爱人。'"（《颜渊》）

二、"子贡曰：'如有博施于民而能济众，何如？可谓仁乎？'子曰：'何事于仁？必也圣乎，尧舜其犹病诸。夫仁者，己欲立而立人，己欲达而达人，能近取譬，可谓仁之方也已。'"（《雍也》）

三、"子张问仁于孔子。孔子曰：'……恭、宽、信、敏、惠。恭则不侮，宽则得众，信则人任焉，敏则有功，惠则足以使人。'"（《阳货》）

四、"颜渊问仁。子曰：'克己复礼为仁……非礼勿视，非礼勿听，非礼勿言，非礼勿动。'"（《颜渊》）

五、"司马牛问仁。子曰：'仁者其言切也……为之难，言之得无切乎？'"（《颜渊》）

六、"刚毅木讷近仁。"（《子路》）

七、"巧言令色鲜矣仁。"（《学而》，又见《阳货》）

八、"志士仁人无求生以害仁，有杀身以成仁。"（《卫灵公》）

九、"仁者先难而后获。"（《雍也》）

从这些辞句里面可以看出仁的含义是克己而为人的一种利他的行为。简单一句话，就是"仁者爱人"。但古时候所用的"人"字并没有我们现在所用的这样广泛。"人"是人民大众，"爱人"为仁，也就是"亲亲而仁民"的"仁民"的意思了。"巧言令色"是对付上层的媚态，媚上必傲下，故他说"鲜矣仁"。"巧言令色"之反即为"刚毅木讷"，对于上层能如此，对于下层也不过如此，所以他说"近仁"。因此我们如更具体一点说，他的"仁道"实在是为大众的行为。

他要人们除掉一切自私自利的心机，而养成为大众献身的牺牲精神。视听言动都要合乎礼（就是"复礼"，复者返也）。礼是什么？是一个时代里所由以维持社会生活的各种规范，这是每个人应该遵守的东西。各个人要在这些规范之下，不放纵自己去侵犯众人，更进宁是牺牲自己以增进众人的幸福。要这样，社会才能够保持安宁而且进展。要想自己站得稳吧，也要让大家站得稳；

要想自己成功，也要让大家成功。这是相当高度的人道主义，要想办到这样的确不大容易，所以说"为之难"。他也这样叹息过："我还没有看见过从心坎里喜欢仁的人，也没有看见过从心坎里恨不仁的人……只要有人能够有一天把自己的力量用在仁的身上，我还不相信有什么力量不够的事情。从心坎里欢喜仁的人，从心坎里恨不仁的人或许有的吧，但我还没有看见过。"这也许是他有所愤激的时候说的话吧，因为在他的门徒们里面有一位颜渊，便是"其心三月不违仁"的人。三个月不改变仁者的心肠或许还短了一点，"其他的人便只是偶尔仁一下而已"。孔子的理想，是要"无终食之闲违仁，造次必于是，颠沛必于是"。尽管是怎样的流离困苦、变起仓卒，都不应该有一顿饭的时刻离开了为大众献身的心。这是要自己去求的，自己去做的，并不是高喊人道主义而希望别人给我些什么恩惠。这也并不在远处，就在自己的身边，也就在自己的身上。

　　"为仁由己，而由人乎哉！"（《论语·颜渊》）

　　"仁远乎哉？我欲仁，斯仁至矣。"（《论语·述而》）

　　"伯夷、叔齐……求仁而得仁。"（《论语·述而》）

　　仁既是牺牲自己以为大众服务的精神，这应该是所谓至善，所以说"苟志于仁矣，无恶也"——只要你存心牺牲自己以维护大众，那就干什么事情都是好的。你既存心牺牲自己，不惜杀身成仁，那还有什么可怕的呢？又还有什么不能够敢作敢为的呢？在这些场合就是先生在前也不能和他推让，他不做，我也要做。所以他说，"仁者不忧"，"仁者必有勇"，"当仁不让于师"。

　　但是仁是有等次的，说得太难了，谁也不肯做，故教人以"能近取譬"。或者教人去和仁人一道慢慢地濡染，这就叫作"亲仁"，也就是所谓"里仁为美"。人对于自己的父母谁都会爱的，对于自己的儿女也谁都会爱的；但这不够，不能就说是仁，还得逐渐推广起来，要"老吾老以及人之老，幼吾幼以及人之幼"。假使推广到"博施于民而能济众"，你是确确实实有东西给民众而把他们救了，那可以说是仁的极致，他便称之为"圣"了。他认为尧、舜便是比较接近于这种理想的人格。

　　孔子曾说"吾道一以贯之"，但他自己不曾说出这所谓"一"究竟是什么。曾子给他解释为"忠恕",是不是孔子的原意无从判定。但照比较可信的孔子的一些言论看来,这所谓"一"应该就是仁了。不过如把"忠恕"作为仁的内涵来看,也是可以说得过去的。这两个字和"恭宽信敏惠"也没有什么抵触。恭与信就是忠,是克己复礼的事;宽与惠就是恕,是推己及人的事;敏是有勇不让,行之无倦的事。

这种由内及外、由己及人的人道主义的过程,应该就是孔子所操持着的一贯之道。他在别的场合论到君子上来的时候,是说"修己以敬","修己以安人","修己以安百姓",所说的就是这一贯的主张了。"修己以敬"是"克己复礼";"以安人"是"己欲立而立人,己欲达而达人";"以安百姓"是"博施于民而能济众"。故尔他说"修己以安百姓,尧舜其犹病诸",也和"博施于民而能济众,尧舜其犹病诸"是一样的意思了。

这种所谓仁道,很显然的是顺应着奴隶解放的潮流的。这也就是人的发现。每一个人要把自己当成人,也要把别人当成人,事实是先要把别人当成人,然后自己才能成为人。不管你是在上者也好,在下者也好,都是一样。但要做到这一步,做到这一步的极致,很要紧的还是要学。人是有能学的本质的,不仅在道义上应该去学仁,就是在技艺上也应该去学要怎样才可以达到仁的目的。立人立己,达人达己,不是专凭愿望便可以成功的事情。因而他又强调学。《论语》一开头的第一句便是:"学而时习之,不亦悦乎!"

究竟学些什么呢?礼乐射御书数的六艺应该都在所学的范围之内,而他所尤其注重的似乎就是历史,看他自己说他"述而不作,信而好古",又说"好古敏以求之",可见他是特别注重接受古代的遗产。看他把一些古代的人物,如尧、舜、禹、汤、文、武,尤其周公,充分地理想化了,每每在他们的烟幕之下表现自己的主张,即所谓"托古改制"。他之注重历史似乎也有一片苦心。

除这"好古"之外,还有一种求学的法门便是"好问"。"就有道而正焉","不耻下问",便是这一法门的指示。故尔他说:"不曰如之何如之何者,吾未如之何也已矣。"而他自己是"入太庙每事问","三人行必有我师"的。大概在一定的范围内,什么事都可以学,什么人都可以问。这一定的范围赋有道德的属性和政治的属性,这差不多是先秦诸子的通有现象。严格地说来,先秦诸子可以说都是一些政治思想家。为什么有这样的通性呢?那是因为为士的阶层所制约着的原故，士根本就是一些候补官吏。所谓"学而优则仕"，"学古入官"，倒不限于儒者，就是墨法名道诸家都是一样。"士者所以为辅相承（丞）嗣（司）者也"（《尚贤》上），这是墨子的士观。"士生乎鄙野，推选则禄焉"（《齐策》），这是道家颜斶的士观。可知学为士就是学为官，不是学为农，学为工，学为商。工农商之能成其为学，又是资本主义社会成立以后的事了。但在这学为官的范围内，"夫子"倒的确是"焉不学，而亦何尝师之有"的。

在这个范围以外那就成问题了。樊迟请学稼，他说"吾不如老农"；请学为圃，他说"吾不如老圃"。农为他所不曾学，也为士所不必学，故接着他还斥责樊迟为"小人"。他说："上好礼则民莫敢不敬，上好义则民莫敢不服，上好信则民莫敢不用情。夫如是则四方之民襁负其子而至矣，焉用稼？"问农没有答出，却来这么一套不相干的政治理论，显然樊迟的问是逸出了士学的范围了。墨子也和这是一样，他说过："一农之耕分诸天下，不能人得一升粟……一妇之织分诸天下，不能人得尺布……不若诵先王之道而求其说，通圣人之言而察其辞……虽不耕而食饥，不织而衣寒，功贤于耕而食之，织而衣之者。"（《鲁问篇》）这是当时为士者的通识。和这不同的就只有一些避世之士和后起的一部分道家而已。但那出发点是超现实的独善主义，我们是须得注意的。

工艺似乎学过。孔子自己说："吾少也贱，故多能鄙事。君子多乎哉？不多也。"又说："吾不试（试是浅尝之意），故艺。"这些艺能大约不是指射御之类，射御是君子所必学的，不能视为鄙事或贱艺。

商是不曾学过的，也是为士者所不应该学的。子贡会经商，孔子说他"不受命而货殖"，而孔子自己是"罕言利"，又说"喻于利"的是小人。

他是文士，关于军事也没有学过。卫灵公问阵，他说："俎豆之事则尝闻之矣，军旅之事未之学也。"接着便赶起车子跑了。不过他也并不如旧式注家所拟议的那样看不起军旅之事。为政之道，他既主张先"足食足兵"，还说过，"以不教民战是谓弃之"，"善人教民七年亦可以即戎"那类的话。军事的学习虽也是士的分内事，只是他对于这方面没有充分地研究过而已。

他为人为学倒很能实事求是，主张"知之为知之，不知为不知"，主张

"多闻阙疑""多见阙殆"——可疑的，靠不着的，不肯乱说。又说"多闻择其善者而从之，多见而识之，知之次（次第）也"，可见他是很能够注重客观观察的。"吾尝终日不食，终夜不寝，以思，无益，不如学也。"这个经验之谈很有价值，可见他是反对冥想那种唯心的思维方法的。但他也并不泯却主观，一味地成为机械。"学而不思则罔，思而不学则殆"，必须主观与客观交互印证，以织出一条为人为己的道理，然后他才满足。

然而时代限制了他，他肯定人类中有"生而知之"的天才。他说："生而知之者上也，学而知之者次也，困而学之又其次也，困而不学，民（盲）斯为下矣。"又说："上智与下愚不移。"不移的下愚，我们能够承认其存在，如早发性痴呆症，那的确是没有办法的。生而知之的上智，却完全是莫须有的幻想。不过，好在他自己还不曾自认是生而知之的人。他自己的述怀是："我非生而知之者，好古敏以求之者也。"故他所强调的还是"学而知之，困而学之"的步骤。他自己的敏求是到了"发愤忘食，乐以忘忧，不知老之将至"的程度的；他教人好学也要"食无求饱，居无求安，敏于事而慎于言，就有道而正焉"；又说"士志于道而耻恶衣恶食者未足与议也"。他的十五志学，三十而立，四十不惑，五十知天命，六十耳顺，七十从心所欲不逾矩的那个简略自传，也表示着他一生都在困学敏求当中过活。

他注重历史，因而也注重根据。"怪力乱神"之类的东西他是不谈的。要考证夏礼和殷礼，他嫌在夏后的杞国和殷后的宋国都无可征考，因为"文献不足"。儒家的典籍当中，《诗经》大约是由他开始搜集的吧。他已经屡次说到"《诗》三百"的话上来，又曾提到《雅》和《颂》。这一部最早的古诗总集里面，夏诗自不用说，就连殷诗也一篇都没有，《商颂》是宋襄公时正考父所作的东西。《书经》的情形稍微不同。这部书虽然也在他所"雅言"之例，但他很少征引。大约在他当时并不曾搜集到好多篇章吧。他把《诗经》看得特别重要，看来似乎是他所使用的极重要的一部教材。"兴于诗，立于礼，成于乐"，"诗可以兴，可以观，可以群，可以怨"，"不学诗无以言，不学礼无以立"，可见他是特别注重诗教，也就是情操教育了。学诗不仅可以增广知识，"多识于鸟兽草木之名"，而且可以从政，可以做外交官，据说都能因此而做得恰到好处。这大约是由于诗里有民间疾苦，有各国风习，有史事殷鉴，也有政治哲理的缘故吧。把好多优美的古诗替我们保留了下来，单只这一点，应该也可以说是孔子的功绩。

诗与乐是联带着的，孔子也特别注重音乐。他自己喜欢弹琴，喜欢鼓瑟，喜欢唱歌。"与人歌而善，必使反之而后和之"，可见他学唱歌是怎样的用心。"在齐闻《韶》三月不知肉味"，可见他对于音乐又是怎样的陶醉。他把音乐不仅视为自我修养和对于门人弟子的情操教育的工具，而且把它的功用扩大起来，成为了治国平天下的要政。这是"与民偕乐"的意思，便是把奴隶时代的贵族们所专擅的东西，要推广开来使人民也能共同享受。这一点不仅表示了这位先驱者充分地了解艺术价值，也显豁地表示了他所代表着的时代精神。不过时代也依然限制了他。他所重视的乐是古代的传统，也就是古乐。他说："《韶》尽美矣又尽善也，《武》尽美矣未尽善也。"《韶》虽不必是舜乐，《武》也不必作于周武王，但总之都是古乐。当时和这古乐对峙的已经有新音乐起来，便是所谓"郑声"，这新音乐却为他所不喜欢，他斥之为"淫"。郑声和《韶》《武》，我们都听不见了，无从来加以复勘，但据我们的历史经验，大凡一种新音乐总比旧音乐的调子高，而且在乐理、乐器、乐技上也照例是进步的，故尔所谓"郑声淫"的"淫"应该是过高的意思，绝不是如像《毛毛雨》之类的那种所谓靡靡之音，倒是可以断言的。

礼，不用说也是学的极重要的对象。礼，大言之，便是一朝一代的典章制度；小言之，是一族一姓的良风美俗。这是从时代的积累所递传下来的人文进化的轨迹。故有所谓夏礼、殷礼、周礼。但所谓夏礼、殷礼都已文献无征，"无征不信"，故他所重视的是"郁郁乎文哉"的周礼。他特别崇拜周公，以久"不复梦见周公"为他衰老了的征候而叹息。其实乱做梦倒是衰弱的征候，他的晚年之所以"不复梦见周公"，倒足以证明他已经超过了周公的水准了。周公在周初固然是一位杰出的人物，特别在政治上，但所有一切的周礼相传为周公所制作的，事实上多是出于孔子及其门徒们的纂集与假托。

礼（禮）是后来的字，在金文里面我们偶尔看见有用豊字的，从字的结构上来说，是在一个器皿里面盛两串玉具以奉事于神。《盘庚篇》里面所说的"具乃贝玉"，就是这个意思。大概礼之起于祀神，故其字后来从示，其后扩展而为对人，更其后扩展而为吉、凶、军、宾、嘉的各种仪制。这都是时代进展的成果。愈往后走，礼制便愈见浩繁，这是人文进化的必然趋势，不是一个人的力量把它呼唤得起来，也不是一个人的力量把它叱咤得回去的。周公在周初时曾经有过一段接受殷礼而加以斟酌损益的功劳，那是不抹杀的事实，但在孔子当时的所谓周礼又已经比周公时代更进步了。虽然或者说为更趋形式化了要妥当一些，但在形式上也总是更加进步了的。田制、器制、军制、官制，一切都在随着时代改变，没有理由能说总合这一切的礼制全是一成不变的东西。孔子在春秋末年强调礼制，可以从两点来批判他，一层在礼的形式中吹进了一番新的精神，二层是把"不下庶人"的东西下到庶人来了，至少在精神方面。"礼云礼云，玉帛云乎哉！乐云乐云，钟鼓云乎哉！"他并没有专重钟鼓玉帛等礼乐之外形。"人而不仁如礼何！人而不仁如乐何！"他是把仁道的新精神灌注在旧形式里面去了。

> "礼与其奢也宁俭，丧与其易（治）也宁戚。"（《论语·八佾》）
> "能以礼让为国乎，何有？不能以礼让为国，如礼何？"（《论语·里仁》）
> "先进于礼乐，野人也；后进于礼乐，君子也。如用之，则吾从先进。"（《论语·先进》）

这些是表现着他的进步精神。野人就是农夫，他们所行的礼和乐虽然是非常素朴，然而是极端精诚。把精神灌注上去，把形式普及下来，重文兼重质，使得文质彬彬，不野不史（"质胜文则野，文胜质则史"），那倒是他所怀抱的理想。这应该也就是他的礼乐并重的根据吧。礼偏于文，乐近于质，他把这两者交织起来，以作为人类政治生产的韧带，这层是他的政治哲理的一个特色，我们是不能否认的。"礼乐不兴则刑罚不中，刑罚不中则民无所措手足"，他是把人文主义推重到了极端了。

不过就在礼这一方面，时代也依然限制了他。他在形式上特别注重古礼，就和他在乐的方面注重《韶》《武》而要"放郑声"的一样，有好些当时的世俗新礼，他就看不惯。他主张"行夏之时，乘殷之辂，服周之冕"。"行夏之时"，在农业生产上大抵有它的必要。"殷辂"是否特别舒服，"周冕"是否特别美观，我们就无从判定了。据我从卜辞里面的发现，知道殷王所乘的猎车是驾两匹马的，比起周人的驷马来怕不怎么舒服吧？关于冕制，似乎他也还能够从权，且看他说："麻冕礼也，今也纯（丝），俭，吾从众。"但这"从众"的精神可惜他没有可能贯彻到底。他有时候却又不肯"从众"。"拜下礼也，今拜乎上，泰也，虽违众，吾从下。"这就表示得很鲜明，他一只脚跨在时代的前头，一只脚又是吊在时代的后面。"拜下"是拜于堂下，受拜者坐于堂上，拜者"入门立中延北向"而拜，这种仪式，我们在西周的金文里可以找到无数例，这是奴隶制下的礼节。等时代起了变革，阶层上下甚至生出了对流，于是拜者与受拜者便至分庭抗礼，这也正是时代使然。众人都上堂拜，而孔二先生偏要"违众从下"，很明显地是在开倒车。从此可以见得他对于礼，一方面在复古，一方面也在维新。所谓"斟酌损益"的事情无疑是有的，尽管他在说"述而不作"，但如三年之丧便是他所作出来的东西，是不是杰作是另外一个问题，他自己的门徒宰予就已经怀疑过不是杰作了。

在主观方面强调学，在客观方面便强调教。教与学本来是士的两翼，他是士的大师当然不能离开学与教。他有有名的"庶、富、教"的三步骤论，是他到卫国去的时候，冉有替他御车，他在车上看见卫国的老百姓很多，便赞叹了一声："庶矣哉！"——人真多呀。冉有就问："庶了又怎么办？"他答道："富之！"——要使他们丰衣足食。冉有又问："已经丰衣足食了，又怎么办？"他又回答道："教之。"——好生展开文化方面的工作去教育他们。究竟教些什么呢？可惜他没有说。不过他是承认老百姓该受教的，这和奴隶时代只有贵胄子弟才能有受教育的权利已经完全不同。他是仁道的宣传者，所学的是那一套，所教的也当然就是那一套。文行忠信是他的四教，他的门徒是分为四科的：德行、言语、政事、文学。四教和四科大概是可以扣合的吧，总不外是诗书礼乐和所以行诗书礼乐的精神条件。他本人确实是一位很好的教育家，他的教育方法并不是机械式的，他能够"因材施教"。他也不分贫富，不择对象，他是"有教无类"。当然，也并不是毫无条件，只要有十小条干牛肉（束脩）送去，他就可以教你了——"自行束脩以上，吾未尝无诲焉"。这也是教书匠的买卖不得不然，假如连十小条干牛肉都没有，你叫教书匠靠吃什么过活呢？

为政总要教民，这是一个基本原则。"以不教民战，是谓弃之"，"善人教民七年亦可以即戎"，"举善而教不能，则劝"。这和后起的道家、法家的愚民政策是根本不同的，这点我们应该要把握着。因而"民可使由之，不可使知之"的那两句话，近人多引为孔子主张愚民政策的证据的，却是值得商讨的。一个人的思想言论本来是有发展性的，不得其晚年定论，无从判断一个人的思想上的归宿。周秦诸子的书中都有时常自相矛盾的地方，我们苦于无法知道那些言论之孰先孰后。孔子是号为"圣之时"的，是能因时而变的人。庄子也说过："孔子行年六十而六十化，始时所是，卒而非之，未知今之所谓是之非五十九年非也。"（《寓言》）他的晚年定论我们实在也无从知道。《论语》这部书是孔门二三流弟子或再传弟子的纂辑，发言的先后次第尤其混淆了，不能不说是一件遗憾。但要说"民可使由之，不可使知之"为愚民政策，不仅和他"教民"的基本原则不符，而在文字本身的解释上也是有问题的。"可"和"不可"本有两重意义：一是应该不应该，二是能够不能够。假如原意是应该不应该，那便是愚民政策。假如仅是能够不能够，那只是一个事实问题。人民在奴隶制时代没有受教育的机会，故对于普通的事都只能照样做而不能明其所以然，高级的事理自不用说了。原语的含义无疑是指后者，也就是"百姓日用而不知"的意思。旧时的注家也多采取这种解释。这是比较妥当的。孟子有几句话也恰好是这两句话的解释："行之而不著焉，习矣而不察焉，终身由之而不知其道者众也。"（《孟子·尽心上》）就因为有这样的事实，故对于人民便发生出两种政治态度：一种是以不能知为正好，便是闭塞民智；另一种是要使他们能够知才行，便是开发民智。孔子的态度无疑是属于后者。

孔子在大体上是一位注重实际的主张人文主义的人，他不大驰骋幻想，凡事想脚踏实地去做。他生在那么变化剧烈的时代，旧名与新实不符，新名亦未能建立，故他对子路问政主张先要"正名"，谓："名不正则言不顺，言不顺则事不成，事不成则礼乐不兴，礼乐不兴则刑罚不中，刑罚不中则民无所措手足。"所正的"名"既与"言"为类，正是后起的名辩之名，而不限于所谓名分。故"正名"也就如我们现在小之要厘定学名译名，大之要统一语言文字或企图拼音化那样，在一个社会制度大变革的时代的确是很重要的事，可惜他的关于如何去正名的步骤却丝毫也没有留下。

他生在大变革的时代，国内国外兼并无常，争乱时有，故尔他回答子贡问政，便主张"足食足兵"；他并不是空口讲礼乐的空想家，而在礼成乐作之前是要有一番基本工作的。"如有王者，必世而后仁"，要三十年之后才有仁政出现，则三十年间的基本工作，照逻辑上说来，也尽不妨有些地方类似乎不仁。"善人为邦百年，亦可以胜残去杀"，他誉为"诚哉是言"，不知道是他的前辈的哪一位所说的话。这仁政成功的期间可说得更久远，要费三个三十年代上了。这些年限并不一定有数学般的准确，但足以证明他并不是不顾实际的绥靖主义者。尽管他在说"道（导）之以德，齐之以礼，有耻且格"，但也没有忘记"道之以政，齐之以刑，民免（勉）而无耻（没有可耻的事）"。

他的从政者的步骤，有"尊五美，屏四恶"的信条。五美中的一美"因民之所利而利之"是最值得重视的。四恶的"不教而杀谓之虐，不戒视成谓之暴，慢令致期谓之贼，犹之与人也，出纳之吝，谓之有司"（有司二字疑有误），也的确都是值得摒弃的恶政。因之它们的反面便是要先教先戒、信守法令、惠与不吝了。该给人民的，不能不给人民；只要是为人民谋幸福的，不能吝啬而不与。虽然也主张"节用"，"道（导）千乘之国，敬事而信，节用而爱人，使民以时"，但这节用是有条件的，便是以爱人为条件。这只是在消极方面限制为政者的奢侈，而非节省必要的政治施设使人民不得康乐。故"有国有家者不患寡而患不均，不患贫而患不安"。不过在实际上他是患贫也患不安、患寡也患不均的，看他积极地主张"庶矣……富之，富矣……教之"，而强调"足食足兵，民信之矣"，也就可以明瞭了。

离开实际的政治之外，还有一种理论的主张，便是"祖述尧舜"。尧、舜的存在，除掉《尚书》里面所谓《虞书》《夏书》之外，是很渺茫的。在可靠的殷周文献里面没有提到他们，在甲骨文和金文里面也没有提到。甲骨文里面有"高祖夒"，经王国维考证，认为是殷人的祖先帝喾，但从《山海经》《国语》等所保存的神话传说上看来，帝喾和帝舜并不是两人，而且他们都是神。孔子是特别称道尧舜的，但孔门之外，如墨家、法家、道家、阴阳家，甚至如南方的《楚辞》都一样称道尧舜，虽然批判的态度不尽相同。尧、舜的故事很显然是古代的神话，是先民口传的真正的传说，在春秋时被著诸竹帛，因而也就逐渐被信史化了。

孔子的称道尧舜，单就《论语》来说，有下列数项：

> 大哉尧之为君也，巍巍乎唯天为大，唯尧则之。荡荡乎，民无能名焉。巍巍乎其有成功也，焕乎其有文章。（《泰伯》）
>
> 巍巍乎，舜禹之有天下而不与焉。（《泰伯》）
>
> 无为而治者其舜也与？夫何为哉？恭己正南面而已矣。（《卫灵公》）

虽然很简单，但毫无疑问是把禅让传说包含着的。他之所以称道尧舜，事实上也就是讴歌禅让，讴歌选贤与能了。

尧舜禅让虽是传说，但也有确实的史影，那就是原始公社时的族长传承的反映。《礼运篇》称之为"天下为公"的时代，充分地把这个阶段乌托邦化了，因而成为中国历史上的黄金时期。这动机是值得我们讨论的。明显的是对于奴隶制时代的君主继承权（即父子相承的家天下制）表示不满，故生出了对于古代原始公社的憧憬，作为理想。假使能够办得到，最好是恢复古代的禅让，让贤者与能者来处理天下的事情；假使办不到，那么退一步，也要如"舜禹之有天下而不与焉"，"恭己正南面"，做天子的人不要管事，让贤者能者来管事。这动机在当时是有充分的进步性的，无疑，孔子便是它的发动者。

认清了孔子的讴歌禅让，也才能够正视他的"君君、臣臣、父父、子子"的那个提示。那是说君要如尧、舜那样的君，臣要如舜、禹那样的臣，父也要如尧、舜那样的父（不以天下传子），子也要如舜、禹那样的子（幹父之蛊）。齐景公不懂得他的深意，照着传统的奴隶社会的观念讲下去，便为："信如君不君，臣不臣，父不父，子不子，虽有粟吾得而食诸？"只顾到自己要吃饭，没有顾到老百姓也要吃饭，但这责任不能归孔子来负。

孔子倒是否认地下的王权的。这与其说是他特出的主张，毋宁是社会的如实的反映。当时的王权事实上是式微了，就是各国的诸侯事实上已多为卿大夫所挟制，而卿大夫又逐渐为陪臣所凌驾，大奴隶主时代的权威已经是被社会否认了。孔子想制作一个"东周"，并不是想把西周整个复兴，而是想实现他的乌托邦——唐（尧）虞（舜）盛世。

地上的王权既被否认，天上的神权当然也被否认。中国自奴隶社会成立以来，地上王的影子投射到天上，成为唯一神的上帝，率领百神群鬼，统治着全宇宙。但到西周末年，随着奴隶制的动摇，上帝也就动摇了起来。《诗经》中没落贵族们埋怨上帝的诗不计其数。春秋年间，王者既有若无，实若虚，上帝也是有若无，实若虚的。妖由人兴，卜筮不灵了。一般执政者对于上帝，是在习惯上奉行故事地承认着，而内心的认识可用子产的一句话来统括，便是"天道远，人道迩，非所及也"③。天尽他去天吧，我却要尽我的人事。

孔子对于天的看法反映了这种社会的动态。无疑地，他是把天或上帝否认了的，只看他说："天何言哉？四时行焉，百物生焉，天何言哉？"④他所称道的天已和有意想行识的人格神上帝完全不同。故在他心目中的天只是一种自然或自然界中流行着的理法。有的朋友认为这种看法太看深了，那么我们请从反对学派的批评来看，便可以知道实在一点也不深。墨子所批评的"儒之道足以丧天下者四政"，第一政是"儒以天为不明，以鬼为不神，天鬼不说"⑤，这所说的不正是孔子的态度吗？

> 子不语怪力乱神。(《论语·述而》)
>
> 子路问事鬼神，子曰："未能事人，焉能事鬼？""敢问死。"曰："未知生，焉知死？"(《论语·先进》)

无论怎么说，至少孔子总得是一位怀疑派。不幸他的实际家或政治家的趣味太浓厚，尽管否认或怀疑鬼神，而他在形式上依然是敬远着它们。这是他的所谓智者的办法，"敬鬼神而远之，可谓知（智）矣"。但所谓"知"无疑并不是纯粹的理智，而是世俗的聪明。

实际上比孔子更深的已经有老聃存在。他不仅否认了上帝，并建立了一种本体说来代替了上帝。他是孔子的先辈，而且曾经做过孔子的先生，这是先秦诸子所一致承认着的。孔子自己也说"窃比于我老彭"，老就是老聃了。有的朋友因《道德经》晚出，遂并怀疑老聃的存在，或以为由思想发展的程序上看来，老聃的本体说是不应该发生在孔子之先。这些都仅是形式逻辑的推论而已。在春秋时代普遍地对于上帝怀疑，而在纷争兼并之中又屡有"一匡天下"的那种希望，正是产生老子本体说的绝好的园地。只是他的学说没有群众基础，不仅没有宰制到思想界，就连孔子也没有怎么接受它。老子的学说经过间歇之后，直到环渊、庄周又才得到充分的发展，并不是不可能的事。何况庄周之前还是宋钘、彭蒙、彭蒙之师，以及杨朱等人存在呢？

孔子既否认鬼神，但有一个类似矛盾的现象，他却承认"命"。他把命强调得相当厉害，差不多和他所主张的仁站在同等的地位。"子罕言利，与命与仁"——他很少谈利，但称道命，称道仁。他既说"仁者不忧"，又说"知命不忧"；既说"君子无终食之间违仁"，又说"不知命无以为君子"。命与仁在他的思想中俨然有同等的斤两。命又称为天命。"君子有三畏：畏天命，畏大人，畏圣人之言。"他自己是"五十而知天命"。看来很像是一片神秘的宿命论（fatalism）。但问题是他所说的命究竟是什么。他既否认或怀疑人格神的存在，那么他所说的命不能被解释为神定的运命。他的行为是"学而不厌，诲人不倦"，"发愤忘食，乐以忘忧，不知老之将至"的；为政的理想是"先之劳之"而益以"无倦"；一切都是主张身体力行，颇有积极进取的精神，也不像一位宿命论者。故我们对于他所说的命不能解释为神所预定的宿命，而应该是自然界中的一种必然性。这种必然性有点类似于前定，是人力所无可如何的，故他说："道之将行也与，命也；道之将废也与，命也。公伯寮其如命何？"而对于这种必然性的制御则是尽其在我。子夏所转述的这几句话"死生有命，富贵在天；君子敬而无失，与人恭而有礼；四海之内皆兄弟也"，也就是这个意思。不因为人必有死而贪生怕死，也不因为富贵可羡慕而妄求富贵，故敬以自处，恭以待人，爱人如弟兄骨肉，尽其在我，听其自然。《庄子·秋水篇》引孔子语："知穷之有命，知通之有时，临大难而不惧者，圣人之勇也。"这或许是假托，但假托得恰合乎孔子的真意。这便是孔子的天命观，分明是一种必然论（necessitarianism），和宿命论是有区别的。

在孔子的整个思想体系上我们可以看出，他在主观的努力上是抱定一个仁，而在客观的世运中是认定一个命。在主观的努力与客观的世运相调适的时候，他是主张顺应的；在主观的努力与客观的世运不相调适的时候，他是主张固守自己的。

> 笃信好学，守死善道。（《论语·泰伯》）
>
> 志士仁人无求生以害仁，有杀身以成仁。（《论语·卫灵公》）
>
> 不义而富且贵，于我如浮云。（《论语·述而》）

> 君子义以为质，礼以行之，孙以出之，信以成之。(《论语·卫灵公》)

> 自古皆有死，民无信不立。(《论语·颜渊》)

他并不是低头于命定的妥协者，看这些辞句也就可以明瞭了。他只差这一点没有说明，便是一切都在变，命也在变；人的努力可以扬弃旧命而宰制新命。奴隶制时代的汤、武能革命，使奴隶制崩溃了的人民也正在革命。孔子是生在这种革命潮流中的人，事实上他也正在参加着新必然性的控制。他说他"五十而知天命"，或者也就是说他探索了五十年，到这时才自觉到了自然的趋势所赋予他的新使命的吧。

三　墨子的思想体系

墨子在孔子稍后，作为反对命题而出现。他们在基本立场上就有不同，因而在思想上也差不多立在完全相反的地位。

孔子否认传统的鬼神，而墨子则坚决地肯定传统的鬼神，这神有意志，有作为，主宰着自然界和人事界的一切。

> 我有天志，譬若轮人之有规，匠人之有矩。轮匠执其规矩以度天下之方圆，曰：中者是也，不中者非也。今天下士君子之书不可胜载，言语不可尽计，上说诸侯，下说列士，其于仁义则大相远也。何以知之？曰：我得天下之明法以度之。(《墨子·天志上》)

他的"天志"，即天老爷之意志，也就是"天下之明法"，是他的规矩。这正是墨子思想的一条脊梁，也就如没有规矩不能成其为轮匠的一样，抽掉了这条脊梁，墨子便不能成其为墨子。

天老爷的存在是地上王的投影。大奴隶主成为地上的统治者，发挥着无上的王权，他为巩固这王权，使它成为"它布"(图腾)，让人不敢侵犯，除掉有形的赏罚以支配人的肉体之外，还要造出无形的赏罚来支配人的精神。因而利用人民的愚昧，便把由奴隶造成的人世的金字塔，化而成为由神鬼造成的天界的金字塔。人王之下有百官众庶，上帝之下有百神群鬼。于是明则有斧钺，幽则有鬼神，王权便得到了双重的保障。墨子在王权式微了的时代又来提倡"天志"，他这种态度无论怎样替他辩护，都不好说他不是在复古，而是在革新的。

有的朋友说："降至战国时代七雄并峙，天子已降为诸侯之附庸，因而在诸侯的心目中早已没有天或上帝了。但是在这一时代的农民，他们却幻想有一个最高的权力，来制裁这些无法无天的诸侯，于是出现了墨翟的天志。"⑥这说法自然是有理由的，因为在古时，无论中国或外国，凡是代表农民利益的革命运动，每每假借宗教的力量以为号召。但这情形于墨子的场合不能适用。墨子的立场并不代表农民利益，而当时的农民倒比较欢迎当时"无法无天的诸侯"，甚至乱臣贼子的。"共伯和修其行，好贤仁，而海内皆以来为稽矣；周厉之难，天子旷绝，而天下皆来谓矣。"（《吕氏·开春论》）"妪乎采芑，归乎田成子。"（《史记·田敬仲完世家》）这些是历史上所告诉我们的实际情形。就在秦灭六国之后，六国的遗民都在思念他们的旧主，所以陈涉发难，六国王室的后裔便都一时纷纷复原了。陈涉不立楚后而自立受了批评，项梁立楚怀王孙心乃"从民所望"。这些所表示的是什么呢？便是当时的农民对于那些"无法无天的诸侯"倒并不是怎么怀恨的。何以会这样？理由却甚简单，便是因为人民从奴隶的命运解放出来还不很久的缘故。

有的朋友又说，墨子的天道观是很平等的，证据是《法仪篇》的"天下无大小国，皆天之邑也；人无幼长贵贱，皆天之臣也"，意思就是说，万人在天底下都是平等。这也是认识不足。《法仪篇》的那两句话就是"普天之下，莫非王土，率土之滨，莫非王臣"的扩大。假使前者是一种天道平等观，那么后者便是一种王道平等观。岂不是奴隶制度也可以说是平等的制度了吗？据我所见，那两句话其实正表示其大不平等。因为"邑"有大小的区别，"臣"有贵贱的等差——至少古时是有十等的。假使我们拿"四海之内皆兄弟也"和"王司敬民，罔非天胤"的话和这比较起来，那就相差得天远。一边是王和老百姓都是天的儿子，故尔是兄弟行，一边是金字塔式的君臣主奴的关系，我们请以公平的态度来批判，到底哪一边要较为平等呢？

这位朋友又说，"明鬼"也有平等的意思在里面，因为在墨子以前只认为王公大人死了才能为鬼，贱民死了是不得为鬼的。何以见得呢？他引用了《左传》昭七年"郑人相惊以伯有"的那段故事。子产说伯有取精用弘，族大凭厚，故强化为鬼。据此认为古代贱民没有做鬼的资格，是墨子提升了他们，使他们也能做鬼了，所以"明鬼"也是一种平等的主张。这见解倒十分新鲜，但是可惜完全是"自我作古"。古者人死为鬼，是自有文字以来的通例。鬼的字形就像一个大头人，表示着尸体浮肿的阶段。

> 国君有牛享，大夫有羊馈，士有豚犬之奠；庶人有鱼炙之荐。笾豆脯醢则上下共之。（《楚语》引《祭典》）

庶人如没有鬼，何用此"鱼炙之荐"和"笾豆脯醢"呢？

> 大凡生于天地之间者皆曰命，其万物死皆曰折，人死曰鬼。此五代（唐、虞、夏、商、周）之所不变也……庶士庶人无庙，死曰鬼。（《礼记·祭法》）

据这些看来，可见庶人死为鬼是自古以来如此看法，哪里会是墨子的新发明呢？事实上就是子产评伯有的那一段话里面，他已经明明说着"匹夫匹妇强死，其魂魄犹能凭依于人，以为淫厉"，淫厉就是恶鬼，他何尝说庶人死了就没有资格做鬼呢？鬼世界和人世界是一实一虚、一形一影。人世界中既有庶人奴隶，岂能鬼世界中没有庶鬼奴隶？鬼也有等级倒是实在的。贵族在生前统治着世界，死后也统治着世界；庶人在生前侍奉着贵族，死后也侍奉着贵族。故庶人鬼没有贵族鬼那样的灵威赫赫，倒是实在的。假使说庶人没有资格做神，那就正确了。《墨子·明鬼篇》里面所举的一些鬼话，都只是一些贵族鬼，即所谓神，庶人倒真正没有资格做的。

又有人说：墨子的信仰鬼神，多少是出于利用，所谓"神道设教"。因为《明鬼篇》里面这样说过："今洁为酒醴粢盛以敬慎祭祀……虽使鬼神请（诚）亡（无）此犹可以合驩聚众，取亲于乡里。"是的，这倒比前两说合理一些。但我们须得知道，这只是辩论时使用的所谓援推术而已。你认为鬼神是没有吗？好吧，就作为没有吧，而尊天明鬼却依然有它的妙处。这意思并不是承认了鬼神真正无，而只是加强了尊天明鬼有两倍的好。自然，在墨家本身也是有变化和发展的（这种看法正是我们新史学的原则），等到墨家后学讲求名辩的时候，他们便差不多根本不谈鬼神了。这是他们的进步，然而在墨子本人却不能适用。墨子他是一位虔诚的信仰者，看他翻三覆四地证明鬼神之有，又翻三覆四地斥责主张无神无鬼论者之妄，也就尽足以证明他的诚意了。不错，老百姓是相信有鬼神的，那是因为受教育的机会被人剥夺了的缘故。假使因为他们相信而再要站在王公大人的立场来存心利用，那正是愚民政策。无法无天的贵族们早就知道那一套是骗局，被你骇不倒，而老百姓们倒会被你骇得更加贴服了。为什么呢？顶可怕的是贵族鬼而不是庶人鬼呀。所以宗教，结果是奉事统治者的东西，要说墨子是存心利用，我看那倒是有点冤枉墨子了。

在我的鄙见，问题不想那样去提出。我是感觉着中国有这样一位标准的教主人格，为什么没有产生出一个固有的宗教？世界上的几个大宗教差不多都发生在距今二千年前上下。墨子生在二千四五百年前，以他的精神和主张尽可以成立一个中国独特的宗教，而在战国年间的墨家学派也的确有过这样的趋势的，如等于教主的所谓"巨子"之衣钵传授即其一例。然而结果没有形成，后来反让儒家和道家来夺了他的席，而儒也并不成其为宗教，道也仅是印度教的拙劣的翻版。这在研究中国古代史上倒确实可成为一个问题。为什么在奴隶制解体以后中国不能产生一个独自的宗教呢？在这儿我的看法是，中国的地理条件有很大的关系。各个世界大宗教都产生在热带国家。那些地方的贵族们一样受着自然界的压迫，故尔容易在幻想中去讨生活——在生前想求得一种法悦以忘却现世的辛苦；在死后自己升上天堂，把敌对者打进地狱里去。中国是温带国家，天堂何如现世的宫殿？地狱何如现世的监牢？故尔中国贵族最质实，无须乎再有升天入地的必要了。因此中国的统治者早就知道欢迎比较更现实的统治工具，而冷落了那种虚无缥缈的东西。这，怕就是固有宗教虽是具体而微，而终竟未能完成的根本原因吧？

世界是一元的，阴阳只隔一张玻璃纸。人世界即鬼世界，鬼世界即人世界。既承认鬼世界的神鬼的权威，当然早就在承认着人世界的王公大人的权威。既在尊天明鬼，当然也早就得尚同尚贤。尚同与尊天相应，尚贤与明鬼相应。天之下有群鬼百神，王之下有群贤百辟，都是两两相应的。尊天既是绝对的神权统治，尚同便是绝对的王权统治。王权为天所授与。"一同天下之义。"

"上之所是，亦必是之，上之所非，亦必非之。""上同而不下比。"（《尚同》）以王的意志统一天下的意志，以王的是非统一天下的是非。当然王之上也还有天，王也得上同于天。但，天是什么呢？天不过是王的影子。故结果是王的意志就是天的意志，王的是非就是天的是非。而反过来，所谓天志实在也不过就是王志了。当然王也须得为义，不为不义，这是是非善恶的标准。但这义不义的标准又从什么地方出来的呢？"义不从愚且贱者出，必自贵且知者出"（《天志中》），是故"自贵且智者为政乎愚且贱者则治，自愚且贱者为政乎贵且智者则乱"（《尚贤中》）。"然则孰为贵？孰为智？曰天为贵，天为智而矣。"（《天志中》）天又是什么呢？真是天晓得，还不就是王者的特写吗？所以说来说去，仍不外是以一人的意志为天下人的意志，以一人的是非为天下人的是非。这一人假使是绝顶的天才或者没有问题，然而天地间哪有这样绝顶的天才呢？有这样绝顶的天才，又能世世代代相继续的吗？

王者是绝对不能虚位的，必须力疾躬行。为了一同天下之视听尤须奖励告密与厉行连坐，"见淫僻不以告者，其罪亦犹淫僻者"（《尚同下》），使"天下之人皆恐惧振动惕慄，不敢为淫暴。曰天子之视听也神"（《尚同中》）。"淫僻"或"淫暴"翻译成现代语就是过激。墨子是最恨"寇乱盗贼"的人，他的书中反之复之地屡以盗贼为戒。这倒是时代的反映。因为土地财产私有权既经法定成立，则私有权的保卫便不能不强调。在墨子时代还仅是"天下之为寇乱盗贼者，周流天下无所重足"（《尚同下》），而到墨家后学竟发展到"杀盗非杀人"（《小取》）的地步了。故尔他替王公大人所设想的，就是在怎样"主社稷，治国家，欲修保而勿失"（《尚贤中》），"传以遗后世子孙"（《尚贤下》），"业万世"（《天志上》）。社稷是王的社稷，国家是王的国家，人民是王的人民。"士君子"之流便拥戴着王的权威，保卫着王的私产。在这样的情形之下，当然不许有一人敢为淫僻或淫暴，敢为寇乱盗贼。而能够替王保卫私产，遏制淫暴，消弭寇乱盗贼的人也就是所谓"贤"了。这样的"贤"不用说比那些"骨肉之亲，无故富贵，面目美好者"还要值得贵重。"虽在农与工肆之人，有能则举之，高予之爵，重予之禄，任之以事，断予之令"（《尚贤上》），使老百姓们尊敬他，信仰他，害怕他。这倒也是奴隶解放时的一部分实际情形。"官无常贵，而民无终贱"，这两句话每被人引用来证明墨子主张的革命性，然而实际是社会现实的反映而已。而墨子却把这个现实引向王公大人本位上去了。

在墨子思想中最为特色而起着核心作用的要算是他的"兼爱"与"非攻"的一组。这两种主张其实只是一个提示的正反两面："兼爱"是由积极方面来说，"非攻"是由消极方面来说。这无疑也是时代精神的反映。但尽管同样在说爱，同样在说爱人，而墨子的重心却不在人而在财产。墨子是把财产私有权特别神圣视的。人民，在他的观念中依然是旧时代的奴隶、所有物，也就是一种财产。故他的劝人爱人，实等于劝人之爱牛马。请看他说吧：

> 盗爱其室不爱异室，故窃异室以利其室。贼爱其身不爱人身，故贼人身以利其身。
>
> 大夫各爱其家不爱异家，故乱异家以利其家。诸侯各爱其国不爱异国，故攻异国以利其国。（《兼爱上》）

这就是说：你不尊重我的所有权，我不尊重你的所有权，结果是互为盗贼，互相乱攻；你也侵犯我的所有权，我也侵犯你的所有权。要怎样来救止这种弊病呢？要"兼相爱，交相利"。这也就是说：你尊重我的所有权，我也尊重你的所有权；彼此互相尊重，于是也就互相得到好处。所以说：

> 视人之室若其室，谁窃？视人身若其身，谁贼？
>
> 视人家若其家，谁乱？视人国若其国，谁攻？（《兼爱上》）

兼爱的结果便不会攻乱贼窃，不兼爱呢便会有攻乱贼窃；反对攻乱贼窃便是反对不兼爱，故尔"非攻"只是"兼爱"的另一种说法而已。因而在本质上，"非攻"也依然是对于所有权的尊重。翻译成适当的口语，也就是反对侵犯所有权。且看原文吧：

> 今有一人，入人园圃，窃其桃李，众闻则非之，上为政者得则罚之。此何也？以亏人自利也。
>
> 至攘人犬豕鸡豚者，其不义又甚入人园圃窃桃李。是何故也？以亏人愈多，其不仁滋甚，罪益厚。

> 至入人栏厩，取人马牛者，其不仁义又甚攘人犬豕鸡豚。此何故也？以其亏人愈多。苟亏人愈多，其不仁滋甚，罪益厚。

> 至杀不辜人也，拖其衣裘，取戈剑者，其不义又甚入人栏厩，取人牛马。此何故也？以其亏人愈多。苟亏人愈多，其不仁滋甚矣，罪益厚。（《非攻上》）

就这样逐渐把范围扩大下去，说到攻人之国为大不义。故"攻伐无罪之国，入其国家边境，芟刈其禾稼，斩其树木，堕其城郭，以湮其沟池，攘杀其牲牷，燔溃其祖庙，劲杀其万民，覆其老弱，迁其重器"（《非攻下》），这比杀人越货是更加不义了。"劲杀其万民"与"攘杀其牲牷"并列，而与"攘人犬豕鸡豚"者和"取人牛马"者同等，故人民依然还是所有物，而攻人之国实等于侵犯最大的私有权而已。这就是兼爱与非攻说的核心，尊重私有财产权并保卫私有财产权。故他这一套学说并不重在爱人，而是重在利己，不是由人道主义的演绎，而是向法治刑政的归纳。他之主张告密连坐（《尚同》中及下），"劝之以赏誉，威之以刑罚"（《兼爱下》）或"富贵以道（导）其前，明罚以率其后"（《尚同下》）的办法，后来为商鞅、申不害、韩非之流的法家所极端扩大了，那并不是没有理由的。

攻是侵犯私有权，非攻是反对侵犯私有权，因而非攻本身就是战争。道家早就揭穿了这一层，认为"为义偃兵，造兵之本"（《庄子·徐无鬼》），而墨家自己也赞赏周武王之伐殷纣，认为是"诛"，与攻不同。这也就是儒家所说的义战与非义战的区别了。我曾说"他的非攻其实就是美攻"，朋友们多说我故为"偏恶之辞"，其实我倒是尽了客观研讨的能事的。

既普遍承认私有权的神圣，因而他的主张结果是对于私有权大者帮了大忙，这是逻辑的必然。我曾说"他的兼爱其实是偏爱"，朋友们多说我故为"偏恶之辞"，其实我倒是尽了客观研讨的能事的。

在由奴隶制转移为封建制的过渡时期，私有财产权还未十分稳固，要建立一种学说体系来使它神圣化，倒确实不好轻率地谧为"反动"——在这一部分我可以取消我的这个判断。但要说墨子是奴隶解放者，是农工革命的前驱，是古代的布尔什维克，虽然明显地不是出于"偏恶"，然而只是把黑脸张飞涂成了红脸关羽。不仅依然在涂着脸谱，而且涂错了脸谱。

"节用"与"节葬"是一套消极的经济政策，这和老百姓的生活并没有直接的关系。因为老百姓的用是节无可节，葬也是节无可节的。他的整套学说都是以王公大人为对象的，王公大人的不合理的消费如果节省一些，当然也可以节省一些民力。从这么一点间接的恩惠说来，墨子倒可算在替人民设想了。大家也就抓紧了这一点，认为墨子是人民的朋友。譬如《节用》中篇所反复着的一句话——"诸加费而不加民利者圣王弗为"，好些朋友认为这就是墨子事事为"民利"着想的证据，但我却丝毫也不能够在这句话里面找到满足。一国的政治如果真是为"民利"设想的话，你只愁用费不够，哪里会有什么浪费的忧虞？他之所以忧虑浪费者，只是为的王利而不是"民利"；如何在老百姓身上多用一点，他从不曾这样想过。他只是把人民的生活限在极苟简的阶段，一切器用"足以奉给民用则止"，只求他们冻不死、饿不死。假使王者不节约，把老百姓榨取到冻死饿死的程度，那怎么办？这就是他所担心的。你以为他真在替人民设想吗？但这，我也并不想专怪他，因为这限度要想打破，历史还须得再推进两千多年。但我们如果不认定这个限度而要说墨子是"最民主"，是"布尔什维克"，那却是中饱了二千多年的历史。

当时的生产情形，在墨子的眼中，是人民少而土地多，因而生产力不足，生产不敷消费。请看他说吧：

> 今万乘之国，虚（墟）数于千，不胜而入，广衍数于万，不胜而辟；然则土地者所有余也，士民者所不足也。（《非攻中》）

荒地以千计，没有那么多的人来住；平地以万计，没有那么多的人来开垦。土地有余而人民不足。故尔拿人民去打仗，去"争虚城"，在他看来是"弃所不足而重所有余"。因此他的节用，是把人民当作生产工具而包括在里面的，不仅要节省民力，还得加倍人口的生产。于是他便想出了早婚的方法，要用国家的法令来限定早婚："丈夫年二十毋敢不处家，女子年十五毋敢不事人。"（《节用上》）。我们不要看忽略了那"毋敢不"三个字。战争除劳民伤财而外，还使"男女久不相见"，久丧也因"败男女之交多"，故都在所反对之列。看来蕃殖人口倒确是墨子的一项积极的经济政策。人民既是王公大人的私有，使人民蕃殖也不过如使牛马蕃息一样，尽管"女子十五"便要"事人"未免有点不人道，他也顾不了那么多了。有的朋友说，这比三年之丧禁止男女三年不交接的似乎还要人道一些。这倒也想得周到。但我并没有意思替三年之丧辩护，我也并不是什么新儒家，谁人道谁不人道，倒不是争门户的事情。不过公平一点说，人道不人道的标准是应该拿利己与利人及自愿与非自愿来判定的。我们请从这一方面来考虑一下吧。

节用与节葬的另一个目的，是在反对儒家的礼。节葬是反对丧礼，尤其三年之丧，固不用说；节用反对其他的礼，所谓"俛仰周旋威仪之礼，圣王弗为"（《节用中》）。本来对于形式上的繁文缛礼，孔子也是反对的，所谓"礼与其奢也宁俭，丧与其易（治）也宁戚"，和墨子的节用节葬似乎也没有什么不同。只是孔子的出发点是心理的安不安，而墨子却是经济的利不利。就拿三年之丧来说吧，当宰予反对的时候，孔子也只说："于汝安乎？""汝安则为之。"由这一点上要说孔子是唯心，墨子是唯物，是毫无问题的。只是墨子这位大师似乎是一位爱走极端的天才，他在生活上和言论上都爱走极端，有时候每每自相矛盾。例如他的"节葬"和"明鬼"冲突，东汉末年的王充已经指摘过。而他的"节用"和"尚贤"也是冲突的。《尚贤》里面讲王天下正诸侯者必须置三本。所谓三本是："高予之爵，重予之禄，任之以事，断予之令。"他在那儿晓得说："爵位不高则民不敬也，蓄禄不厚则民不信也，政令不断则民不畏也。"（《尚贤中》）但他说到节用、节葬上来，却要采取平均主义，瘠毂到万分，不仅是于事行不通，而且是于理也说不通的。大约因为是出于反对命题，故每每不惜过甚其辞，矫情立异的吧。

他是同情公室而反对私门的人。他站在同情公室的立场上，所见到的只是腐败了的奴隶生产，因而看不出人民生产力的伟大。他对于人类的前途是悲观的，因而他反对周家的文，而要返回夏家或其以前的质。他只能在节省和蕃殖人口或防止人口减少上着想；怎样去开发民智，怎样去改良生产工具，怎样使人民娱乐以增加其生产效率，他不唯不肯去用心，而且反对向这些方面去用心。事实上他是在开倒车，因而我说他"反动"，倒并不限于他迷信鬼神的那一点。我们再请看他的"非乐"和"非命"理论吧。"非乐"不仅在反对音乐，完全在反对艺术，反对文化。他说："仁者之为天下度也，非为其目之所美，耳之所乐，口之所甘，身体之所安。以此亏夺民衣食之财，仁者弗为也。"（《非乐上》）这是对的。但如果是谋人民的目之所美，人民的耳之所乐，人民的口之所甘，人民的身体之所安，这不仅不会"亏夺民衣食之财"，而且可以增加其衣食之源，何尝便可以一概反对？但墨子是一概反对了。虽然他也在说"下度之，不中万民之利"，事实上他并不是站在万民的立场以度其利，而是站在王公大人的立场以度其利。那样从楼上滴点眼药下来的方法，只是让老百姓有碗饭吃，有件衣穿，便是大德大利了。"与民同乐"的观念，在墨子的思想中是毛根也没有的。所谓"与君子听之，废君子听治；与贱人听之，废贱人之从事"，结果只剩下一群牛马和一条鞭子。贱人是管耕稼树艺，纺绩织纴的；君子是"内治官府，外收敛关市山林泽梁之利以实仓廪府库"的，一句话归总，便是榨取老百姓的。"君子不强听治，即行政乱；贱人不强从事，即财用不足。"刑政在管贱人，财用在养君子，故"非乐"的高论只是在更多榨取老百姓而已。"中万民之利"吗？真是天晓得呀！

关于"非乐"，墨儒之间有一段小小的议论，甚为学者所称道。

> 子墨子问于儒者曰："何故为乐？"
>
> 曰："乐以为乐也。"
>
> 子墨子曰："子未我应也。今我问曰：'何故为室？'曰：'冬避寒焉，夏避暑焉，且以为男女之别也。'则子告我为室之故矣。今我问曰：'何故为乐？'曰：'乐以为乐也。'是犹曰：'何故为室？'曰：'室以为室也。'"
>
> （《公孟篇》）

首先是胡适根据这个故事认为墨子是很科学的，对于事物要追求根源，问它一个为什么。不错，墨子似乎很有这样的精神。不过在这个缺席裁判的故事里面，他或他的后学却不免有点上下其手。"乐以为乐也"是说音乐为的是图快乐，正说出了它的为什么来。墨子故意把音乐与快乐混为一谈。而反诘以"室以为室"，那毋宁是诡辩。这是因为中国字有毛病，古时音乐的"乐"与快乐的"乐"，连发音都相同。这样的情形就在《墨子》的《经说上》里面也正有同样的一例，便是"知也者所以知也而〔不〕必知"；我们可以了解第一个知字是智字，但如也要弄点诡辩的话，岂不也是"室也者所以室也而〔不〕

必室"吗？

儒家谈音乐倒并不那么幼稚。孔子本人虽没有留下什么高深的音乐理论，但到他的弟子或再传弟子，公孙尼子，他的《乐记》一篇便把乐的功用发挥得很为详尽的。我的一篇《公孙尼子与其音乐理论》一文可以参考，在这儿不必赘述。中国古代的学问，认真够得上称为有点科学性质的，只有音乐的乐律和历法。这两种东西儒家都看得很重。在墨子方面呢？历法不曾提到，而庄子说他"不晖于数度"（《天下》）。音乐则极端反对。我们就单以这项为标准，要说墨子是"一位科学家"，至少在我个人是不能不踌躇的。

墨子的所谓三表法，朋友们也大多认为是墨子的很有光辉的逻辑。这三表法叙述在《非命篇》里面，上中下三篇的字面略有不同，我现在一并把它们抄在下边。

> 言必有三表。何谓三表？
>
> 子墨子言曰："有本之者，有原之者，有用之者。于何本之？上本之于古者圣王之事。于何原之？下原察百姓耳目之实。于何用之？废（发）以为刑政，观其中国家百姓人民之利。"（《上篇》）
>
> 言有三法。三法者何也？
>
> "有本之者，有原之者，有用之者。于其本之也？考之天鬼之志，圣王之事。于其原之也？征以先王之书。用之奈何？发而为刑（政）。"（《中篇》）
>
> 言有三法。何谓三法？
>
> 曰："有考之者，有原之者，有用之者。恶乎考之？考先圣大王之事。恶乎原之？察众之耳目之情。恶乎用之？发而为政乎国。察万民而观之。"（《下篇》）

《下篇》和《上篇》比较接近，三占从二，我就根据这两篇来说吧。有的朋友说这是最科学的方法，因为它有本有原，"都把经验当成真理的标准"。不错，从表面上看来，似乎很合乎科学，在早期一点的学者还有人把它比成逻辑的三段论法的。但可惜这个步骤是由上而下的演绎，而不是由下而上的归纳。他那一"本"根本就是问题。"天鬼之志"且不说，"圣人之事"是什么事？他所举出的不是一些奴隶制时代的故实吗？把一些渺茫不足凭的故实认为是真理或真实作为自己学说的出发点，这是最不合乎科学的。而他的"察百姓耳目之实"也很能上下其手。譬如他要证明鬼神是有吧，除古书所载之外，他可以说百姓在什么地方见过神、见过鬼，于是乎鬼神也就真正有了。又譬如他要证明命是无，除古书上的暴王所作之外，百姓在什么地方也没有见过命的面貌，听过命的声音，于是乎命也就真正没有了。这议论真是素朴得可爱。"发而为刑（政）"，可无须乎再说，所谓"国家百姓人民之利"究竟是谁的国家？谁的百姓人民？谁的利？浅薄的"经验"是绝对不能成为"真理的标准"的呵！

人民百姓是应当强力疾作的，不强力疾作则"天下衣食之财将必不足"。在这儿所非的乐与所非的命都是使人民百姓怠倦的东西，当然也使王公大人卿大夫怠倦；假使管理人民百姓的王公大人卿大夫怠倦了，那人民百姓便更加怠倦了。所以乐与命是要不得的东西。乐，我们知道是音乐，是文化。命又是什么呢？这令人很不容易把握。他是把否认鬼神、提倡三年之丧、尊重音乐、主张有命等作为"儒之道足以丧天下者四政"的。那么"非命"，论理是以儒家的命为攻击对象的了。但儒家的命是一种素朴的必然论，而墨子所攻击的却强半是宿命论，这是有点令人苦于索解的。

宿命论固然应当反对，墨子学说里面似乎也以这一项为最有光辉。但奇妙的是和他的学说系统很不调和。他说："命者，暴王所作，穷人所述。"在命是指宿命论的时候，这是一点也不错。譬如自古相传为标准暴王的殷纣，他便说过这样的话："我生不有命在天。"（《尚书·西伯戡黎》）宿命论是和宗教的迷信不可分的，而倡导非命的墨子却是尊天明鬼的人，这不是一种奇事吗？凡是相信鬼神的人每每也要走到"百门而闭一门"的地步。《阅微草堂笔记》里面有一段故事：有一位老太婆无恶不作，却诚心信奉观音大士，以为这一功德便可以消除她一百项罪过。这和殷纣王的故事真可以说是半斤八两了。

孔子不相信鬼神，他所说的命是种必然论而非宿命论，在上面已经叙述过。所谓"死生有命"便是打破天上的权威，不相信崇敬鬼神便可以延年，不崇敬便会折寿。所谓"富贵在天"便是打破地上的权威，不走谄上傲下的路去求不义的富贵。这和墨子的学说倒有点不两立的。在我看来，墨子显然是在用手段。他利用命的含义有两种，便先把论敌涂饰成宿命论者，而在骨子里则尽力打击必然论，为鬼神张目。你看他叫人去查先王之书吧。他说所有先王之宪、先王之刑、先王之誓里面亦尝有曰："福不可请，而祸不可讳（违），敬无益，暴无伤者乎？"他反复地这样问。当然也就是说"福可请也，祸可违也，敬有益也，暴有伤也"了。但暴是向谁暴，敬是向谁敬，祸是从何违，福是从何请呢？曰："上帝山川鬼神"和"上帝山川鬼神的干主"。他所称道的"先王"不用说就是奴隶时代的一些"干主"。你要敬他，暴不得，那福就可请，祸就可违了。假使你不敬他，你要暴他，那你就该死不得活！所以结果是死生无命，富贵在王。除了王权也就是神权之外，更没有什么必然性。必然性的那种"命"实在是"上不利于天，中不利于鬼，下不利于人"的——"人"者谁？"王公大人卿大夫"也。因此我曾说："墨子的非命其实是皈命。"朋友们多说我是出于"偏恶"，但在我自己倒是尽了客观研讨的能事的。

1944 年 8 月 1 日

注释

①见《吕氏春秋·慎大篇》。又《淮南·道应训》"孔子劲矫国门之关"，同《主术训》"孔子……力招城关"。——作者注

②荀子很恭维叶公。《非相篇》："叶公子高微小短瘠，行若将不胜其衣。然白公之乱也，令尹子西、司马子期皆死焉。叶公子高入据楚，诛白公，定楚国，如反手尔。仁义功名善于后世。"儒家到荀子，已经早把立场改变了。——作者注

③《左传》昭公十八年。

④《庄子·知北游篇》有一节话，是这几句话的扩张："天地有大美而不言，四时有明法而不议，万物有成理而不说。圣人者原天地之美而达万物之理，是故至人无为，

大圣不作，观于天地之谓也。"——作者注

⑤《墨子·公孟》。

⑥翦伯赞《中国史纲》第 390 页。——作者注

儒家八派的批判

　　孔子死后，据《韩非子·显学篇》说，儒家是分为八派的，"有子张之儒，有子思之儒，有颜氏之儒，有孟氏之儒，有漆雕氏之儒，有仲良氏之儒，有孙氏之儒，有乐正氏之儒"。八派中把子夏氏之儒除外了，这里有一个重要的关键。这是韩非承认法家出于子夏，也就是自己的宗师，故把他从儒家中剔除了。现在只根据这八派来阐述儒家思想的展开。子夏氏之儒，我准备把它蕴含在《前期法家的批判》里面去叙述。

一

　　"子张之儒"，《荀子·非十二子篇》曾加以痛骂，谓："弟佗其冠，神禪其辞，禹行而舜趋，是子张氏之贱儒也。"荀子骂人每每不揭出别人的宗旨，而只是在枝节上作人身攻击，这是一例。像这，我们就不知道，子张一派的主张究竟有些什么特色。

　　照《论语》里面所保存的子张的性格看来，他似乎是孔门里面的过激派。孔子说"师也辟"，辟者偏也；又和子夏的"不及"对比起来说他是"过"。但他的偏向是怎样呢？他是偏向于博爱容众这一方面的。

　　　　子夏之门人问交于子张。子张曰："子夏云何？"对曰："子夏曰：'可者与之，其不可者拒之。'"子张曰："异乎吾所闻。君子尊贤而容众，嘉善而矜不能。我之大贤与？于人何所不容？我之不贤与？人将拒我，如之

何其拒人也?"(《子张》)

看他这调子不是很有包容一切的雅量吗?曾子曾经说过:"以能问于不能,以多问于寡,有若无,实若虚,犯而不校,昔者吾友尝从事于斯矣。"这所说的"吾友",虽然有人以为指的是老子,但其实应该就是子张。你看他"神襌其辞",不就是"有若无、实若虚"的表现?"禹行而舜趋"不就是"犯而不校"的表现?禹之父鲧为舜所诛戮,而禹臣服于舜。舜之弟象作恶不悛,而舜封之有庳。这些都是"犯而不校"的好榜样,所以子张氏之儒在摹仿他们,亦步亦趋。这在孔门的中庸之徒看来,应该是有点过火的,所以曾子批评他"堂堂乎张也,难与并为仁矣",子游也批评他"吾友张也为难能也,然而未仁"。他那样的宽容,而说他不合乎仁道,大约是嫌他有点近于乡愿吧?然而"堂堂乎张也",倒确确实实是有所自立的。他本人的主张残留得很少,《论语》里面有下列的两项却充分地可以表现他的精神。

士见危致命,见得思义,祭思敬,丧思哀,其可已矣。(《子张》)
执德不弘,信道不笃,焉能为有?焉能为亡(无)?(《子张》)

临到危难的时候要把自己的生命拿出来,有所利得的时候先要考虑该不该受,度量要宽大,操持要坚忍……这些岂是乡愿所能够做得到的!

《艺文类聚》①引《庄子》佚文"子路勇且力,其次子贡为智,曾参为孝,颜回为仁,子张为武",作为孔子向老子的介绍。这不一定是孔子自己的话,但可作为庄子或其后学对孔门五子的批评。"子张为武",所根据的大约就是上面所述的那些精神吧。武与勇有别,屈原《国殇》"诚既勇兮又以武",也是把武与勇分开来的。这就明显地表明勇指胆量,武指精神了。

此外在《论语》中有关于子张和孔子的问对好多条,有"子张学干禄""问十世可知""问令尹子文""问善人之道""问明""问崇德辨惑""问政""问士何如斯可谓之达""问高宗谅阴""问行""问仁""问从政",大约是子张氏之儒所保留下来的一些记录。虽然主要是孔子所说的话,但可见子张所关心的是些什么问题,而且就是孔子的答辞也一定是经过润色,或甚至傅益的。例如"问仁"和"问从政"两条,在《论语》中比较博衍,而和子张的精神却十分合拍，可能也就是出于傅益的例子。我现在把这两条整抄录在下边。

一、问仁：

> 子张问仁于孔子。孔子曰："能行五者于天下，为仁矣。"请问之。曰："恭、宽、信、敏、惠。恭则不侮，宽则得众，信则人任焉，敏则有功，惠则足以使人。"（《阳货》）

二、问从政：

> 子张问于孔子曰："何如斯可以从政矣？"子曰："尊五美，屏四恶，斯可以从政矣。"子张曰："何谓五美？"子曰："君子惠而不费，劳而不怨，欲而不贪，泰而不骄，威而不猛。"子张曰："何谓惠而不费？"子曰："因民之所利而利之，斯不亦惠而不费乎？择可劳而劳之，又谁怨？欲仁而得仁，又焉贪？君子无众寡，无小大，无敢慢，斯不亦泰而不骄乎？君子正其衣冠，尊其瞻视，俨然人望而畏之，斯不亦威而不猛乎？"子张曰："何谓四恶？"子曰："不教而杀谓之虐，不戒视成谓之暴，慢令致期谓之贼，犹之与人也，出纳之吝，谓之有司。"（《尧曰》）

这最后的"有司"两个字恐怕有错误，和"虐、暴、贼"不类。《荀子·宥坐篇》载孔子语，"慢令谨诛，贼也；今生也有时，敛也无时，暴也；不教而责成功，虐也；已此三者，然后刑可即也"，和这儿所说的前三恶相近，但无"有司"一项。两者参照，《论语》的文句较为整饬，可以知道润色傅益是在所不免的了。

照这些资料看来，子张氏这一派是特别把民众看得很重要的。仁爱的范围很广，无论对于多数的人也好，少数的人也好，小事也好，大事也好，都不敢怠慢。严于己而宽于人，敏于事而惠于费。这在表面上看来和墨家有点相似。大约就因为有这相似的缘故，子张氏的后学们似乎更和墨家接近了。《荀子·儒效篇》里面有骂"俗儒"的这么一段文字：

（一）逢衣浅带，解果其冠，略法先王而足乱世术。（二）缪学杂举，不知法后王而一制度，不知隆礼义而杀《诗》《书》。其衣冠行伪（为）已同于世俗矣，然而不知恶者；其言议谈说已无以异于墨子矣，然而明不能别。（三）呼先王以欺愚者而求衣食焉，得委积足以掩其口，则扬扬如也；随其长子，事其便辟，举其上客（举读为与，言参与也），亿然若终身之房而不敢有他志。是俗儒者也。（数目字余所加）

这应该是统括着"子张氏之贱儒""子夏氏之贱儒""子游氏之贱儒"而混骂的。我们把《非十二子篇》对于三派的分骂和这对照起来，便可以看出这里面的分别。子夏氏之贱儒是"正其衣冠，齐其颜色，嗛然而终日不言"，和第一项相当。子游氏之贱儒是"偷儒惮事，无廉耻而嗜饮食，必曰君子固不用其力"，和第三项相当。那么第二项必然是指子张氏之贱儒了。因此子张氏之儒的"弟佗其冠"即是颓唐其冠，这和"解果其冠"不同，杨倞引或说"解果盖高地"，即是高拱起来的意思。故"解果其冠"即巍峨其冠，正与"逢衣浅带"为配。据此可知子夏氏一派讲究戴高帽子，宽衣博带，气象俨然；而子张氏一派讲究戴矮帽子，随便不拘，同乎流俗。"言议谈说已无以异于墨子"，可见这一派的后生已经是更和墨家接近了。《庄子·盗跖篇》有子张与满苟对话的一节，从子张的口里面说出了这样的话：

仲尼、墨翟穷为匹夫，今谓宰相曰"子行如仲尼、墨翟"，则变容易色称不足者，士诚贵也。

把墨翟和仲尼对举，而让子张说出，可见做这个寓言者的心目中也是把子张看来和墨翟接近的。墨翟应该比子张迟，他在初本来是学过儒术的人，照时代上看来，倒应该说墨翟受了子张的影响。不过他们尽管有些相似，在精神上必然有绝对不能混同的地方，不然他们应该早就合流了。子张氏之儒的典籍缺乏，我们不能畅论其详，但我想，他们如有不容混同的差别，那一定是立场问题。子张氏在儒家中是站在为民众的立场的极左翼的，而墨子则是站在王公大人的立场。这应该是他们的极严峻的区别。

二

子思之儒和孟氏之儒、乐正氏之儒应该只是一系。孟氏自然就是孟轲，他是子思的私淑弟子。乐正氏当即孟子弟子的乐正克。这一系事实上也就是子游氏之儒。宋代程、朱之徒虽然把思、孟归为曾子的传统，但他们的根据是很薄弱的。他们所表张的《大学》其实并不是"孔子之言而曾子录之"及"曾子之意而门人记之"。他们之所以如此立说者仅因所谓传文里面有两处"子曰"和一处"曾子曰"而已。其实假如全是"曾子之意而门人记之"，那就不必还要特别表著一句曾子的话了。既特别引用了一句曾子的话，那就可以知道全文绝不是"曾子之意"的记录了。照我的看法，《大学》一篇毋宁是乐正氏之儒的典籍，这且留在下面再加说明。先来讨论思、孟何以出于子游氏。

> 略法先王而不知其统，犹然而材剧志大，闻见杂博，案往旧造说，谓之"五行"，甚僻违而无类，幽隐而无说，闭约而无解。案饰其辞而祗敬之曰："此真先君子之言也。"子思倡之，孟轲和之。世俗之沟犹瞀儒，嚾嚾然不知其所非也，遂受而传之，以为"仲尼、子游为兹厚于后世"。是则子思、孟轲之罪也。（《荀子·非十二子篇》）

既言思、孟之学乃"仲尼、子游为兹厚于后世"，这便是他们出于子游氏之儒的证据了。这一派也正是荀子所痛骂的"偷儒惮事，无廉耻而嗜饮食，必曰君子固不用其力"的"子游氏之贱儒"。称之为"子游氏之贱儒"不必便是骂子游，只是骂他的后学，说不定也就是指的孟轲。这种人，他在《修身篇》里面又骂为"恶少"——"偷儒惮事，无廉耻而嗜乎饮食，则可谓恶少者矣"。虽然孟子的年辈比起荀子来并不"少"，但孟子的门徒当然又有"少"的存在。

这项极现成的重要资料，二千多年来都被人忽略了，甚至还有人说"子游"是错误了的。郭嵩焘云："荀子屡言仲尼、子弓，不及子游；本篇后云'子游氏之贱儒'，与子张、子夏同讥，则此子游必子弓之误。"（王先谦《荀子集解·非十二子篇》所引）这真是以不狂为狂了。问题是很简单的。别处之所以屡言"仲尼、子弓"者，是荀子自述其师承；本处之所以独言"仲尼、子游"者，乃指子思、孟轲的道统。这是丝毫也不足怪的[②]。

子游是孔门的高足，少孔子四十五岁。他和子夏、子张、曾子等同年辈，是孔门中的少年弟子。孔门有四科，在文学一科中他占第一位——"文学子游、子夏"。他的气概和作风也与子夏不同。子夏是拘于小节的，是孔门中讲礼制的一派，荀子骂他们为"贱儒"，说他们"正其衣冠，齐其颜色，嗛然而终日不言"。子游也有类似的批评："子夏之门人小子，当洒扫应对进退，则可矣，抑末也；本之则无，如之何！"可见子游是重本轻末，末既是礼数小节，本应该是大处落墨的思想问题了。他曾为武城宰，而以弦歌施于民间，十分奖励教育。孔子讥笑他"割鸡用牛刀"。这样也就相当地"犹然而材剧志大"了，故尔可能更教育出了一批"犹然而材剧志大"的人物。

《礼记·礼运》一篇，毫无疑问便是子游氏之儒的主要经典。那是孔子与子游的对话。开首几句是"昔者仲尼与于蜡宾，事毕，出游于观之上，喟然而叹。仲尼之叹盖叹鲁也，言偃在侧"云云。王肃伪撰《家语》谓孔子为鲁司寇时事。有人据此以为说，谓孔子为司寇时年五十一，子游年仅六岁，孔子五十五岁去鲁，子游年十岁，孔子绝不会与十岁以下的孩子谈大同小康，因疑大同之说非孔子当日之言。这样的推断是大有问题的。《家语》伪书，本不足据，为鲁司寇时之推测虽亦本于《礼运注》"孔子任鲁，在助祭之中"而来，此亦郑康成一时疏忽之语，同一不足为据。蜡乃岁终报田大祭，一国之人皆得参与。《杂记》："子贡观于蜡，孔子曰：'赐也，乐乎？'对曰：'一国之人皆若狂……'"此可见孔子与于蜡非必一定要在仕鲁或为鲁司寇时才有资格。孔子晚年返鲁，与鲁国君臣上下之关系在师宾之间。孔子死时，鲁哀公赐诔，竟大呼"旻天不吊，不慭遗一老"[③]，敬之实深，"与于蜡宾"的资格当然是有的。那么在孔子晚年要同门弟子谈谈大同小康的故事，是没有什么不可能的了。

大同小康之说其实也并不怎样深远，那只是从原始公社和奴隶制所反映出来的一些不十分正确的史影而已。虽然已经脍炙人口，不妨仍把那段文字来抄在下边。

> 大道之行也，与三代之英，丘未之逮也，而有志焉。

> 大道之行也，天下为公，选贤与（举）能，讲信修睦。故人不独亲其亲，不独子其子，使老有所终，壮有所用，幼有所长，矜寡孤独废疾者皆有所养。男有分，女有归。货恶其弃于地也，不必藏于己；力恶其不出于身也，不必为己。是故谋闭而不兴，盗窃乱贼（止）而不作，故外户而不闭。是谓大同。

> 今大道既隐，天下为家。各亲其亲，各子其子，货力为己。大人世及以为礼，城郭沟池以为固，礼义以为纪，以正君臣，以笃父子，以睦兄弟，以和夫妇，以设制度，以立田里，以贤勇知，以功为己。故谋用是作，而兵由此起。禹、汤、文、武、成王、周公由此其选也。此六君子者未有不谨于礼者也。以著其义，以考其信，著有过。刑（型）仁讲让，示民有常。如有不由此者，在势者去，众以为殃。是谓小康。

这席话就是新史学家们也很能重视，有的更认为"十分正确"。其实正确的程度实在有限，因为它把原始公社太理想化了。这是一种人类退化观，不用说也就是因为有唯心论的成分搀杂进去了的毛病。把原始公社认为人类的黄金时代，以后的历史都是堕落，那是不合实际的。但这却合乎孔子"祖述尧舜"的实际。他推崇尧舜，根本是把原始公社的唐虞时代作为了理想乡看的。又有的人甚至说大同思想是由墨子的"尚同"所派衍，那更是风马牛不相及的事——不仅对于这种见解没有作出正确的评价，连墨子的"尚同"是什么意思根本没有懂到。二者的相似就只有一个"同"字而已。

《礼运篇》，毫无疑问，是子游氏之儒的主要经典，那不必一定是子游所记录，就在传授中著诸竹帛也一定是经过了润色附益的。但要说孔子不能有那样的思想，子游也不能有那样的思想，那是把它的内容太看深远了。篇中也强调着五行，和《荀子》非难子思、孟轲"案往旧造说，谓之五行"的相合。

> 人者，其天地之德，阴阳之交，鬼神之会，五行之秀气也。

> 天秉阳，垂日星。地秉阴，窍于山川。播五行于四时，和而后月生也。是以三五而盈，三五而阙，五行之动，迭相竭也。五行、四时、十二

月，还（旋）相为本也。五声、六律、十二管，还相为宫也。五味、六和、十二食，还相为滑（原误"质"，依阮元校改）也。五色、六章、十二衣，还相为质也。

人者，天地之心也，五行之端也。

像这样反复地说到五行，而且把"五"这个数字业已充分地神秘化了。色、声、味、季都配以五行，月之一圆一缺也说为"五行之动"，真是配得上被批评为"甚僻违而无类，幽隐而无说，闭约而无解"。看到"五行、四时、十二月，还相为本"的一项，足以证明《月令》一篇也必然是这一派人的撰述。他们是主张五行相生的，春为木，夏为火，中气为土，秋为金，冬为水。木火土金水周而复始，岁岁循环。《月令》的五虫为鳞羽倮毛介，倮虫以人为首，除这人而外，《礼运》的龙凤麟龟四灵也恰为鳞羽毛介的代表。"人者五行之端"，可见也就是说人为五虫之首了。其他五声、五色、五味、五祀，了无不同。

思、孟所造的五行说，在现存的思、孟书——《中庸》和《孟子》里面虽然没有显著的表现，但也不是全无痕迹。《中庸》首句"天命之谓性"，注云："木神则仁，金神则义，火神则礼，水神则智，土神则信。"章太炎谓"是子思遗说"（见章著《子思孟轲五行说》），大率是可靠的。孟子说："恻隐之心人皆有之，羞恶之心人皆有之，恭敬之心人皆有之，是非之心人皆有之。恻隐之心仁也，羞恶之心义也，恭敬之心礼也，是非之心智也。仁义礼智非由外铄我也，我固有之也。"（《告子上》）又说："无恻隐之心非人也，无羞恶之心非人也，无辞让之心非人也，无是非之心非人也。恻隐之心仁之端也，羞恶之心义之端也，辞让之心礼之端也，是非之心智之端也。人之有是四端也，犹其有四体也。"（《公孙丑上》）又说："君子所性，仁义礼智根于心。"（孟子·尽心上》）他把仁义礼智作为人性之所固有，但缺少了一个"信"，恰如四体缺少了一个心。然而这在孟子学说系统上并没有缺少，"信"就是"诚"了。他说："仁之于父子也，义之于君臣也，礼之于宾主也，知之于贤者也，圣人之于天道也，命也，有性焉，君子不谓命也。"（《尽心下》）这儿与仁义礼智为配的是"天道"。"天道"是什么呢？就是"诚"。"诚者天之道也，思诚者人之道也，至诚而不动者未之有也，不诚未有能动者也。"（《离娄下》）其在《中庸》，则是说："诚者天之道也，诚之者人之道也，诚者不勉而中，不思而得，从容中道，圣人也。"这"从容中道"的圣人，也就是"圣人之于天道"的说明，是"万物皆备于我矣，反身而诚，乐莫大焉"的做人极致。再者，诚是"中道"，这不合乎"土神则信"，而土居中央的吗？子思、孟轲都强调"中道"，事实上更把"诚"当成了万物的本体，其所以然的原故不就是诚信是位乎五行之中极的吗？故尔在思、孟书中虽然没有金木水火土的五行字面，而五行系统的演化确实是存在着的。正是因为从这样的理论根据出发，孟子道"性善"，而《中庸》主张"尽性"，在他们自己是有其逻辑上的必然的。

在儒家的典籍里面除去上所举出者外，五行资料保存得最多的应当数《尚书》中的《洪范》《尧典》《皋陶谟》《禹贡》诸篇。这几篇都是战国时的儒者所依托，近来已为学术界所公认了。但依托者为谁则尚无成说。据我的看法，这人也就是思、孟这一派的人。

《洪范》说明着五味由五行演行的程序，所谓"水曰润下，火曰炎上，木曰曲直，金曰从革，土爰稼穑。润下作咸，炎上作苦，曲直作酸，从革作辛，稼穑作甘"。这是只举了一隅。此外如人身上的五事——貌言视听思，发扬而为恭从明聪睿，肃乂哲谋圣；又应到天时上的五征——雨旸燠寒风，也都是和水火木金土配合着的。"五"字本身也就成为了神秘的数字。就这样一个公式发展下去，便产生出五辰、五岳、五礼、五玉、五教、五典、五服、五刑（以上见《尧典》），五采、五色、五声、五言（以上见《皋陶谟》），"弼成五服，至于五千"，每服五百里（以上见《禹贡》），真是五之时义大矣哉了！

"五"以皇极居中，而"五"之本身复具有中数，凡居中者具有支配性质。《中庸》所谓"诚者从容中道"，《礼运》所谓"王中心无为也，以守至正"，也就是《洪范》"皇建其有极……无偏无党，王道荡荡；无党无偏，王道平平；无反无侧，王道正直；会其有极，归其有极"的意思了。这种强调"中"的观念，也正和子思书——《中庸》的思想完全合拍。

《史记·孟轲列传》谓孟子"所如者不合，退而与万章之徒，序《诗》《书》，述仲尼之意，作《孟子》七篇"。既言"序《诗》《书》"，可知《诗》

《书》的编制是孟氏之儒的一项大业，而荀子之所以要"隆礼义而杀《诗》《书》"④，一多半也就是因为这样的原故吧。故尔像《尧典》《皋陶谟》《禹贡》《洪范》诸篇，在我看来，就是思、孟之徒的作品。

在这儿颇适宜于研讨《大学》。这篇文字除宋儒的旧说，如上所述已属不可信外，近人冯友兰认为是"荀学"⑤。主要的根据是荀子言为学当"止诸至足。曷谓至足？曰圣也"（《解蔽篇》），而《大学》言"大学之道……在止于至善"。又如荀子言心术须"虚壹而静"（《解蔽篇》），而《大学》言"正心"，主要均须无好恶。又荀子言"君子养心莫善于诚"（《不苟篇》），而《大学》言"心诚求之"，言"诚意"。但这些证据是有问题的。因为父子固可以相似，而兄弟亦可以相似；我们不能单因相似便断定父子为兄弟，或兄弟为父子。知止之说实原于孔子的"多闻阙疑……多见阙殆"，及老子的"知足不辱，知止不殆"。正心之说原于孟子的"养心莫善于寡欲"，及宋子的"情欲寡浅"。诚意之说则出于《中庸》与《孟子》之中心思想。是则冯氏的判断可以说是等于以兄为父了。

《大学》在我看来实是孟学。它是以性善说为出发点的，正心诚意都原于性善，如性不善则心意本质不善，何以素心反为"正"，不自欺反为"诚"？又看它说："好人之所恶，恶人之所好，是谓拂人之性，菑必逮夫身！"如性为不善，则"拂人之性"正是好事，何以反有灾害？性善性恶本来都是臆说，但孟派尚能自圆其说，而荀派则常常自相矛盾，如既言性恶矣，而复主张心之"虚壹而静"，如何可以圆通？"虚壹而静"之说采自《管子》的《心术》《内业》诸篇，这些都是宋荣子的遗著（余别有说），荀子只是在玩接术术而已。

格物致知的两个条目，好像是《大学》的新发展了，但也采自《心术篇》的"舍己而以物为法"。孟子改变了一个说法，便是"舍己从人，乐取于人以为善"。古书格假二字通用之例至多，"格物"者"假物"，假借于物之意。人心只是一张白纸（在孟子是白所以为善），要假借于物才有知识，而知识也才能达到尽头。使知识达到尽头是"致知"，知识达到了尽头是"知至"，到这时候便是"万物皆备于我"（《孟子·尽心上》）了；故尔"反身而诚，乐莫大焉"（《孟子·尽心上》）。到这时候，也就是《中庸》所说的"能尽其性者，则能尽物之性"了。只是思、孟是由成功而言，《大学》是由入手而言，故尔有顺有逆。假使不是假物以致知，则孟子何必主张"博学而详说"呢？《中庸》的博学、审问、慎思、明辨、笃行也就毫无着落了。

修齐治平的四条目，分明是由孟子演绎出来的，孟子曾说："天下之本在国，国之本在家，家之本在身。"（《离娄上》）这便是修身、齐家、治国、平天下之所本。《尧典》赞唐尧的圣德也恰恰包含着这些次第。

> 粤若稽古帝尧，曰放勋。钦明文思，安安允恭克让。光（横）被四表，格于上下，克明峻德。以亲九族，九族既睦。平章百姓，百姓昭明。协和万邦，黎民于变，时雍。

这儿很明显地也说的是修齐治平。"钦明文思"四字旧注称为"四德"，马融谓："威仪表备谓之钦，照临四方谓之明，经纬天地谓之文，道德纯备谓之思。"然在《史记·尧本纪》则采用《五帝德》之语，翻译为"其仁如天，其知如神，就之如日，望之如云"，似乎就是礼智仁义的变文了。克己复礼为仁，故以仁当乎钦；智而如神则明，故以知当乎明；如日之当乎文者，如日之有威仪，礼也；如云之当乎思者，思或作塞⑥，孟子谓"浩然之气塞于天地之间，是集义所生者"（《公孙丑上》)，则是义了。这些正表明《尧典》出于思、孟之徒的又一证。而《大学》的首章差不多也就是《尧典》这一节文字的翻译，下面把"《尧典》曰克明峻德"点明了出来，更加指示了它的思想的来源了。

复次，荀子是"隆礼义而杀《诗》《书》"的，然而《大学》全篇里面却没有一个礼字，而《诗》《书》则翻来覆去的引用，《诗》引了十二次，《书》引了七次（其中《康诰》四，《太甲》《尧典》《泰誓》各一），单只这一点也就和荀子大有距离了。

故在我看来，《大学》是孟学，而且是乐正氏之儒的典籍。何以见得呢？第一，在孟派里面乐正克是高足。第二，以乐正为氏是学官的后裔，《王制》云"乐正崇四术，立四教"，其职与《周官》的乐师相当，而次于大乐正。先代既为学官，当有家学渊源，故论"大学之道"。第三，乐正克，孟子称之为"善人"，为"信人"，又说"其为人也好善"。而《大学》仅仅 1743 字的文章便一共有 11 个善字露面。

准同样的理由，《礼记》中的《学记》一篇，我也认为是乐正氏所作。《学记》亦言"大学之道"，与《大学》相为表里。

> 古之教者，家有塾，党有庠，术有序，国有学，比年入学，中年考校。
> 一年视离经辨志，三年视敬业乐群，五年视博习亲师，七年视论学取友，谓之小成。九年知类通达，强立而不反，谓之大成。夫然后足以化民成俗，近者悦服，而远者怀之。此大学之道也。

"离经辨志""敬业乐群""博习亲师""论学取友"便是格物，都是有所假于外物的。"知类通达"，便是"物格而知至"。"强立而不反"，便是"知至而意诚，意诚而心正"。这些是修身的事。"化民成俗，近者悦服，而远者怀之"便是齐家、治国、平天下的事了。这样和《大学》的"大学之道"相印证，于是格物的意义也就更加明瞭了。

但在冯友兰氏，则依据"强立而不反"一语，以为与《荀子·不苟篇》"长迁而不以其初，则化矣"相类，乃性恶说之引申，故认《学记》为荀学。且因《学记》言"大学之道"，《大学》亦言"大学之道"，《学记》既为荀学，遂断言《大学》亦不得不为荀学。其《大学》为荀学说在事实上即以此为发端，继后才由《大学》中摘取与《荀子》相似之义以为证佐。故《学记》为荀学，实是《大学》为荀学说的大前提。然此大前提，也同样的靠不住。

"强立而不反"即《洪范》所谓"无反无侧，王道正直"，《中庸》所谓"中立而不倚，强哉矫"，亦即《孟子》所谓"强恕而行"或"中道而立，能者从之"。行是前进，也就是"不反"。物不进必退，无所自立，必反于不学无术，故"强立而不反"一语不一定要性恶说才能适用。

《学记》对于教育与学习是主张自发的，言"道（导）而弗牵，强而弗抑，开而弗达"。这和孟子的"君子深造之以道，欲其自得之也，自得之则居之安，居之安则资之深，资之深则取之左右逢其原"（《离娄下》），在精神上是完全合拍的。这是性善说者的内发主义，与荀子的偏重外铄毕竟不同。故要把《学记》认为荀学，依然是大有距离的。

顺便再把《中庸》一篇研讨一下吧。《中庸》一篇，冯友兰氏虽认为"与孟子之学说为一类"，而疑"似秦汉孟子一派的儒者所作"。证据是"今天下车同轨，书同文，行同伦"为秦汉统一中国后之景象，又有"载华岳而不重"亦疑非鲁人之言。

"载华岳而不重"一语无关重要。请看与子思约略同时而稍后的宋钘，便"作为华山之冠以自表"，足见东方之人正因未见华山而生景慕。忽近而求远乃人情之常，鲁人而言华岳，亦犹秦人而言东海而已。"书同文，行同伦"，在春秋战国时已有其实际，金文文字与思想之一致性便是证明，不必待秦、汉之统一。仅"车同轨"一语或有问题，但在目前亦尚无法足以断言秦以前各国车轨绝不一致。秦人统一天下之后，因采取水德王之说，数字以六为贵，故定"舆六尺。六尺为一步，乘六马"（《始皇本纪》）。以此统一天下之车轨，此乃一种新的统一而已。故如冯氏所论，实不足以否定子思的创作权。不过《中庸》经过后人的润色窜易是毫无问题的，任何古书，除刊铸于青铜器者外，没有不曾经过窜易与润色的东西。但假如仅因枝节的后添或移接，而否定根干的不古，那却未免太早计了。

三

"颜氏之儒"当指颜回的一派。颜回是孔门的第一人，他虽然早死，但在他生前已经是有门人的。这一派的典籍和活动情形可惜已经失传了。只有关于颜回个人，我们在《论语》和其他的书籍里面可以找到一些资料。我们知道他是"其心三月不违仁"的人，"一箪食，一瓢饮，在陋巷，人不堪其忧，而回也不改其乐"。他很明显地富有避世的倾向，因而《庄子》书中关于他的资料也就特别多，全书计凡十见，《人间世》《天运》《至乐》《达生》《田子方》《知北游》诸篇各一，《大宗师》《让王》二篇各二。这些资料在正统派的儒家眼里都被看成寓言。其实庄子著书的条例是"寓言十九，重言十七"。"重言"是"耆艾之言"，要占百分之七十。因之，不见于正统儒书的记载，我们是不好全部认为假托的。特别值得重视的是论"心斋"与"坐忘"的两节文章，我且把它们摘录在下边。

一、论心斋：

> 回曰："敢问心齐（斋）。"仲尼曰："一若志。无听之以耳而听之以心，无听之以心而听之以气。听止于耳，心止于符。气也者，虚而待物者也，唯道集虚，虚者心齐也。"颜回曰："回之未始得使，实自回也。得使之也，未尝有回也，可谓虚乎？"夫子曰："尽矣。"（《庄子·人间世》）

二、论坐忘：

> 颜回曰："回益矣。"仲尼曰："何谓也？"曰："回忘仁义矣。"曰："可矣，犹未也。"他日复见，曰："回益矣。"曰："何谓也？"曰："回忘礼乐矣。"曰："可矣，犹未也。"他日复见，曰："回益矣。"曰："何谓也？"曰："回坐忘矣。"仲尼蹴然曰："何谓坐忘？"颜回曰："堕肢体，黜聪明，离形去知，同于大通，此谓坐忘。"仲尼曰："同则无好也，化则无常也，而（尔）果其贤乎，丘也请从而（尔）后也。"（《庄子·大宗师》）

这两节都是在《内篇》里面的文字。要说是假托，庄子为什么要把这些比较精粹的见解托之于孔、颜而不托之道家系统的人，或率性假拟一些人名呢？因而我想，这些应该都是颜氏之儒的传习录而在庄子是作为"重言"把它们采用了的。孔、颜当时不一定便真正说过这样的话，但有过这样的倾向，而颜氏之儒把它夸大了，这不能说是不可能。凡是形成了一个宗派的学说，对于本派的祖师总是要加以夸大化的，古今中外都是如此。孔子本人原来就是有些超现实的倾向的人，他曾说："饭蔬食，饮水，屈肱而枕之，乐亦在其中矣。"他又赞成曾皙"暮春者春服既成，冠者五六人，童子六七人，浴乎沂，风乎舞雩，咏而归"的那种飘逸。这和颜回"一箪食，一瓢饮，在陋巷……不改其乐"的态度确有一脉相通的地方。有像这样的师弟，又何故不能流衍出一批更超现实的后学呢？假如我们想到王阳明的弟子，不一二传便流于狂禅，这段史影是更容易令人首肯了。

孔子之门在初期时实在很复杂，里面颇有不少的狂放的人物。孟子说：

"如琴张、曾皙、牧皮者，孔子之所谓狂矣。"（《尽心下》）曾皙即曾点，是曾参的父亲，《檀弓》言季武子之丧，"曾点倚其门而歌"。这是见于儒家经典的事，其狂态已经可掬。琴张、牧皮见《庄子·大宗师》篇：

> 子桑户、孟子反、子琴张，三人相与友。曰："孰能相与于无相与，相为于无相为？孰能登天游雾，挠挑无极，相忘以生，无所终究？"三人相视而笑，莫逆于心，遂相与友。莫然有间而子桑户死，未葬，孔子闻之，使子贡往侍事焉。或编曲，或鼓琴，相和而歌曰："嗟，来，桑户乎。嗟，来，桑户乎。而（尔）已反其真，而我犹为人猗？"

这和曾点倚门而歌的态度正相仿佛。孟子反即《论语》孟之反，马叙伦谓即牧皮，牧孟双声，皮反对转或因形近而误。这是说得很有道理的。曾皙是孔子弟子可不用说，由孟子看来，就连琴张、孟子反也是孔门弟子了。这不是比颜回、原宪之徒已经更进了一境吗？

事实上就是曾参、子思、孟子也都是有这种倾向的人。《荀子·解蔽篇》替我们保存了他们的一些生活资料，照那情形看来，他们都是禁欲主义者，虽不能说是狂，却是有十分的狷。

> 曾子曰："是其庭可以捕鼠，恶能与我歌矣？"
>
> 空石之中有人焉，其名曰觙，其为人也善射（猜谜）以好思。耳目之欲接则败其思，蚊虻之声闻则挫其精。是以目僻耳目之欲而远蚊虻之声，闲居静思则通。思仁若是，可谓微乎？
>
> 孟子恶败而出妻，可谓能自强矣。有子恶卧而焠掌，可谓能自忍矣。未及好也。
>
> 僻耳目之欲，可谓能自强矣，未及思也。蚊虻之声闻则挫其精，可谓危矣，未可谓微也。
>
> 夫微者至人也。至人也，何强？何忍？何危？故浊明外景（影），清明内景。圣人纵其欲，兼其情，而制焉者理矣。夫何强？何忍？何危？

这一段文字有些错乱，前后脉络不甚清晰，但大体上是可以领会的。"孟子恶败出妻"，毫无疑问是一位禁欲主义者的行径，败是嫌男女之际败坏精神或身体，而不是妻有"败德"。这由上下文的"僻欲""焠掌"等便可以得到旁证。更值得注意的是在曾子、孟子、有子之间，夹一位"空石之中"的觙先生。这人绝不会是子虚乌有，而且必然也是相当有名的孔门之徒，然后才合乎文理。因此我发觉，这位先生所隐射的正是子思。子思名伋，与觙同音，"空石之中"即为孔，荀子是痛骂子思的人，故因其"善射以好思"，故意把他姓名来"射"了一下⑦。据此，足见子思也是一位禁欲主义者了。

曾子的一句话颇费解，但在《庄子·让王篇》有一段故事可相印证："曾子居卫，缊袍无表，颜色肿哙，手足胼胝，三日不举火，十年不制衣，正冠而缨绝，捉衿而肘见，纳屦而踵决，曳縰而歌《商颂》，声满天地，若出金石……"据此可见"是其庭可以捕鼠"乃表示食米狼藉，以致老鼠纵横，所斥责者的生活是与曾子相反的。曾参的作风和他父亲曾点不是颇相类似吗？

连曾子、子思、孟子都有这样严格禁欲的倾向，颜氏之儒会有心斋坐忘一类的玄虚，那是不足为异的。

四

"漆雕氏之儒"是孔门的任侠一派。《显学篇》言："漆雕之议，不色挠，不目逃，行曲则违于臧获，行直则怒于诸侯。"这种矜气尚勇的态度和孟子所说的"北宫黝之养勇也"相仿佛，后者也是："不肤挠，不目逃，思以一毫挫于人，若挞之于市朝。不受于褐宽博，亦不受于万乘之君，视刺万乘之君若刺褐夫。无严诸侯，恶声至，必反之。"北宫黝虽然没有"行曲则违于臧获"的一层，但孟子所说的是他受了委屈时的态度，假使他不是受了委屈，毫无"一毫挫于人"的地方，我相信他对于"褐宽博"也是决不会侵犯的。孟子又说"北宫黝似子夏"，大约这位北宫先生也就是漆雕氏之儒的一人了。

漆雕究竟是谁呢？孔门弟子中有三漆雕，一为漆雕开，一为漆雕哆，又一为漆雕徒父；但从能构成为一个独立的学派来看，当以漆雕开为合格。他是主张"人性有善有恶"的人，和宓子贱、公孙尼子、世硕等有同一的见解。王充《论衡·本性篇》替我们保存了这项资料。

周人世硕，以为"人性有善有恶，举人之善性养而致之则善长，恶性养而致之则恶长"。如此，则性各有阴阳善恶，在所养焉，故世子作《养书》一篇。宓子贱、漆雕开、公孙尼子之徒亦论情性，与世子相出入，皆言性有善有恶。

这几位儒者都是有著作的。《艺文志》儒家中有下列著录：

《漆雕子》十三篇：孔子弟子漆雕启后（后字乃衍文。盖启原作启，抄书者旁注启字，嗣被录入正文，而启误认为后，乃转讹为后也）。

《宓子》十六篇：名不齐，字子贱，孔子弟子。

《世子》二十一篇：名硕，陈人也，七十子之弟子。

《公孙尼子》二十八篇：七十子之弟子。

这些书，除公孙尼子有《乐记》一篇传世外，可惜都失传了，《乐记》也是经过窜乱的。这几位儒者大约都是一派吧。漆雕子与宓子虽同是孔子弟子，但前者少孔子 11 岁，后者少孔子 49 岁，两人之间可能是义兼师友的。两人不仅学说相同，遭遇亦颇近似。《墨子·非儒篇》言"漆雕刑残"，《孔丛子·诘墨篇》引作漆雕开，而《韩非·难言篇》言"宓子贱不斗而死人手"。这显然是由于矜气尚廉，藐视权威所致了。又《礼记》有《儒行篇》盛称儒者之刚毅特立，或许也就是这一派儒者的典籍吧。

五

"仲良氏之儒"无可考，或许就是陈良的一派。孟子说："陈良，楚产也。悦周公、仲尼之道，北学于中国。北方之学者未能或之先也。"（《滕文公上》）他是有门徒的，陈相与其弟辛"事之数十年"，足见他在南方讲学甚久，门徒一定不少的。以年代言，屈原就应该出于他的门下。屈原的思想纯是儒家思想，他在南方必得有所承受。

唯仲良而氏之，与陈良复有不同。或许"陈"是误字，因有陈相、陈辛而抄书者联想致误的吧。

六

"孙氏之儒"就是荀子的一派,荀卿又称孙卿。他这一派在战国后半期是一大宗。他是赵国的人,游学于齐,曾为稷下先生,后应春申君之邀,入楚而为兰陵令。他后来回过赵国,在孝成王之前同临武君议兵;又曾游秦,向昭王和应侯传道,但结果没有被采用。他的死是在秦始皇兼并天下以后,焚书坑儒之祸说不定都是在他的生前出现的。《荀子》书末附有一段赞辞,便是明证。

> 为说者曰:"孙卿不及孔子。"是不然。孙卿迫于乱世,鳅于严刑,上无贤主,下遇暴秦。礼义不行,教化不成,仁者诎约,天下冥冥,行全刺之,诸侯大倾。当是时也,知者不得虑,能者不得治,贤者不得使,故君上蔽而无睹,贤人距而不受。然则孙卿怀将圣之心,蒙佯狂之色,视(示)天下以愚。《诗》曰"既明且哲,以保其身",其此之谓也。是其所以名声不白,徒与不众,光辉不博也。今之学者得孙卿之遗言余教,足以为天下法式表仪。所存者神,所过者化。观其善行,孔子弗过。世不详察,云非圣人。奈何,天下不治,孙卿不遇时也……(《尧问》)

这自然是荀子门人对于老师的赞颂,在他们心目中荀子简直是超过了孔子的。他"下遇暴秦""蒙佯狂之色",足见确是领略过秦始皇的暴政滋味。《盐铁论·毁学篇》言"方李斯之相秦也……荀卿为之不食",说者多以为为时过晚,其实那是由于把荀子的生年太定早了的原故。荀子门徒虽然把他当成圣人,但荀子本人却不曾这样地夸大。他是时常称道仲尼,把仲尼认为儒家的总教祖的。他又屡次称道子弓,和仲尼并举,足见他又是子弓的徒属了。

> 圣人之不得势者,仲尼、子弓是也……上则法舜、禹之制,下则法仲尼、子弓之义。(《非十二子篇》)
>
> 通则一天下,穷则独立贵名,天不能死,地不能埋,桀纣之世不能

> 污。非大儒莫之能立，仲尼、子弓是也。(《儒效篇》)
>
> 仲尼长，子弓短。(《非相篇》)

这样的一位"天不能死，地不能埋"的与仲尼并列的子弓，有人说就是仲尼；本子路亦称季路之例，则仲弓亦可称为子弓。但这个例实在不好援用。因为仲尼不见称子尼，伯鱼不见称子鱼，而子思亦不见称季思，则子路仅亦字季路而已。子弓确有这么一个人，便是传《易》的馯臂子弓。《史记·仲尼弟子列传》云：

> 商瞿，鲁人，字子木，少孔子二十九岁。孔子传《易》于瞿，瞿传楚人馯臂子弘，弘传江东人矫子庸疵，疵传燕人周子家竖。

又《汉书·儒林传》云：

> 自鲁商瞿子木受《易》孔子，以授鲁桥庇子庸；子庸授江东馯臂子弓，子弓授燕周丑子家。

这两个传统是一套，《史记》的人名是字上名下的古式，《汉书》是名上字下的新式，足见《史记》的资料有双重的古意。第三代和第四代，两种传统互易了，我看当从《史记》，但《史记》的"馯臂子弘"应作"馯(姓)子弘(字)臂(名)"才能划一，那一定是后来的人照《汉书》的新式抄错了的。《易经》在秦时未遭火焚，传《易》者当然也不犯禁，故尔有它的详细传统，但谓"孔子传《易》于瞿"，那只是《易》家后学的附益而已。孔子不曾见过《易》，连商瞿也不见得见过。我认为《易》是子弓创作的，详见拙作《周易之制作时代》一文。在先秦儒家中，荀子为谈到《易》的唯一的人，在《非相篇》与《大略篇》各引"《易》曰"一句，《大略篇》又论到"《易》之咸见夫妇"，和《易象传》的见解相符。大率在荀子晚年"蒙佯狂之色"的时候，他才钻进了《易》里面去的。他在别的地方并不曾把《易》来和《诗》《书》《礼》《乐》《春秋》并列（参看《劝学篇》），似乎在他的初年还不曾把《易》当成经。但等待他一钻进《易》去之后，便受了很深的影响，《易传》强半是出于他的门徒之手，因而《易传》中的许多"子曰"应该就是荀子在说。正因此，他是那样地把子弓神圣视了。

商瞿对于子弓有些思想上的影响，是不成问题的。《孟子》书中曾言"子莫执中"（《尽心上》）。这位子莫虽然有人说是魏公子牟或者端孙子莫，但在我看来可能就是商瞿子木。又《尸子·广泽篇》有云"皇子贵衷"，贵衷与执中同义，则皇子当即商子，商皇古音同在阳部。中之义为《易》所摄取，作《易》者的基本认识，是以为宇宙万物均在变化之中，变化是宇宙过程，而变化之所由生则因有阴阳刚柔相反二性之对立，由于无数对立物之相推相荡而变化因以无穷际。这是对于自然界的看法。但说到人事界来，便要参加一层斟酌的意义。人乘此变化，当处于中正之地位，使对立物无过无不及，使在人事界的变化，可以不至于走到极端（"亢"），因而变化便可以静定下来，地位便可以长久安定（"永贞"）下去。这样便有百利而无一害。这大约也就是子莫所执的"中"、皇子所贵的"衷"了。

这分明是一种直线式的折半主义，处己贵不刚不柔，称物是衰多益寡，那样便每每使变化静定，即使有变化也不能发展而为进化。所谓"《易》之道逆数也"，传《易》者也早就明白它是反乎自然的。虽然乾卦的《象传》在说"天行健，君子以自强不息"，但那只是做《象传》者的意思，而不是经的本意。要那样不息下去，经会警告你："亢龙有悔"呵。孟子是反对这种"执中"形式的，他说"执中无权犹执一也"，执一便是僵定，"举一而废百"。孟子既反对"无权"，则他必然主张"有权"。权就是天秤的砝码，无权者是不用砝码，把两端的轻重去取一下，使其划一。有权者是要用砝码，增加轻的一端，使与重的一端平衡。这样所得到的平衡便是更高的一个阶段。在孟子确是有过这样的主张：他要"与民同乐"，要"使有菽粟如水火"，这大约就是两派虽同样主张"执中"而又互相非难的原故吧。

作《易经》的人很明显的是已经知道了五行说的。坤卦六五"黄裳元吉"，离卦六二"黄离元吉"，遁卦六二"用黄牛之革"，解卦九二"得黄矢"，鼎卦六五"鼎黄耳金铉"。二与五居下卦与上卦之中，不仅爻多吉辞，且以黄色表位，这分明是作者已经知道五方五色的配合的证据。

照年代说来，子弓和子思同时，他能知道五行说的梗概是毫无问题的。这两派，在儒家思想上要算是一种展开，就在中国的思想史上也要算是最初呈出了从分析着想的倾向。他们同认宇宙是变化过程，而在说明这种过程上，子思提出了五行相生，子弓提出了阴阳对立。这两种学说后为邹衍所合并，而又加以发展，便成为了所谓阴阳家。接着，更加上迷信的成分，于是便成为2000多年的封建社会的妖魔窟。这是子思和子弓所初料不及的。

关于荀子思想的批判，当另为专文以论之，兹不赘述。

1944 年 9 月 11 日

注释

①见《艺文类聚》卷九十，又见《太平御览》卷九一五。——作者注

②思、孟之学出于子游，康有为已明白地说过："子游受孔子大同之道，传之子思，而孟子受业于子思之门。"（见康著《孟子微序》）所据自即《非十二子篇》与《礼运篇》。——作者注

③《史记·孔子世家》。

④"隆礼义而杀《诗》《书》"在《儒效篇》中凡两见，郝懿行以为"杀盖敦字之误"。案《劝学篇》云"不道礼宪，以《诗》《书》为之，譬之犹以指测河也，以戈舂黍也，以锥餐壶也"，足证荀子对于礼义与《诗》《书》自有隆杀之别。杀者减等也。——作者注

⑤冯著《大学为荀学说》，原载《燕京学报》第七期，后收入《古史辨》第四册。——作者注

⑥《后汉书·郅寿传》"晏晏之化"注云"郑玄注《尚书考·灵耀》云：道德纯备谓之塞，宽容覆载谓之晏"，分明出自《尧典》。可见今文思字作塞，安字作晏，郑注乃本马融说。——作者注

⑦作者于1972年在这句之后加写了一段文字："陶渊明《八儒》有云：'居环堵之室，荜门圭窦，瓮牖绳枢，并日而食，以道自居者，有道之儒子思氏之所行也。'陶氏去古未远，当有所据。"

稷下黄老学派的批判

黄老学派，汉时学者称为道家。道家的名称虽不古，但其思想却很有渊源，相传是祖述黄帝、老子的。黄帝本是皇帝或上帝的转变①。这个名称，我们在古器物铭文中，是在"陈侯因𬭎敦"里面开始看见。陈侯因𬭎就是齐威王。那器的铭文说道：

> 唯正六月癸未，陈侯因𬭎曰：皇考孝武桓公（陈侯午）恭哉，大谟克成。其唯因𬭎，扬皇考昭统，高祖黄帝，迩嗣桓、文，朝问诸侯，合扬厥德。诸侯盍荐吉金，用作孝武桓公祭器敦。以蒸以尝，保有齐邦，䡇万子孙，永为典常。（铭文古字或假借字已改为今文）

这里的"高祖黄帝，迩嗣桓、文"，是说远则祖述黄帝，近则承继齐桓、晋文之霸业。黄帝的存在已经为齐国的统治者所信史化了。齐威王要"高祖黄帝"，这应该就是黄老之术，所以要托始于黄帝的主要原因②。黄老之术，值得我们注意的，事实上是培植于齐，发育于齐，而昌盛于齐的。

齐国在威、宣两代，还承继着春秋末年养士的风习，曾成为一时学者荟萃的中心，周秦诸子的盛况是在这儿形成了一个最高峰的。《史记·田齐世家》云：

> 宣王喜文学游说之士，自如驺衍、淳于髡、田骈、接予、慎到、环渊之徒七十六人，皆赐列第，为上大夫，不治而议论。是以齐稷下学士复盛，且数百千人。

所谓"稷下"是在稷门之下，稷门是齐国国都的西门。刘向《别录》云："齐有稷门，齐之城西门也。外有学堂，即齐宣王所立学宫也。故称为稷下之学。"（《太平寰宇记》十八"益都"条下所引）但既言宣王时"稷下学士复盛"，则稷下之学不始于宣王，故徐幹《中论》云："齐桓公立稷下之官（宫），设大夫之号，招致贤人而尊宠之。自孟轲之徒皆游于齐。"（《亡国》）这位齐桓公便是齐威王的父陈侯午，也就是上举《陈侯因𰒾敦》的"孝武桓公"了。稷下之学直至襄王时犹存。《史记·孟子荀卿列传》云：

> 自驺衍与齐之稷下先生，如淳于髡、慎到、环渊、接子③、田骈、驺奭之徒，各著书言治乱之事，以干世主……淳于髡，齐人也，博闻强记，学无所主……慎到，赵人。田骈、接子，齐人。环渊，楚人。皆学黄老道德之术，因发明序其指意。故慎到著《十二论》，环渊著《上下篇》，而田骈、接子皆有所论焉……于是齐王嘉之。自如淳于髡以下皆命曰列大夫，为开第康庄之衢，高门大屋，尊宠之。览天下诸侯宾客，言齐能致天下贤士也……齐襄王时，而荀卿最为老师。齐尚修列大夫之缺，而荀卿三为祭酒焉。

这稷下之学的设置，在中国文化史上实在是有划时代的意义，它似乎是一种研究院的性质，和一般的庠序学校不同。发展到能够以学术思想为自由研究的对象，这是社会的进步，不用说也就促进了学术思想的进步。

但尤其值得注意的是一些有名的稷下学士的派别。孟、荀是儒家。驺衍、驺奭是阴阳家。田骈、慎到、环渊、接子，还有宋钘、尹文，都是道家。淳于髡"其学无所主"，是一位无所谓派。此外有确实可考的如兒说是倡导"白马非马"的人，田巴服徂丘，议稷下，离坚白，合同异，当然都是名家者流。派别可以说是很复杂，或者也就是很自由。然而这里面没有墨家，而道家是占最大多数的。

值得加以说明的怕是宋钘、尹文吧。《汉书·艺文志》小说家中有《宋子》十八篇，"其言黄老意"。《尹文子》一篇列于名家，颜师古引刘向云："与宋钘俱游稷下。"《庄子·天下篇》以宋钘、尹文为一系。宋钘既言黄老意，可知尹文是以道家而兼名家。宋、尹之书均失传，传世《尹文子》乃伪托。最近我在《管子》书中发现了他们的遗著，便是《心术》《内业》《白心》的几篇。《心术》《内业》是宋子书，《白心》属于尹文子，我已有《宋钘尹文遗著考》详细论证之，两人毫无疑问是属于道家的。

这些道家，他们都是以"发明黄老道德意"为其指归，当然有一些共同的倾向。但他们的派别也不尽相同，《庄子·天下篇》分析得很清楚。在那儿我们看出，宋钘、尹文为一派，田骈、慎到为一派，关尹（即环渊）为一派。庄子虽然不是稷下先生，但他自认是继承了老聃、关尹的道统的。大抵宋钘在这一批人中年龄较大，资格较老：因为在《孟子》书中，我们看到孟子称之为"先生"，而又自称为"轲"，他的年龄必然比孟子还要老些，至少亦必上下年纪。其他的人都是晚辈，虽然关尹有为老聃弟子之说，但那是汉人的附会，真实的年代和田骈、慎到会差不了好多。

老聃的存在，近年来又大成了问题。原因是一向传为老子所著的《道德经》被近人发觉着充满了战国时代的色彩，故书必晚出。因而作者的老聃也就不得不成为疑案了。汉初的"老子是谁"的问题又复活了起来，有人说老子根本是虚构人物，又有人主张老子就是老莱子或者太史儋，至今都还争辩未决。但据我的看法，老子其书是一个问题，老子其人又是一个问题。这两者在汉时和现代似乎都被含混了。《道德经》晚出是不成问题的，在我认为就是环渊所著的《上下篇》。环渊音变而为关尹，汉人有老聃即太史儋之说，老聃曾入秦，太史儋亦曾入秦，入秦必过关，而关尹便被解释为了关门令尹，于是环渊著《上下篇》之事便演化成为老聃为关门令尹著《上下篇》的道听途说。至于老聃本人，在秦以前是没有发生过问题的；无论《庄子》《吕氏春秋》《韩非子》以至儒家本身，都承认老聃有其人而且曾为孔子的先生。我看这个人的存在是无法否认的。

道家诸派均以"道"为宇宙万物的本体，这个新的观念必然有它的倡导者，诸派中如上述以宋钘年事为较长，然而其他的人并不把他认为总老师。据《天下篇》"田骈学于彭蒙，得不教焉；彭蒙之师曰：古之道人，至于莫之是、莫之非而已矣"，则彭蒙年辈与宋钘相同，而彭蒙还有老师，也分明是道家。这位"彭蒙之师"应该是墨翟、子思同年辈的人物。然而他也只是彭蒙之师，而不是道家的总老师，可知"彭蒙之师"必然是更有其师的了。如此再推上一二代，便不能不承认有老聃这位人物的存在。

道统观念很强的人如像韩愈，认为老聃是道家的人们所假造出来，想借以压倒孔子的。这是为了争道统，要想维持孔子绝地通天的尊严。我们现在却没有这样的必要。有的又认为"道"的观念为孔、墨所无，在思想发生的过程上不能先于孔、墨。这也只是想象之谈。事实上在春秋末年人格神的观念已经彻底动摇了的时候，连子产那样的政治家都晓得说"天道远，人道迩"的话，何以那样素朴的本体观念不能产生？又在孔子当时已经有不少的隐士，如楚狂接舆、长沮、桀溺、晨门、荷蒉、荷蓧丈人，这些都是出现于《论语》里面的人物。还有琴张、牧皮（即《庄子》的孟子反）见于《孟子》与《庄子》。桑雩（即《论语》子桑伯子，《庄子》子桑户）见于《楚辞》。世间既已经有这些避世之士，为什么不能有避世之论来做这种生活的背景？这些避世之士，有的可能是由上层零落下来，有的或许是由下层升上去，不能大出风头，而又折回来，高尚其志，求满足其消极的自我尊大的。但他们总当得是一些小有产者，在生活上没有忧虑，而又具有相当的知识以作非非之想，那是毫无问题的。传说老聃是周室的守藏史，这种闲官而又有书可看的人，和这些避世之士生活条件正相一致，超现实的本体观和隐退生活的理论由他倡导了出来，没有什么不合理的理由。

还有杨朱的存在，我们也是不好抹杀的。在孟子口中所有道家都被称为杨朱派，所谓"杨朱、墨翟之言盈天下，天下之言不归杨则归墨"。到了庄子后学，又把由道家出发的名辩一派如惠施、公孙龙等划为杨，所谓"骈于辩者……而杨、墨是已"（《骈拇》）。韩非子亦同此见解，"杨朱、墨翟天下之所谓察也，干世乱而卒不决，虽察而不可以为官职之令"（《八说篇》）。事实上所谓"察"（战国时辩士亦谓"察士"，取其明察之义），所谓"辩"，都无关于杨朱，亦无关于墨翟，只是他们的后学而已。这样一位学派代表的存在，就像墨翟我们不能抹杀的一样，杨朱我们也断然不能抹杀的。

杨朱在《孟子》又作杨子取，《庄子》作阳子居。居与朱，乃琚与珠之省。名珠字子琚，义正相应，取乃假借字。杨子是老聃的弟子，《庄子》里面屡次说到，我们不能认为通是"寓言"。老聃与杨朱的存在如被抹杀，则彭蒙之师、彭蒙、宋钘、环渊、庄周等派别不同的道家便全无归属。所以我的看法毋宁是保守的，老聃仍然有其人，他是形而上的本体观的倡导者，孔子曾经向他请过教。杨朱是他的弟子，大抵略少于孔子而略长于墨子，他主张"全性保真，不以物累形"的为我主义，但却不是世俗的利己主义。他说过"行贤而去自贤之心，焉往而不美"（《韩非·说林上》，《庄子·山木篇》作"行贤而去自贤之行，安往而不爱哉"），可见他倒是泯却小我的人。所谓"拔一毛而利天下不为"，事实上是"不以天下大利易其胫一毛"，也就是"不以物累形"的夸张的说法。宋荣子"举世而誉之而不加劝，举世而非之而不加阻"，就是他的这种精神的嫡系了。

老聃、杨朱都没有著书，春秋时本来还没有著书的风气，就是孔丘、墨翟又何曾有自己著的书！但如孔丘、墨翟都有微言大义传于其后学，老聃、杨朱当然也有传授的。只是老聃、杨朱本来是一种退婴的避世主义者，自己力求与现实脱离，故尔他们的学说不甚为世所重，没有像孔丘、墨翟那样，当世即显明于时，弟子徒属满天下，四处宣传，拜谒王公大人以求行道。"彭蒙之师"或者也就是杨朱的弟子，而他更可怜，竟成了一位无名英雄。我们不因《天下篇》唯一的孤证而否认彭蒙及其师，以何因缘却能否认老聃和杨朱的存在呢？庄周、孟轲均去古未远，他们对于老聃、杨朱的陈述，比我们2000多年后的推测要可靠得多。特别关于老聃，先秦诸子凡是提到他的都不曾怀疑过，其所以然者便是老子其人和老子其书并没有混淆。人在前，书在后，书之中保存有一部分老聃的微言大义，如此而已。

老聃学派的产生自然有它社会史的根源。那是在春秋末年，一部分的有产者或士，已经有了饱食暖衣的机会，但不愿案牍劳形，或苦于寿命有限，不够满足，而想长生久视，故尔采取一种避世的办法以"全生葆真"；而他们的宇宙万物一体观和所谓"卫生之经"等便是替这种生活态度找理论根据的。这种理论在它的本质上并没有多大的发展前途，因为它没有大众的基础；而有产者的小众能够满足于这种生活态度的，依然还占少数的时候，也无从发展。故尔它在初期不能有孔、墨那样大的影响。然而这一学派，一经齐国稷下制度的培植，它便立地蕃昌了起来，转瞬之间便弄到"天下之言，不归杨则归墨"了。墨家的保护人，那时是秦国，钜子腹䵍是秦惠王的先生，唐姑果是惠王的亲信，东方之墨者有集中于秦的迹象。在这时齐、秦两大强国保护两大学派，故尔杨、墨的势力中分天下。而儒家是最倒霉的时候，孟轲、荀况都只是寄人篱下。他们为什么要战斗，为什么要排斥杨、墨，一多半也是为生存竞争而已。

齐国为什么要那样扶植道家呢？这很明显，完全是一种高级的文化政策。所谓"窃钩者诛，窃国者为诸侯"，自从齐威王袭田氏的遗烈，篡取了齐国之后，由向来养士的习惯，要有一批文化人来做装饰品，固然是一种动机，而更主要的还是不愿意在自己的肘翼之下又孵化出新的窃国者来，所以要预为之防，非化除人民的这种异志不可。在这个目标上，杨、老学说是最为适用的武器。可知齐威王与齐宣王也实在聪明，他们认准了这一点，所以也就加意地来培植了。这些学者们得到了这样温暖的保护，也真好像在春雨中的蘑菇一样，尽量地簇生了起来。请看那发育条件是多么适宜呀！"赐列第为上大夫，不治而议论"，"开第康庄之衢，高门大屋"，供应是很丰富的，比如，田骈"设为不宦，赀养千钟，徒百人"（《齐策》）。出行的时候也有供张，比如"后车数十乘，从者数百人，以传食于诸侯"（《孟子·滕文公下》）。既无事务工作拖累，用不着坐办公厅，有好房子住，不愁穿，不愁吃，还有很多的人服侍，这还不好让脑细胞的活动充分向形而上的方面去发展吗？养者与受养者两得其所，于是乎道家思想也就蓬蓬勃勃地兴盛起来了。

但是道家的兴起，在学术史上也自有它的意义和贡献，我们是不好一概抹杀的。尽管它本是儒墨两家的先辈，但因脱离现实，陈义过高，在老聃、杨朱以至杨朱弟子的时代都还不曾蔚成为一个学术界的潮流；但到稷下先生时代，道家三派略有先后地并驾齐驱，不仅使先秦思想更加多样化，而且更加深邃化了。儒家、墨家都受了他们的影响而发生质变，阴阳、名、法诸家更是在他们的直接感召之下派生了出来的。孟子说："逃墨必归于杨，逃杨必归于儒。"（《尽心下》）逃墨归杨是暴露，逃杨归儒是护短，事实上就是孟子、荀子都已经不是纯粹的儒家，他们在精神上已经是强半逃儒归杨了。

道家三派即宋钘、尹文派，田骈、慎到派，环渊、老聃派，这是根据《庄子·天下篇》的序述次第，然其发展次第也大抵是这样。《天下篇》序当时天下的道术，先儒，次墨，次道，而终之以惠施、桓团、公孙龙，明明是按照发展的先后来说的。故尔道家诸派的述说先后也必然是发展的先后。

宋钘大约是杨朱的直系吧。《庄子·徐无鬼篇》有庄周与惠施辩论的一节，庄子说："儒、墨、杨、秉四，与夫子为五。"惠子也自承："儒、墨、杨、秉且方与我以辩。"秉，一向的人认为即公孙龙字子秉，但公孙龙后于庄子，于是就讲不通。其实这所说的五家连庄子自己加进去，也就是《天下篇》的六家。秉是田骈之师彭蒙的彭的音变，杨便当于宋钘、尹文一派了。《韩非·显学篇》，"今有人于此，义不入危城，不处军旅，不以天下大利易其胫一毛"，显然是暗指杨朱。"不入危城，不处军旅"与宋钘、尹文的救攻寝兵的主张相符。"不以天下大利易其胫一毛"，正是宋子"举天下而誉之而不加劝"的态度。又其主张"行贤而去自贤之心"，也正是"接万物以别宥为始"或"情欲寡浅"。杨朱这个人是很宽恕的。你看他指责他的兄弟杨布不应该骂狗，白而往黑而归，是自己起了怪，狗是不足怪的。又看他临衢途而哀哭，以为"过举跬步，觉跌千里"，他是哀怜天下走错了路的人。宋子也正体贴了这种宽恕（《韩非·显学篇》称"宋荣之宽""宋荣之恕"）。杨朱的"舍者与之争席"，足见他化除了矜持，生活态度随便，满不在乎。这是他的无我精神，也就是他的为我主义。道家的无我是认为为我的最好手段，所谓"无用乃为大用"，泯却了小我乃正保全了大我。以前的人根据孟子的一骂，误解了杨朱，认为是一位绝端利己的"禽兽"。晋人所伪撰的《列子》书中有《杨朱篇》，更充分把杨子涂饰为一位纵欲恣情的享乐派，真可叫做活天冤枉了。

有了《心术》《内业》《白心》等篇的定性发现，关于这一派的学说，我们可以得到更详细的叙述了。它承认着宇宙的本体是"道"，这是"虚而无形"的东西，"其大无外，其小无内"，"动不见其形，施不见其德"。俨然就像无，它"无根无茎，无叶无荣"，然而却是"万物以生，万物以成"。这分明是超越时间、空间和一切感官认识的本体，由它演变而为万物。它代替了神（人格神）的地位，然而在便宜上也被称为神（非人格神），为精，为灵气。人的心在身体上是处在人君的地位，应该使它成为灵气或精或神所寄寓的地方，那样你便成为"圣人"。要怎样才办得到呢？第一步要不使"嗜欲充溢"，嗜欲充溢则目不见色、耳不闻声、心失其正，所以要使欲虚情寡，除去"忧乐喜怒欲利"。欲是被认为不干净的东西，你把欲扫除干净，神便到你心中来了——"虚其欲神将入舍；扫除不洁，神乃留处"。其次是一些俗智世故也是障碍，应该"投之海外"。要使得心就像明镜、止水一样，物来则生出反映，不增加一分，不减少一分，就像"影之像形，响之应声"，完全泯却主观，采取纯客观的态度——这被称为"静因之道"，"舍己而以物为法"。这是根本义。从这儿派生的枝条，是吃饭不要过饱，要少用心思，要"善气迎人"，"兵不义不可"。有"灵气在心"的人，是"见利不诱，见害不惧，宽恕而仁，独乐其身"的。

这所谓"灵气"，在我看来，毫无疑问便是孟子的"浩然之气"。《内业篇》也正说："精存自生，其外安荣，内藏以为泉原。浩然和平，以为气渊。"孟子显然是揣摩过《心术》《内业》《白心》这几篇重要作品的。只是孟子袭取了来，稍为改造了一下。他形容"浩然之气"说道："其为气也，至大至刚，以直养而无害，则塞于天地之间……配义与道，无自馁也。是集义所生者，非义袭而取之也。行有不慊于心则馁矣。"他在强调义，因而也就赞扬刚。宋子则是强调仁，因而也就赞扬宽舒。这是两家的小异。或者有人会说：安知不是《心术》《内业》诸篇的作者因袭了孟子？在这儿孟子自己透露了一点真相。在孟子谈浩然之气的时候，他是因为说到告子比他先不动心。告子主张"不得于言，勿求于心；不得于心，勿求于气"，分明就是《内业》篇所说的"不以物乱官，不以官乱心"。据我看来告子便是一位宋钘、尹文派的学者。孟子说及告子之不动心和他的之所以不同，因而及于浩然之气，可见这种观念的获得之孰先孰后。又"灵气"在主张本体观的道家本与"道"为一体，事实上也就是"道"的别名，而孟子谈浩然之气也来一个"配义与道"，"道"字便无着落，这分明是赃品的透露了。事实上孟子所受的影响还不仅这一点，所谓"养心莫善于寡欲"，所谓"万物皆备于我"，所谓"上下与天地同流"，无一不是受了影响的证据。

宋钘、尹文这一派在学术史上的连锁作用是值得注意的，因为它是以调和儒、墨的态度而出现。他们救攻寝兵，与墨子的非攻接近；情欲寡浅，食无求饱，与节用接近。故尔荀子《非十二子篇》把宋钘与墨翟并举而加以非难，前人甚至有误认宋子为墨家的[④]。而《心术》《内业》诸篇不仅不非毁仁义，不蔑弃礼乐，甚且注重仁义礼乐，这是和儒家通声息的地方。

君臣父子人间之事谓之义，登降揖让、贵贱有等、亲疏之体谓之礼……义者，谓各处其宜也。礼者，因人之情，缘义之理，而为之节文者也。(《管子·心术上》)

凡民之生也必以正平，所以失之者必以喜乐哀怒。节怒莫若乐，节乐莫若礼，守礼莫若敬。外敬而内静者，必反（返）其性。(《管子·心术下》)

凡人之生也必以平正，所以失之，必以喜怒忧患。是故止怒莫若诗，去忧莫若乐，节乐莫若礼，守礼莫若敬，守敬莫若静。内静外敬，能反其性，性将大定。(《管子·内业》)

这些话如杂在儒家典籍里面，我们会丝毫也看不出有什么出入的地方。在这儿我们更可以了解，孟子要尊称宋子为"先生"，而荀子更尊之为"子宋子"的原故。孟、荀虽然都在反对宋子，但都受了他很深刻的影响。其在荀子，如像《解蔽篇》，完全是"别宥"的理论，《正名篇》也是发挥着"君子不为苟察……无益于天下者明之不如已也"的主张。因此，我们更可以明白，《天下篇》的"以聏合欢，以调海内"那两句话，也正是指说着主要在调和儒、墨的这一段精神了。

慎到、田骈的一派是把道家的理论向法理一方面发展了的。严格地说，只有这一派或慎到一人才真正是法家。韩非子的思想，虽然主要是由慎到学说的再发展，但它是发展向坏的方面，搀杂进了申子或关尹、老子的术，使慎到的法理完全变了质。

慎到著的书，《史记·孟子荀卿列传》说有"十二论"，发明黄老道德之意，但《汉书·艺文志》却说有"四十二篇"，被列于法家。这不知道是一是二。现存《慎子》只是残余的辑本，虽有七篇之名而每篇均非全豹。七篇之外颇多佚文。据这辑本《慎子》来看，差不多全部都是法理论，黄老的气息比较稀薄，但这一部分的法理论毫无疑问也是道家思想的发展。

荀子《非十二子篇》同样以慎到、田骈为一派，谓其"尚法而无法，下修而好作，上则取听于上，下则取从于俗"。《解蔽篇》言："慎子蔽于法而不知贤……由法谓之，道尽数矣。"《天论篇》又言："慎子有见于后，无见于先……有后而无先，则群众无门。"这些都和现存的辑本《慎子》的宗旨相符合。

> 法虽不善犹愈于无法，所以一人心也。
>
> 法制礼籍，所以立公义也。凡立公所以弃私也。明君动事分功必由慧，定赏分财必由法，行德制中必由礼。（以上《威德》）
>
> 大君任法而弗躬，则事断于法矣。法之所加，各以其分。（《君人》）
>
> 为人君者不多听，据法倚数以观得失。无法之言不听于耳，无法之劳不图于功，无劳之亲不任于官。官不私亲，法不遗爱，上下无事，唯法所在。（《君臣》）
>
> 法之功，莫大使私不行。君之功，莫大使民不争。今立法而行私，是私与法争，其乱甚于无法。
>
> 治国无其法则乱，守法而不变则衰，有法而行私谓之不法。以力役法者百姓也，以死守法者有司也，以道变法者君长也。
>
> 礼从俗，政从上，使从君。
>
> 弃道术，舍度量，以求一人之识识天下，谁子之识能足焉？（以上佚文）

以上是慎到的"尚法"主张，就跟匠人以规矩准绳为标准一样，国家的处理也当以法为标准。人民要"役法"（在法之下奔走），官吏要"守法"，固不用说，就是做人君的在法的面前也不能行私；不仅不能有私情，而且不能有私智。"官不私亲，法不遗爱"，便是不容许有私情；"任法弗躬，事断于法"，便是不容许有私智。从去私智这一点说来，他是不尚贤的。但这只是限于人君的说法。一人的知识有限，谁也不能以"一人之识识天下"，他是在替当时的君主世袭制开设一个安全阀。

> 多贤不可以多君，无贤不可以无君。（佚文）
>
> 君之智未必最贤于众也，以未最贤而欲以善被天下，则不赡矣。若使君之智最贤，以一君而尽赡下则劳，劳则有倦，倦则衰，衰则复反于不赡之道也。（《民杂》）

人君贤也不能包办天下事，不贤自不用说，然而没有贤者天下也不能没有君长，所以必须有法以为准据。法立则君贤固然好，君不贤也不会出乱子了。因此在他看来，君长不宜于专政。

> 圣人有德，不忧人之危也……百姓准上而比于下，其必取己安焉，则圣人无事也。（《威德》）
>
> 君臣之道，臣事事而君无事，君逸乐而臣任劳，臣尽智力以善其事而君无与焉，仰成而已。（《民杂》）

这理论很明显地是儒家"恭己正南面"的发展，而是墨家事必躬亲的反对。君之所以立是为求天下安宁，他不把天下认为一人的天下。他说："立天子以为天下，非立天下以为天子也。立国君以为国，非立国以为君也。立官长以为官，非立官以为长也。"（《威德》）这见解是很进步的。

他在君道的范围内反对圣智，据上可知所反对的只是私心私智的独裁，主要是不要使"国家之政要在一人之心"。能够不用私心私智而一准于法的，倒是他所说的"明君"，或"圣人"。而为臣下的人则相反（不用说也相成），那倒须得有贤智，所谓"臣尽智力以善其事"。下引一节说得最为明白：

> 亡国之君非一人之罪也，治国之君非一人之力也。将治乱在乎贤使任职，而不在于忠也。故智盈天下，泽及其君；忠盈天下，害及其国。（《知忠》）

他这所说的"忠"，是指比干、伍子胥之类的忠，在一人独裁之下不得尽臣下的贤智而遭残杀以成其为忠臣的忠。像这样的忠臣愈多，那天下也就愈没有办法，所以说："忠盈天下，害及其国。"又说："孝子不生慈父之家，而忠臣不生圣君之下。"圣君无事，依法去私，人人各得尽其智力，那当然也就不会再有比干、子胥那样的忠臣，做人君的自然也就受其福了，所以说："智盈天下，泽及其君。"

据此可知慎到并不是根本否认贤圣，而只是反对独裁。荀子说他"蔽于法而不知贤"，可见荀子本身倒有所偏蔽，没有虚心地把别人的学说体会得适如其量。

只是慎子的法究竟是怎么样产生的，而产生的又是怎样的法，可惜我们不能知其详。荀子说他"上则取听于上，下则取从于俗"，大约就是他的产法的过程吧。这和"礼从俗，政从上，使从君"很相呼应。《管子·枢言篇》有"法出于礼，礼出于俗"（俗字原误为治），把法与礼之产生说得最为明白。慎子大约也是这样的见解吧。俗间的习惯便是礼，礼加上强制力的便是法。假使习俗一变了，礼就要改变，法也要跟着改变的。慎子是主张法须改变的人，"守法而不变则衰"。但他又说"以道变法者君长也"，这只是说君长有变法之权，而变法则必须准乎"道"。他也在慨叹，当时还没有一定的法。

> 今也国无常道，官无常法，是以国家日谬。教虽成，官不足。官不足则道理匮，道理匮则慕贤智，慕贤智则国家之政要在一人之心矣。（《慎子·威德》）

这正是战国年间社会大变革时青黄不接的过渡情形。旧的礼法崩溃了，新的还未树立起来，因而也就形成他所说的"昔周室之衰也，厉王扰乱天下，诸侯力政（征），人欲独行以相兼"（《慎子》佚文）的形势。他生在这过渡时代要想建立新法，立法的根据自然是只好"从俗""从上"，采取当时在上在下所行的一些不成文法而使它成文化。因而这法也一定是方兴的封建制下的法，而不会再是奴隶制下的法。墨子所主张的私有财产权的神圣，毫无问题地要得到法的保障的。故慎子也反对"力政"，而强调"分"——"法之所加，各以其分"（《慎子·君人》）。

> 今一兔走，百人逐之；非一兔足为百人分也，由未定。由未定，尧且屈力，而况众人乎！积兔满市，行者不顾；非不欲兔也，分已定矣。分已定，人虽鄙不争。故治天下及国，在乎定分而已矣。（据《吕氏春秋·慎势篇》引）[⑤]。

这对于私有财产权的承认，说得非常明了。这是很合乎当时的时代精神的。彭蒙也有和这相类似的话。

> 雉兔在野，众皆逐之，分未定也。鸡豕满市，莫有志者，分定故也。（据《意林》引《尹文子》）

可见定分是这一派的重要的主张，慎到与彭蒙为一类是很有根据的。因为承认私有，故他便主张"因循"——因循者，因人之情，循人之欲。

> 天道因则大，化则细。因也者，因人之情也。人莫不自为也，化而使之为我，则莫可得而用矣。（《慎子·因循》）

"为我"是奴隶制的原则，"普天之下莫非王土，率土之滨莫非王臣"，普天率土一切的劳力智力都是为的王者一人的"我"。而"自为"则是新时代的原则，人各有所为，使之各得其所为，则王者亦得其所为。这样便能够兼包并蓄以成其大。假使要化零为整，使天下的人皆为王者一人，那是违背时代精神，结果使王者成为独夫，自然也就"细"了。

法家在慎到这个阶段是还适应着社会变革的上行期，还在替人民设想，而没有专替新起的统治者设想——韩非便和这相反——是还富有进步性的东西。大体上他也在调和儒、墨，承继了儒家的"垂拱而治"的理念，虽然也在谈礼，但更把它发展而为法了。发展而为法的这一点，和墨家"尚同"之义接近，但补充了它的空虚。这些进步自然也应该是时代使然了。

田骈的著作，《艺文志》列在道家，有"《田子》二十五篇"，但可惜完全散佚了。《吕览·执一篇》载"田骈以道术说齐王"，自称其言"变化应求而皆有章，因性任物而莫不当"，可见他确和慎到一样主张因任。又《士容篇》载其言君子之容："慎谨畏化而不肯自足，取舍不悦而心甚素朴"，也是有后无先的一种态度。《不二篇》又说"陈骈贵齐"，《尸子·广泽篇》也说"田子贵均"，这均齐之义，在《天下篇》说得更为明白。《天下篇》评田骈、慎到的一段文字，整录之如下：

> 公而不当（党），易而无私，法（原误作决）然无主，趣物而不两；不顾于虑，不谋于知，于物无择，与之俱往。古之道术有在于是者，彭蒙、田骈、慎到闻其风而悦之。齐万物以为首。曰："天能覆之而不能载之，地能载之而不能覆之，大道能包之而不能辩之。"知万物皆有所可，有所不可。故曰："选则不遍，教则不至，道（由）则无遗者矣。"是故慎到弃知去己，而缘不得已；聆法于物[6]，以为道理。曰："知（智）不

知，将薄知而后邻（怜）伤之者也。"溪髁无任而笑天下之尚贤也；纵脱无形而非天下之大圣。椎拍辁断，与物宛转，舍是与非，苟可以免（苟且之事可以获免）。不师知虑，不知前后，魏（巍）然而已矣。推而后行，曳而后往，若飘风之还（旋），若羽之旋，若磨石之隧。全而无非，动静无过，未尝有罪。是何故？夫无知之物，无建己之患，无用知之累，动静不离于理，是以终身无毁（原误作誉）。故曰："至于若无知之物而已，无用贤圣，土（原误作夫）块不失道。"豪杰相与笑之曰："慎到之道，非生人之行，而至死人之理，适得怪焉。"

田骈亦然，学于彭蒙，得不教焉。彭蒙之师曰："古之道人至于莫之是、莫之非而已矣。其风窢然，恶可而言？"常反人，不见观，而不免于魭断（武断）。其所谓道非道，而所言之题，不免于非。

彭蒙、田骈、慎到不知道。虽然，概乎皆尝有闻者也。

这段文章，叙述得也有点不大公允。慎到的"弃知去己，而缘不得已"，以及"至于若无知之物而已，无用贤圣，土块不失道"，都只是说的君道，而被扩充了起来成为了一般人的行为。由《慎子》书看来是没有这样广泛的。但这儿对荀子的评述有所补充的，便是"齐万物以为首"的道家立场。这在《慎子》书里面是完全散失了。所引"天能覆之而不能载之，地能载之而不能覆之，大道能包之而不能辩之"，及"选则不遍，教则不至，道则无遗"，不知道是田骈的话还是慎到的话，或者一为田骈，一为慎到。和"选则不遍"相近的，在《慎子》书中倒有同样的文句：

> 民杂处而各有所能，所能者不同，此民之情也……是以大君因民之能为资，尽包而畜之，无能去取焉。是故不设一方以求于人。
> 大君不择其下故足。不择其下，则易为下矣。易为下，则莫不容。莫不容故多下。多下之谓太上。（《民杂》）

但这两家的"齐"，很明显的并不是整齐划一之齐，而是听其自然的所谓"不齐之齐"。近人颇有疑《庄子·齐物论》一篇为慎到《十二论》之一论的，然行文和今存《慎子》了不相类。"天能覆之而不能载之，地能载之而不能覆之，大道能包之而不能辩之"等语亦了无痕迹。《齐物论》之命名，实当为"齐彼物论"而非"齐物之论"。那篇文章的著作权，在我看来，仍然是应该属于庄子的。

《天下篇》把关尹、老聃列为一类，对于他们备极赞美而毫无微辞，庄子一派的人确实是把他们作为道家的正统在看待的。

> 以本为精，以物为粗，以有积为不足，澹然独与神明居。古之道术有在于是者，关尹、老聃闻其风而悦之，建之以常无有，主之以太一。以濡弱谦下为表，以空虚不毁万物为实。
>
> 关尹曰："在己无居，形物自著。其动若水，其静若镜，其应若响。芴乎若亡，寂乎若清。同焉者和，得焉者生（原作失，依韵改）。未尝先人，而常随人。"
>
> 老聃曰："知其雄，守其雌，为天下谿。知其白，守其辱，为天下谷。"人皆取先，己独取后，曰"受天下之垢"。人皆取实，己独取虚，无藏也故有余，岿然而有余。其行身也，徐而不费，无为也而笑巧。人皆求福，己独曲全，曰"苟免于咎"。以深为根，以约为纪，曰"坚则毁矣，锐则挫矣"。常宽容于物，不削于人，可谓至极。
>
> 关尹、老聃乎，古之博大真人哉。

称关尹、老聃为"古之博大真人"，并不是说关尹、老聃的年代古，而是道家所理想的"博大真人"是属于旷邈的远古。关尹其实就是环渊，这人的名姓变幻得很厉害，有玄渊、蜎渊、娟嬛、蜎蠉、便嬛、便娟等异称。荀子《非十二子篇》误为它嚣，《韩诗外传》误为范睢。范睢是声误，它嚣是形误。它与玄相似，嚣与渊相近。

《史记》称环渊"学黄老道德之术，因发明序其旨意……著上下篇"（见《孟荀列传》）。这"上下篇"即老子《道德经》。汉人因环渊别作关尹，望文生训，又将关尹作为关门令尹，于是便有老子过关为关尹著《上下篇》之说。"老子修道德，其学以自隐无名为务。居周久之，见周之衰，乃遂去。至关，关令尹喜曰：'子将隐矣，强为我著书。'于是老子乃著书《上下篇》，言道德之意五千余言而去，莫知其所终。"（《史记·老子列传》）两说都同出于《史记》，但前说乃根据《齐史》所载的事实，后说只是神话。老聃之死，于《庄子·养生主篇》分明有记载，何曾是"莫知其所终"呢？最可笑的是"关令尹喜曰"本来是"关令尹高兴而说道"的意思，到了《汉书·艺文志》竟有了"《关尹子》九篇，名喜"的著录了。这九篇出于伪托，是毫无疑问的。《艺文志》又有"《蜎子》十三篇"，或许是"上下篇"之误，可惜失传了。

照《天下篇》所引的关尹遗说看来，他是主张虚己接物的，心要如明镜止水，对于外物要如响之应声，影之随形。他这种主张和宋钘的"别宥"并没有多大的区别。主张谦抑，不占人先而常随人后，和田骈、慎到的"推而后行，曳而后往"也没有多么大的不同。他的单独成派，或者是因为他把他们两家的现实倾向都抛弃了。宋钘、尹文志在"救世"，慎到、田骈学贵"尚法"，他们都还没有脱离现实，而在关尹或环渊便差不多完全脱离现实而独善其身了。"澹然独与神明居"，便很扼要地说穿了这种态度。

关于关尹，《庄子·达生篇》有一段"子列子问"。所问的是："至人潜行不窒，蹈火不热，行乎万物之上而不慄"，是什么原故办到这样的？关尹答应他说"是纯气之守"。他说，凡有声色象貌的都是物，物与物并不相远，亦不能相先，都只是"色"。因此，物是"造乎（于）不形，而止乎无所化"的东西。这"不形"或"无所化"就是物的本体了，也就是所谓"纯气"了。《天下篇》的"以本为精，以物为粗"，就是这些意见的综括了。这种精纯的本体是看不见的，就好像无，而其实并不是无，而是有。这似无而实有的东西是永恒的，是绝对的，要说是一个吧，就只有它那么一个，大大的一个。所谓"建之以常无有，主之以太一"就是这个意思。《吕氏春秋·大乐篇》还保存着"太一"的界说："道也者，视之不见，听之不闻，不可为状。有知不见之见，不闻之闻，无状之状者，则几于知之矣。道也者，至精也。不可为形，不可为名。强为之〔名〕，谓之太一。"又说："万物所出，造于太一。"这些恐怕就是从"《蜎子》十三篇"里面摘录下来的文字吧。

在《吕氏春秋·审己篇》里面也有列子和关尹问答的一段：

> 子列子常射中矣，请之于关尹子。
>
> 关尹子曰："子知子之所以中乎？"
>
> 答曰："弗知也。"
>
> 关尹子曰："未可。"
>
> 退而习之，三年，又请。
>
> 关尹子曰："子知子之所以中乎？"
>
> 子列子曰："知之矣。知射，心平体正，然后能中。"（"知射"以下十字误窜入注文）
>
> 关尹子曰："可矣，守而勿失。非独射也，国之存也，国之亡也，身之贤也，身之不肖也，亦皆有以。圣人不察存亡贤不肖，而察其所以也。"

这是求诸己而不求诸人，求诸内而不求诸外的意思。"心平体正，然后能中"，也就如水平鉴正而后能映照美恶，明察须眉。这一节话和"关尹贵清"的思想很相符合，论理当不会是子虚乌有之属。这里虽然也提到国之存亡，但不求之于外政，而求之于内心，和慎子的"尚法"不同，依然是脱离现实的。

假使关尹的主张只是上述的这一点程度，那完全是一种独善其身的隐士态度，虽然只图利己，但也还并不害人，要说他"清"，要说他"真"，倒也无可无不可。但就《道德经》里面所表现的情形看来，却是有点两样。

《道德经》，如上所说，是关尹根据老聃的遗说，用赞颂式的体裁，加以"发明"把它整理（"序"）出来了的。把《天下篇》的老聃遗说和《道德经》对照起来研究，便很明显地可以看出。

（一）"知其雄，守其雌，为天下谿。知其白，守其辱，为天下谷。"

这在王弼本《老子》第二十八章，其全文为：

> "知其雄，守其雌，为天下谿。"为天下溪，常德不离，复归于婴儿。"知其白，守其黑，为天下式。"为天下式，常德不忒，复归于无极。"知其荣，守其辱，为天下谷。"为天下谷，常德乃足，复归于朴。朴散则为

器，圣人用之则为官长，故大制不割。

《天下篇》原无"守其黑，为天下式""知其荣"十字，演述《道德经》的人大约认为白与辱不成对文，必须白黑荣辱方成对文，故信手添补了的吧。但老子的遗说别有"大白若辱"一语，白与辱正成对文。白是洁，辱是污。又式字与溪谷二字不相为类，我看一定是蛇足。就这样应该只有二十字的遗说，却被发展成了八十六字，除去二十字以外的六十六字，都应该就是所谓"发明"了。特别如像"为天下谿，常德不离，复归于婴儿"的几句，便显明地表示着"发明者"的时代。离字古音读如罗，音在歌部，战国中叶以后始转入支部，而在这儿与溪儿为韵，确实是已经转了韵了。

　　（二）"人皆取先，己独取后，曰：'受天下之垢。'"

这在王弼本《老子》第七十八章，其全文为：

　　天下莫柔弱于水，而攻坚强者莫之能胜，以其无以易之。弱之胜强，柔之胜刚，天下莫不知，莫能行。是以圣人云："受国之垢，是谓社稷主。受国不祥，是为天下王。"正言若反。

这章更是表明了"发明旨意"的真相。所谓"圣人"，和《天下篇》对照起来，可以知道就是老聃。《天下篇》引老聃遗说只摘取了一句，本章则引用得更完全。《天下篇》的作者也在"发明旨意"即"人皆取先，己独取后"的八字，而本章则前后共"发明"了四十二字。由这一章我们可以知道，凡是《道德经》所说的"圣人"（全书凡二十七见）应该都是指的老聃。同样引"圣人"的话的还有第五十七章："故圣人云：我无为而民自化，我好静而民自正，我无事而民自富，我无欲而民自朴。"这是老子的遗说无疑。《庄子·天地篇》有和这相平行的话："故曰：古之畜天下者，无欲而天下足，无为而万物化，渊静而百姓定。"既冠以"故曰"也就表明在征引古说或古书，古人引书多凭记忆，字句是时有出入的。这也表明两者同在"发明"老子而已。又如第四十一章引"建言有之"，中有"大白若辱，广德若不足"二句，而在《庄子·寓言篇》则作为老子对阳子居（即杨朱）所说的话（只"广德"作"盛德")。可见所谓"建言"其实也就是老聃之言。或者老聃遗说在古别有著录，名为《建言》，一如孔门书之称《论语》的吧。

（三）"人皆求福，己独曲全，曰：'苟免于咎。'"

这相当于《道德经》的第二十二章，其全文为：

> 曲则全，枉则直，洼则盈，敝则新，少则得，多则惑。是以圣人抱一为天下式。不自见故明，不自是故彰，不自伐故有功，不自矜故长。夫唯不争，故天下莫能与之争。古之所谓"曲则全"者，岂虚言哉？诚全而归之。

"曲则全"而冠以"古之所谓"，参以《天下篇》，可知也就是老聃的遗说了。只是《天下篇》的作者，合为"曲全"二字以成为"发明旨意"之文，而另外征引了"苟免于咎"的遗说，《道德经》则略去了"苟免于咎"一语，而用"曲则全"的原句引申成了一个专章。这两项资料正可以说是互文见义。据此可见，老聃遗说在《道德经》中也没有完全包容。

（四）"以深为根，以约为纪，曰：'坚则毁矣，锐则挫矣。'"

这相当于《道德经》的第九章，其全文为：

> 持而盈之，不如其已（以韵推之，已当作了），揣而棁（锐）之，不可长保。金玉满堂，莫之能守。富贵而骄，自遗其咎。功遂身退，天之道。

对照起来差不多是等于意译了。第五十六章虽然也有"挫其锐"句，但终是"发明旨意"的说法，与遗说毕竟不同。故如"坚则毁矣，锐则挫矣"，在《道德经》里面也分明变了形象。

准上，可知《道德经》毫无疑问成于后人之手，其中虽然保存有老聃遗说，但多是"发明旨意"式的发挥，并非如《论语》那样的比较实事求是的记述。因此要认《道德经》为老聃所作的书，字字句句都出于老子，那是错误；但要说老子根本没有这个人，或者有而甚晚，那也跑到了另一极端。这两种极端的见解却是从同一个出发点出发，是很有趣的现象。因为它们都认为《道德经》是老聃自己所作的书。现在我把这层云雾揭开，断定它是环渊即关尹发明老氏旨意而作。那么根据这项资料，我们既可以论老聃，也可以论关尹了。

现存的《道德经》篇章字句都曾经过后人审改是毫无问题的，但在大体上还保存着先秦学术的面貌。不过要根据《道德经》来论老聃，那在遗说的摘发上就还须经过一道甄别的工夫。要在先秦诸子里面有旁证，足以证明确实为老聃遗说的，我们才好征引。例如，《天下篇》所见的，便是很好的根据。《韩非子》的《解老》《喻老》，在我看来，也不失为是很好的根据。近时学者有好些人怀疑《解老》与《喻老》是秦、汉人的作品，但无究极的根据。怀疑的动机只是因为把老聃看得迟，因而也想把这两篇拉迟一点而已。这依然是把老子其人与《老子》其书的问题绞了线的原故。在我看来，《喻老》是韩非子所作无可疑问，因为所解"鱼不可脱于渊，邦之利器不可以示人"一节，和《内储说下·六微篇》所解一致。《内外储说》是韩非书，有《史记·韩非传》作保证，我们是可以相信得过的。《解老》则不是韩非所作，理解博易，文辞蕴厚，与《喻老》及《韩非》其他篇如《五蠹》《显学》等之刻削凌铄者，完全异撰。又同引一辞而解释互异，且所据底本亦有文字上的出入。故《解老》不作于韩非也是毫无问题的。但当作于谁人呢？无可考证，疑当成于关尹后学之手，而略早于韩非。其简编曾为韩非所揣摩，故得并其遗著而传于世。

有了《解老》和《喻老》的保证，我们可以有更多的把握来论老聃的遗说。

根据《解老》，我们可以知道，"道"这个观念，确是老聃所倡导出来的东西。

> 夫物之一存一亡，乍死乍生，初盛而后衰者，不可谓"常"。唯夫与天地之剖判也俱生，至天地之消散也不死不衰者谓"常"。而"常"无攸易，无定理。无定理非在于常所，是以不可道也。圣人观其玄虚。用其周行，强字之曰"道"。然而可论，故曰："道之可道，非常道也。"

据此，不仅"道"出于老得到旁证，"道可道，非常道"一语见《道德经》第一章，而"强字之曰道"则隐括第二十五章而为说，故至少第一章的首句，与第二十五章的前半：我们可以相信是老聃遗说了。第二十五章前半文，今录之于次：

> 有物混成，先天地生，寂兮寥兮，独立而不改，周行而不殆（怠），可以为天下母。吾不知其名，字之曰道，强为之名曰大一（"一"字据《庄子》及《吕氏春秋》补）。

"独立而不改"即"无攸易"，"周行而不殆"即"非在于常所"。"道"这个东西，被认为是唯一的，它本身恒久不变，然却演化而为天地万物，天地万物是有存亡生死盛衰消涨的。但即使天地万物消散了，而"道"还是存在；也就如戏演完了，而演员还是存在的那样。这种观念其实是很幼稚的，它只是把从前的人格神还原为浑沌而已。要说春秋末年不能有这样的思想，那是把这种思想看得太超越了。

根据《喻老》，特别值得注意的，是《道德经》第三十六章得到保证。

> 势重者，人君之渊也。君人者势重于人臣之间，失则不可复得也。简公失之于田成，晋公失之于六卿，而邦亡身死。故曰："鱼不可脱于渊。"
> 赏罚者邦之利器也，在君则制臣，在臣则胜君。君见赏，臣则损之以为德。君见罚，臣则益之以为威。人君见赏而人臣用其势，人君见罚而人臣乘其威。故曰："邦之利器，不可以示人。"

这两句话的解释与《六微篇》大同小异，而《六微篇》更分明标为"老聃之言"，这可以说是得到了三重的保证的。

> 越王入宦于吴，而劝之伐齐以弊吴。吴兵既胜齐人于艾陵，张之于江、济，强之于黄池，故可制于五湖。故曰："将欲翕之，必固张之；将欲弱之，必固强之。"
> 晋献公将欲袭虞，遗之以璧马；智伯将袭仇由，遗之以广车。故曰："将欲取之，必固与之。"

> 起事于无形而要功于天下，是谓"微明"。处小弱而重自卑，谓"损弱胜强"也。

以上全部是第三十六章的诠释，只是"鱼不可脱于渊，邦之利器不可以示人"在经居最后，而"损弱胜强"一语也略有不同而已。

这一章在《道德经》中是最为人所诟病的文字⑦，因为它完全讲的是诈术。这在道家本身原是应有的理论。因为它根本是站在个人主义的立场的。尽管是怎样的个人主义者，一个人不能完全脱离国家社会而生存，故论到国家社会的理则时，便很容易流露其个人主义的本色。为要保全自己或使自己所得之利更大些，当然要把自己立于不败之地，而以权术待人了。故老聃的理论一转而为申、韩，那真是逻辑的必然，是丝毫也不足怪的。

老聃的这一方面，没有为宋钘、慎到等所承受，而关尹却把它发展了。这大约又是关尹这一派的另一特色吧。现存《道德经》里面已经很露骨地在主张着愚民政策。

> 古之善为道者，非以明民，将以愚之。民之难治以其智多。故以智治国，国之贼；不以智治国，国之福。（第六十五章）
> 欲上民必以言下之，欲先民必以身后之。（第六十六章）

这些话没有旁证，不知道是不是老聃的遗说，但至少我们可以说是关尹的发展。这种为政的态度，简直在把人民当成玩具。这如是老聃的遗说，可以说是旧时代的遗孽未除；如果关尹的发展，那又是对于新时代的统治者效忠了。不以人民为本位的个人主义，必然要发展成为这样的；更进一步，便否认一切文化的效用而大开倒车。

> 不尚贤使民不争，不贵难得之货使民不为盗，不见可欲使民心不乱。是以圣人之治，虚其心，实其腹，弱其志，强其骨，常使民无知无欲。使夫智者不敢为也。（这办法是养猪养牛的办法）（第三章）
> 五色令人目盲，五音令人耳聋，五味令人口爽，驰骋畋猎令人心发狂，难得之货令人行防。是以圣人为腹不为目。（第十二章）
> 绝圣弃智，民利百倍；绝仁弃义，民复孝慈；绝巧弃利，盗贼无有。

　　此三者以为文不足，故令有所属。见素抱朴，少私寡欲。（第十九章）

　　　绝学无忧。唯之与阿，相去几何？善之与恶，相去何若？（第二十章）

像这样大开倒车，使墨子的"非乐""节用"理论大减颜色。但他所绝弃了的是什么呢？人民的圣智而已。声色犬马之好，做人君的人最有经验，他们知道目不会因之而盲，耳不会因之而聋，心也不会因之而发狂。但假如使没有经验的人知道了这些东西有那样的危险性，在"防""盗贼"上倒是绝好的妙法。崇尚黄老清静的人，对于这些地方似乎很难于辩解。然而章太炎先生却有一番伟论，他有《原道》上中下三篇泛论道家旨意，却替老聃辩护得十分巧妙。

　　老聃所以言术，将以揸前王之隐匿，取之玉版，布之短书，使人人户知其术则术败。（《国故论衡·原道上》）

他的意思是说，把阴谋暴露出来，使大家都懂得阴谋，那便没有人敢用阴谋了。真是巧妙呀！他还在下文用了一个通俗的比喻：凡奸商市侩善于欺人，然而彼此之间不相欺，便是因为彼此都懂得那一套。巧妙是巧妙，但可惜是诡辩。我们且不问老聃是否果真有这样的存心，单以事实论事实，老聃之术传于世者二千余年，经过关尹、申不害、韩非等人的推阐，在中国形成为一种特殊的权变法门，养出了大大小小不计其数的权谋诡诈的好汉，一直到章太炎先生才明白了他的用意是相反的，岂不是滑稽吗？老聃之言，根本是向统治者在说话，老百姓哪里懂得他半句？即如章太炎先生的古奥文章吧，现在拿出来，要教文科大学生读懂都感困难，遑说什么"使人人户知其术"了！翻案文章作到了这样，可谓登峰造极，然而可惜，只是文章而已。

　　以上是稷下的道家三派的勃兴及其发展。这一学派的兴盛对于当时的学术界的影响非常宏大。在稷下之外，由正面响应的有庄周和惠施，季真和魏牟，更发展而为桓团、公孙龙的名家，韩非等后期法家。因而使儒家墨家都起了质变。儒家于《诗》《书》、六艺之外也大谈其心性问题，企图在宇宙论方面作一枝的栖息。墨家差不多完全扬弃了神鬼的尊崇，而和名家并辔齐驱，突入于辩论的明察与客观世界的解剖。而尤其重大的是影响到秦汉以后的政治。秦与汉的政治实为一贯，世人皆知汉初崇尚黄老，导源于齐，而忽略了秦始皇之崇尚神仙方士，亦导源于齐。秦与汉自略有不同，其不同处在秦尚法而汉尚术，如此而已。魏晋以后更得到印度思想的支援，于是乎道家思想直可以说垄断了二千年来的中国学术界；墨家店早被吞并了，孔家店仅存了一个招牌。礼教固然吃人，运用或纵使礼教以吃人的所谓道术，事实上才是一个更加神通广大的嗜血大魔王呀。

1944 年 9 月 19 日

注释

①《淮南·地形训》：“乃维上天，是谓太帝之居。”太帝即后世所谓玉皇大帝。《史记·封禅书》言：“泰帝使素女鼓五十弦瑟，悲，帝禁不止，故破其瑟为二十五弦。”《世本》及《拾遗记》以为黄帝。故知黄帝即太帝，亦即上帝之转化。——作者注

②这是主要原因，但原因并不止于此。《淮南·修务训》云“世俗之人贵古而贱今，故为道者必托之于神农、黄帝而后能入说”，道破了这种托古立说的用意。——作者注。

③此处称接子，《索隐》：“古著书人之称号。”

④《陶潜集·集圣贤群辅录》附载三墨之一为“宋钘、尹文之墨”，孙诒让已非之，谓《群辅录》本依托，而“此条尤疏谬”。又云：“近俞正燮《癸巳类稿·墨学论》亦以宋牼为墨徒，误与《群辅录》同。”（见《墨子闲诂·后语上》）——作者注

⑤《后汉书·袁绍传》注亦引此语，并云：“《子思子商君书》并载其词，略同。”《商君书》乃依托，《子思子》已佚，恐其所引乃彭蒙语也。——作者注

⑥此句原作“冷汰于物”。郭象注云：“冷汰犹听放也。”原句已晦，冷汰何以能训为听放，亦不了了。慎子乃法家之祖，荀子言其“尚法”，又谓“蔽于法而不知贤”。据此则“冷汰”当是“聆法”，形近而讹。冷不改字亦可，但假为聆，故郭训为听耳。“聆法于物”者犹《心术》“舍己而以物为法”。上文“决然无主”，决字亦系法

字之误。——作者注

⑦《吕览·行论篇》引《诗》曰"将欲毁之，必重累之。将欲踣之，必高举之"，或即此一章之隐括。——作者注

庄子的批判

　　庄子的年代和孟子约略相当。孟子在梁惠王后元十五年游梁的时候，已经在位五十年的梁王尊称之为"叟"。梁王的相惠施是庄子的朋友，在庄子妻死时惠施往吊，见庄子正箕踞鼓盆而歌；惠施非难他，说"与人居，长子，老，身死，不哭亦足矣，又鼓盆而歌"[①]，可见庄子是有妻子的人，而他的妻死时是已经老了。古人七十曰老，那么庄子的年龄可见也并不年轻了。惠施先庄子死，年龄大约也不相上下。要说庄、惠略后于孟子，或者顶多也不过年轻十岁。

　　庄子是宋人，曾为漆园吏，应该是一个很小的官。他虽然是道家的中心人物，而且是使道家真正成为了一个家派与儒、墨鼎足而三的一个人，他的师承渊源却不甚明白。他不曾到过齐国，没有参加过稷下学宫，因而他和宋钘、尹文、田骈、慎到、环渊、接予的关系似乎都只是间接的。像尹文其人或许还是他的后辈。《庄子》书中最可靠的《内篇》七篇里面只有一处提到宋荣子，其他诸人都不曾提到。《外篇·达生篇》有"子列子问关尹"一节，《杂篇·让王》亦称"子列子穷"，子列子即列御寇。列子之上复冠以子，或许有人会以为列御寇便是庄子的老师了。但这只见于《外篇》和《杂篇》，《内篇·逍遥游》及《应帝王》均只称列子而不更冠以子字。《逍遥游篇》虽称"列子御风而行，泠然善也"，然以为"犹有所待"，不及"乘天地之正而御六气之辨，以游无穷"的人；这种人自然也就是庄子自命了。这样断乎不像是师生。列子被称为子列子，在《吕氏春秋》里面也有两处，一处见《审己篇》与关尹论射，一处见《不二篇》言"子列子贵虚"；大约都是列子后学的记述，吕门的人照抄，庄子后学也是照抄而已。

《天下篇》中论及并世的学派，道家甚详而不及列子，司马迁亦不曾为列子立传，其年代亦颇渺茫。如《德充符篇》言子产师伯昏无人，而《田子方篇》谓列御寇为伯昏无人射；又《应帝王篇》有壶子为列子师，旧注壶子名林，而《吕氏春秋·下贤篇》称"子产见壶邱子林"；据此则似乎与子产同时，而在春秋末年了。然而伯昏无人、壶邱子林等真乃鸿蒙、列缺之属，其神巫相面，背渊而射，都是些荒唐无稽的寓言，不可据为典要。《让王篇》言："子列子穷，客有言之于郑子阳者，郑子阳即令官遗之粟。子列子见使者，再拜而辞。其卒，民果作难而杀子阳。"《释文》云："子阳严酷，罪者无赦。舍人折弓，畏子阳怒责。因国人逐猘狗而杀子阳。"陆氏所据当是《吕览·适威篇》及《淮南·氾论训》，但此子阳不知何许人。俞曲园引《史记·郑世家》"缪公二十五年郑君杀其相子阳，二十七年子阳之党共弑缪公骀"为说，但自言"与诸书不同"。案缪公时子阳与列子时子阳当是两人。郑灭于韩，古书中韩亦每称为郑。《韩世家》"昭侯十年韩姬弑其君悼公"，注家均以为"悼公不知何君"者，余以为当即列子时之郑子阳。此人盖韩之小诸侯，故《吕览》与《淮南》于其死均言"弑"。列子既屡请教于关尹，关尹实即环渊，与田骈、慎到同时，则列子自当上下年代。《艺文志》有"《列子》八篇"列于道家，其书已亡，今存者乃晋人伪托。《吕览》既称其"贵虚"，《韩策》史疾复称"列子圉寇之言""贵正"，盖以道家而兼有名家风味者，这正是宋钘、尹文、庄周、惠施等的流行倾向。《天下篇》所以不论列子的原故，大约以其学无特长，或者只被认为关尹的一系而已。要之，列子不能认为是庄子的老师。

韩愈疑庄子本是儒家，出于田子方之门，则仅据《外篇》有《田子方篇》以为说，这是武断。我怀疑他本是"颜氏之儒"[2]，书中征引颜回与孔子的对话很多，而且差不多都是很关紧要的话，以前的人大抵把它们当成寓言便忽略过去了。那是根据后来所完成了的正统派的儒家观念所下的判断，事实上在孔门初一二代，儒家并不是那么纯正的，而儒家八派之中，过半数以上是已经完全消灭了。

《庄子》书中虽然很多地方在菲薄儒家，如像《杂篇》中的《盗跖》《渔父》两篇更在痛骂孔子，但那些都是后学者呵佛骂祖的游戏文字，而认真称赞儒或孔子的地方则非常严肃。《天下篇》把儒术列为"内圣外王之道"的总要，而称道《诗》《书》《礼》《乐》与邹鲁之士、缙绅先生，谓百家众技只是"一曲之士"，这态度不是很鲜明的吗？《天下篇》不是庄子本人所作，但如《齐物论篇》言"六合之外，圣人存而不论；六合之内，圣人论而不议；《春秋》经世，先王之志，圣人议而不辩"，这所谓"圣人"很明显地是指仲尼。特别值得注意的是《寓言篇》里面和惠施的一段对话。

> 庄子谓惠子曰："孔子行年六十而六十化，始时所是，卒而非之，未知今之所谓是之非五十九年非也。"
>
> 惠子曰："孔子勤志服知也。"
>
> 庄子曰："孔子谢之矣，而其〔故〕未之尝言，孔子云夫？受才乎大本，复灵以生，鸣而当律，言而当法，利义陈乎前，而好恶是非直，服人之口而已矣，使人乃以心服而不敢蘁，立定天下之〔大〕定。已乎已乎，吾且不得及彼乎！"

虽然庄子存心也颇想同仲尼比赛，但他的心悦诚服之态，真可说是溢于言表。由天得到好的材质，又于一生之中使其材质得到光明，言谈合乎轨则，行为揆乎正义，好恶是非都得其正。不仅使人口服，而且使人心服，使天下人的意见得到定准，而不能超脱出他的范围。这样的称述，比儒家典籍中任何夸大的赞词，似乎都更抬高了孔子的身价。

又在《田子方篇》里面有颜回称赞孔子的一段：

> 颜渊问于仲尼曰："夫子步亦步，夫子趋亦趋，夫子驰亦驰；夫子奔逸绝尘，而回瞠若乎后矣。"
>
> 夫子曰："回，何谓耶？"
>
> 曰："夫子步亦步也〔者〕，夫子言亦言也。夫子趋亦趋也〔者〕，夫子辩亦辩也。夫子驰亦驰也〔者〕，夫子言道，回亦言道也。及奔逸绝尘而回瞠若乎后者，夫子不言而信，不比而周，无器而民滔乎前，而不知所以然而已矣。"

这和《论语·子罕篇》的一节显然是相为表里的东西："颜渊喟然叹曰：'仰

之弥高，钻之弥坚，瞻之在前，忽焉在后。夫子循循然善诱人，博我以文，约我以礼，欲罢不能。既竭吾才，如有所立，卓尔。虽欲从之。末由也已。'"这种文字必然是出于颜氏之儒的传习录，庄子征引得特别多，不足以考见他的师承渊源吗？

颜回和孔子都是有些出世倾向的人，一位是"一箪食，一瓢饮，在陋巷……不改其乐"，一位是"饭蔬食饮水，曲肱而枕之，乐亦在其中"。孔子曾对颜回说"用之则行，舍之则藏"，只有他们两个才能够。这是表明其他的弟子大抵都是入世派了。聪明的子贡曾经叹息："夫子之文章可得而闻也，夫子之言性与天道不可得而闻也。"但这性与天道之说是子贡得未曾闻，并不是孔子得未曾言。孔子是因材施教的人，对什么样的人说什么样的话，何须对会做生意的子贡谈性与天道呢！那种有出世意味的东西，假使要找一个对象来谈，那他的颜回便不失为很好的对象了。于是在《庄子》里面便出现了孔子的"心斋"和颜回的"坐忘"之说。

> 回曰："敢问心齐（斋）。"仲尼曰："一若志。无听之以耳而听之以心，无听之以心而听之以气。听止于耳，心止于符。气也者，虚而待物者也，唯道集虚，虚者心齐也。"（《人间世》）
>
> 曰："回坐忘矣。"仲尼蹴然曰："何谓坐忘？"颜回曰："堕肢体，黜聪明，离形去知，同于大通。此谓坐忘。"（《大宗师》）

这些不必就是孔、颜真正说过的话，但他们确实有过些这样的倾向，被他们的后人把它夸大而发展了，是无法否认的。

庄周是一位厌世的思想家，他把现实的人生看得毫无意味。他常常在慨叹，有时甚至于悲号。"一受其成形，不亡以待尽，与物相刃相靡，其行尽如驰而莫之能止，不亦悲乎！终身役役而不见其成功，苶然疲役而不知其所归，可不哀耶！""人之生也固若是芒乎？其我独芒而人亦有不芒者乎？"③大家都在"与接为构，日与心斗"，有的"行名失己"，有的"亡身不真"，都只是些"役人之役"——奴隶的奴隶。人生只是一场梦——这已经是说旧了的话，但在古时是从庄子开始的——不仅只是一场梦，而且是一场噩梦；更说具体一点，甚至比之为赘疣，为疔疮，为疽，为痈。因而死也就是"大觉"，死也就是"决疣溃痈"了。真是把人生说得一钱不值。

使他成为那样厌世的自然有其社会的背景。所谓"窃钩者诛，窃国者为诸侯，诸侯之门而仁义存焉"，所谓"为之斗斛以量之，则并与斗斛而窃之；为之权衡以称之，则并与权衡而窃之；为之符玺以信之，则并与符玺而窃之；为之仁义以矫之，则并与仁义而窃之"④，便是使他彻底绝望了的原因。更具体地说时便是："田成子一旦弑齐君而盗其国，所盗者岂独其国耶？并与其圣知之法而盗之。"他生的时代就是这样的时代。前一时代人奔走呼号，要求奴隶的解放，要求私有权的承认，谈仁说义，要人把人当成人，把事当成事，现在是实现了。韩、赵、魏、齐都是新兴的国家，是由奴隶王国蜕化出来了的，然而毕竟怎样呢？新的法令成立了，私有权确实是神化了，而受了保障的只是新的统治阶级。他们更聪明，把你发明了的一切斗斛、权衡、符玺、仁义通通盗窃了去，成为了他们的护符。而下层的人民呢，在新的重重束缚里面依然还是奴隶，而且是奴隶的奴隶。这种经过动荡之后的反省和失望，就是酝酿出庄子的厌世乃至愤世倾向的酵母。

他把王权看成赃品，把仁义是非看成刑具（"黥汝以仁义，劓汝以是非"），把圣哲看成"胥易技系"的家奴，一切带着现实倾向的论争，在他看来，也就如同在猪身上的虱子之争肥瘠了。

> 天下有道，圣人成焉。天下无道，圣人生焉。方今之时，仅免刑焉。

这是在《人间世篇》里面假借楚狂接舆的口中所唱出来的，这里含有过往的历史的追忆。所谓"天下有道"，就如《礼运》所说的"大道之行也，天下为公"的时代，也就是原始公社时代。这是完全被理想化了的，圣人在那时代可以成其圣功。所谓"天下无道"，便是"大道既隐"的"三代之英"，也就是奴隶制时代，圣人还可以自由过活。现代呢，已经是由奴隶制蜕化出来了，但满地都是刑辟陷阱，只求免死而已。悲观是很悲观，但在当时却不失为是一种沉痛的批判。

因而他对于现实的一切是采取着不合作的态度。先以他的生活来说，他是把生活的必要削减到了极低的程度。他住的是"穷闾陋巷"，瘦成为"槁项黄馘"，困窘到了只靠着织屦（打草鞋）以维持生计。连见魏王的时候，他穿的

"大布之衣"都是补了的。他饿得没有饭吃，曾经向监河侯借过小米。这些生活情形散见在《外篇》《杂篇》里面，大约都是他的门徒们替他记录下来的。《史记》说他曾为漆园吏，在《庄子》书中了无痕迹，想来也不外是为贫而仕的贱吏而已，而且恐怕也没有做好久。

要说他没有富贵的机会，是一位生活落伍者吧，那他到有别的逸事可以免掉这种鄙薄。楚国的国王（《史记》以为威王）曾经聘请过他，要他去做宰相，经他谢绝了。他的朋友惠施在做梁国的宰相的时候，他去访惠施，有谣言说他是去代替惠施的相位，惠施曾经搜索过他三天三夜。据这些逸事看来，足见他是有很多的机会可以富贵的。这些逸事，也有人说是门徒们假造出来替老师抬高身价的。是不是这样，我们找不出绝对的反证。但即使认为是假托吧，在当时各国都在竞争着养士的时候，至少像齐国的稷下学宫也正很兴旺；像庄子这样的思想家而且文笔汪洋的人，他如肯去，一定也可以成为"不治而议"的列大夫，食禄千钟的，然而他始终不曾去过。他对于富贵的洁癖似乎洁到连看都看不惯了。"惠子从车百乘以过孟诸，庄子见之，弃其余鱼。"这是见于《淮南·齐俗训》的逸事，大约惠施路过孟诸的时候，庄周正在钓鱼；他看见了那"从车百乘"的煊赫的气派，连自己所钓的鱼都嫌其多了，把鱼抛进了水里。庄周倒确是做到了"不为轩冕肆志，不为穷约趋俗"的。

富贵利禄固然是"俗"，就是一世应世趋时的学问，在他看来都不免是"俗"，那些都只是骗猴子的东西，所谓"朝三暮四……朝四暮三"，汤头改了，药物没有变。做奴隶的既然还是变相的奴隶，你会谈仁义礼乐，或者加一点，或者减一点，或者偏这边，或者偏那边，于是乎便争得鼓睛暴眼，斗得头破血流，然而你是帮了谁来？你于人生问题有了什么解决？或者你已经安富尊荣了，你在温暖的权势卵翼之下要谈些不切实际的问题，离坚白，合同异，平山渊，比天地，狗非犬，马非马，丁子有尾，卵有毛；超脱似乎超脱，然而只是无聊。故尔儒墨他是看不起的，名家他也是看不起的。他说"道隐于小成，言隐于荣华，故有儒墨之是非，以是其所非而非其所是"，而批评惠施"非所明而明之，故以坚白之昧终"（《齐物论》）。庄子本人这样的非难语气还是温和的，请听他的后学们破口痛骂吧。

> 今世，殊死者相枕也，桁杨者相推也，刑戮者相望也，而儒、墨乃始
> 离跂攘臂乎桎梏之间。噫，甚矣哉，其无愧而不知耻也甚矣！（《在宥》）
>
> 枝于仁者，擢德塞性以收名声，使天下簧鼓以奉不及之法，非乎，而
> 曾（参）、史（鳝）是已。骈于辩者，累瓦结绳窜句（钩），游心于坚白
> 同异之间，而敝跬（蹩脚）誉无用之言，非乎，而杨（朱）、墨（翟）是
> 已。（《骈拇》）

这比庄子本人愤激得更无所底止了。但在这儿值得注意的是：他们非儒是以曾参为代表，而不伤及孔丘；他们非名家是以杨朱为代表，而不伤及老聃。老聃被他们视为了"古之博大真人"。而孔丘，他们是把他放在儒家之外的。例如，《知北游篇》载颜回问仲尼"无有所将，无有所迎"之意，仲尼答以"外化而内不化"。接着在发明旨意的文字里面称为"圣人处物不伤物"，而涉及"君子之人若儒墨者师，故以是非相螯"。又如《徐无鬼篇》载仲尼之楚，誉"不言之言"，接着也盛加称道，而言"名若儒、墨而凶"。假若我们知道了庄子的渊源，这些表示正是丝毫也不足怪的。

庄子是从颜氏之儒出来的，但他就和墨子"学儒者之业，受孔子之术"而卒于"背周道而用夏政"（《淮南·要略》）一样，自己也成立了一个宗派。他在黄老思想里面找到了共鸣，于是与儒、墨鼎足而三，也成立了一个思想上的新的宗派。黄老思想本来经受齐国的保护，在稷下学宫里面是最占优势的，然而他们里面有些分化：宋钘、尹文一派演化而为名家，惠施在梁承受了他们的传统；慎到、田骈一派演化而为法家，关尹一派演化而为术家，申不害与韩非承受了他们的传统。真正的道家思想，假使没有庄周的出现，在学术史上恐怕失掉了它的痕迹的。道家本是汉人的命名，而在事实上确因有庄周及其后学们的阐扬和护法才有这个宗派的建立。庄周并不曾自命为道家。《说剑篇》虽然是假托，但他的后学说他"儒服而见（赵）王"，可见他们的一派依然是自命为儒者。《田子方篇》里面又有一段寓言，说庄子见鲁哀公⑤，哀公说"鲁多儒士，少为先生方者"，这是说庄周也是儒士，然而方法不同。儒之中本来也有多少派别，在孔子当时已有"君子儒"与"小人儒"；在荀子口中则有所非难的"贱儒"或"俗儒"。庄门虽自命为儒士而要毁儒，那是丝毫也不足怪

的。但就由于庄门之非毁"儒、墨、杨、秉",而道家的根基也就深固起来了。

黄老学派的宇宙观是全部被承受了的。宇宙万物认为只是一些迹相,而演造这些迹相的有一个超越感官、不为时间和空间所范围的本体。这个本体名字叫"道"。道体是无限的东西,无时不在,无处不在:蝼蚁里面有它,梯稗里面有它,瓦甓里面有它,屎溺里面有它。要说有神吧,神是从它生出来的。要说有鬼吧,鬼是从它生出来的。它生出天地,生出帝王,生出一切的理则。它自己又是从什么地方生出来的呢?它是自己把自己生出来的。

> 夫道,有情有信,无为(当是象字之误,古文为字从爪象)无形。可传而不可受,可得而不可见。自本自根,未有天地,自古以固存。神鬼神帝,生天生地。在太极之先而不为高,在六极之下而不为深,先天地生而不为久,长于上古而不为老。(《大宗师》)

有了这样一种"道",他便要向它学习,拜它为老师,这就是所谓大宗师。他向它喊道:"吾师乎!吾师乎!鳌万物而不为义,泽及万世而不为仁,长于上古而不为老,覆载天地刻雕众形而不为巧。"(这在《大宗师篇》虽然托之许由之口说出,但在《天道篇》明明引作"庄子曰",可知意而子与许由的对话,完全是寓言。)向这种"道"学习,和这浑沌的东西合而为一体,在他看来,人生就生出意义来了。人生的苦恼、烦杂、无聊,乃至生死的境地,都可得到解脱。把一切差别相都打破,和宇宙万物成为一通,说我是牛也就是牛,说我是马也就是马,说我是神明也就是神明,说我是屎尿也就是屎尿。道就是我,因而也就什么都是我。道是无穷无际、不生不灭的,因而我也就是无穷无际、不生不灭的。未生之前已有我,既死之后也有我。你说我死了吗?我并没有死。火也烧不死我,水也淹不死我。我化成灰,我还是在。我化成为飞虫的腿、老鼠的肝脏,我还是在。这样的我是多么的自由呀!多么的长寿呀,多么的伟大呀!你说彭祖八百岁,那是太可怜了。你说"楚之南有冥灵者,以五百岁为春,五百岁为秋;上古有大椿者,以八千岁为春,八千岁为秋",那都太可怜了。那种有数之数,何如我这无数之数?一切差别相都是我的相,一切差别相都撒弃,管你细梗也好,房柱也好,癞病患者也好,美貌的西子也好，什么奇形怪相的东西，一切都混而为一。一切都是"道"，一切都是我，这就叫作"天地与我并生，而万物与我为一"（《齐物论》）。

把这种"道"学会了的人，就是"有道之士"，也就是"真人"（真正的人）。这种"真人"在《大宗师》里面描写得很尽致。据说这种人，不欺负人少，不以成功自雄，不作谋虑，过了时机不失悔，得到时机不忘形，爬上高处他会不怕，掉进水去不会打湿，落下火坑不觉得热。据说这种人睡了是不做梦的，醒来是不忧愁的，吃东西随便，呼吸来得很深，他不像凡人一样用咽喉呼吸，而是用脚后跟呼吸。据说这种人也不贪生，也不怕死，活也无所谓，死也无所谓，随随便便地来，随随便便地去，自己的老家没有忘记，自己的归宿也不追求，接到呢也好，丢掉呢也就算了。据说这就是心没有离开本体，凡事都听其自然。这样的人，心是有主宰的，容貌是清癯的，额头是恢宏的；冷清清得像秋天一样，暖洋洋得像春天一样；一喜一怒合乎春夏秋冬，对于任何事物都适宜，谁也不知道他的底蕴。据说这种人，样子很巍峨而不至于崩溃，性情很客气而又不那么自卑；挺立特行有棱角而不稿暴，天空海阔像弧落而不浮夸；茫茫然像很高兴，颓唐着又像不得已；像活水停蓄一样和蔼可亲，像岛屿蓊郁一样气宇安定，像很宽大，又像很高傲；像很好说话，又像什么话都不想说。就这样，把他所理想的人格还刻画了一些，一句话归总，这就是后来的阴阳家或更后的道教所夸讲的神仙了。这种人可以"乘云气，御飞龙而游乎四海之外"，纯全是厌世的庄子所幻想出来的东西，他的文学式的幻想力实在是太丰富了。在庄子当时，这些观念当然是很新鲜的东西，他自己也陶醉在这种幻想里面似乎得到了超脱。

这种"真人"，在《大宗师》里面所刻画的，虽然已经够离奇，但还是正常的面貌而在《德充符》里面，他的幻想更采取了一个新的方向，把"真人"的面貌专从奇怪一方面来描写。兀者王骀、兀者申徒嘉、兀者叔山无趾、恶人哀骀它、闉跂支离无脤、瓮㼜大瘿，这些四体不全、奇形怪相的假想人物，在他说来，都是比仲尼、子产还要高超、神妙、不可思议；使妇女爱他们，使人民爱他们，使国君爱他们，使爱他们的人肯为他们牺牲一切；而视一般四体周正、不奇不怪的人反而是奇形怪相。他的意思是说绝对的精神超越乎相对的形体，所谓"德有所长而形有所忘"。得道之谓德，道德充实之征，使恶化为美，缺化为全，这便是所谓"德充〔之〕符"。但由他这一幻想，以后的神仙中人便差不多都是奇形怪相的宝贝。民间的传说、绘画上的形象，两千多年来成为了极陈腐的俗套，然而这发明权原来是属于庄子的。

《天下篇》把关尹、老聃称为"古之博大真人"，在庄子或其后学自然是以关尹、老聃为合乎他们所理想的人格了。然而从庄子的思想上看来，他只采取了关尹、老聃清静无为的一面，而把他们的关于权变的主张扬弃了。庄子这一派或许可以称为纯粹的道家吧？没有庄子的出现，道家思想尽管在齐国的稷下学宫受着温暖的保育，然而已经向别的方面分化了：宋钘、尹文一派发展而为名家，田骈、慎到一派发展而为法家，关尹一派发展而为术家。道家本身如没有庄子的出现，可能是已经归于消灭了；然而就因为有他的出现，他从稷下三派吸收他们的精华，而维系了老聃的正统，从此便与儒、墨两家鼎足而三了。在庄周自己并没有存心以"道家"自命，他只是想折衷各派的学说而成一家言，但结果他在事实上成为了道家的马鸣、龙树⑥。

他的见解自认为是绝对的，其他世俗的见解如儒如墨，都只是相对的是非，相对的是非不能作绝对判断的标准。所以他"不谴是非"。"不谴是非"者，不过问世俗儒、墨相对的是非，而在他的学说立场上实在是大谴而特谴。他是以他的绝对以谴相对，一篇《齐物论》就是这项谴词。文章是做得很汪洋恣肆的，然而要点也不外乎这几句——

道恶乎隐而有真伪？言恶乎隐而有是非？道恶乎往而不存？言恶乎存而不可？道隐于小成，言隐于荣华。故有儒、墨之是非，以是其所非，而非其所是。欲是其所非而非其所是，则莫若以明。

以指喻指之非指，不若以非指喻指之非指也。以马喻马之非马，不若以非马喻马之非马也。天地一指也，万物一马也。可乎可，不可乎不可。道行之而成，物谓之而然。恶乎然，然于然。恶乎不然？不然于不然。物固有所然，物固有所可。无物不然，无物不可。故为是举莛与楹，厉与西施，恢恑憰怪，道通为一。其分也，成也；其成也，毁也。凡物无成与毁，复通为一。唯达者知通为一，为是不用，而寓诸庸。庸也者，用也；用也者，通也；通也者，得也。适得而几已，因是已。

一因一明便是一破一立。明以明彼相对，因以因此绝对。绝对者就是道，就是一；以道统观一切，万物因其自然。道是万变无常的，物也不断地流离转徙，是的忽然变而为非，非的忽然变而为是，刚始分溃已有新的合成，刚始合成已有新的分溃；固执着相对的是非以为是非，那是非永没有定准。你说我所是的为非，我说你所非的为是，到底谁非谁是？这便是所谓"以指喻指之非指"或"以马喻马之非马"。指是宗旨，是观念；马是法码，是符号。你的是一种观念，我的也是一种观念；你的是一种符号，我的也是一种符号。你以一种相对的观念或符号来反对我这另一种相对的观念或符号，你说我不是，我也可以回头说你不是。因此倒不如以绝对的观念或符号去反对那相对的观念或符号。这譬如兄弟吵架，父亲出马，两造的口角不加判决，自然也就止息了。这就是所谓"以'指'喻'指'之非'指'，不若以'非指'喻'指'之非'指'也；以'马'喻'马'之非'马'，不若以'非马'喻'马'之非'马'也"的意思。"非指"或"非马"便是超乎指与马的绝对的东西。这绝对的东西是什么呢？简单得很，就是"天地一指也，万物一马也"那么两句。天地万物只是一个观念、一个符号，再简单一点，也就是所谓"道"、所谓"一"。一切都笼罩在里面，分什么彼此，分什么是非？浑浑沌沌，各任自然。假使一定要凿通眼耳口鼻，那正是人所干的多余事体。那样一来，浑沌就死了，自然就死了，道就死了，一就死了，就成其为天下无道，天下不能归于一。荒唐悠渺地说来说去，归根还是那么简单的一套。

庄子就以这简单的一套，自认为得到了循环的中心，他可以不着边际，不落形迹，随着自然的循环以至于无穷——"得其环中，以应无穷"。再从修养一方面来说吧，便是"象善无近名，象恶无近刑（形），缘督以为经，可以保身，可以全生，可以养亲（心），可以尽年"（《养生主》）。象善象恶两个象字，书上都误为"为"字去了，古文"为（為）"从爪象，故容易讹变。外象美不要贪名声，外象丑不要拘形迹，守中以为常，那便可以安全寿考了。这些话倒说得比较踏实，或者也就是本心话了。"方今之世，仅免刑焉"，抗又无法去抗，顺又昧不过良心，只好闭着眼睛一切不管，芒乎昧乎，恍兮惚兮，以苟全性命于乱世而游戏人间。这本来是悲愤的极端，然而却也成为了油滑的开始。所谓"知其不可奈何而安之若命"，"乘物以游心，托不得已以养中"，庄子自己便已经道穿了。因此，他的处世哲学结果是一套滑头主义，随便到底——"彼且为婴儿，亦与之为婴儿；彼且为无町畦，亦与之为无町畦；彼且为无崖，亦与之为无崖。"⑦"支离其形，支离其德"，而达到他的"无用之用"。"无用"者无用于世，"之用"者有用于己，全生、保身、养亲、尽年就是大用了。你说他不觉无私吧，其实何尝无私？不过庄周比关尹、老聃退了一步，是并不想知雄守雌，先予后取，运用权谋诈术以企图损人利己而已。这是分歧的地方。庄周书，无论《内篇》《外篇》，都把术数的那一套是扬弃了的。这可以说是这一派在消极一方面的特色。因有这一特色，后人反而觉得老聃、关尹也纯然清静恬淡，那是大海的汪洋，浑化了江河的沉浊。

庄子在事实上也并不是完全忘情于世道的人。他虽然主张"无情"——"不以好恶内伤其身，常因自然而不益生"（《德充符》），这无疑是宋钘"情欲寡浅"的发展，但他并不非战，他说"圣人之用兵也，亡国而不失人心"（《大宗师》）。他也谈到治天下的道理，《应帝王》一篇便是他的君道的主张，那看来好像是彻底的放任无为主义。他说做帝王的应该"无为名尸，无为谋府，无为事任，无为知主；体尽无穷而游无朕，尽其所受于天而无见得，亦虚而已。至人之用心若镜，不将不迎，应而不藏，故能胜物而不伤"（《应帝王》）。这是慎到"弃知去己而缘不得已"的发展，但他不专一"尚法"，而说"以刑为体，以礼为翼，以知为时（恃），以德为循"（《大宗师》）。不废刑政，亦不废礼乐，做帝王者虽不能用私智，而当以智者以为丞辅。《外篇》"无为而尊者天道也，有为而累者人道也；主者天道也，臣者人道也"（《在宥》），"上必无为而用天下，下必有为为天下用"（《天道》），就是这些意思的解释了。在这些地方，依然透露着儒家本色，或者是情不自禁的吧。

庄子是绝顶聪明的人，他的门徒们大约也是些绝顶聪明的人，他们的文章实在是异常超妙。你说他们很随便吧，但他们的文理很密察，实在是有点"其理不竭，其来不蜕"的形势。"其来不蜕"者是说独往独来，无所脱胎，不是从别人的东西蜕化而出的。但无疑他们实在都是一些厌世派，所谓"以天下为沉浊，不可与庄语"，便只好"独与天地精神往来"。他们愤慨礼乐仁义为大盗所盗，而要避开那些大盗，想出一套不能盗的法宝来，至少是想借以保全自己或安慰自己。庄子说："藏舟于壑，藏山（舢）于泽，谓之固矣，然而夜半有力者负之而走，昧者不知也；藏小大有宜，犹有所遯，若夫藏天下于天下而不得所遯，是恒物之大情也。"⑧他也在防盗，他来一套大法宝"旁礴万物以为一"，这不仅是"藏天下于天下"，简直是藏宇宙于宇宙了。这还盗得了，逃得了吗？然而后人依然给他盗了，让它逃了，这是聪明的庄子所不曾预料到的吧。他所理想的"真人"，不一二传便成为阴阳方士之流的神仙，连秦始皇都盗窃了他的"真人"徽号。他理想的恬淡无为，也被盗窃了成为两千多年来的统治阶层的武器。上级统治者用以御下，使天下人消灭了悲愤抗命的雄心；下级统治者用以自卫，使自己收到了持盈保泰的实惠。两千多年来的滑头主义哲学，封建地主阶级的无上法宝，事实上却是庄老夫子这一派所培植出来的。他们骂儒、墨为"不知耻"，为"睆睆然在缠缴之中而自以为得"；他们又何尝知道自己所犯下的罪过，何尝从"缠缴"之中解脱了呢！假使我们要摹仿庄派的文笔的话，很容易安得上这么一套的公式，便是：

> 为之虚无以静之，则并与虚无而窃之；为之因明以导之，则并与因明而窃之；为之荒唐以恍之，则并与荒唐而窃之；为之道德以统之，则并与道德而窃之……窃钩者诛，窃天下者为皇帝。皇帝之门而道德存焉。⑨

自有庄子的出现，道家与儒、墨虽成为鼎立的形势，但在思想本质上，道与儒是比较接近的。道家特别尊重个性，强调个人的自由到了狂放的地步，这和儒家个性发展的主张没有什么大了不起的冲突。墨家是抹杀个性的，可以说是处在另一个极端。墨家的尊天、明鬼、尚贤、尚同诸义，与道家极不相容，就是以尊重私有权为骨干的兼爱与非攻的主张，也为道家所反对。"兼爱不亦迂乎！无私焉，乃私也"（《天道》），"爱民，害民之始也；为义偃兵，造兵之本也"（《徐无鬼》），这些都是很深刻的批判。在"兼爱"中看出本来是为私，在"非攻"中看出本来是为保护私有权的防御战。两千多年后的今天，批判墨子学说的人差不多谁也没有做到这样的深刻。道家也执有命说："天下有大戒二，其一命也，其一义也"（《人间世》）；"死生存亡，穷达贫富，贤与不肖，毁誉，饥渴寒暑，是事之变，命之行也。日夜相代乎前，而知（智）不能规乎其始者也"（《德充符》）；"死生命也，其有夜旦之常，天也，人之有所不得与"(《大宗师》);"性不可易，命不可变"(《天运》);"无以人灭天，无以故（作）灭命"(《秋水》);"达命之情者，不务知（智）之所无奈何"(《达生》)。这些比儒家的必然论更进了一步，而是到达了宿命论的境地了。这当然是墨家非命说的正反对。剩下的只是非乐、节用、节葬的三项，《天下篇》所认真批评到的只有这三项，而说他们"为之太过，已之太循（遁）……反天下之心，天下不堪"。结果，差不多墨家的主张是全被反对了。

庄子这一派的主张，看来有时候也很矛盾。例如，他们说墨家的非乐节用太过，"不与先王同，毁古之礼乐"；然而他们也明明说"五色乱目使目不明，五声乱耳使耳不聪"(《天地》)，"绝圣弃知，大盗乃止；摘玉毁珠，小盗不起；焚符破玺，而民朴鄙；掊斗折衡，而民不争；殚残天下之圣法，而民始可与论议"(《胠箧》)；甚至还要"塞瞽旷之耳……胶离朱之目……攘工倕之指……削曾、史之行，钳杨、墨之口"(《胠箧》)。这不是做得更过吗？

关于埋葬，在庄子死时有一段逸话，向来是很脍炙人口的。便是庄子要死的时候，他的门徒们想厚葬他，庄子反对。他说："吾以天地为棺椁，以日月为连璧，星辰为珠玑，万物为赍送，吾葬具岂不备耶？何以加此？"弟子们说："我们是怕乌鸦和鹞子吃你呀。"庄子说："露天葬让乌鸦和鹞子吃，土葬呢让蝼蛄和蚂蚁吃；一定要从乌鸦和鹞子嘴里抢过来，送给蝼蛄和蚂蚁，未免太不公平了！"(《列御寇》)这连"桐棺三寸"都不要，也比墨子所主张的更要超过了。

这样貌似矛盾的原故，要说做文章的人不同，《庄子》的《外》《杂》诸篇并非出于一人之手，那倒也容易解释过去。不过在这儿似乎还有一点深刻的区别，便是庄子一派主张生活恬淡，摒弃情欲，或甚至死后裸葬，虽然比墨家的非乐、节用、节葬犹有过之，但庄派是主张自发，而墨家是主张强制。自发是听其自由，所以先生打算裸葬，而弟子则打算厚葬，甲弟子说墨子做得太过，而乙弟子却可以做得更过了。

从大体上说来，在尊重个人的自由，否认神鬼的权威，主张君主的无为，服从性命的拴束，这些基本的思想立场上接近于儒家而把儒家超过了。在蔑视文化的价值，强调生活的质朴，反对民智的开发，采取复古的步骤，这些基本的行动立场上接近于墨家而也把墨家超过了。因此他们在思想上提到墨家上来的时候绝少，似乎认为它是值不得批判的。所以一样在反对儒、墨，而对于墨家是淡漠，对于儒家是白热。孟子也早就说过"逃墨必归于杨，逃杨必归于儒"，是说儒与道之比较相近，至少是说明了一部分的真实的。

庄子的门徒一定很多，在《外》《杂》诸篇中，我们可以看出至少有四五个人的笔墨，而姓名留传了下来的就只有蔺且一个人（见《山木》）。《秋水篇》载魏牟与公孙龙的谈话，比庄子之言为东海，而讥公孙龙为"陷井之蛙"，又说"知（智）不知是非之竟，而犹欲观于庄子之言，是犹使蚊负山，商蚷驰河也……是直用管窥天，用锥指地也"，翻来覆去地极端推崇庄子，藐视公孙龙，把公孙龙说得"口呿而不合，舌举而不下，乃逸而走"。据这看来，魏牟也可能是庄周的弟子。魏牟又称为中山公子牟，《让王篇》又载他和瞻子的一段问答，他自己"身在江海之上，心居乎魏阙之下"，虽然过着避世的生活而不能忘情富贵，拿着没办法。瞻子劝他"重生"，能够"重生"便能看轻利禄了。公子牟说，虽然知道这个道理，但情不自禁。瞻子就劝他听其自然，不要禁，假使不能自禁的又要勉强，那是有两重的患害。做《让王篇》的人便批评道："魏牟万乘之公子也，其隐岩穴也，难为于布衣之士。虽未至乎道，可谓有其意矣。"这也很像是对于同门后进的一种口气。魏牟是有著作的，《艺文志》道家有"《公子牟》四篇"，班固注云："魏之公子也，先庄子，庄子称之。""先庄子"之说分明是错误，只是名见《庄子》书，庄门后学曾称之而已。《战国策·赵策》两见魏牟，与秦应侯，赵建信君同时，其时代自比庄子稍后。他对于应侯的临别赠言所说的话"贵不与富期而富至，富不与粱肉期而粱肉至，粱肉不与骄奢期而骄奢至，骄奢不与死亡期而死亡至"，诚然是足以发人深省。《荀子·非十二子篇》把他和它嚣（即环渊）并列，斥之为"纵情性，安恣睢，禽兽行"，只是说明他在消极一方面恣纵，甘愿与木石居，与豕鹿游而已。可惜"《公子牟》四篇"失传，不然我们一定可以更找得一些他和庄周的关系出来的。

庄子后学和思、孟学派接近的倾向，在《杂篇》中颇为显著；屡屡把"诚"作为本体的意义使用，和思、孟学派的见解完全相同。

> 修胸中之诚，以应天地之情而勿撄。
>
> 反已而不穷，循古而不摩，大人之诚。
>
> 吾与之乘天地之诚，而不以物与之相撄。
>
> 捐仁义者寡，利仁义者众，夫仁义之行，唯且无诚。
>
> （以上《徐无鬼》）
>
> 不见其诚已而发，每发而不当。（《庚桑楚》）
>
> 内诚不解，形谍成光。（《列御寇》）

这无疑是《中庸》和《孟子》七篇的影响，《外篇·天运》更有《洪范》五行的引用。

> 天有大极五常（"大"原误为"六"），帝王顺之则治，逆之则凶。九洛之事，治成德备。监照下土，天下戴之，此谓上皇。

"九洛之事"，无疑就是《洛书》的《洪范》九畴。"大极"即"皇极"，"五常"即"五行"。但谓"帝王顺之则治，逆之则凶"，和邹衍的"终始五德之运"，显然已经有所接触了。篇名《天运》，一开首便言"天其运乎"，也不失为是一个证据。再看《秋水篇》：

> 计四海之在天地之间也，不似礨空之在大泽乎？计中国之在海内，不似稊米之在太仓乎？号物之数谓之万，人处一焉。人卒九州，谷食之所生，舟车之所通，人处一焉。

这也分明是邹子大九州的说法，人所处的九州，乃大九州之一。接着又说到"五帝之所连，三王之所争"，也是"终始五德之运"的表示。五帝是指黄帝、颛顼、帝喾、唐尧、虞舜，在邹衍是同以土德王，故谓"连"；三王夏、商、周，夏以木德，商以金德，周以火德，故谓"争"。这分明是庄子之徒受了阴阳家的影响。但这影响是相互的，阴阳家的后起者如齐国的方士们，他们之迷念神仙真人，也分明承受了庄周的衣钵。"藐姑射之山有神人居焉，肌肤若冰雪，绰约若处子，不食五谷，吸风饮露，乘云气，御飞龙，而游乎四海之外"（《逍遥游》），这是庄子本人所想象的神仙。"夫圣人鹑居而鷇食，鸟行而无彰。天下有道则与物皆昌，天下无道则修德就闲。千岁厌世，去而上仙，乘彼白云至于帝乡"（《天地》），这大约是他的弟子们所相信的神仙。本来是想象的架空的虚拟，竟公然成为了实有，而相信人在地上像鹌鹑小鸟那样吃息，就认真可以飞上天堂了。再一转便联想到仙药，只消吃了这种药便能有效，于是乎要成神仙似乎也就更有把握了。方士卢生骗秦始皇时说过这样的话：

> 真人者，入水不濡，入火不爇，陵云气，与天地久长。今上治天下未能恬淡，愿上所居宫毋令人知，然后不死之药殆可得也。（《史记·秦始皇本纪》）

这不明显地是庄门的口吻吗？因此我感觉着秦始皇时的卢生、侯生、韩众、徐市等，说不定也就是庄子的一群私淑弟子了。以那么超然的庄子思想会有这样卑污的发展，在庄门说来是不大光荣的事。崇拜老庄学派的超然者流或许会以这种看法为有意歪曲，辱没了祖师，但也是没有办法的。连庄子本人后来不是都被称为"南华真人"了吗？大凡一种思想，一失掉了它的反抗性而转形为御用品的时候，都是要起这样的质变的。在这样的时候，原有的思想愈是超然，堕落的情形便显得愈见悲惨。高尚其志的一些假哲学家，其实倒不如卢生、侯生之流率性成为骗子的，倒反而本色些了。

1944 年 9 月 26 日

注释

① 《庄子·至乐》。

② 章太炎曾有此说，曾于坊间所传《章太炎先生白话文》一书中见之。——作者注

③ 《庄子·齐物论》。

④ 《庄子·胠箧》。

⑤ 哀公如系景公之误，则非寓言。庄周活当鲁景、平二公时代。——作者注

⑥马鸣原奉婆罗门教，后受佛徒胁尊者的影响，幡然归佛，著有《大乘起信论》等书，使大乘佛教为之兴隆。龙树是马鸣的再传弟子，大弘佛法，摧伏外道，为三论宗、真言宗等之祖。——作者注

⑦《庄子·人间世》。

⑧《庄子·大宗师》。

⑨此语仿《胠箧篇》："为之斗斛以量之，则并与斗斛而窃之；为之权衡以称之，则并与权衡而窃之；为之符玺以信之，则并与符玺而窃之；为之仁义以矫之，则并与仁义而窃之……窃钩者诛，窃国者为诸侯。诸侯之门而仁义存焉。"——作者注

荀子的批判

　　荀子是先秦诸子中最后一位大师，他不仅集了儒家的大成，而且可以说是集了百家的大成的。汉人所传的《诗》《书》《易》《礼》以及《春秋》的传授系统，无论直接或间接，差不多都和荀卿有关，虽不必都是事实，但也并不是全无可能。因为他既是一位儒家的大师，而他为学的程序又是"始乎诵经，终乎读礼"，六艺之传自然有他的影响在里面了。但公正地说来，他实在可以称为杂家的祖宗，他是把百家的学说差不多都融汇贯通了。先秦诸子几乎没有一家没有经过他的批判。老子、庄子、申子、它嚣（环渊）、慎到、田骈、季真、魏牟、惠施、邓析、宋钘、墨翟、陈仲、史鳅，他都说他们有所偏蔽而加以非难。吴起在魏国所创始的"武卒"，商鞅在秦国所建立的"锐士"，那些兵制他也不能满足。就连儒者本身，他对于子张氏、子夏氏、子游氏的后学都斥为"贱儒"或"俗儒"或"沟犹瞀儒"，而于子思、孟轲更不惜痛加斥骂。这些固然表示他对于百家都采取了超越的态度，而在他的学说思想里面，我们很明显地可以看得出百家的影响——或者是正面的接受与发展，或者是反面的攻击与对立，或者是综合的统一与衍变。他只恭维孔子和子弓，但直接的师承是怎么样，我们却不大明了。照年代说来，他可能只是子弓的私淑弟子。他十五游学于齐①，当在齐宣王末年，大约稷下学宫的一些大师如宋钘、孟轲、慎到、环渊之流，他都曾听过他们的讲学。《荀子》书中屡称宋钘为"子宋子"，至少可以为他曾经师事过宋钘的证明。他尽管不满意宋钘，说他"有见于少无见于多"，"蔽于欲而不知得"，甚至把他和墨翟并举，斥为"欺惑愚众"，对于"见侮不辱"与"情欲寡浅"之说不惜连篇累牍的驳斥，但关于"心术"

一方面的见解，受宋钘的影响最深。这些，我们都且留在下边再细细加以推阐吧。

荀子的文章颇为宏富，他要算是最有幸运的人，他的著述保存下来的一共有三十二篇。虽然这里面有些确实是门人的手笔，甚至有别家文字的窜入，但大体上都能成为条贯，至少有百分之八十应该是他自己所写下来的东西。他以思想家而兼长于文艺，在先秦诸子中与孟轲、庄周可以鼎足而三；加上相传是他的弟子的韩非，也可以称之为四大台柱了。孟文的犀利，庄文的恣肆，荀文的浑厚，韩文的峻峭，单拿文章来讲，实在是各有千秋。但荀子的思想却是相当驳杂，我在下面想逐类地加以分析。

第一，他的宇宙观或世界观是一种循环论。一切自然界和人事界的现象虽然是千变万化，但变来化去却始终是在兜圈子，结果依然是没有变。所以在他看来，天地开辟时的情形和今天是一样。

> 天地始者，今日是也。（《不苟》）
>
> 皓天不复，忧无疆也；千岁必反，古之常也。（《赋篇》）
>
> 以类行杂，以一行万。始则终，终则始，若环之无端也。（《王制》）

这些观念显然是从《周易》的"复极必剥，剥极返复"的那种见解导衍出来的。只承认变化而看不出进化，只承认循环而看不出发展。变化之所由起，他也归之于天地阴阳的对立。《礼论篇》言："天地合而万物生，阴阳接而变化起。"《天论篇》言："四时代御，阴阳大化，风雨博施，万物各得其和以生，各得其养以成。"荀子本是善言《易》的人，特别在这宇宙观方面更显明地表现着由子弓而来的道统。自然这些观念在战国中叶已经相当普遍了，差不多为当时的各家学派之所共通，尤其像阴阳家邹衍的终始五德之运，便是把阴阳变化的意见推广到了极端的。这或者也就是荀子之所以特别推崇子弓，使他和仲尼一道并列的原故吧。不过他进了一步，没有把他的力量用在这形而上的方面去驰骋，而且是有点反对向这方面去驰骋的。他说：

> 唯圣人为不求知天。（《天论》）
>
> 明于天人之分，则可谓至人矣。不为而成，不求而得，夫是之谓天

> 职。如是者，虽深，其人不加虑焉；虽大，不加能焉。虽精，不加察焉。
> 夫是之谓不与天争职。（《天论》）

> 君子……之于天地万物也，不务说其所以然，而致善用其材。（《君
> 道》）

他也最反对迷信，所以他虽然推崇《周易》，而扬弃了它的占筮的一面，
他说"善为《易》者不占"（《大略》）。一切的天变地异，自然界中反常的
现象，在他看来，是"天地之变，阴阳之化"，可怪而不足畏的东西。可
怪，是因为在当时还没有找到说明；不足畏，则表现他已经发挥着相当高度
的理智了。他富有戡天的思想，即所谓人定胜天。这本是儒家的一个特点，
例如，孟子便说过"天时不如地利，地利不如人和"，而荀子却表现得更为
痛快。

> 大天而思之，孰与物畜而制之？从天而颂之，孰与制天命而用之？
> （《天论》）

这同时不用说也是对于墨家尊天明鬼的反对，"制天命"的说法便是"非命"
说的超越的回答。"非命"是以为自然界或人事界中没有所谓必然性，这是违
背现实；"制天命"则是一方面承认有必然性，在另一方面却要用人力来左右
这种必然性，使它于人有利，所以他要"官天地而役万物"。这和近代的科学
精神颇能合拍，可惜在中国却没有得到它的正常的发育。

他所认识的神或天，和旧时代的人格神已经完全不同。

> 列星随旋，日月递照，四时代御，阴阳大化，风雨博施，万物各得其
> 和以生，各得其养以成。不见其事而见其功，夫是之谓神。皆知其所以
> 成，莫知其无形，夫是之谓天。（《天论》）

据此可知他所说的神就是宇宙中的运行变化生生不息的一种生机，而所谓天也
只是这个。它是无形的超越乎感官的，不仅不是有形的天空，也不是完全和人
的形态相同的那位老汉。这就是他所拟想的在万变之中的一种不变。就是说万
物都要变化，只有"万物都要变化"这个道理不变化。这个不变化的道理，

他有时也蹈袭着子思、孟轲的说法，称之为"诚"。

> 天不言而人推高焉，地不言而人推厚焉，四时不言而百姓期焉。夫此有常以至其诚者也……天地为大矣，不诚则不能化万物。(《不苟》)

诚于变化之谓"诚"，所谓"天行有常，不为尧存，不为桀亡"(《天论》)，也就是这个意思了。因此荀子的宇宙观，我们可以得到一个结论：虽然是变化的而却不是进化的。

他同时肯定着"神道设教"的办法。有一位信神者反诘他："(你说没有神，那么)求雨便下雨，又是什么道理呢？"他回答得很妙："那可没有什么道理。那也同不求雨而下雨一样。"接着更把这答案扩大着说：

> 日月蚀而救之，天旱而雩(求雨)，卜筮然后决大事，非以为得求也，以文之也。故君子以为文，而百姓以为神。以为文则吉，以为神则凶也。(《天论》)

"以为文"便是所谓"神道设教"。这是儒家的一项惰性的特征。他们虽然已经知道"天不明，鬼不神"，但对于旧时代的仪节习俗却保守着不敢摧毁。在初不外是因为习俗的力量太强，不愿过分地干涉人民的信仰自由，而流到后来却成为了有意识的愚民的手段。就在荀子时代这个有意识的边缘都已经是达到了的，他在政治上主张"复古"便是显明的旁证。

就因为这"以为文"的原故，荀子在行文时也每每承认着上帝的存在。最显著的如像《知赋》的开首几句："皇天隆物，以示下民。或厚或薄，帝不齐均。"所谓"皇天"，所谓"帝"，都是旧时代的人格神的名称，而他却依然沿用着。不仅名称没有变，就连天帝的神通广大似乎都没有变。

> 天生蒸民有所以取之。(《荣辱》)
>
> 天之生民，非为君也。天之立君，以为民也。(《大略》)

这和旧时代的"天生蒸民，作之君，作之师"的说法，可谓毫无二致。这显然是一个矛盾。这矛盾之所以产生，除有意识的"神道设教"之外是无法说明的。这种文饰他又称之为"僤诡"。卜筮、斋戒、告祝、祭祀，一切吉凶军宾嘉的仪式，都是所谓"惮诡"。"圣人明知之，士君子安行之，官人以为守，百姓以成俗。其在君子以为人道也，其在百姓以为鬼事也。"他没有意思让老百姓也"明知之"，而倒颇认为就这样正好。

第二，我们来探索他的人性论。在这一方面他主张人性恶，这是他最有特色的一项学说。性究竟是什么呢？是天生就的本质，不是人力所能教得出来的，也不是人工所能造得出来的。"生之所以然者谓之性"（《正名》），"性者天之就也，不可学，不可事"（《性恶》）。这种天生就的底子，他认为是坏的东西；人之所以能成其为好人，全靠后天的努力——人为，就是他所说的"伪"。这是积蓄上去的东西，就如像积土成山、积水成海的一样，要全靠外在的蓄积。因此，在他的学说里面，性与伪是对立的东西，性与积也是对立的东西。

> 人之性恶，其善者伪也。（《性恶》）
>
> 性也者吾所不能为也。然而可化也。积（原误为情）也者非吾所有也，然而可为也。（《儒效》）

所以在荀子看来，人生下地来是平等的，一律都是"小人"，只有靠着后天的积蓄，然后才有圣贤君子，才有一切贫富贵贱的等级出现。圣人是"人之所积"，途之人百姓积善而全，尽都可以成为圣人。不过也要看积的是什么。积耕耨便成为农夫，积斲削便成为工匠，积贩卖便成为商贾，据说要积礼义然后才成为君子。途之人百姓虽然都可以成为圣人，但不一定都能成为圣人，那就是由于所积的不同。因此他很注重学习，而且尤其注意环境——用他的话来说，便是"注错习俗"。他的开宗明义的《劝学篇》便反反复复地说明学习与"注错"的必要。"注错"是说安置，比诸自然物吧，便是"蓬生麻中，不扶而直；白沙在涅，与之俱黑"（《劝学》）；征诸人事吧，便是"居楚而楚，居越而越，居夏而夏"（《儒效》）。

一定要把人性说成恶的，颇有点类似近代某一部分生物学家的见解，主要是把人作为纯粹的动物在看。他认为人性具有好恶食色的情欲，让这种情欲发展下去，那就只有争夺暴乱，完全和禽兽无别。一定要有礼义师法化导人的情性，然后才能知道辞让，然后才有文化。所以说性是恶的，善是人为的。这可以说是他的生理上的性恶说的根据。

他也想从心理上来证成性恶说的合理。这项根据更简单，便是"苟无之中者必求于外，苟有之中者必不及于外"；便是人要自己没有才向外面去求，自己已经有了便不向外面去求。他举例来归纳，譬如薄的才想求厚，丑的才想求美，窄的才想求宽，贫的才想求富，贱的才想求贵，这便是自己没有才向外面去求。反过来，已经有钱的便不想发财，已经有地位的便不想发势，这便是自己已经有了便不向外面去求。就这样演绎出：人之所以要求善，正是因为内部没有善；人之所以强学而求礼义，正是因为自己原来没有礼义，所以性是恶的。

在不承认有神明的荀子，因而要否认天生的圣哲，而特别强调后天的学习和环境作用，这是他的学说的极有光辉的地方；但一定要说"人性恶"，可惜他的论证太薄弱，而且每每自相矛盾。

心理上的论证在他虽然不是重要的一个，而在理论上却也要算是最薄弱的一个。"无之中者必求于外"，可以说是例外比较少的原则。"有之中者必不及于外"，便差不多只是变例。照常识说来，有的贪多，实比无的求有，是更普遍的现实。荀子本人应该也是自觉着的，你看他在证明"有之中者必不及于外"便只举了两例，所谓"富而不愿财，贵而不愿势"。但是世间有几位这样的富贵人呢？就是荀子自己不是在慨叹世上的人在"愚以重愚，暗以重暗"（《成相》）的吗？所以用这样一半以上缺乏原理性的假说来做大前提以导引出性恶说，那是大成问题的。

再从生理上的论证来说，人虽然具有与动物相同的通性，但也具有为一般动物所没有的特性。这在我们现代相信进化的人看来是极平常的常识。古时候的人不知道进化，以为人是上帝的杰作，故以"人为万物之灵"；荀子不相信进化也不相信神，故又跑到另一极端，以为人生来只是坏蛋，这是违背事实的。假使真是那样，那么善或礼义从何而出，那就苦于解答了。要说礼义由圣人而出，那么圣人又不是人吗？他又凭借什么呢？当时也有人这样诘难过他，说"礼义积伪者是人之性，故圣人能生之也"，而他的答辩是：

陶人埏埴而生瓦，然则瓦埴岂陶人之性也哉？工人斲木而生器，然则

> 器木岂工人之性也哉？夫圣人之于礼义也，辟（譬）亦陶埏而生之也，然则礼义积伪者岂人之本性也哉？②

这答辩其实是诡辩。瓦埴虽不是陶人之性，但可以为瓦却是土之性（而且是某种土之特性），而能够以土为瓦则是人之性。器木虽不是工人之性，但可以为器却是木之性，而能够以木为器则是人之性。土不能自行成瓦，木不能自行成器，人却能自行成礼义积伪。这能自行成礼义积伪的便是人之性。怎么能够断言人之性便全部是恶呢？

他的矛盾还不仅这一点。他自己也明明说过，人和无生物的水火，有生物的草木禽兽都是有本质上的不同的："水火有气而无生，草木有生而无知，禽兽有知而无义。人有气有生有知，亦且有义，故最为天下贵也。"（《王制》）又说："人之所以为人者非特以二足而无毛也，以其有辨也……夫禽兽有父子而无父子之亲，有牝牡而无男女之别，故人道莫不有辨。辨莫大于分，分莫大于礼。"（《非相》）这"有义""有辨"便是礼之所由起，岂不是人性里面本来便具有这种美质的吗？

更其次他很重视人的心，心与性的区别是怎样，《正名篇》里面有这样的话：

> 生之所以然者谓之性。
>
> 性之和所生，精合感应，不事而自然谓之心（此心字原误作性，以上下文案之，理当如是）。
>
> 心（原亦误作性，因重文而致误）之好恶喜怒哀乐谓之情。情然而心为之择谓之虑（如上举第二三项非心字之误，则此项心字无着落）。
>
> 心虑而能为之动谓之伪。虑积焉，能习焉，而后成，谓之伪。

心应该就是现代语的精神。它既是"性之和所生"，对于情欲能择选考虑，并因而成伪（人为），那么所谓"化性起伪"也就是"性之和所生"的事。怎么能够说性一定是恶！

心的作用，他在《解蔽篇》里探索得很清楚。他说："心者形之君也，而神明之主也，出令而无所受令。自禁也，自使也，自夺也，自取也，自行也，自止也"。一切都出于自律。其本身的妙用是"虚壹而静"。因为"虚壹而静"所以它能够得到外来的知识。

> 心未尝不臧（藏）也，然而有所谓虚。心未尝不两也（两原误为满，据旧注校改），然而有所谓壹。心未尝不动也，然而有所谓静。人生而有知，知而有志（诰）。志也者，臧（藏）也，然而有所谓虚；不以所已臧（藏）害所将受，谓之虚。心生而有知，知而有异。异也者，同时兼知之。同时兼知之，两也，然而有所谓一；不以夫（彼）一害此一，谓之壹。心卧则梦（无知觉），偷则自行，使之则谋。故心未尝不动也，然而有所谓静；不以梦剧乱知，谓之静。

这三种作用"虚""壹""静"，照他说来都是心本身所具有的。心既具有绝对的自律性而又具有这三位一体的妙用，那么心的价值可以称为善了。所以它是"形之君"，是"神明之主"；所以它不能有所蒙蔽，有所蒙蔽的时候便失掉作用。因为这样，所以荀子主张"解蔽"。这种关于心的见解，主要是由宋钘的《心术》承受过来的，"解蔽"事实上也就是宋子的"去宥"。但宋子以道家的立场，主张道即是性，性即是心，自无矛盾；而荀子以性恶说主张者的立场采取这样的心说，那便是怎么也无法弥缝的一个大矛盾。性既是恶的，心怎么会善得起来？性既须积伪，何以心反而主张虚静？反过来，则性便不能完全说是恶的了。

大抵荀子这位大师和孟子一样，颇有些霸气。他急于想成立一家言，故每每标新立异，而很有些地方出于勉强。他这性恶说便是有意地和孟子的性善说对立的。事实上两个人都只看到一面，要求比较圆通，倒是"性可以为善，可以为不善"的合乎事实一些。但孟、荀两人虽各执一偏，而他们的结论却是相同。他们都注重学习，在孟子是性善故能学习，在荀子是性恶故须学习。在学习上孟子虽然注重"自得"，但也并不忽视环境作用。所谓"一齐人傅之，众楚人咻之，虽日挞而求其齐也不可得矣，引而置之庄岳之间数年，虽日挞而求其楚，亦不可得矣"③，不也就是"居楚而楚，居越而越，居夏而夏"④的同一意义吗？因此有人因孟子主张性善便谥之为唯心论者，荀子主张性恶便是唯物论者，那却是有点不大公平的。

孟子也一样接受了宋钘的心说，但孟子直接承受了"情欲寡浅"的主张，所以他说"养心莫善于寡欲"。荀子则反对"寡欲"而主张"节求"。一边是用力在情欲上，所以宋子、孟子都趋向禁欲主义；而荀子则是用力在意志上，不问情欲的多寡，而问获得满足的能否或利害，所以他反对禁欲，有时甚至用到"纵欲"的字眼。只是他的"纵欲"是在合理的一个范围内而已。"圣人纵其欲，兼其情，而制（猢）焉者理矣"（《解蔽》），这自然也就是孔子的"从心所欲不踰矩"了。这种主张比较要合理一些，但也同样是不容易办得到的事。

更进，他的关于知识的见解也和性恶说自相矛盾。《解蔽篇》说"凡（所）以知，人之性也，可以知，物之理也"，便是说：客观的事理有可以知道的关系存在，而人的本性有能够知道客观事理的力量。自然，这是心的活动，而且这活动能力是内在的，是性所本来具有的。所以他又说："所以知之在人者谓之知，知有所合谓之智。智所以能之在人者谓之能（本能），能有所合谓之能（才能）。"（《正名》）"所以知之在人者"不就是孟子所说的"良知"吗？人性既本来具有这种良知良能，何以能够说人性完全是恶呢？他的《赋篇》有《知赋》，也说"知"是皇天降给下民的东西，虽是厚薄不齐，但人人具有。它的活动非常迅速，善有善用，恶有恶用，大有大用，小有小用，一切行为动静都不能够缺少"知"这项东西。更进而称颂之为"血气之精也，志意之荣也"。血气志意既具有这样精荣的一面，而一定要全称肯定地说性是恶的，无论如何是很难自圆其说的。

因此性恶说之在荀子只是一种好胜的强辞，和他的心理说、教育说都没有一定的有机的联系。

第三，我们来研讨一下荀子的社会理论吧。在先秦诸子中，能够显明地抱有社会观念的，要数荀子，这也是他的学说中的一个特色。他是认定了群体的作用的，认为"能群"是人类所以能够克服自然界而维持其生存的主要的本领，群之所以能够维持是靠着分工，分工的依据就是礼义。他在《王制篇》和《富国篇》里面，把这些意思叙述得特别详细而且明白。

人有气有生有知，亦且有义，故最为天下贵也。力不若牛，走不若马，而牛马为用何也？曰人能群，彼不能群也。人何以能群？曰分。分何以能行？曰义。

故义以分则和，和则一，一则多力；多力则强，强则胜物。故宫室可得而居也。故序四时，裁万物，兼利天下。无它故焉，得之分义也。

故人生不能无群，群而无分则争，争则乱，乱则离，离则弱，弱则不能胜物。故宫室不可得而居也。不可少顷舍礼义之谓也。（以上《王制》）

人之生不能无群，群而无分则争，争则乱，乱则穷矣。故无分者人之大害也，有分者天下之本（大）利也。

离居不相待则穷，群而无分则争。穷者患也，争者祸也，救患除祸，则莫若明分使群矣。（以上《富国》）

这所说的"分"，有时又称之为"辨"，是已经具有比较复杂的含义的。它不仅限于分功，它已经是由分功而分职而定分（去声），在社会是"农农、士士、工工、商商"，在家庭是"父父、子子、兄兄、弟弟"，在国家是"君君、臣臣"；要各人守着自己的岗位，共同遵循着一定的秩序，而通力合作。

君臣父子兄弟夫妇，始则终，终则始，与天地同理，与万世同久，夫是之谓大本。故丧祭朝聘师旅，一也；贵贱生杀与夺，一也；君君臣臣父父子子兄兄弟弟，一也；农农士士工工商商，一也。（《王制》）

"一"是什么？是说不变。一而不变，古今同理。荀子的宇宙观是一种循环变化的不变论，他的人生观和社会观也是这样。"始则终，终则始"，虽不断循环，然而"大本"不变。这不变的"大本"便是他所强调的礼义。含义是很广泛的，包括着礼乐法制和一切人为秩序，甚至扩展到了宇宙的范围。例如：

天地以合，日月以明，四野以序，星辰以行，江河以流，万物以昌，好恶以节，喜怒以当，以为下则顺，以为上则明，万变而不乱，贰之则丧也。礼岂不至矣哉！（《礼论》）

天地日月，星辰时节的运行不用说都有一定和自然秩序，这个秩序已为古时的人所发现，虽说不甚精密。那便是历数。地上的万物，人也找到了它们的生生不已的自然秩序，因此更能"畜而制之"，"制而用之"。栽种、牧畜、锻冶、械器、宫室、衣履，举凡宇宙中的物质，我们都可以利用为厚生之具。风力水力也可以驯服于人以为风帆水车之动力。配备五色而成文采，调节八音而成乐章，雕镂刺绣，一切文化活动和其成品都是人为秩序的礼。富有文学才能的荀子，他是把这些事实，紧紧地把握着了。他不仅一次地爱用"旁皇周浃"的字句来赞叹这种人为秩序的成功。在他看来，人是因为有这样的创制本领所以才能够和天地并列的。"天有其时，地有其财，人有其治，夫是之谓能参。"（《天论》）这和《中庸》参赞化育的思想，明显地有一脉的渊源。但这种人，他是归之于圣人君子的。故尔也说："天地者生之始也，礼义者治之始也，君子者礼义之始也。为之，贯之，积重之，致好之者君子之始也。故天地生君子，君子理天地。君子者天地之参也，万物之总也，民之父母也。"（《王制》）这和《易传》的圣人观象制器的思想，也有一脉的渊源。

"君君臣臣父父子子兄兄弟弟〔夫夫妇妇〕"，应该是怎样呢？他在《君道篇》里面有一段问答体的解说。

> 请问为人君。曰："以礼分施，均遍而不偏。"
>
> 请问为人臣。曰："以礼待君，忠顺而不懈。"
>
> 请问为人父。曰："宽惠而有礼。"
>
> 请问为人子。曰："敬爱而致文。"
>
> 请问为人兄。曰："慈爱而见友。"
>
> 请问为人弟。曰："敬诎而不苟。"
>
> 请问为人夫。曰："致功而不流，致临而有辨。"
>
> 请问为人妻。曰："夫有礼则柔从听侍，夫无礼则恐惧而自竦也。"
>
> 此道也，偏立而乱，俱立而治。（《君道》）

他这些观念不用说是有所承继而来，而同时也就开启了此后两千余年的封建社会的所谓纲常名教。值得提起的，在这儿还没有朋友一伦。但他也并没有轻视这项关系，他对于"师法"是极其尊重的，师的地位在礼义之上。师即是圣人君子，礼义乃由之而出。

礼者所以正身也，师者所以正礼也。无礼何以正身？无师，吾安知礼
之为是也？礼然而然，则是情安礼也。师云而云，则是智若师也。情安
礼，智若师，则是圣人也。故非礼是无法也，非师是无师也。不是师法而
好自用，譬之是犹以盲辨色、以聋辨声也，舍乱妄无为也。（《修身》）

像这样尊师重道的话，全书中触目皆是，举不胜举。有时他把君和师合而为
一，对于治国平天下的圣王把礼成法备的情形叙述了一遍之后，爱这样赞叹一
句——"夫是之谓人师"（《王制》《议兵》《儒效》）。这是指圣人之在位者而
言。圣人之不在位者如像仲尼、子弓，在他看来，也就是万世师表了。他们的
地位和名望在一切非圣人而在位者的王公大人之上。

师是一切的准则："言而不称师谓之畔，教而不称师谓之倍（背），倍畔
之人明君不内（纳），朝士大夫遇诸涂不与言。"（《大略篇》，又《吕氏春
秋·尊师篇》亦有相类似之语，盖出于荀门后学）"学莫便乎近其人，学之经
（径）莫速乎好其人，隆礼次之"（《劝学》），"其人"便是师，师既为礼法之
准则，所以近师好师便重于"隆礼"了。

友也是被看得很重要的："君子居必择乡，游必就士"（《劝学》），"君子
隆师而亲友"（《修身》）。在学习上既注重"注错习俗"，当然也就要注重这
项朋友的关系。

夫人虽有性质美而心辨知，必将求贤师而事之，择良友而友之。得贤
师而事之，则所闻者尧、舜、禹、汤之道也。得良友而友之，则所见者忠
信敬让之行也。身日进于仁义而不自知也者，靡使然也。（《性恶》）

但这项重要的关系，他却没有把它列入伦常里面，大约因为还是新起来的原故
吧。在前一时代学术礼义为贵族所垄断了的时候，一般的社会里面无所谓师，
因而也无所谓"同师曰朋，同志曰友"（《周礼·大司徒》郑玄注）的朋友。
古时候的所谓师氏，所谓僚友，都是官，和春秋战国以来的所谓师友之名是完
全不同的。

朋友这一伦在社会价值的比重上虽然比较大，而在名教的束缚上却比较
小，就在封建秩序已经固定了的后代，一直都是这样。虽然我们大家的神坛上

在前时普遍地供奉着"天地君亲师"的神位牌，但背叛了师并没有像背叛了君亲那样严重，甚且远不如背叛了夫与兄。这原因也很明白，便是师法只是精神道德上的束缚，而缺乏物质上法律上的束缚。假使师而做了上司而且地位非常显赫，那可是例外了。师既是这样，所以师弟的关系并不像君臣父子兄弟夫妇那样固定。至于友，更是平等的交际，束缚性更少了。因此像出卖朋友的事情，在后代差不多也就成为家常茶饭了。

"农农士士工工商商"又应该怎样呢？这是一种严密意义上的社会分工，封建社会的基层就是建立在这四根台柱上的。"农以力尽田，贾以察尽财，百工以巧尽械器，士大夫以上至于公侯莫不以仁厚知能尽官职，夫是之谓至平"，他以为这是"群居合一之道"（《荣辱》）。这种社会分工，他给予了一个特殊名称，叫着"曲辨"。这是荀子的独特的用语，别的文献里面还没有见过。曲是局部，辨就是别，因此所谓"曲辨"似乎就可译为区别；不过它的意义没有这么广泛，它的事实上就是社会分工，所谓等差阶级的意思。请看他所陈述的"曲辨"的内涵吧。

> 朝廷必将隆礼义而审贵贱，若是则士大夫莫不敬节死制者矣。
> 百官则将齐其制度，重其官秩，若是则百吏莫不畏法而遵绳矣。
> 关市几而不征，质律禁止而不偏，如是则商贾莫不敦悫而无诈矣。
> 百工将时斩伐，佻其期日而利其巧任，如是则百工莫不忠信而不楛矣。
> 县鄙将轻田野之税，省刀布之敛，罕举力役，无夺农时，如是则农夫莫不朴力而寡能矣。
> 士大夫务节死制，然后兵劲。
> 百吏畏法循绳，然后国常不乱。
> 商贾敦悫无诈，则商旅安，货财通而国求给矣。
> 百工忠信而不楛，则器用巧便而财不匮矣。
> 农夫朴力而寡能，则上不失天时，下不失地利，中得人和而百事不废。
> 是之谓政令行，风俗美。以守则固，以征则强。居则有名，动则有功。
> 此儒之所谓"曲辨"也。（《王霸》）

这不用说完全是一种封建秩序的阶级社会。同时在这里我们也很明显地可以看出，士农工商虽是四民，但士是候补官僚，他的地位是和王公大人接近，而超出乎农工商之上的。一时新起的"士民"，在荀子时代已成为固定的阶层，而实质上恢复了前一时代的元士的地位。这种新的分化或还原，荀子自己也是意识着的，你看他明白地说过这样的话："由士以上则必以礼乐节之，众庶百姓则必以法数制之。"（《富国》）这不是前一时代的"刑不上大夫，礼不下庶人"的复写吗？自然多少有一点不同，便是把士提升了一层。此外把士和民对立着说的地方还有不少，如"凝士以礼，凝民以政"（《议兵》），"人有是（礼）士君子也，外是民也"（《礼论》），"人君者隆礼尊贤而王，重法爱民而霸"（《强国》《天论》），"君人者欲安则莫若平政爱民矣，欲荣则莫若隆礼敬士矣"（《王制》）。礼只有士才有分，而农工商的庶民则只好受法政的制裁。但须得注意，这些地方荀子所说的"礼"便是狭义的礼义揖让之礼，和包括着法制刑政的广义的礼不同；他用那种广义的礼的时候，便是把一切的人都作为对象的。"大国之主也，不隆本行，不敬旧法而好诈故，若是则夫朝廷群臣亦从而成俗于不隆礼义而好倾覆矣。朝廷群臣之俗若是，则夫众庶百姓亦从而成俗于不隆礼义而好贪利矣。"（《王霸》）像这样众庶百姓也要"隆礼义"，那是广义的礼。那种"隆礼义"是包含着尊法听制的主要成分的。在这儿我们可以看出荀子和孔子已经有了相当大的距离。孔子所说的"道之以政，齐之以刑，民免而无耻；道之以德，齐之以礼，有耻且格"，德礼刑政都是以民为对象，而且说以刑政待民不如以德礼（狭义的礼）。这和荀子的见解多么的不同！这是时代的进展使荀子逆转了。荀子也明白说过，他是要"复古"的。

> 王者之制，道不过三代，法不贰后王。道过三代谓之荡，法贰后王谓之不雅。衣服有制，宫室有度，人徒有数，丧祭械用皆有等宜。声则凡非雅声者举废，色则凡非旧文者举息，械用则凡非旧器者举毁。夫是之谓复古。（《王制》）

他这样的"复古"，不很明显的是开倒车吗？有些学者因为他有"法后王"的说法，认为他是有进化的观念，其实完全不是那么一回事。他的所谓"法后王"和孟子的"尊先王"毫无区别：所谓"先王"者因先于梁惠、齐宣故谓之"先"，所谓"后王"者因后于神农、黄帝故谓之"后"，如此而已。但孟子的"尊先王"还保有着托古改制的用意，如他的耕者有其田的井田制便是绝好的例证。荀子则差不多老老实实的在想复兴"周道"了。

> 圣王有百，吾孰法焉？故曰：文久而息，节族久而绝，守法数之有司极而褫。故曰：欲观圣王之迹则于其粲然者矣，后王是也。彼后王者天下之君也，舍后王而道上古，譬之犹舍己之君而事人之君也。故曰：欲观千岁则数今日，欲知亿万则审一二，欲知上世则审周道，欲知周道则审其人所贵君子。（《非相》）

其实就是他所审的"周道"已经有很多新的成分添加进去了，"师法"便是最大的一项，他似乎并没有觉察。他有时又在说："刑名从商，爵名从周，文名从礼，散名之加于万物者则从诸夏之成俗曲期。"（《正名》）足见得他也并不限于"从周"，有时也还是要"从商""从俗"，而且所从的礼也明明不限于周了。又例如他所鼓吹的王政里面有"相地而衰政（征）"（看土地的好坏而分别征税）的一项（《王制》），这分明是春秋时管仲的办法。然而他要"审周道"。他之所以要"审周道"，并不是因为礼法进化到周代比较完备，而是因为周以前的东西时代太久了，息绝了，但周代的也就是古代的，"文武之道同伏羲"（《成相》），那是丝毫也没有改变的。"天地始者今日是也"，他的不变的宇宙观一直延长而为他的不变的人生观与社会观了。他的这种信念很坚决，你假如要主张变——进化的变，他是要斥你为"妄人"的。

> 妄人曰"古今异情，其所以治乱者异道"，而众人惑焉……妄人者门庭之间犹可诬欺也，而况于千世之上乎……古今一度也，类不悖，虽久同理……五帝之外无传人，非无贤人也，久故也。五帝之中无传政，非无善政也，久故也。禹、汤有传政而不若周之察也，非无善政也，久故也。传者久则论略，近则论详。略则举大，详则举小……是以文久而灭，节族久而绝。（《非相》）

把一切的差别和进展都消灭进"时间久远"这么一个大网篮里去，于是乎得出他的一个结论——"百王之无变，足以为道贯"（《天论》）。汉儒董仲舒的"天不变，道亦不变"，分明是从荀子发展出来的。

荀子的社会观完全是一种阶级的社会观，但有趣的是他却说这样就是平等。他说，这是不平等的平等，或平等的不平等。在他看来，平等本来是不可能的事。"分均则不偏，势齐则不壹，众齐则不使。有天有地而上下有差，明王始立而处国有制"（《王制》），但一反手引《尚书·吕刑》的话为证，曰"维齐非齐"，平等者不平等也。这种见解与其说出于《吕刑》，毋宁是受了慎到、田骈派的影响。这一派的学说，是"齐万物以为首"的，以为万物有所可，有所不可，他们说：

> 天能覆之而不能载之，地能载之而不能覆之，大道能包之而不能辨之。（《庄子·天下篇》）

和这极相类似的话，荀子也在说。《礼论篇》有云：

> 天能生物不能辨物也，地能载人不能治人也，宇中万物生人之属待圣人然后分也。

这相似的程度，实在有点像响之应声、影之随形。仅此相似还不足为奇，而两家却都是同由这些不齐的现象导引出"齐"的见解。荀子要说没有受前者的影响，那是怎么也说不过去的。因而他又爱说：

> 斩（崭）而齐，枉而顺，不同而一，夫是之谓人伦。（参差却是整齐，弯曲却是顺畅，不同却是一致，这就是所谓人类社会。）

这几句话在书中凡见两次，《荣辱篇》冠以"故曰"，《臣道篇》冠以"传曰"，可见是引用陈语，或者也怕就是从慎到、田骈诸人的著作中引用出来的吧。

慎到、田骈也注重分辨。慎到说："法之所加各以其分。"（《慎子·君人篇》）田骈之师彭蒙说："雉兔在野，众皆逐之，分未定也。鸡豕满市，莫有志者，分定故也。"（《意林》引《尹文子》，又《吕氏春秋·慎势篇》所引慎到语亦与此相似）这和荀子的强调分辨不能说没有平行。慎子尚法，荀子尚礼，然慎子之法含有礼，荀子之礼含有法，彼此也几乎是两两平行的。只有一点重要的不同处，便是荀子所尚之礼主要在"复古"，慎子所尚之法主要在"从俗"。荀子批评慎到、田骈的话是："尚法而无法，下修而好作，上则取听于上，下则取从于俗。终日言成文典，反紃察之，则偶然无所归宿。"（《非十二子》）"无法"是没有荀子那样的古法，即"周道"。"好作"是要从新立法，这是荀子所极端反对的。所以他说他们"无所归宿"。在这儿不仅表现着慎到、田骈的面貌，也正表现着荀子本人的面貌。

荀子也非斗，认为是"忘其身，忘其亲，忘其君"的事情。他恨之到了极端，认为好斗的人是该受刑辟的"狂惑疾病"，人其形体的"鸟鼠禽兽"（见《荣辱》）。在保持社会生活的"群居合一"上，这种主张倒具有逻辑的必然，这种主张和墨翟、宋钘的非攻救斗有相因应之处，尤其是从人道立场出发的宋钘的救斗应该就是荀子的蓝本。但荀子对于宋子"见侮不辱"之说却极力加以驳斥（见《正论》）。在宋子以为虽受人侵犯，如不以为受了侮辱，则不至于与人争斗。荀子则谓受侮而斗，非因辱不辱，乃因恶不恶。如恶之，虽不受辱亦必斗；如不恶之，则虽受辱亦不斗。前者，他引猪彘被人窃，必逐盗而斗为证，谓非因以失猪为辱，乃因恶之。后者，则引"俳优侏儒狎徒詈侮而不斗"为证，谓非因以詈侮为不辱，乃因不恶之。这似乎是无足重轻的一件事，而荀子却辩驳得非常认真，足见得这位大师实在沾染了不少当时辩者之流的好骋口舌的习气。主要的目的，自然是在想展开他的义荣和势荣、义辱和势辱的见解。但这见解又分明是从孟子的天爵人爵之说演变出来的。"志意修，德行厚，知虑明，是荣之由中出者也，夫是之谓义荣"，这不就是孟子所说的天爵？"爵列尊，贡禄厚，形势胜，上为天子诸侯，下为卿相士大夫，是荣之从外至者也，夫是之谓势荣"，这不就是孟子所说的人爵？发展是在消极的一面。"犯分乱理，骄暴贪利，是辱之由中出者也，夫是之谓义辱。詈侮捽搏，捶笞膑脚，斩断枯磔，藉靡舌絏（疑是"告緤"之误），是辱之由外至者也，夫是之谓势辱"⑤，分析得自然更加精细，倒可以说是"青取之于蓝而青于蓝，冰水为之而寒于水"⑥了。

但这些巧妙的说辞只是阶级统治的安全瓣。势辱算得什么，千切不要"犯分乱理，骄暴贪利"，那样的义辱才是真正的耻辱。势荣算得什么，他就有权势地位，有他的，有富贵利禄，有他的，而我有我的精神，这才是真正的光荣。人人这样存心，自然会没有斗志了。人人没有斗志，那等级的社会自然也就太平无事了。先秦的社会变革到了战国末叶，新分化出的阶层渐渐又要趋于固定的时候，自然地要促进荀子这样思想的发生的。

第四，我们来研讨荀子的政治理论。他的主张，和孟子一样，在原则上是重视王道的，但也并不反对霸道。他在《王制篇》里面有王、霸、安存、危殆、灭亡的五等国势的区分，不妨把它们并揭在下边。

殷（盛）之日，案（爰）以中立，无有所偏而为纵横之事偃然案兵无动，以观夫暴国之相卒也：〔为是之日而权剸天下之重矣。〕案平政教，审节奏，砥砺百姓：为是之日而兵剸天下〔之〕劲矣。案然修仁义，伉隆高，正法则，选贤良，养百姓：为是之日而名声剸天下之美矣。权者（则）重之，兵者劲之，名声者美之，夫尧、舜者（之）一天下也，不能加毫末于是矣。故权谋倾覆之人退，则贤良知圣之士案自进矣。刑政平，百姓和，国俗节，则兵劲城固，敌国案自诎矣。务本事，积财物，而勿忘楼迟薛越也，是使群臣百姓皆以制度行，则财物积，国家案自富矣。三（王）者体此而天下服，暴国之君案自不能用其兵矣……安以其国为是者王。

殷之日，安（爰）以静兵息民，慈爱百姓，辟田野，实仓廪，便备用。安（爰）谨募选阅材伎之士，然后渐赏庆以先之，严刑罚以防之，择士之知事者使相率贯也，是以厌然畜积修饰而物用之（是）足也。兵革器械者，彼将日日暴露毁折之中原，我今将修饰之，附循之，掩盖之于府库。货财粟米者，彼将日日楼迟薛越之中野，我今将畜积并聚之于仓廪。材伎股肱健勇爪牙之士，彼将日日挫顿竭之于仇敌，我今将来致之，并阅之，砥砺之于朝廷，如是则彼日积敝，我日积完；彼日积贫，我日积富。彼日积劳，我日积佚……安以其国为是者霸。

立身则从俗，事行则遵俗故，进退贵贱则举俗士。之（其）所以接下之人百姓者则庸宽惠。如是者则安存。

立身则轻楛，事行则蠲疑，进退贵贱则举佞悦。之所以接下之人百姓者则好取侵夺，如是者危殆。

> 立身则骄暴，事行则倾覆，进退贵贱则举幽险诈故。之所以接下之人百姓者则好用其死力矣而慢其功劳，好用其籍敛矣而亡其本务，如是者灭亡。

霸以下是现实，大概都有所指或有所由抽象的事证。例如"灭亡"的一等似乎是指齐闵、宋献，他在《王霸篇》也说到他们。说他们为一国的人主，不得其道，"索为匹夫不可得"。"危殆"的一等似乎是指魏安釐王、赵孝成王之流，他们幸而有信陵君那样的"拂臣"，平原君那样的"辅臣"，算免掉了亡国之患。荀子在战国四公子中佩服平原君和信陵君。春申君是他所臣事的，自然也在佩服之列，故他悼叹楚国的灭亡是"春申道辍基毕输"（《成相》）。只有孟尝君他是看不起的，他称之为"篡臣"。何以叫作"辅臣"或"拂臣"呢？"能比知同力，率群臣百吏而相与强君矫君，君虽不安，不能不听，遂以解国之大患，除同之大害，成于尊君安国谓之辅，能抗君之命，窃君之重，反君之事，以安国之危，除君之辱，功伐足以成国之大利，谓之拂。"（《臣道》）

当时的楚国应该也是属于"危殆"的一等。他说过楚不善用其国，"六千里而为仇人役"（《仲尼》），"秦使左案（焉）左，使右案右"（《强国》）。虽然有一位春申君，也遭了谗害，结果是灭亡了。

"安存"的一等只是苟且偷安的国度，大概泛无所指。在《王霸篇》里面便只有三等："义立而王，信立而霸，权谋立而亡"。这儿的"亡"里面包括"危殆"与"灭亡"二等，所谓"安存"，一切都是平庸的国度，便被筛掉了。

"霸"是指当时的秦，他曾经说它"威强乎汤、武，广大乎舜、禹"（《强国》）。就他亲自入秦所得到的观察说来，霸者的风貌更为具体：

> 其固塞险，形势便，山林川谷美，天材之利多，是形胜也。入境，观其风俗，其百姓朴，其声乐不流汙，其服不佻，甚畏有司而顺，古之民也。及都邑官府，其百吏肃然，莫不恭俭敦敬，忠信而不楛，古之吏也。入其国，观其士大夫，出于其门，入于公门，出于公门，归于其家，无有私事也；不比周，不朋党，偶然莫不明通而公也，古之士大夫也。观其朝

廷，其间听决，百事不留，恬然如无治者，古之朝也。(《强国》)

他这样陈述了一通，甚至称之为"治之至"，然而他不满足，他以为"县之以王者之功名，则偶偶然其不及远矣"。这意思分明是说秦只做到霸的极致，而还够不上王道；但已经有谈王道的资格，而且应该施行王道了。他之所以在昭王时亲自跑到秦国去，打破了儒者不入秦的旧例，自然是看上了秦国；而他替秦国的策划，也就是希望它实行儒术，所谓"力术止，义术行"，"节威反文，案用夫端诚信全之君子治天下焉，因与之参国政，正是非，治曲直，听咸阳，顺者错之，不顺者而后诛之。若是则兵不复出于塞外，而令行于天下矣"(《强国》)。他这样替秦国所策划的自然就是所谓"王道"。

古代社会的蜕变，经过了齐桓、晋文、楚庄、吴阖闾、越勾践的递霸(这是荀子所称的"五霸"，见《王霸篇》)，继之以战国七雄，而以秦总承其势，"四世有胜"，中国快要达到大一统的局面了。要如何来应付这大一统，即是如何来建立将来社会的新秩序，是战国时儒者的王道思想之所由产生的苗床。王道和霸道的区别，简单地说来，后者是纯粹的武功，前者要在武功之上加以文治。由霸道而王道谓之曰"节威反文"，就是这个意思了。

王道究竟该演些什么节目呢？所谓"平政教，审节奏，修仁义，正法则，选贤良，养百姓"，究竟有些什么详细的内容呢？他在《王制篇》里面也列举了一些纲领，有所谓"王者之政""王者之人""王者之制""王者之论""王者之法"。

什么是"王者之政"呢？

贤能不待次而举，罢不能不待须而废，元恶不待教而诛，中庸民不等政而化。分未定也，则有昭缪(穆)。虽王公士大夫之子孙也，不能属于礼义，则归之庶人；虽庶人之子孙也，积文学，正身行，能属于礼义，则归之卿相士大夫。故奸言、奸说、奸事、奸能、遁逃反侧之民，职而教之，须而待之；勉之以庆赏，惩之以刑罚。安职则畜，不安职则弃。五疾，上收而养之，材而事之，官施而衣食之，兼覆无遗。才行反时者死无赦。夫是之谓天德。王者之政也。

这所说的"政"也很简略，主要在举贤良，除奸匿，养废疾。不过也充分表现了一些时代精神。例如，王公大人之子孙不能遵守礼义便归之庶人，庶人之子孙能遵守礼义便归之卿相大夫，至少后一半在当时是事实——这就是后来的封建社会的"茅屋出公卿"了。前一半的"王孙泣路隅"则是主张，除掉在亡国灭氏的场合是少有见到的。"才行反时者死无赦"的一项有点惊人。照荀子的通盘见解看来，凡是先秦诸子，就连儒家的子思、孟轲在内，都是一些"饰邪说，文奸言，以枭乱天下"的人，都是在所必诛的。在荀子的政治节目里面，没有言论思想的自由。后来秦始皇的焚书坑儒，汉武帝的废百家、崇儒术，在这儿是有其一部分的渊源的。

什么是"王者之人"呢？

> 饰动以礼义，听断以类，明振毫末，举措应变而不穷。夫是之谓有原。是王者之人也。

这大抵是说王者的相佐。荀子主张王者须"共己正南面"，不要自己管事，要紧的是要选择一位好的宰相。他说："君者论一相，陈一法，明一指以兼覆之，兼照之，以观其盛者也。相者论列百官之长，要百事之听，以饰朝廷臣下百吏之分，度其功劳，论其庆赏，岁终奉其成功以效于君。当则可，不当则废。故君人劳于索之而休于使之。"（《王霸》）"为人主者莫不欲强而恶弱，欲安而恶危，欲荣而恶辱，是禹、桀之所同也。要此三欲，辟此三恶，果何道而便？曰在慎取相，道莫径是矣。"（《君道》）像这样的话书中还有几处，可见他的主张，拿近代的话来说，就有点像在采取责任内阁制。相是称为"国具"的。但除相之外另外也还有两种"国具"，便是"知慧足使窥物，端诚足使定物"的足以信赖的"便嬖左右"和足以使于四方的外交官。"人主无便嬖左右足信者谓之暗，无卿相辅佐足任者谓之独，所使于四邻诸侯者非其人谓之孤。孤独而暗，谓之危。国虽若存，古之人曰亡矣。"（《君道》）这三项"国具"看来好像是鼎立的，但卿相辅佐实在居于重要的地位，这是"人主之基杖"，其他二者不过是耳目口舌而已。但也有朋友仅剔取"便嬖左右"的一项而断论荀子是奖励使用特工的，那却不免有点冤枉。

什么是"王者之制"呢？

> 道不过三代，法不贰后王。道过三代谓之荡，法贰后王谓之不雅。衣服有制，宫室有度，人徒有数，丧祭械用皆用等宜。声则凡非雅声者举废，色则凡非旧文者举息，械用则凡非旧器者举毁。夫是之谓复古。是王者之制也。

这所说的是礼乐制度的事体，上面已经揭举过，他很明显地是在开倒车。其所以然的原故，是他的宇宙观和人生观都是一种循环论，认为一起一伏，始则终，终则始，若环之无端，所以在大乱之后，剥极必复，返乎古道。更鞭辟近里一点，便是先秦时代的社会变革经过春秋、战国的长期动荡，新的阶层秩序又渐就稳定了，于是在旧的统治工具里面又发现了金色的光辉。一些高唱神农、黄帝之言的乌托邦式的空想家，或者蔑视禹、汤、文、武之道的权谋术数的实力派，在他看来都不适合乎新的统治了。所以他要倡言"至治之极复后王"（《成相》），在这儿他把初期儒家的托古改制的精神差不多完全阉化了。

什么是"王者之论"呢？

> 无德不贵，无能不官，无功不赏，无罪不罚。朝无幸位，民无幸生。尚贤使能而等位不遗，析（折）愿（暴）禁悍而刑罚不过。百姓晓然皆知夫为善于家而取赏于朝也，为不善于幽而蒙刑于显也。夫是之谓定论。是王者之论也。

这主要是司法上的问题。论功行赏，论罪行罚，皆当有所援论，故称为"王者之论"（又古者司法之官谓之理，理亦犹论也。王先谦读论为伦，训为等，失之）。这儿所论的其实都是新时代的思想。在旧时代事实上是"以族论罪，以世举贤"的，故"一人有罪而三族皆夷，德虽如舜不免刑均（商均）……先祖当（尝）贤后子孙必显，行虽如桀、纣列从必尊"（《君子》），这在荀子本人已经都是知道的。故在旧时代，贵者不必有德，官者不必有能；有功不必受赏，有罪不必受罚。因而朝必有幸位，民只有苟活。所有一切"尚贤使能"的思想其实都是在氏族统治的奴隶制解纽之后才认真发生出来的。荀子虽然在高唱"复古"，不承认时代的进化，然而时代的影响，他却没有那样的大力完全摆掉。故在这儿所论的，事实上是从法家的信赏必罚的主张蜕化出来的。照性恶说的立场看来，倒是很有逻辑的必然性。所以他在别处也说"制号政令欲严以威，庆赏刑罚欲必以信"，"刑威者强，刑侮者弱"（《议兵》），"治则刑重，乱则刑轻"（《正论》）。因而废除肉刑他是反对的："罪至重而刑至轻，庸人不知恶也，乱莫大焉。"（《正论》）

刑之中最大者为兵，因而他又强调征诛，赞汤、武之诛桀、纣"若诛独夫"，和孟子同一见解。同时值得我们注意的，在儒家中对于兵学有确定有见解的，除掉专家吴起之外，恐怕要推数荀子了。他的《议兵篇》，虽然一多半是问答的记录，大抵出于门徒之手，但那里面的见解应该是他的见解。他所说的"凡用兵攻战之本，在乎壹民"，头在是最基本的主张。怎样才能"壹民"呢？他仍归本于他的王道，"隆礼贵义"，"好士爱民"；然而也没有忘记"赏重刑威"，械用兵革的"攻完便利"。他的六术五权三至，尤其五无旷，不仅是作为一个将领所必备的条件，就是在任何方面的战斗者，似乎都是不可缺少的东西。"敬胜怠则吉，怠胜敬则灭。计胜欲则从，欲胜计则凶。战如守，行如战，有功如幸。敬谋无旷，敬事无旷，敬吏无旷，敬众无旷，敬敌无旷，夫是之谓五无旷。"——这似乎是可以作为每一个生活战斗者的座右铭的。"将死鼓，御死辔，百吏死职，士大夫死行列"，我们可以翻译成一句现代的话：每个战斗者死守在岗位上！

什么是"王者之法"呢？

> 等赋政事，财万物，所以养万民也。田野什一，关市几而不征，山林泽梁以时禁发而不税。相地而衰政（征），理道之远近而致贡。通流财物粟米无有滞留，使相归移也……是王者之法也。

这是说的财政经济上的事体，有一部分确实在企图复古，如"田野什一""不征""不税"，这是前一时代的奴隶制下的情形，在这一点上和孟子也相同，只是没有提出井田制的恢复而已，然而这种复古的办法，在后来的历史上却始终也没有实现过。"相地衰征"⑦是管仲的新办法，便是视土宜而定征收的轻重，这和"田野什一"似乎是冲突的。大体上荀子是一位重农主义者，他主张："轻田野之税，平关市之征，省商贾之数，罕兴力役，无夺农时。"又说：

"上好功则国贫，上好利则国贫，士大夫众则国贫，工商众则国贫，无制数度量则国贫。下贫则上贫，下富则上富。故田野县鄙者财之本也，垣窌仓廪者财之末也。百姓时和，事业得叙者货之源也，等赋府库者货之流也。故明主必谨养其和，节其流，开其源，而时斟酌焉。"（俱见《富国》）在这个观点上，我们可以得到一个了解，便是在他的书中凡有注重人民、注重百姓的陈述地方，他所说的民或百姓事实上是指的农民老百姓了。例如说"用国者，得百姓之力者富，得百姓之死者强，得百姓之誉者荣"，"生民则致宽，使民则綦理"（《王霸》）；这些民和百姓里面，不仅士是除外了，就连工商者等于是除外了的。因此荀子时代所说的"民"已经和孔子时代乃至孟子时代所说的"民"不尽相同了，这点我们是应该加以识别的。

以上的所谓"王者之政""王者之人""王者之制""王者之论""王者之法"，虽然依旧简略，大体上是把立法司法行政，乃至文化政策、生产政策，都包括着了。他在《成相篇》里面说："请成相，言治方，君论有五约以明。君谨守之，下皆平正，国乃昌。"所谓"君论有五"，应该就是指的这五等王制。"此五等者，不可不善择也，王、霸、安存、危殆、灭亡之具也；善择者制人，不善择者人制人，善择之者王，不善择之者亡"（《王制》），可见他对于自己的这套政见（"治方"）是看得怎样重要了。

关于君主的人选问题，大体上他还怀抱着有德者必在位的主张。"天下者至重也，非至强莫之能任；至大也，非至辨莫之能分；至众也，非至明莫之能和。此三至者非圣人莫之能尽，故非圣人莫之能王。"（《正论》）人王能够兼为"人师"，这是他的理想，也是初期儒家以来所有的理想。然而关于禅让说，他却不能不让步了。他以为尧、舜并非禅让，乃是"圣不在后子而在三公，则天下如归"，反之如"天下有圣而在后者则天下不离"（《正论》）。这样模棱两可的巧妙说法，和孟子的"天与贤则与贤，天与子则与子"，可以说是异曲同工。这里自然有现实问题逼着他们不得不让步：第一，在王位固定了的时候高唱禅让，岂不是图谋不轨！第二，燕王哙和子之演过一次禅让的闹剧，失败了，禅让说已经不吃香。

如不主张禅让，那么何以能够保证得有德者必在其位呢？这是无法保障的事情，因而他也依然维持着初期儒者的"共己正南面"的主张，君主不管事。

> 传曰：农分田而耕，贾分货而贩，百工分事而劝，士大夫分职而听，建国诸侯之君分土而守，三公总方而议，则天子共己而已。

这话在《王霸篇》里面，他反复说了两遍，既冠以"传曰"，自然是先代的儒说，而为他所称引的了。这君主不专政的主张，他很尽力地赞扬，更加上他的责任内阁的说法，竟可以达到这样的理想——"垂衣裳而天下定"。那么在位者如非圣人，也就不成问题了。

他有时也赞成用革命的手段。当时的学者已经有人说汤、武是篡逆的（他的弟子韩非便有这样主张），他极力加以辩驳，认为汤、武只是"诛独夫"。他对于这种革命曾给予一种独特的术语，叫作"权险之平"。

> 夺然后义，杀然后仁，上下易位然后贞（正），功参天地，泽被生民。夫是之谓"权险之平"，汤、武是也。（《臣道》）

所谓"权险之平"，是权其险侧使归于平正的意思[8]。这主张倒相当彻底。那么，在"天下不一，诸侯俗反，则天王非其人也"（《王制》）的时候，自然也尽可以"夺杀易位"而"权险之平"了。荀子何以竟说出这样干脆的话？我估计是他晚年在膺受秦始皇的暴政之下有所激而然的。李斯相秦时，荀子闻之为之不食，足见荀子寿考，确曾领略过秦政的横暴。他的弟子说他"迫于乱世，鳍于严刑，上无贤主，下遇暴秦……怀将圣之心，蒙佯狂之色"（《尧问》），也正是绝好的证据。就在荀子自己的文字里面似乎都可以找得出一些朕迹。《成相》一篇，在我看来就是秦人混一区宇以后的作品。例如，"春申道辍基毕输"是说楚国因春申君之法废止而国以灭亡。又如"礼乐灭息，圣人隐伏墨术行"，则是说秦奉墨道而黜儒术。《王霸篇》在鼓吹共己而治之余，更极力反对人君的自己动手，以为是"役夫之道，墨子之说"。秦始皇便是自己动手的人，他的作风正是荀子所反对的"贯日而治详，一内而曲辨之"的办法。《君道篇》也说："（人主）卑势出劳，屏耳目之乐，而亲自贯日而治详，一内而曲辨之，虑与臣下争小察而綦偏能；自古及今，未有如此而不乱者也。"这样的话不会是凭空说出的，应该确有所指，而所指的应该就是嬴政。他处在这样一位大独裁者之下，自然也就足以使他喊出"权险之平"

的口号来了。

《荀子》书中又每每言术，如《仲尼篇》的"持宠处位终身不厌之术""求善处大重，理任大事，擅宠于万乘之国必无后患之术"，"天下之行术"（行者通也），以及《致士篇》的"衡听显幽重明退奸进良之术"，因而有人说荀子也深深沾染了战国术士的习气，无怪乎他的门人里面有法术专家的韩非出现。在这儿我觉得有略略替荀子辩护一下的必要。以上所举的那些"术"，读起来有些实在太卑鄙太乡愿了，特别像"持宠处位终身不厌之术"，实在有点不大像荀子所说的话。

> 主尊贵之则恭敬而撙，主信爱之则谨慎而嗛，主专任之则拘守而详，主安近之则慎比而不邪，主疏远之则全一而不背，主损绌之则恐惧而不怨。贵而不为夸，信而不处谦，任重而不敢专。财利至则言善而不及也，必将尽辞让之义然后受。福事至则和而理，祸事至则静而理。富则施广，贫则用节。可贵可贱也，可富可贫也，可杀而不可使为奸也。是持宠处位终身不厌之术也。虽在贫穷徒处之势亦取象于是矣。夫是之谓吉人。⑨

这样的一片妾妇之道，汉以后有不少的太平宰相正靠着这种方术的实践而博得了安富尊荣，死而配享文庙的。然而要说真是出于荀子的手笔，荀子似乎还没有堕落到这样的程度。他在《臣道篇》里面是反对"偷合苟容，以持禄养交"的，他以为这样是"国贼"。无能而专一"巧敏佞说，善取宠乎上"的，他斥之为"态臣"。而在反的一面则称赞"谏争辅拂之人，社稷之臣也，国君之宝也"，鼓吹"从道不从君"。这在思想上和上面的方术很相矛盾。二者必有一伪，如非《臣道篇》靠不住，便是《仲尼篇》有问题了。细细地探究起来，症结是在后者。

《仲尼篇》一起首关于"羞称五伯"的一节是问答体，足证乃门弟子记述之文。《荀子》全书反复强调"礼"字，我曾经逐篇点查了一下。可列记如下：

《劝学篇》12　　《修身篇》23　　《不苟篇》8　　《荣辱篇》4

《非相篇》5　　《非十二子》5　　《仲尼篇》0　　《儒效篇》9

《王制篇》23	《富国篇》23	《王霸篇》24	《君道篇》26
《臣道篇》3	《致仕篇》5	《议兵篇》10	《强国篇》10
《天论篇》7	《正论篇》2	《礼论篇》45	《乐论篇》10
《解蔽篇》1	《正名篇》2	《性恶篇》43	《君子篇》1
《成相篇》2	《赋篇》4	《大略篇》57	《宥坐篇》0
《子道篇》6	《法行篇》2	《哀公篇》1	《尧问篇》2

不见"礼"字的就只有《仲尼》和《宥坐》两篇。但自《大略》《宥坐》以下六篇乃"弟子杂录",早成定论,足见向来认为荀子手笔的二十六篇之中就只有《仲尼》一篇没有"礼"字了。以这样作为中心思想的表征文字,应该见而不见,这也可以成为《仲尼篇》有问题的一个证据。故尔我断定《仲尼篇》也是"弟子杂录",因此那些言"术"的卑鄙不堪的思想不一定出于荀子。照历史发展的情形看来,要汉文、景以后才有发生那种方术的苗床,或者就是董仲舒之流所揣摩出的也说不定。

《致仕篇》也有问题,虽然有"礼"字,虽然非问答体,但整篇不成条贯,显系杂凑,而且有从别的书里面摘录的文字,下列一节便是。

> 赏不欲僭,刑不欲滥。赏僭则利及小人,刑滥则害及君子。若不幸而过,宁僭无滥。与其害善,不若利淫。

这在《左传》襄公二十六年乃楚国声子归生之辞,而冠以"归生闻之"云云(文字小有出入),足见是征引古语。这假如不是撰《左传》的人(刘歆当然是一个嫌疑犯)露了马脚,便是荀子门人同样抄录了古语。我看后者要适当一些,因为这种"宁僭无滥"的想法和荀子思想不相符,荀子是主张"庆赏刑罚,欲必以信"的。因此那段"衡听显幽重明退奸进良之术"也就大有问题了。

《荀子》书事实上是由门人弟子纂辑而成,《尧问篇》末尾的一段赞辞便是绝好的证据。又经过刘向的校雠叙录,是从三百二十二篇中定著的三十二篇,这里自然也不免有所窜杂了。除上述数篇之外,如《儒效》《王制》《君道》《议兵》《强国》等篇均有有问题的文字在里面。《乐论》采《乐记》及

《乡饮酒义》，这些都表明辑录于门人弟子。但在这几篇文字里面，思想上倒还寻不出什么大的矛盾。

要之，荀子的思想相当驳杂：他的寿命长、阅历多、涉猎广、著述富，是使其驳杂的一些因素；书非成于一时，文非作于一地，适应环境与时代自然不免有所参差。但他并不纯其为儒，而是吸取了百家的精华，确是无可否认的事实。因此我觉得他倒很像是一位杂家。杂家代表《吕氏春秋》一书，事实上是以荀子思想为其中心思想，也就是我这一断案的旁证了。但这种杂家的面貌也正是秦以后的儒家的面貌。汉武以后学术思想虽统于一尊，儒家成为了百家的总汇，而荀子实开其先河。"今之学者得孙卿之遗言余教，足以为天下法式表仪……观其善行，孔子弗过"（《尧问》），荀子门徒的这一番赞辞，可谓推崇备至了。然而文庙里面的冷猪头肉没有荀子的份儿，这怕就是那些言"术"的窜杂成分误了他吧。那些"术"本来是后代的官僚社会的渡世梯航，尽管人人都在遵守，然而却是不好见天日的东西，于面子问题大有关碍。就这样，荀子便只能做狗肉，而不能做羊头了。

1944 年 10 月 31 日

注释

①此据《风俗通·穷通篇》："齐威、宣王之时……孙卿有秀才，年十五始来游学。"《史记·荀传》及刘向《序录》作"五十"。荀子晚年及见李斯相秦，"五十"失之过早。且"五十"不得言"游学"矣。——作者注

②《荀子·性恶》。

③《孟子·滕文公下》。

④《荀子·儒效》。

⑤《荀子·正论》。

⑥《荀子·劝学》。

⑦《国语·齐语》。

⑧"权险之平"在原文与"通忠之顺"为对文,"忠有所壅塞,通之使归于顺",通既为动词,则权亦当为动词,权者衡也,即政有所险侧,衡之使归于平。注引或说"权变也",似未得其解。——作者注

⑨《荀子·仲尼》。

名辩思潮的批判

前　言

> 名实之相怨，久矣，是故绝而无交。
>
> 惠（慧）者知其不可两守，乃取一焉。

《管子·宙合篇》有这样的两句话，这把名家或辩者的发生说明得很清楚。《管子》书是战国时代及其后的文字的汇集，但"名实相怨"之"久"，至迟我们可以推溯到春秋末年。孔子在当时已经在要求"正名"了。他说："名不正则言不顺，言不顺则事不成，事不成则礼乐不兴，礼乐不兴则刑罚不中，刑罚不中则民无所措手足。故君子名之必可言也，言之必可行也，君子于其言无所苟。"这所说的"正名"，并不是后人所说的大义名分之谓，而是日常所用的一切事物之名，特别是社会关系上的用语。

社会在比较固定的时候，一切事物和其关系的称谓大体上是固定的。积久，这些固定的称谓被视为天经地义，具有很强大的束缚人的力量。但到社会制度发生了变革，各种事物起了质变，一切的关系都动摇了起来，甚至天翻地覆了，于是旧有的称谓不能适应新的内容，而新起的称谓还在纷纷尝试，没有得到一定的公认。在这儿便必然卷起新旧之争，即所谓"名实之相怨"。在我们现代，正是一个绝好的例证，封建秩序破坏了，通常日用的言语文字都发生了剧烈的变化，旧的名和新的实已经是"绝而无交"，虽然还有一部分顽固分子，在死守着旧的皮毛，然而大势所趋，聪明的人早知道新旧不能"两守"，而采取新化一途了。春秋、战国时代虽然在社会性质上和现代不同，而作为社会史上的一个转折点则是极其相似的。旧时的奴隶制度逐渐崩溃了，新的封建秩序在逐渐产生的过程中。在这新旧交迭的时代，正所谓"青黄不接"，故尔"名实相怨，绝而无交"。例如以"君"而言，旧时是奴隶主，而今时多是由奴隶升起来的头领了。"百姓"在旧时是贵族，而今时成为了庶民。庶民在旧时是贱人，而今时成为了国本。一切都须得调整，因而在意识形态上的初步反映便必然有"正名"的要求。故在战国时期有所谓"名家"的产生，这件事本身就足以证明在周、秦之交，中国的社会史上有过一场划时代的变革。

"名家"本来是汉人所给予的称谓，在先秦时代，所谓"名家"者流每被称为"辩者"或"察士"。察辩并不限于一家，儒、墨、道、法都在从事名实的调整与辩察的争斗。故我们现在要来研讨这一现象的事实，与其限于汉人所谓"名家"，倒不如打破这个范围，泛论各家的名辩。这一现象的本身是有它的发展的，起初导源于简单的实际要求，即儒者的"正名"；其后发展而为各派学说的争辩，一部分的观念论者追逐着观念游戏的偏向，更流为近于纯粹的诡辩；再其后各家的倾向又差不多一致地企图着把这种偏向挽回过来，重新又恢复到"正名"的实际。待秦代统一六国以后，封建社会的新秩序告成，名实又相为水乳，于是乎名辩的潮流也就完全停止了。这样便是先秦名辩思潮的整个发展过程，我现在想把孔子以后的各家的态度逐一地加以研讨。

一　列御寇

列御寇，我们要说他是一位辩者，或许有人会诧异，但《战国策·韩策》里面有说到他的学说倾向的一段故事，确和"正名"有关。

> 史疾为韩使楚。楚王问曰："客何方所循？"曰："治列子圉寇之言。"曰："何贵？"曰："贵正。"
>
> 王曰："正亦可为国乎？"曰："可。"王曰："楚国多盗，正可以圉盗乎？"曰："可。"曰："以正圉盗奈何？"

项间有鹊止于屋上者，曰："请问楚人谓之何?"王曰："谓之鹊。"曰："谓之乌，可乎?"曰："不可。"

曰："今王之国有柱国、令尹、司马、典令，其任官置吏必曰廉洁胜任。今盗贼公行而弗能禁也，此乌不为乌，鹊不为鹊也。"

"乌不为乌，鹊不为鹊"便是"名不正"；必乌须为乌，鹊须为鹊，然后才得其"正"。这虽然只是史疾转述的话，但由此可借以推定列子所"贵"之"正"，至少是有"正名"的成分在里面的。

列子的书失传，现存者乃晋人伪撰。他的遗言逸行散见于《庄子》书中的，我们只知道他也是黄老学派的一人而已。

二 宋钘与尹文

宋钘、尹文是稷下黄老学派的主要的一支，宋钘当于齐威、宣之世，尹文稍迟，逮于齐湣，在此为方便起见，一并叙述。

《汉书·艺文志》有"《尹文子》一篇"，属于名家，尹乃宋之弟子，尹既属于名家，可知宋亦有辩者倾向。《韩非·外储说左上》"言有纤察微难而非务也，故季、惠、宋、墨，皆画策也"，可引为宋是辩者之证。

但宋、尹之辩均不主张"纤察微难"，《庄子·天下篇》引宋、尹精义有"君子不为苛察"（苛当作苟）之语，可知韩非难宋，与难墨同科，只是难其末流，宋、墨叙在季、惠之下，也就足以表见了。

宋、尹之书均失传，今有《尹文子》乃伪托。但《管子》书里面的《心术》《内业》《白心》诸篇即其遗著，《心术》《内业》属于宋，《白心》属于尹，余已别有考证①，今专揾其"正名"之义如次。

宋、尹均主张摒去主观成见（"别宥"），而采取纯粹的客观态度。这种态度，他们称之为"因"——"因也者舍己而以物为法者也"（《心术》）。他们的名理论是从这种基本主张导引出来的。

物固有形，形固有名。名当谓之圣人。

物固有形，形固有名。——此言〔名〕不得过实，实不得延名。姑

形以形，以形务（侔）名，督言正名，故曰圣人。（以上《心术》）

原始计实，本其所生。知其象则索其形，缘其理则知其情，索其端则知其名……正名自治之，奇名自（原误为"身名"）废。名正法备，则圣人无事。

口无虚习也，手无虚指也，物至而命之耳。发于名声，凝于体色，此其可谕者也。不发于名声，不凝于体色，此其不可谕者也。乃至于妄（原误为至）者，教存可也，教亡可也。（以上《白心》）

这种"正名"的态度可以说是很纯正的，没有脱离实际的效用，也就是"君子不为苟察"的详细的内容了。《吕氏·先识览·正名篇》，引尹文与齐湣王论士，关于"正名"之义有所叙述。为使尹文的正名倾向更明了起见，我们可以把它摘录在下边。

名正则治，名丧则乱，使名丧者淫说也。说淫则可不可而然不然，是不是而非不非。故君子之说也，足以言贤者之实，不肖者之充而已矣；足以喻治之所悖，乱之所由起而已矣；足以知物之情，人之所获以生而已矣。

凡乱者形名不当也。人主虽不肖，犹若用贤，犹若听善，犹若为可者，其患在乎所谓贤徒不肖也，所谓善而徒邪辟，所谓可徒悖逆也（三徒字原均误作从）。是形名异充而声实异谓也。夫贤不肖，善邪辟，可悖逆，国不乱，身不危，奚待也？齐湣王是以知说（悦）士，而不知所谓士也，故尹文问其故而王无以应。

以这样一段为冒头而在下面叙出尹文与齐王论士的故事。这段冒头的理论大约也采自尹文的遗书，或者隐括其意而有所发挥。这和《白心篇》的见解很能契合，在大体上我们就认为是尹文的遗说，应该是没有多么大的妨碍的。论士的一段文字，继续述之如下：

尹文见齐王。齐王谓尹文曰："寡人甚好士。"尹文曰："愿闻何谓士。"王未有以应。

尹文曰："今有人于此，事亲则孝，事君则忠，交友则信，居乡则悌，有此四行者，可谓士乎？"

齐王曰："此真所谓士已。"

尹文曰："王得若人，肯以为臣乎？"

王曰："所愿而不能得也。"

尹文曰："使若入于庙朝中，深见侮而不斗，王将以为臣乎？"

王曰："否，丈夫（丈夫原误为大夫）见侮而不斗，则是辱也。辱则寡人弗以为臣矣。"

尹文曰："虽见侮而不斗，未失其四行也。未失其四行者，是未失其所以为士一矣，（此处原衍廿字）而王不以为臣，则向之所谓士者乃士乎？"

王无以应。

尹文曰："今有人于此，将治其国，民有非则非之，民无非则非之；民有罪则罚之，民无罪则罚之，而恶民之难治，可乎？"

王曰："不可。"

尹文曰："窃观下吏之治齐也，方若此也。"

王曰："使寡人治，信若是，则民虽不治，寡人弗怨也。意者未至然乎？"

尹文曰："言之不敢无说，请言其说。王之令曰'杀人者死，伤人者刑'，民有畏王之令，深见侮而不敢斗者，是全王之令也。而王曰'见侮而不斗是辱也'，夫谓之辱者非此之谓也？以为臣不以为臣者（"以为臣"上下辞意不完，当有夺文），罪之也，此无罪而王罚之也。"

齐王无以应。

这段故事，主要是在宣传"见侮不辱"的主张，其实和"正名"没有多么大的关系。如是纯粹地由"正名"的立场来说，尹文倒是有点玩弄诡辩。因为士之定义，有忠孝信悌的四行本是尹文所给予的；而在齐王的意想里面，士行应该还有第五种的节概，所谓知耻。只是齐王不善辩，所以结果显示得尹文占了胜利而已。此齐王，吕氏以为齐湣王，当别有所据，但《艺文志》"《尹文子》一篇"下，班固自注云"说齐宣王"，不知班固所指是否即此论士之说。《吕氏春秋》一书征引战国时事，于世代亦往往有误，如西门豹引漳水灌邺田乃魏文侯时事，而《乐成篇》以为魏襄王，即其一证。但尹文能及于潜世，亦不无可能而已。

三 兒说、貌辩、昆辩

《韩非·外储说左上》："兒说，宋人，善辩者也。持'白马非马'也，服齐稷下之辩者。乘白马而过关，则顾白马之赋。"

"白马非马"之辩几为公孙龙所专有，据此可知发之者实是兒说。兒说年代早于公孙龙。《吕氏春秋·君守篇》："鲁鄙人遗宋元王闭。元王号令于国，莫之能解。兒说之弟子请往解之。"②宋君称王只有王偃一代而亡，《荀子·王霸篇》称之为"宋献"。元偃献均一音之转，故宋元即宋献，亦即王偃，元与献均非谥。王偃年代与齐宣、潜相当，兒说之弟子既当于齐宣、潜之时，则兒说必当于齐威、宣之世。准此，余疑兒说即貌辩。貌辩佚事见《战国策·齐策》，又见《吕氏春秋·知士篇》，为读者省去翻书的麻烦，率性把《策》文写在下面。

> 靖郭君善齐貌辩（《吕氏》齐误作剂），齐貌辩之为人也多疵（通訾，《吕览》正作訾），门人弗说（悦）。
>
> 士尉以证（诤）靖郭君，靖郭君不听。士尉辞而去。
>
> 孟尝君又窃以谏。
>
> 靖郭君大怒曰："划而（尔）类，破吾家，苟可慊齐貌辩者，吾无辞为之！"于是舍之上舍，令长子御之，旦暮进食。
>
> 数年，威王薨，宣王立。靖郭君之交大不善于宣王，辞而之薛，与齐貌辩俱。
>
> 留无几何，齐貌辩辞而行，请见宣王。
>
> 靖郭君曰："王之不说（悦）婴甚，公往，必得死焉。"
>
> 齐貌辩曰："固不求生也，请必行。"
>
> 靖郭君不能止。

齐貌辩行至齐，宣王闻之，藏怒以待之。

齐貌辩见宣王。王曰："子，靖郭君之所听爱夫？"

齐貌辩曰："爱则有之，听则无有。王之方为太子之时，辩谓靖郭君曰：'太子相不仁，过颐豕视，若是者倍反，不若废太子，更立卫姬婴儿郊师。'靖郭君泣而曰：'不可，吾不忍也。'若听辩而为之，必无今日之患也。此为一。至于薛，昭阳请以数倍之地易薛。辩又曰：'必听之。'靖郭君曰：'受薛于先王，虽恶于后王，吾独谓先王何？且先王之庙在薛，吾岂可以先王之庙与楚乎？'又不肯听辩，此为二。"

宣王太息，动于颜色，曰："靖郭君之于寡人，一至此乎！寡人少，殊不知此。客肯为寡人来靖郭君乎？"

齐貌辩对曰："敬诺。"

靖郭君衣威王之衣冠，带其剑。宣王自迎靖郭君于郊，望之而泣。靖郭君至，因请相之。靖郭君辞，不得已而受之。七日，谢病强辞，不得，三日而听。

由这个故事看来，貌辩确是一个辩者，"多訾"也就是多辩，《庄子·天下篇》"以坚白同异之辩相訾"，即此訾字义。貌辩，《古今人表》作"昆辩"，昆乃兒（古貌字）之误，其称"齐貌辩"云者，乃居于齐，故系以齐，犹吴季札之称"延陵州来季子"之类，故其自称其名亦只曰"辩"而不曰"貌辩"。貌辩年代亦当于齐威、宣之世，与兒说同，而又同为辩者，同居于齐，应该同是一人。兒与兒，字形极相类，兒又误书为昆，或改写为貌，致相远隔。说与辩同义，古人名与字每相应。盖说为字而辩为名，故一作兒说，一作兒辩，遂俨然二人耳。姓当作兒，兒乃郳之省，貌与昆均是讹字。

兒说之年代既明，则知"白马非马"之说于齐威、宣时已流行，公孙龙祖述之，盖亦兒说之弟子或再传弟子而已。"白马非马"，乃将"白马"析而为二，即白与马。故白马与马犹二与一，"白马非马"亦犹二非一。这种分析的倾向，于子思的五行说不无渊源。白于五行属金，马乃地类属土，则"白马"亦犹金与土。如将白马易为白土或白木之类，则其渊源更为明瞭。《公孙龙子·通变篇》有"青骊乎白而白不胜……是木贼金也"之说，即以青属木、白属金而为此奇语,可为白马说亦渊源于五行说之旁证。

兒说之思想系统不明,与齐宣王论靖郭君一节都只是常识问题,无从挹取精义。但《国策》称其"外生,乐患趋难",又由公孙龙为道家别派以逆推之,兒说恐是宋钘、尹文一系的人物。

四 告子与孟子

《孟子》书中有告子其人者,主张"性无善无不善",主张"仁内义外"。又主张"不得于言勿求于心,不得于心勿求于气"。我认为他也是黄老学派的一人,和宋钘、尹文当属于同一系统(说详《宋钘尹文遗著考》)。

这个人又见《墨子·公孟篇》:

> 二三子复于子墨子曰:"告子曰'〔墨翟〕言义而行甚恶',请弃之。"子墨子曰:"不可。称我言以毁我行,愈于亡(无)。有人于此翟甚不仁,尊天事鬼爱人。甚不仁犹(原误独)愈于亡也。今告子言谈甚辩,言仁义而不吾毁(不毁吾言),告子毁(毁吾行),犹愈亡也。"
>
> 二三子复于子墨子曰:"告子胜为仁。"子墨子曰:"未必然也。告子为仁,譬犹跂以为长,隐以为广,不可久也。"
>
> 告子谓子墨子曰:"我治国为政。"子墨子曰:"政者,口言之,身必行之。今子口言之而身不行,是子之身乱也。子不能治子之身,恶能治国政?子姑亡,子之身乱之矣。"

据这几节看来,告子名胜之说是可以相信得过的。孙诒让《墨子间诂》注云:"《文选·陈孔璋为曹洪与魏文帝书》云:'有子胜斐然之志',李注引此文释之,则崇贤似以胜为告子之名……无确证,疑不足据。"但《墨子》原文胜字如讲为动词,亦欠顺适。

告子既逮见墨子,而又与孟子同时,可见他必长于孟子,而墨子的年代也不会太早。他长于孟子,故孟子说他"先我不动心"。他与墨不全合,与儒亦相非,可为他是属于黄老学派的一证。他既"言谈甚辩",足证他也很有辩者的倾向。在《孟子》书中与孟子辩难之辞,虽只是片面的记录,也尽可以作为这种倾向的证据了，且引"生之谓性"和"仁内义外"的两条辩难以示例。

一、生之谓性辩：

> 告子曰："生之谓性。"
>
> 孟子曰："生之谓性也，犹白之谓白与？"
>
> 曰："然。"
>
> "白羽之白也犹白雪之白，白雪之白犹白玉之白与？"
>
> 曰："然。"
>
> "然则犬之性犹牛之性，牛之性犹人之性与？"

二、仁内义外辩：

> 告子曰："食色，性也。仁，内也，非外也。义，外也，非内也。"
>
> 孟子曰："何以谓仁内义外也？"
>
> 曰："彼长而我长之，非有长于我也，犹彼白而我白之，从其白于外也，故谓之外也。"
>
> 曰："异於！白马之白也无以异于白人之白也，不识长马之长也无以异于长人之长欤？且谓长者义乎？长之者义乎？"
>
> 曰："吾弟则爱之，秦人之弟则不爱也。是以我为悦者也，故谓之内。长楚人之长，亦长吾之长。是以长为悦者也，故谓之外也。"
>
> 曰："耆秦人之炙，无以异于耆吾炙，夫物则亦有然者也。然则耆炙亦有外欤？"（《告子上》）

两辩都是以告子辞穷而终结，似乎是告子打败了。然而这只是片面之辞。假使告子的书还在，那所记录的一定又是两样。

第一的性辩，两人虽同在辩论一个性的对象，但两人对于性的界说各自不同。告子的"生之谓性"是由道家万物一体观出发的，在这种根据上说来，当然就是"犬之性犹牛之性，牛之性犹人之性"，即是所谓"呼我为牛则为牛，呼我为马则为马"，犬牛人马在作为本体的显现上没有什么不同。孟子的性观是由五行说出发的，五行的配剂不一，万物之性因有差别，而以人性为具足圆满，故人性不同于犬性，亦不同于牛性，故谓"人性善"，谓"人异于禽兽"。这样，两人在外表上虽像同在论一个东西，实则无异于你在说东，我在说西。

关于"仁内义外"之说，《墨子·经说下》也是反对的。

> 仁义之为内外也，过（原误为内），说在仟颜。（《经》）
>
> 仁，爱也。义，利也。爱利，此也。所爱所利，彼也。爱利不相为内外，所爱利亦不相为内外。其为"仁内也，义外也"，举爱与所利也，是狂举也。若左目出，右目入。（《说》）

这见解倒比告子和孟子都更正确，便是仁与义都须有主观与客观的条件，二者偏废即不能成其为仁义。故谓"仁内义外"固不可，谓"仁内义内"也只是说到半边。故如孟子的耆炙之喻[3]，使"秦人之炙"过咸或有异味，那便不能说"无以异于耆吾炙"，这明明也就是"耆炙亦有外"了。

但在这两项辩论里面，值得我们注意的，便是告子与孟子都在以白羽、白雪、白玉、白马作白描式的辩材，这也足以证明兒说的"白马非马"之说在当时已见流行。只是在这儿孟子与告子亦有基本上的不同，在告子是白的共相同一是白，表现而为白的东西也同一是此白；而在孟子则认为白的共相有种种差别，白的东西所表现的白不同一白，故白羽之白不同于白雪之白，白雪之白不同于白玉之白，或白马之白不同于白人之白。在这项认识上，告子正不失其为道家的态度，是一位典型的观念论者。孟子是较为客观的。

孟子在当时是以"好辩"而受非难的人，据现存的七篇书看来，他真有点名不虚传。他不断地在和人辩，和宋牼（钘）辩，和淳于髡辩，和告子辩，和许行之徒辩，和墨者辩，和自己的门徒们辩，辩得都很巧妙，足见得他对辩术也很有研究。他自己也大有自信，他说他"知言"——"诐辞知其所蔽，淫辞知其所陷，邪辞知其所离，遁辞知其所穷"（《公孙丑上》）。什么是诐辞、淫辞、邪辞、遁辞，可惜他没有给予一定的界说。所蔽、所陷、所离、所穷是怎样，他也只是心照不宣，没有加以说明。而如何去"知"的方法，他也没有透露一点出来。这应该是可惜的事。

不过孟子以他儒者的立场，始终是偏向于伦理一方面的。他说他的"好辩"是"不得已"，他是想"正人心，息邪说，距诐行，放淫辞"（《滕文公下》）。在这儿他所说的邪说淫辞便只是"杨朱、墨翟之言"了。

> 圣王不作，诸侯放恣，处士横议，杨朱、墨翟之言盈天下。天下之言不归杨则归墨。杨氏为我，是无君也。墨氏兼爱，是无父也。无父无君，是禽兽也……杨、墨之道不息，孔子之道不著，是邪说诬民，充塞仁义也。仁义充塞则率兽食人，人将相食。④

他真是在那儿作鼓振金的大张挞伐。所谓"无父无君是禽兽"，自然是溢恶之辞；而如"率兽食人，人将相食"，也不免近于危辞恫胁。不过他所说的"天下之言不归杨则归墨"，倒也确实是当时的情形。当时属于杨氏的黄老学派，在齐国的稷下学宫里面最占势力，而此外又有列御寇、庄周、惠施、季真等助扬其波澜，杨氏势力张于东北。墨家巨子已正位于秦，深得秦惠王的信任，而此外还有"南方之墨者"及"东方之墨者"适秦，墨氏势力遍于西南。就这样，两家几乎把当时的中国中分了。在这时，儒家是最倒楣的时候。儒家在早期也曾红过一时，在孔子的弟子或再传弟子时代，受到鲁穆公、魏文侯乃至楚悼王的保护，差不多是垄断了关东六国。但一转瞬间便大倒其楣，在孟子时代，尽管他本人有唯我独尊的抱负，尽管也"后车数十乘，从者数百人，以传食于诸侯"，然而跑齐、跑梁、跑宋、跑滕，都找不到一个适意的主子，而结果是终老牖下。

《庄子·列御寇篇》里面有一段寓言，把当时学术界的兴替揭发得很有意思。虽然是很脍炙人口的一段寓言，然而它所包含的学术史上的价值却完全为人所忽略了。

> 郑人缓也，呻吟裘氏之地，只三年而缓为儒。河润九里，泽及三族。使其弟墨。儒、墨相与辩，其父助翟。十年而缓自杀。其父梦之曰："使尔子为墨者，予也。"翌明尝视其良（埌），既为秋柏之实矣。

文中"翌明"二字原作"阖胡"，不可通，以意改。

这寓言不一定是庄子自己著的，大约是出于已经道家意识化了的他的弟子之手。这不用说纯是讽刺，但一定有它所反映的现实。儒者迂缓，故假借"缓"字以为儒者之名。缓成功为儒之后而"河润九里，泽及三族"，表示儒者确实曾显赫过一个时代。然而不久便为后起的兄弟墨翟所掩盖，帮助墨翟的"其父"可以认为是影射当时保护墨家的上层势力。就这样，墨翟得到帮助而走了红运，仅仅十年便逼得儒者之缓自杀了。缓的自杀可以作两种解释：一种是儒者自暴自弃了，所剩下的余子只是些坟堆上的"秋柏之实"；另一种是儒者不再"缓"了，起而积极地斗争了起来，又显露了一些生机。作者的用意虽然不十分明了，但作品是反映现实的，我们从孟子和荀子的积极起来斗争的事实看来，似乎以后一种的解释较为合理。

五 惠施与庄周

惠施是先秦诸子中的一位巨匠，但可惜他的书籍失传，他的遗言逸行仅留存于《庄子》《荀子》《吕览》和《战国策》诸书。特别要感谢庄子，因为他们是好朋友的关系，替他保存得较为丰富。

> 惠施多方，其书五车（韶龃），其道舛驳，其言也不中。历物之意曰："至大无外，谓之大一。至小无内，谓之小一，无厚，不可积也，其大千里。天与地卑，山与泽平。日方中方睨，物方生方死。大同而与小同异，此之谓小同异；万物毕同毕异，此之谓大同异。南方无穷而有穷。今日适越而昔来。连环可解也。我知天下之中央，燕之北，越之南是也。泛爱万物，天地一体也。"惠施以此为大观于天下而晓辩者，天下之辩者相与乐之。

这是《庄子·天下篇》所保存下来的惠施的重要的学案，虽然只是一些梗概，但他的思想体系尽可以从这儿探索得出。

以"大一"的观念放在第一位，无疑他也是黄老学派的一人，以前有人认为他是墨家，那是完全错了。这"大一"便是黄老派的本体，也就是"道"，是超越了空间和时间的范畴的。故尔它的定义是"至大无外"。由此，可知惠施是否认人格神的存在的。《吕览·爱类篇》匡章谓惠子曰："公之学去尊，今又王齐王，何其到（倒）也?""去尊"，在宇宙观上应该是无神，而在政治论上自然也就是无君了。

"小一"的观念，是惠施的独创，这无疑很类似于印度古代思想的极微与希腊的原子。这个东西也小到超越了空间和时间，故定义为"至小无内"。惠施无疑是把道家的本体观和儒家的五行说综合了。其所以要建立这种极大极小的相对二元论的原故，应该是为便宜于宇宙万物之生成的说明。宇宙万物虽然都是"大一"的显现，但"大一"如何化而为万殊，在必要上似乎便不能不认为是由于含有无量数的"小一"。万物便成于各种一定量的"小一"的集合。故从这儿生出同异。一般表面上的同异，那是很小的，如禽兽均有足，此其表面的大同；禽二足而翼，兽则四足，此其表面的各为小同。表面的大同与表面的小同之异，这是"小同异"。如从本质上说来，万物都是"大一"的显现，这是"万物毕同"；万物都是各以不同量的"小一"积成的，这是"万物毕异"。要这样的同异，就是"大同异"。从这儿自然可以导引出"泛爱万物，天地一体"的观念来，因为天地万物尽管不同，而同是出于"大一"，自然同是"一体"，也就须得"泛爱"了。他这"泛爱"虽然有类于墨子的"兼爱"，但不仅出发点不同，即其范围与目的也都不同。墨氏"兼爱"只是限于人类，"交相利"是他的目的。惠子的"泛爱"及于天地万物，爱本身就是他的目的。把惠施和墨翟混同的见解，那是皮毛的见解。

"小一"之小，要超出乎我们所能想象的细小之外。普通所谓"无厚"，即使小或薄到不能积量的程度，然而和"小一"之小比较起来，它依然是大，而且有厚至千里那么大。这就是所谓"无厚，不可积也，其大千里"。

"大一"之大，也超出乎我们所能想象的巨大之外。普通以为天尊地卑，山高泽深，但那有形的天地的距离和山泽的悬异，把来和"大一"的大比较起来，实在小到等于没有。这就是所谓"天与地卑，山与泽平"。这话在《荀子·不苟篇》也有撮述，是"山渊平，天地比，齐、秦袭"。"齐、秦袭"的意思自然也就是：尽管在常识上认为齐、秦的距离很远，然和"大一"的大比较起来，那两国只是重叠的。齐、秦如袭，则燕、越亦如袭，即燕之北与越之南亦如袭，由至大者视之只如一点，故又说"我知天下之中央，燕之北，越之南是也"，"南方无穷而有穷"，大约也是作这样的解释。古人一般认为南方是无穷际的，《墨子》和《荀子》书中都有这样的表现。《墨子·经说下》："南者有穷则可尽，无穷则不可尽。"《荀子·正名篇》："假之有人而欲南无多，而恶北无寡，岂为夫南者之不可尽也，离南行而北走也哉？"但尽管是怎样的寥远，总得有边际，和"大一"之大比较起来，实在也是有限的。

以上大抵是限于空间的看法。"日方中方睨，物方生方死"，则是从时间上着眼。一切都流徙无常，一切都在变，宇宙间没有一成不变的东西。但这变是不是在朝进化的方向走呢？我们看不出。可能他依然还是免不掉循环的观念，因为"方中方睨，方生方死"，反过来也就是"方睨方中，方死方生"。庄子的见解有些地方和他相同，如《齐物论》的"方可方不可，方不可方可"，也就是这个公式的完整形式了。

"今日适越而昔来"是从时间流徙的观念生出来的诡辞。是说你今天到越国去，但等你来到越国的时候，那来到越国的一瞬间已经成为过去了。这话的确是有点吊诡，庄子便特别表示过反对，他说："今日适越而昔至也是以无有为有。"（《齐物论》）

"连环可解也"，大约是以不解解之。庄子所谓"得其环中以应无穷"，连环如各得环中以运，则彼此不相拘束，是不解而自解了。

大体上惠施的理解，有些和近代的微分、积分、量子、电子、天文年、地质年等那样的观念相近，在先秦诸子中最有科学素质的人恐怕就要数他。《天下篇》还叙述有这样一段故事：

> 南方有倚（畸）人焉，曰黄缭，问天地所以不坠不陷，风雨雷霆之故。惠施不辞而应，不虑而对，遍为万物说。说而不休，多而无已，犹以为寡，益之以怪。

问已问得颇有科学的精神，答想必也答得很有道理。可惜他的"万物说"失传了，"怪"是怎样的"怪"，也无从得而知了。《天下篇》批评惠施"弱于德，强于物，其涂隩"，又悲他"逐万物而不反，是穷响以声，形与影竞走"，足见他虽然是一位观念论者，而却是一位客观的观念论者。

《吕氏春秋·有始览》一篇颇疑采自《惠子》。其文云："天地有始。天微以成，地塞以形，天地合和，生之大经也。夫物合而成，离（丽）而生。知合知成，知离知生，则天地平矣。平也者皆当察其情，处其形。""天地平"似乎就是"天地比"。接着叙述"天有九野，地有九州，土有九山，山有九寨，泽有九薮，风有八等，水有六川"，一一列举出了它们的名字。更举出四极四海之内的广长的里数，冬至夏至日行的轨道。最后的几句是："天地万物，一人之身也。此之谓大同。众耳目鼻口也，众五谷寒暑也，此之谓众异。则万物备也。天斟万物，圣人览焉，以观其类。解在乎天地之所以形，雷电之所以生，阴阳材物之精，人民禽兽之所安平。"这些话也同"泛爱万物，天地一体也"相合。关于天地、雷电、阴阳、材物之说，应该就是答黄缭问的那一套"万物说"，这是还有"解"的，可惜也都失传了。

庄周的思想和惠施有相近似的地方，但他们的思维动向断然不同，惠施是向外穷索，庄周是向内冥搜。虽然同是观念论者，而有侧重主观或客观的不同。在《庄子》书中两人辩论的故事颇多，差不多每一个故事都足以表示他们在方法论上的对立，姑且举《秋水篇》中的一例为证。

> 庄子与惠子游于濠梁之上。
>
> 庄子曰："儵鱼出游，从容，是鱼之乐也。"
>
> 惠子曰："子非鱼，安知鱼之乐？"
>
> 庄子曰："子非我，安知我不知鱼之乐？"
>
> 惠子曰："我非子，固不知子矣。子固非鱼矣，子之不知鱼之乐全矣。"
>
> 庄子曰："请循其本。子曰汝安知鱼乐云者，既已知吾知之而问我，我知之，濠上也。"

惠子非鱼，没有客观的根据，不敢断定鱼之快乐；庄子非鱼，却以主观的推测，敢于断定鱼之快乐。扩充惠子的方法，必然会陷入于不可知论；扩充庄子的方法也必然归到同一的陷阱，结果同样成为诡辩。其实鱼的快乐是可以知道的。当其未受惊扰时，悠然出游的时候，应该如庄子所说是快乐的。当其受了惊扰而慌忙逃窜，那情形便是反证。因此，根据鱼的客观异态，参证以人的主观自觉，确是可以判定鱼的忧乐。惠子的完全否定是诡辩，庄子的"我知之，濠上也"只是偷巧地把"安"字作为何处解释，同样是在玩弄诡辩的遁辞。

庄子也是异常好辩的人，他的辩才也非常犀利，但他在理论上却是否定辩的作用的一个人。《齐物论》有下列一节脍炙人口的话：

　　既使我与若辩矣，若胜我，我不若胜，若果是也，我果非也耶？我胜
若，若不吾胜，我果是也，而（尔）果非也耶？其或是也，其或非也耶？
其俱是也，其俱非也耶？我与若不能相知也，则人固受其黮闇，吾谁使正
之？使同乎若者正之，既与若同矣，乌能正之？使同乎我者正之，既同乎
我矣，乌能正之？使异乎我与若者正之，既异乎我与若矣，乌能正之？使
同乎我与若者正之，既同乎我与若矣，乌能正之？然则我与若与人俱不能
相知也，而待彼也耶？

这正是另一种形式的不可知论，照着这样的逻辑推阐下去，不仅辩的效用不可
知，就是一切的事理均不可知。两种观念论，无论主观的或客观的，都有着同
一的归趣，在惠子与庄子两人可以说得到了很辉煌的代表。但他们却都不满足
于不可知论，而于宇宙人生有所建说，因而便都不免流于独断。故如庄子虽然
否定辩的效用，而他本人不仅好辩，且为一世的辩论之雄。他所标榜的是超越
的辩论，他"不谴是非"，而在事实上却是提出了一个第三种的是非。

　　有儒墨之是非，以是其所非而非其所是。欲是其所非而非其所是，则
莫若以明。
　　物无非彼，物无非是（此）。自彼则不见，自知则知之。故曰彼出于
是，是亦因彼。彼是方生之说也。虽然，方生方死，方死方生，方可方不
可，方不可方可。因是因非，因非因是。是以圣人不由而照之于天。亦因
是也。
　　是亦彼也，彼亦是也，彼亦一是非，此亦一是非。果且有彼是乎哉？
果且无彼是乎哉？彼是莫得其偶谓之道枢。枢始得其环中以应无穷，是亦
一无穷，非亦一无穷也。故曰莫若以明。（《齐物论》）

印度的逻辑被古代的翻译家译为"因明"，语源便采自这儿。但这儿的所谓
"因"，所谓"明"，事实上只是玄学上的见解，和逻辑术是很有距离的。首先
他把万事万理认为流徙无常，而谓为"方生方死，方死方生"，这是对的。执
着的人认为一成不变，仅执一端，因而"因是因非，因非因是"，未免都是妄
执，这也是对的。但因此要混合彼我，不分是非，在混混茫茫之中找出一个超

现实的莫须有的"道"来，认之为绝对的是（"是一无穷"），反乎此者则为绝对的非（"非一无穷"），那却完全是独断。这由庄子自身的逻辑也就足以批评他了，便是——使异乎儒与墨者正之，既异乎儒与墨矣，乌能正之?

> 以指喻指之非指，不若以非指喻指之非指也。以马喻马之非马，不若以非马喻马之非马也。天地一指也，万物一马也。可乎可，不可乎不可。道，行之而成。物，谓之而然。恶乎然? 然于然。恶乎不然? 不然于不然。物固有所然，物固有所可。无物不然，无物不可。故为是举莛与楹，厉与西施，恢恑憰怪，道通为一。（《齐物论》）

拿一个相对的观念（指），说另一个相对的观念不成其为观念，不如拿一个绝对的观念（非指）来说相对的观念之不成其为观念。拿一个相对的砝码（马），说另一个相对的砝码之不足砝码，不如拿一个绝对的砝码（非马）来说相对的砝码之不足砝码。天地是一个抽象的东西，这就是一个绝对的观念。万物是一个实质的东西，这就是一个绝对的砝码。以天地万物一体观来混化着一切相对的差别和是非，闭着眼睛把宇宙还诸浑沌，于是乎他便以为把物论齐一了。这是一个伟大的诡辩。

有一部分的道理是对的，如像"可乎可，不可乎不可"或"然于然，不然于不然"。万事万理尽管是变动的、相对的，但总有一段相对稳定的时期，它们是有可与不可或然与不然的相对。尽管可的忽焉变而为不可，然的忽焉变而为不然，但总有一段时期它是可或然。而当它变成不可或不然的时候，又有可或然的东西来和它相对。因此，说"物固有所然，物固有所可"，那是对的；但进一步便说"无物不然，无物不可"，那便是狂断。譬如人有病的时候，我们不能说凡是人都是病的；物有朽的时候，我们不能说凡是物都是朽的。细草（莛）与房柱（楹）无分，癞子（厉）与西施同美，岂不和"天与地卑，山与泽平"是同样的诡辩吗?

这样的观念游戏之所以产生，很明显地是因为新起的地主封建政权业已渐趋巩固，学者们面对着这个现实，或有心或无心，或积极或消极，都不免在替这项政权的基础增加它的巩固性。惠子是梁惠王的宰相，他站在统治者的地位而倡导"山渊平，天地比"的思想，他所企图的目的，与其说是"去尊"，要王长者与人民平等，倒反而是晓示人民无须乎与王长者争衡，从某种观点上说来，原是和王长者平等的。他这是积极地或许有意识地企图泯却下层的斗志。庄子是过着隐者生活的人，他的是非美恶不分的看法，或许是有意蔑视权威，但无心之间也消极地使人民安贫乐贱，同样足以泯却下层的斗志。从这儿我们便可以了解，像庄子那样生活极端隐遁的人，为什么会有一些国家要聘他去做宰相了。就是他的至友惠施，也曾听信谣言，以为他到梁国去访他，是准备替代他的相位，因而曾经在国中搜拿了他三天三夜。假使他的主张无益于王长者的统治，那样的情形是绝对不会有的。

六　桓团与公孙龙

辩士无谈说之序则不乐，察士无凌谇之事则不乐。(《庄子·徐无鬼》)

辩察之士到了桓团与公孙龙，差不多只是为辩察而辩察，观念的游戏可以说是登峰造极。

卵有毛。鸡三足。郢有天下。犬可以为羊。马有卵。丁子有尾。火不热。山出口。轮不辗地。目不见。指不至。物不绝（原作"至不绝"，据《列子·仲尼篇》校改）。龟长于蛇。矩不方。规不可以为圆。凿不围枘。飞鸟之景未尝动也。镞矢之疾而有不行不止之时。狗非犬。黄马骊牛三。白狗黑。孤驹未尝有母。一尺之棰日取其半，万世不竭。辩者以此与惠施相应，终身无穷。桓团、公孙龙辩者之徒，饰人之心，易人之意，能胜人之口，不能服人之心，辩者之囿（尤）也。(《天下》)

这里所揭出的二十三事，有的可解，有的不可解。有的可以知其确是属于公孙龙，如"鸡三足""目不见"之类，有的便不能确知其谁属。我在这儿不愿逐句加以解释，只在下文就其确有根据的，可以叙述到而已。

桓团，伪《列子·仲尼篇》作韩檀，其身世不详，成玄英《庄子疏》以为与公孙龙同是"赵人，客游平原君之家"，不知何所据。公孙龙倒确是赵人

（见《史记·孟荀列传》及《汉书·艺文志》），也确曾客游平原君之家（见《史记·平原君传》）。《艺文志》名家有"《公孙龙子》十四篇"，扬雄《法言》称"公孙龙诡辞数万"（《吾子篇》），然今书仅存六篇——《迹府》《白马论》《指物论》《通变论》《坚白论》《名实论》，《迹府》一篇显系后人杂纂，数万诡辞仅余一千八百余言而已。

公孙龙的白马论绍述自兒说，他应该就是兒说的门徒。但他复以惠施之辩为"乐"，足见他在思想派别上和惠施必有相同之处。惠施是道家别派，公孙龙应该也是属于道家的。公孙龙遗事屡见《吕氏春秋》。《审应篇》载公孙龙答赵惠王云："偃兵之意兼爱天下之心也，兼爱天下不可以虚名为也，必有其实。"又《应言篇》言公孙龙以偃兵说燕昭王。这从表面上看来似乎和墨家的兼爱非攻相近，但宋钘亦言偃兵，惠施亦主泛爱，兼爱非攻之说不限于墨家。《庄子·秋水篇》载公孙龙与魏牟问答之辞，自言："龙少学先王之道，长而明仁义之行，合同异，离坚白，然不然，可不可，困百家之知，穷众口之辩，吾自以为至达矣。今吾闻庄子之言，茫焉异之。不知论之弗及与，知之弗若与？今吾无所开吾喙。""学先王之道"，"明仁义之行"，和宋钘的态度比较接近。因此我疑公孙龙和兒说都渊源于宋钘。

事迹是怎样，书缺有间，我们姑且不必过事追求。单就现存的《公孙》书看来，他的思想也分明是黄老学派的系统。他是把黄老学派的观念论发展到了极端的一个人。

在他看来，一切现实的物只是观念，而观念本身倒是实在，天地间没有观念便不会有万物。观念本身，自为因原，自然显现，无待于物，而物则有待于观念而后成其为物。他的《指物论》，所推论的便是这个思想。

> 物莫非指，而指非指。天下无指，物无可以谓物。
>
> 指固自为非指，奚待于物而乃与为指？

"指"和《庄子》"以指喻指之非指"之指完全相同，相当于现今所说的观念，或谓之共相。指与物对立，指为实而物反为虚，荀子所指责的"充虚之相施易"（《儒效》）应该就是这种见解。《名实论》对于这层意思还有一些补充。

> 天地与其所产焉，物也。
>
> 物以物其所物而不过焉，实也。实以实其所实而不旷焉，位也。出其所位非位，位其所位焉，正也。

依常识，仍以万物为天地所产，但天地与万物均为"物"，则天地之上必然尚有产生天地的东西。这东西依《指物论》说来，自然就是"指"了。而物之所以成其为物的是"实"，故"指"即是"实"。指有所充而显现为物必得占有一定的空间和时间，那便是"位"。"位"当然也是由"指"所实现出来的了。这些都完全是道家思想。

公孙龙也采取着分析主义，在客观上是把实物自体分析为无数的"指"，而在主观上又把感官的官能也完全分离着。有名的《白马论》，专门讨论"白马非马"。照公孙龙的理论看来，这个诡辞倒非常的简单。即把由视觉得来的白与由统觉得来的马，分析为两项事物而成白与马。以数目字而言便如一加一。一加一不是一，则白与马自然不是马了。

《通变论》的"二无一"也就是"白马非马"的数字上的衍变。他以左右合而为二时，是说"二者左与右，二无左，二无右"。套上白马论，便是"二者白与马，二无白，二无马"。他又曾单用实物或色彩以示例，所谓"羊合牛非马，牛合羊非鸡"，便是前者；"青以白非黄，白以青非碧"，便是后者。羊与牛合而为二，"羊不二，牛不二，而羊牛二"，故二者非羊非牛，自然更非马了。"非马者，无马也"。青与白合而为二，青不二，白不二，而青白二，故二者非青非白，自然非黄了。在这儿略略走了一点岔路，他以为"羊合牛非马"可以，"非鸡"则不妥当。"青以白非黄"可以，"非碧"则不妥当。不妥当的原因，是马与羊牛为类尚近，鸡则为类甚远，黄与青白为类尚近，碧则为类甚远。远则无须乎说，无须乎说而说是多此一举。这倒近乎常识。奇怪的是他说鸡与牛羊之异，除掉"牛羊有毛，鸡有羽"之外，而说到"牛羊足五，鸡足三"。理由是："谓鸡足，一。数足，二。二而一故三。谓牛羊足，一。数足，四。四而一故五。"意思是："鸡足"或"羊牛足"是单独的观念，要占一个单位。再数实际的足，则有二与四的不同，加上观念而为三五。所谓"鸡三足"的诡辞，就只有这么一点道理。另外有"臧三耳"（《孔丛子·公孙龙篇》）或作"臧三牙"（《吕览·淫辞篇》），自然是同一类型。即是"谓臧耳，一。数耳，二。二而一，故三"，如此而已。

> 山渊平，天地比，齐、秦袭，入乎耳，出乎口，钩有须，卵有毛，是说之难持者也，而惠施、邓析能之。（《荀子·不苟篇》。"出乎口"是"山出口"之误，"入乎耳"疑是"人参耳"之误。）

由这种分析主义更漫演而为《坚白论》，所谓"坚白石二"。坚是由触觉得到的认识，白是由视觉得到的认识，故坚与白析而为二。认识了坚的时候，白是离开了；认识了白的时候，坚是离开了。离开了也并不是说离开了石头，而是藏在了石头里面。藏了也并不是谁把它藏了，而是自己藏了。故"坚白石"是坚石与白石，而坚石是坚与石，白石是白与石，故始终是二。

> 无坚得白，其举也二；无白得坚，其举也二。
>
> 视不得其所坚而得其所白者，无坚也；拊不得其所白而得其所坚者，无白也。
>
> 得其白，得其坚，见与不见。见与不见，离。一二不相盈，故离。离也者藏也。
>
> 有自藏也，非藏而藏也。
>
> 于石，一也。坚白，二也，而在于石。故有知焉，有不知焉；有见焉，有不见焉。故知与不知相与离，见与不见相与藏。

他把感觉与感觉之间的联结作用除掉了，因此更进一步他便摒弃了人的精神作用。

> 白以目〔见，目〕以火见，而火不见，则火与目不见，而神见。神不见而见离。
>
> 坚以手而手以捶，是捶与手知而不知，而神与不知。神乎？是之谓离焉。

感官不能单独认识事物，须得有所凭借，而所凭借的更没有认识事物之力，因而他便推论到感官与所凭借者同样没有认识事物之力（其实这是悖理）。精神凭借感官以认识事物，感官既没有认识事物之力，故精神也就没有认识事物之力（这同样也是悖理）。因而所见所感之物，在他看来，是事物本身之自见自感。坚是自己坚，白是自己白，坚白不现于石的时候，它们是普遍存在，虽然看不见、摸不到，而它们是实际存在，只是自己隐藏了就是。

> 坚未与石为坚而物兼，未与〔物〕为坚而坚必坚。其不坚石物而坚，天下未有若坚，而坚藏。白固（苟）不能自白，恶能白石物乎？若白者必白，则不白石物而白焉。黄黑与之然。石其无有，恶取坚白石乎？故离也。

就这样自离自藏，或隐或现，各个现象都看成各自为政，而人的精神作用因而也就被阉割了。这和另一种唯心论者的"一切物由心造，心外无一法"，要算是走到了另一极端。无疑，公孙龙和惠施是同属于客观的观念论者。

"白狗黑"当与"白马非马"为类。白马非马，白马亦非白。故白狗非狗，白狗亦非白；白狗非白，故可云"白狗黑"。"犬可以为羊"，"狗非犬"，应该都是这同一公式的漫衍。

"孤驹未尝有母"。孤驹非驹；驹有母，非驹则无母。故"孤驹未尝有母"（《列子·仲尼篇》作"孤犊"，解为"非孤犊也"，即是此意）。

"黄马骊牛三"。黄骊色一，牛马二，一而二，故三。或牛马一（准"二无一"之例，牛马为合体），黄骊色二，一而二，故三。

"镞矢之疾而有不行不止之时"，疑即《列子·仲尼篇》公孙龙所言善射者故事之隐括。"善射者能令后镞中前括，发发相及，矢矢相属。前矢造准而无绝落，后矢之括犹衔弦，视之若一焉。"后矢之括未离弦，论其势则"不止"，论其情则"不行"。

公孙龙的诡辞差不多全部是观念游戏，在今天他的著作多所散佚，成立那些诡辞的论据已多无从考索。自来学者虽肯在考索方面用工夫，事实上等于猜谜而失掉了谜底，猜中与否无由判决。但问题倒不在乎那些诡辞当作如何解释，而宁在乎那些诡辞究竟有怎样的社会意义。以何原因或用意而产生了那样的诡辞，倒是我们治历史的人所应该特别注意的地方。然而一般研究古代思想的朋友们，却偏偏不肯注意到这些上来。

准《公孙龙子》现存的余说而言，所有一些诡辞都可以演绎为两种相反的社会意义。例如"白马非马"可演绎为"暴君非君"或"暴人非人"，依前者则杀暴君非杀君，遂富有革命性，依后者则杀暴人非杀人，遂成为暴政的口实。又例如"坚白石二"可演绎为具有两种相反属性的人，例如"忠实的特工"或"壮烈的叛徒"，如取其忠于上层则不妨忽视其对下层的恶行，反之，如忌其有害于上层则不妨抹杀其对下层的德惠。又例如"二无一"，则为集体之中无个体，这朝进步方面看，可以成为为应天顺人而诛独夫，但朝反对一方面看，亦可成为为维持秩序而除暴徒。反正两面都可以用，要问公孙龙究竟属于哪一面。

毫无疑问，公孙龙是位帮闲者，荀子斥责他为"狂惑戆陋之人"，为"上愚"，谓"曾不如相鸡狗之可以为名也"（《儒效》），可见把他轻视透顶。他一生是做着上层的食客。在战国中叶以后，地主政权已经趋于巩固的阶级（即"窃国者已为诸侯"的阶段），他在这时候，在上层的卵翼之下提出他的一些诡辞来，当然不能认为是前进态度的烟幕，而是应该认为反动言论的掩饰的。墨家后学的"杀盗非杀人"，后期法家如韩非之流的贵苛激而蔑弃仁义，在这些诡辞之中是有它的渊源的。

故如公孙龙之流，我们不能认为是毫无政治意义的逻辑思想家，假如我们忽略了他的诡辞的社会意义，那我们便是受了他的蒙蔽。事实上他自己也时而透露着自己的立场，例如他说"异则君臣争而两明"，"两明而道丧"，虽然只是在用作比喻，以喻立辞不宜有矛盾，但在他的政治主张上分明表示着臣不能与君相争，争则天下丧乱。这把先秦的初期学者的革命意义完全否认了。

七　墨家辩者

墨家后来分为了三派，据《韩非子·显学篇》，我们知道这三派是：相（柏）夫氏之墨，相里氏之墨，邓陵氏之墨。《庄子·天下篇》也提到了这分派的情形，而说得较为详细。

> 相里勤之弟子，五侯之徒，南方之墨者苦获己齿、邓陵子之属，俱诵

> 《墨经》而倍谲不同，相谓"别墨"；以坚白同异之辩相訾，以奇偶不仵
> 之辞相应；以巨子为圣人，皆愿为之尸，冀得为其后世，至今不决。

相里勤不用说就是相里氏，五侯大概就是柏夫，这两派属于北方。邓陵与苦获
己齿属于南方，与前二派相合仍是三派。派别之分不知始于何时，但彼此之间
有斗争，是不容忽视的。

墨家染上了辩者的色彩，似乎在孟子当时便已经开始，孟子说："距杨、
墨，放淫辞。"《庄子·外篇》也爱把杨、墨之辩相提并论。

> 骈于辩者，累丸结绳窜勾，游心于坚白同异之间，而敝跬誉无用之言
> 非乎，而杨、墨是也。（《骈拇》）
> 钳杨、墨之口……知诈渐毒、颉滑坚白、解垢同异之辩多，则俗惑于
> 辩矣。（《胠箧》）

宋钘、尹文、惠施、公孙龙之流属于杨派，墨家辩者自属于墨派。墨家于学后
于儒，故并称为儒、墨，而于辩则后于杨，故并称为杨、墨。虽然只是一二字
的序列，而是有历史的层次在里面的。

墨者之辩在现存《墨子》书中有《经上》《经下》《经说上》《经说下》
《大取》《小取》共六篇，在先秦名辩中要算是最有幸运，保存得较为完整。
这几篇东西，近五十年来经过不少学者的研究，内容大部分达到了可以通读的
程度，但最值得注意的一件事却一般地被忽略了。一般的学者都只认为六篇文
字是一家，但其实至少有不尽相同的两派，在某种见解上是完全对立着的，即
《经上》《说上》和《经下》《说下》在某种主张上是完全对立着的。这也并
不是我的什么新发现，因为《天下篇》已经说得很明了，墨家三派是"以坚
白同异之辩相訾，以奇偶不仵之辞相应"的，"相訾"就是相反驳，"相应"
就是相和同，可见墨家辩者的主张不尽相同，而时相驳斥，本是先秦所公认的
事实。

"相訾"的是"坚白同异之辩"，我们可以检查一下，在这种辩辞的范围
内，究竟有没有什么异同呢？

第一，关于《坚白论》，《经上》派和《经下》派的见解是完全相反的。

《经上》派主张盈坚白，《经下》派则主张离坚白。

> 坚白不相外也。(《经上》)
>
> 坚：异处不相盈，相非，是相外也。坚白之撄相尽。(《说上》)

这和公孙龙的坚白相离是相反的说法。"不相外'即不相离，要不同处于一物才"相外"，即"异处不相盈"。同处于一物则"不相外"，即"相盈"。若是"坚白石"，则坚与白之接合遍于一石，有坚处即有白，有白处即有坚，两者相合无间，不能分开。

> 一，偏弃之。谓而固是也，说在因不（否）。可偏去而二，说在见与俱、一与二、广与脩。(《经下》)（此处"不"字读为否，当连上，与"无穷不害兼，说在盈否"同例，旧连下读，遂使《经》与《说》不能相通。又"俱"字疑是"不见"之误合）
>
> 二与一亡，不与一在，偏去……见不见离，一二不相盈，广脩，坚白。(《说下》)

这却是"离坚白"的见解，与公孙龙完全一致。《经》文虽然略有问题，而《说》文则明白如火。所谓"一偏弃之"或"二与一亡，不与一在"，即公孙龙"二无一"之义，故当"牛马"连为一名时，"牛不二，马不二，而牛马二。则牛不非牛，马不非马，而牛马非牛非马"(《说下》)。这也和"羊合牛非马"或"青以白非黄"是同一例。坚与白囿于石焉，则可偏去坚或白而为坚石或白石，即所谓"可偏去而二"。其所以"可"的原故，便是因为白可见，坚非可见，见与不见相离，故坚与白不相盈。广脩亦同此理，盖见广时不见脩，见脩时不见广，二者亦相离而不相盈。这些都完全同于公孙龙的见解。关于坚白之辩，《经下》还有分说。

> 于一，有知焉，有不知焉，说在存。(《经下》)
>
> 于石，一也。坚白，二也，而在石。故有智（知）焉，有不知焉，可。(《说下》)

这是刻就坚的一面来说，坚是用手的触觉而知的，白则用目而见，故坚可知不可见，白可见不可知。见者与不见者可离，故知者与不知者亦可离。不知不见者在公孙龙说是"藏"，此则说是"存"，存藏一义，并无区别。

> 不坚白，说在无，久与宇。坚白，说在因。(《经下》)
>
> 无坚得白，必相盈也。(《说下》)

这一项的《经》和《说》，在文字上似乎都有夺误，不甚了了。但"无坚得白"是公孙龙的用语，所谓"无坚得白其举也二，无白得坚其举也二"，是说见石白时不见其坚，知石坚时不知其白，不知其坚，只见其白，便谓之"无坚得白"。"不坚白说在无"应该就是这个意思。"久与宇"三字或许是衍文，如非衍文，则是以时间（久＝宙）与空间（宇）之相离申说坚与白，与"广脩"同例。"宇南北，在旦又在暮。宇徙，久"(《说下》)，清早是这个空间，晚上是这个空间，空间在移动，这移动便成为时间，但我们能见空间而不能见时间，故时空相离。坚与白正如此，但普通谓坚白不相离者则是因袭之见而已，故说："坚白，说在因。"准此推理，《说》文"无坚得白，必相盈也"，当是说白与石之"相盈"或坚与石之"相盈"，而不是坚与白之"相盈"。或疑"必"当为"不"，则刻就坚与白而说，亦可通。

准上，可知《经下》关于坚白之辩与公孙龙完全相同，而与《经上》则是"相訾"的。故《经上》与《经下》在墨家中是两派，其所以分为上下的原因，也和《尚贤》《尚同》等篇之分为上中下三篇表示其为三派的一样，是汉人纂集《墨子》书时，就所有资料而为的权宜分别。《经》只有上下篇，又《非儒篇》也只有上下篇，应该是三派中只有两派有这类文字，其他一派或根本没有，或有而失传了。

第二，关于同异之辩，《经上》派与《经下》派亦有"相訾"之处，唯不如坚白之辩的显著。《经上》派的同异观是根据常识来的，《经下》派则颇承受惠施的主张，有时和公孙龙的见解也十分接近。

> 同，重体合类。异，二，不体不合不类。同异交得于有无。(《经上》)
>
> 同：二名一实，重同也。不外于兼，体同也；俱处于室，合同也；有以同，类同也。异：二必异，二也。不连属，不体也；不同所，不合也；

不有同，不类也。同异交得，于福家良恕（贫庶？）有无也……"（《说上》）（此项引例甚多，辞意均不甚了了）

把同异均分为四种，又列出"同异交得"，都不外是常识的归纳。《经下》派则主张"物尽异""物尽同"，同异有大小。

止类以行爻（原误作人），说在同驷（然？）异说。推类之难，说在〔异〕之大小，物尽同。（《经下》）

止：彼以此其然也，说是其然也。我以此其不然也，疑是其然也。谓四足兽与牛马异（原作"牛马与"，依孙诒让校改），物尽异（原作"与"，依孙校改），大小也。此然，是必然，则俱为糜同。（《说下》）

《荀子》有"以类行杂"之语，此言"止类以行爻"，是说不要用推类之法以打通淆杂。推类之法有难通之处，说同则物无不同，说异则物无不异，因为同异有大小。这和惠施的"大同而与小同异，此之谓小同异；万物毕同毕异，此之谓大同异"，可以说是完全合拍的。

因此，重不必同，合亦或不能一。

狗犬也，而杀狗非杀犬也可，说在重。（《经下》）

狗：狗犬也，谓之非（原误为"杀"）犬，可。（《说下》）（《庄子·天下篇》"狗非犬"，成玄英疏引《墨子》曰"狗犬也，然狗非犬也"，即据此，可知"杀"乃讹字）

知狗而自谓不知犬，可（原误为"过"）也。（《经下》）

智：智狗重智犬，则过。不重则不过。（《说下》）

这两条是一个理论，而各有一讹字，以致《经》与《说》均互为矛盾。但这讹字是容易更正的，因为（一）"谓之杀犬可"不仅与《经》文相反，且不成文理，得《庄子疏》之旁证，可知"杀"必为"非"。（二）"知狗而自谓不知犬，过也"，乃常识问题，无须乎说，故不仅与前条《经》文和本条《说》文相反，照论理推之，"过"亦必为"可"之误。就这样，原文得到更正，我们可以知道《经下》派的见解是重不必同。其所以不必同的理由虽未详说，但与《经上》派的"二名一实，重同也"的见解是相反的。

> 合与一，或复否，说在拒。（《经下》）

此条无说，"拒"字恐亦有误，但合者可为一或不可为一之意则甚明，大约取例于水与乳则可合而为一，取例于水与油则不可合而为一。这与"俱处于室，合同也"显亦"相訾"。

> 一法者之相与也尽，若方之相合也，说在方。（《经下》）
> 一：方尽类，俱有法而异，或木或石，不害其方之相合也。尽类犹方也。物俱然。（《说下》）

凡方均相类，均合乎方之法理，但有质之异，如或木或石，亦可有量之异，如或小或大，是则方虽类而不必同。这和"有以同，类同也"亦不同调。

> 物甚不甚，说在若是。（《经下》）
> 物：甚长甚短，莫长于是，莫短于是。是之是也（耶）非是也（耶）者，莫甚于是。（《说下》）

这是说物无定是，自其长处而言之则物莫不长，自其短处而言之则物莫不短，自其同处而言之则物莫不同（是），自其异处而言之则物莫不异（非是）。这更完全是惠施式的"合同异"的见解。

> 是（不）是与是同，说在不州（周）。（《经下》）
> 不：是是，则是且是焉。今是交（原误为"文"，下同）于是而不于是，故是不交，是不交则是而不交焉。今是不交于是而交于是，故交与是不交同说也。（《说下》）

此即《小取篇》"或一周而一不周，或一是而一不是"。唯《小取》离而异之而此则合而同之，这是两者不同的地方。例如白马是马，这是没有问题的，便是"是是，则是且是焉"。但白马是白马而不是一般的马，那么白马是马便有问题。白马是马成问题，白马便可能不是马。白马不是马而又是马，故白马是马和白马不是马可以得到同样的说明。

就这样，《经下》派的见解，关于坚白之辩同于公孙龙，关于同异之辩近于惠施，与《经上》派确是不同。在坚白同异之辩以外，在《经下》中与惠施、公孙龙相同的辩辞还很多，我现在逐条揭举在下边。

> 知而不以五路，说在久。（《经下》）
>
> 知：白（原误合二字为智）以目见而目以火见，而火不见。惟以五路智，久不当。以目见，若以火见。（《说下》）

这是说感官的知识不能得到真知识，而可以获得真知识的主动者在感官之外，但这主动者为谁却没有说出。这和公孙龙的见解相近，甚至连用语亦同。公孙龙云："白以目〔见，目〕以火见，而火不见，则火与目不见，而神见。神不见而见离。"（《坚白论》）公孙龙是连精神作用的独立性也是否认了的，《经下》虽然没有言明，但既采取"离坚白"的论调，在论理上也应该不至于和公孙龙相反。

> 火不热，说在睹。（《经下》）（"火不"二字原作"必"，依孙校改。"睹"作"顿"，依梁启超校改）
>
> 火：谓火热也，非。以火之热我有，若视日。（《说下》）（"日"原误为"曰"）

"火不热"是《天下篇》辩者诡辞的一项。《淮南·诠言训》旧注："公孙龙以白马非马、冰不寒、炭不热为论。""炭不热"即"火不热"，可知此诡辞属于公孙龙。此《经》与《说》文均有误字，《说》文旧亦未得其读，释者所释多与原意相反，因而遂谓墨家与公孙龙相反，其实是错误了。说火热，只是因为我感觉着热，假如我无感觉，则火无热可言。犹之目得日而视明，但如盲目无睹，则虽有日而无明。这种思想仍归结于感官知识之不足以认识客体，我们的感官以为热者而火的本身不必热，我们的感官以为冷者而冰的本身不必寒。冰之寒、火之热，只是感念的输入而已。

> 有指于二而不可逃，说在以二参。（《经下》）（"参"原作"累"，依孙校改）

有指：子智（知）是，有（又）智是吾所失（原作"先"）举，重。则子智是，而不智吾所失（同上）举也，是一。谓有智焉，有不智焉，可。若智之，则当指之（此）智告我，则我智之。兼指之，以二也。衡指之，参直（正）之也。若曰必独指吾所举，毋指（原作"举"）吾所不举，则者固（诸故）不能独指，所欲相（将）不传，意苦（原作"若"）未校（皎）。且其所智是也（耶）？所不智是也（耶）？则是智是之（犹）不智也，恶得为一，谓而（尔）有智焉，有不智焉？（《说下》）

这儿所说的"指"当然也是《指物论》的"指"，但这儿不是论指的原理而是论指的应用。文字虽然略有讹误，意思是很明了的。它是说人在发表意见或认识的时候，必须从对象的正反侧三面来加以推敲。从正面来指示出一种认识还不够，还须从反面来指示它，便是所谓"兼指"。假若再从侧面来证明，便是所谓"衡指""参直"。"参直"者参证也。假如不经过这样的手续，只是从正面来单独表示的时候，那这单方面的知究竟是知不是知还无从断定，因而可以说是一无所知的。这道理并不怎么深玄，公孙龙《指物论》本非全豹，是否原也包含有这些道理不得而知。

所知而弗能指，说在春色（原作"也"）、逃臣、狗犬、遗者。（《经下》）
所：春色（原亦作"也"），其势（原作"执"）固不可指也，逃臣不智（知）其处，狗犬不智其名也，遗者巧弗能两也。（《说下》）

这是说指亦有时而穷，每每有知之而不能指之的事物，即观念难于构成，或已成观念难于表达。例如"春色"这种东西，无论是属于自然或人身的情态，都难得刻画。逃跑了的奴隶你不知道他跑到了什么地方，在古代没有照相术的时候，你也刻画不出他的相貌，尽管你自己一见就可以知道他。逃跑了的狗或犬也是一样，连名字你也不知道（狗有时有名，且自知其名，此似泛指）。遗失了的环镯之类，你就是再精巧的匠人也不能够原样再造出一个。这大约就是二十三事中的"指不至"的详细说明。

狂举不可以知异，说在有不可。（《经下》）
狂：牛与马惟（虽）异，以牛有齿，马有尾，说牛之非马也，不可。

是俱有，不偏有偏无。有（又）曰〔牛〕之与马不类，用牛有角，马无角，是类不同也。若举牛有角，马无角，以是为类之不同也，是狂举也。犹牛有齿，马有尾。或不非牛而非牛也，则或非牛或羊（原作牛）而牛也可，故曰〔有不可〕。（《说下》）（"有不可"三字原夺，以意补）

这说明的意思，前半是很明了的，后半便稍微有些纠葛。牛马之异，以牛有齿、马有尾说之，固然不行，因马亦有齿，牛亦有尾。但如以牛有角、马无角说之也不正确，因牛亦有无角者，如初生之犊角尚未生，或折角之牛角已脱落，这样则"不非牛"的犊或折角牛也成了"非牛"；而有角者不限于牛，如只以有角为牛，那么"非牛"的羊也可以成为牛了。像这样的偏举，他认为是狂举。要怎样才不算狂举，虽然没有说，大约一定要多方面的举证，所谓"兼指之""衡指之"，才能算是正举的。

这见解也是承自公孙龙，连论式也是相同的。公孙龙云："羊合牛唯（虽）异，羊有齿，牛无齿，而牛之非羊也，〔羊〕之非牛也，未可。是不俱有，而或类焉。羊有角，牛有角，牛之而羊也，羊之而牛也，未可。是俱有，而类之不同也。"（《通变论》）即"狂举"之名亦相沿于公孙龙，具见《通变论》。

牛马之非牛与可之同，说在兼。（《经下》）

牛：〔牛〕马非牛也，未可。牛马、牛也，未可，则或可或不可，而曰"牛马牛也未可"，亦不可。且牛不二马不二、而牛马二，则牛不非牛，马不非马，而牛马非牛非马，无难。（《说下》）

把"牛马"作为一个集体名词看，牛马便只是牛马，它不是牛也不是马；也如 O（氧气）与 H（氢气）合成水，水便是水，而不再是 O 与 H。这论式只是"白马非马"的变形。公孙龙《通变论》更扩充了一些，而提出"羊合牛非马"。说明是"羊牛有角，马无角，马有尾，羊牛无尾，故曰羊合牛非马也。非马者无马也。无马者，羊不二，牛不二，而羊牛二，是而'羊合（原作而）牛非马'可也"。"羊牛二"，二者非羊非牛，当然更非马了。

彼彼此此（原作"循此循此"）与彼此同，说在异。（《经下》）

> 彼：正名者彼此。彼此可：彼彼止于彼，此此止于此。彼此不可：彼
> 且此也，[此且彼也]。彼此亦可：彼此止于彼此，若是（此）而彼此也，
> 则彼亦且此彼（原作此）也。（《说下》）

这也完全是公孙龙的论式，《名实论》云："其名正则唯乎其彼此焉。谓
彼而彼不唯乎彼，则彼谓不行。谓此而此不唯乎此，则此谓不行。其以当不当
也，不当而〔当〕，乱也。故彼彼当乎彼则唯乎彼，其谓行彼；此此当乎此则
唯乎此，其谓行此。其以当而当也，以当而当，正也。故彼彼止于彼，此此止
于此，可。彼此而彼且此，此彼而此且彼，不可。"

是就是，非就非，是非对立。是可以的，这就是所谓"彼此可"。是不为
是，非不为非，是非混淆，是不可以的，这就是所谓"彼此不可"。但是有时
是可以变为非，非亦可以变为是，是非互变，也是可以的，这就是"彼此亦
可"。《经下》派和公孙龙比较起来，算是更走了第三的一步。这正足以证明
《经下》派是公孙龙说的发展。

此外和公孙龙说相同之点还有几处，今一并叙述如下。

> 均之绝不（否），说在所均。（《经下》）
> 均：发均县（悬）轻重，而发绝，不均也。均，其绝也（耶）？莫
> 绝。（《说下》）

这是"发引千钧"的说明。《列子·仲尼篇》："龙诳魏王曰：有意不
心，有指不至，有物不尽，有影不移，发引千钧，白马非马，孤犊未尝有
母。"晋人得见《公孙龙》全书，可知"发引千钧"之说乃公孙龙之诡辞。
但此辞并不诡，只要千钧之物的重心得到，一发实足以引之。以"均"字
为说，分明也就是重心求得的意思了，《列子》"发引千钧，势至等也"，为
意正同。

> 景（影）不徙，说在改为。（《经下》）
> 景：光至，景亡。若在，尽古息。（《说下》）

这是"有影不移"的说明，也就是《天下篇》的"飞鸟之影未尝动也"。

常识认为飞鸟之影在地上动，实则飞鸟虽动，而鸟影乃是刹那刹那的个别投影的衔联。飞鸟一移，光即到达地面，前影立即消失。前影如是存在，即是光线受着遮拦，那是会永远存在的。故鸟虽飞而影不徙。影之移，乃是不断地有新影改造，投在地上的原故。《列子·仲尼篇》说明"有影不移"云"影不移者说在改也"，正同《经下》。这或许是依托者蹈袭《墨经》，或许也可能是同出于《公孙龙子》。

> 非半弗斱，则不动，说在端。（《经下》）
> 非：斱半，进前取也？前，则中无为半，犹端也。前后取？则端中也。斱必半，毋与非半，不可斱也。"（《说下》）

斱殆是斲之别体。这是对于二十三事中"一尺之棰，日取其半，万世不竭"的反驳。斲半应有两种方式，即所谓"进前取"（竖剖）与"前后取"（横断）。竖剖到极细时，只如一点之端，再不能中分为二。横断到极微时，也只剩下一点以为中心，仍不能再断。斲既必半，不能成半便不可再斲了。就这样以破"取半不竭"的诡辞。这个诡辞不知是否出于公孙龙，如果是，则《经下》派与公孙龙亦有"相訾"之处。

要之，《经下》派受惠施、公孙龙的影响极深，与《经上》派实不相同。《经下》派是"离坚白，合同异"，《经上》派是"盈坚白，别同异"，这层，我们是应该特别注意的。

《大取》《小取》的见解与《经上》派相近，同是反公孙龙的。例如：

> 语经者非白马焉。执驹焉说求之，无说，非也。（《大取》）
> 白马，马也，乘白马，乘马也。骊马，马也，乘骊马，乘马也。（《小取》）

这都是反对"白马非马"之说，引申下去，也是反对"离坚白"的。

> 小圆之圆，与大圆之圆，同。不至尺之不至也，与不至锺之不至，异。其不至同者，远近之谓也。（尺乃度，锺乃量，故虽同为"不至"，而性质不同。假使同以"远近"之度而言，则"不至尺之不至"与"不

至丈之不至"，便是同类）

　　重同、具同、连同、同类之同、同名之同、丘同、鲋同、是之同、然之同、同根之同。有非之异，有不然之异。有其异也，为其同也。为其同也异……长人之异，短人之同，其貌同者也，故同。指之（此也）人也，与首（道）之人也异。人之体非一貌者也，故异。将剑与挺剑异。剑以形貌命者也，其形不一，故异。杨木之木与桃木之木也同。（《大取》）

　　夫辩者将以……明同异之处。（《小取》）

这都是站在常识范围的别同异的立场，与惠施、公孙龙及《经下》派相反。

　　故《大取》《小取》与《经上》或许同派，只是时代的先后不同。《大取》《小取》的年代应该在后，《大取篇》有"爱二世有厚薄而爱二世相若"，余疑"二世"即秦二世。如果是，那么这两篇文字当出于秦汉之际了。

　　但《经上》《经下》与《大取》《小取》亦有相同之点。它们同样承认辩的价值。

　　辩，争彼也；辩胜，当也。（《经上》）

　　辩：或谓之牛，〔或〕谓之非牛，是争彼也。是不俱当。不俱当，必或不当，不若当犬。（《说上》）

　　谓辩无胜必不当，说在辩。（《经下》）

　　谓：所谓，非同也，则异也。同则或谓之狗，其或谓之犬也。异则或谓之牛，其或谓之马也。俱无胜，是不辩也。辩也者，或谓之是，或谓之非，当者胜也。（《说下》）

这都是主张辩必有胜负，目的是在反对庄子。庄子是主张"辩无胜"的，已详上，不重述。因为注重辩，故《大取》对于立辞的理路有所阐发，而《小取》对于辩论的方式更多所发挥。

　　以故生、以理长、以类行也者，立辞而不明其所生，忘（妄）也。今人非道无所行，唯（虽）有强股肱而不明于道，其困也可立而待也。夫辞以类行者也。立辞而不明于其类，则必困矣。（《大取》）

这一段文字似乎多少有些夺文，上文相距颇远的地方有"三物必具然后足以生"句，说者谓当与此衔接；若然，则"故""理""类"为一辞所必具的要素，似乎有点像印度因明学的三支——宗、因、喻。但原意终不甚明悉，"辞以类行"之下所举十三类，都是些典故，故实遗亡，几乎无一类可以索解。有"爱人非为誉也，其类在逆旅"这一类，所指的似乎是阳子的故事。《庄子·山木篇》云：

> 阳子之宋，宿于逆旅。逆旅有妾二人，其一人美，其一人恶，恶者贵而美者贱。阳子问其故。逆旅小子对曰："其美者自美，吾不知其美也。其恶者自恶，吾不知其恶也。"阳子曰："弟子记之，行贤而去自贤之行，安往而不爱哉？"

逆旅主人的爱其一妾，并不因为人不誉为美而不爱，反过来，他的不爱其另一妾，也并不因为人誉为美而爱。这似乎就是所谓"爱人非为誉也"了。

> 夫辩者将以明是非之分，审治乱之纪，明同异之处，察名实之理，处利害，决嫌疑；焉（爱）摹略万物之然，论求群言之比，以名举实，以辞抒意，以说出故，以类取，以类予；有诸己不非诸人，无诸己不求诸人。（《小取》）

命物而得名，合名而成辞，比辞而成说，取其类之同者，去其类之异者。此处所说的"类"似是泛指理路之同异。名据《经上》有"达、类、私"之分，《说》云："物、达也，有实必待之名也命之。马、类也，若实也者必以是名也命之。臧、私也，是名也止于是实也。声出口，俱有名，若姓字〔然〕。"达名是大公名，类名是小公名，私名是固有名词。但实物之名以外，动作云谓之字，似乎变称为名，所谓"声出口，俱有名"，这样便很近于逻辑术上所说的端了。名之用法谓之谓，《经上》"谓：命、举、加"（"命"原作"移"，据《说》改）。《说》云"谓：狗去（原作"犬"），命也。狗吠（原亦作"犬"），举也，叱狗，加也"。同一狗名，有三种云谓程式，命谓如今言呼格，举谓如主格，加谓如宾格。像这样初步逻辑术或文法学的分类，可惜并不详尽。

关于辩论的方法，《小取篇》列出或、假、效、辟（譬）、侔、援、推七种。各项的界说是：

> 或也者不尽也。
>
> 假者今不然也。
>
> 效者为之法也，所效者所以为之法也。故中效则是也，不中效则非也。此效也。
>
> 辟（譬）也者举也（他）物而以明之也。
>
> 侔也者比辞而俱行也。
>
> 援也者曰子然，我奚独不可以然也？
>
> 推也者以其所不（否）、取之，同于其所取者，予之也。"是犹谓"也者同也，"吾岂谓"也者异也。

这七种里面只有譬、侔、援、推四种是真正的辩术，故下文云："辟侔援推之辞，行而异，转而危（诡），远而失，流而离本，则不可不审也，不可常用也。"既视为"不可不审""不可常用"的东西，可知墨家辩者并没有把这些视为必须遵守的规律，他们只是把一般通用的法门略作敷陈而已。近时学者每多张皇其说，求之过深，俨若近世缜密之逻辑术，于墨辩中已具备。其实辟是譬喻，侔是比附，援是援例，推是推详或推诿，"是犹谓"是推详的手法，"吾岂谓"是推诿的手法，都是属于推。论敌的侧面攻击我避开，我对论敌的主旨则不妨专施侧面攻击。《吕氏春秋·荡兵篇》云"援推、兵也"，足证所谓援、所谓推，并不是专为寻求真理的法门，而是辩敌致胜之术数。

《小取》的作者对于这些法术的使用是相当戒慎的，他知道用这些法术时如没有一定的限度，有走向很大的错误的危险。所以他说："夫物有以同，而不率遂同，辞之侔也有所至而正。"侔比之辞如不知"所至"，那便会不得其"正"了。例如："谓犬似玃，玃似狙，狙似人，即犬似人矣。谓白似缃，缃似黄，黄似朱，朱似紫，紫似绀，绀似黑，则白成黑矣。"（北齐刘画语，见《刘子·审名篇》）这便是无所至而失其正。

但《小取》的作者尽管审慎，而他在援推的辞例上便不免自陷于错误。

> 盗人，人也；多盗非多人也，无盗非无人也。奚以明之？恶多盗，非

恶多人也，欲无盗，非欲无人也。世相与共是之。若若是，则虽盗人人
也，爱盗非爱人也，不爱盗非不爱人也，"杀盗非杀人也"无难矣。此与
彼同类，世有彼而不自非也，墨者有此而非之，无他故焉，所谓内胶外
闭，与心毋空乎？

"杀盗非杀人"这个主张，在墨家特重私有权的立场上是有它法理上的用意
的，但遭了儒家和道家的反对。《荀子·正名篇》："杀盗非杀人也，此惑于用
名以乱名者也。"《庄子·天运篇》："杀盗非杀人〔也〕，自为种（钟）而天
下耳，是以天下大骇。"（原文乃评夏禹之辞，禹为墨者所宗，故借用墨者语
以示讥刺）经了这样的反对，墨者便想从名理上来找寻立说的根据，所据的
只是援术，便是你能这样说，为什么我不能这样说。但援来援去，其实只是诡
辩。问题只在盗与人两名的相对的含义上。"盗人，人也"，这个"人"是把
盗包含着的大共名。"爱盗，非爱人也"，这个人是把盗除外了的小共名——
所谓好人。如果说"杀盗非杀好人"，那是没有问题的，但一定要坚持"杀盗
非杀人"，结果是把盗摒绝于人之外，盗者只是豺狼虎豹、格杀勿论的东西，
暴君酷吏得到凭借，人民可以无噍类了。

八　邹衍

阴阳家的邹衍对于名辩的态度，却完全采取的是正常的立场。《史记·平
原君传》："平原君厚待公孙龙，公孙龙善为坚白之辩，及邹衍过赵，言至道，
乃绌公孙龙。"《集解》引刘向《别录》，更详叙其事：

齐使邹衍过赵，平原君见公孙龙及其徒綦母子之属，论白马非马之辩
以问邹子。邹子曰："不可。彼天下之辩有五胜三至，而辞正为上（原误
作下）。辩者别殊类使不相害，序异端使不相乱，抒意通指，明其所谓，
使人与知焉，不务相迷也。故胜者不失其所守，不胜者得其所求。若是，
故辩可为也。及至烦文以相假，饰辞以相悖，巧譬以相移，引人声使不得
及其意，如此，害大道。夫缴纷争言而竞后息，不能无害〔为〕君子。"
坐皆称善。

这关于辩的见解是完全平正通达的。在一般学者的观感里面，邹子仿佛是一位怪迂狂诞的人，他的见解是近于荒谬的，其实这是有些冤屈。最可惜的是他一百多篇的著作（《汉志·阴阳家》"《邹子》四十九篇"，又"《邹子·终始》五十六篇"）完全遗失了，他的学说只剩下一些鳞爪。但仅就这些鳞爪看来，他确是富有独创性的一位大思想家，他的思想之所以成为怪迂狂诞，是应该由假借他的学说而不通其意的燕、齐的方士们负责。

> 邹衍睹有国者益淫侈，不能尚德，若《大雅》"整之于身，施及黎庶"矣，乃深观阴阳消息，而作怪迂之变，《终始大圣》之篇十万余言。其语闳大不经，必先验小物，推而大之，至于无垠。先序今以上至黄帝，学者所共术。大并世盛衰，因载其祥度制，推而远之，至天地未生，窈冥不可考而原也。先列中国名山大川通谷禽兽，水土所殖，物类所珍，因而推之及海外，人之所不能睹。称引天地剖判以来，五德转移，治各有宜，而符应若兹。以为儒者所谓中国者，于天下乃八十一分居其一分耳。中国名曰赤县神州。赤县神州内自有九州，禹之序九州是也，不得为州数。中国外如赤县神州者九，乃所谓九州也。于是有裨海环之，人民禽兽莫能相通者如一区中者乃为一州。如此者九，乃有大瀛海环其外，天地之际焉。其术皆此类也。然要其归必止乎仁义节俭，君臣上下六亲之施，始也滥耳。（《史记·孟荀列传》）

据这段概述看来，他的立说的原则是注重经验与类推，验小以推大，这是对的；但大到无垠，那便太超越限度了。他并不和道家那样作超现实的空想，他的学说内容是历史与地理。历史观是从现代推到古代，创立了他的"终始五德说"，他是把儒家的阴阳五行扩大了。地理观是从中国推到海外，创立了他的"大九州说"，也是把儒者的九州说扩大了。他的过失是失于夸大，但在两千多年前能有这样丰富的想象力，倒是值得佩服的。

"终始五德"之说在《吕氏春秋·应同篇》保存了一部分：

> 凡帝王者之将兴也，天必先见祥乎下民。黄帝之时，天先见大螾大蝼，黄帝曰："土气胜。"土气胜，故其色尚黄，其事则土。乃禹之时，

> 天先见草木秋冬不杀，禹曰："木气胜。"木气胜，故其色尚青，其事则木。及汤之时，天先见金刃生于水，汤曰："金气胜。"金气胜，故其色尚白，其事则金。及文王之时，天先见火赤乌含丹书集于周社，文王曰："火气胜。"火气胜，故其色尚赤，其事则火。代火者必将水，天且先见水气胜。水气胜，故其色尚黑，其事则水。水气至而不知，数（速）备，将徙于土。

这虽然没有标明是邹衍之说，但出自邹子可毫无疑问。《文选》注李善引邹子云，"五德从所不胜，虞土、夏木、殷金、周火"（见沈休文《故安陆昭王碑文》注），又引《七略》云，"邹子终始五德，从所不胜，木德继之，金德次之，火德次之，水德次之"（见左思《魏都赋》注），和《吕览》所述完全相符。黄帝至虞，通被认为土德，大约是因为禅让的原故。余以五行相克为序，胜者代主，这儿含孕有承认革命的用意。这和《月令》以五行相生为序以说明春秋代谢的想法不同。《月令》四时中央均有神帝主运，而神帝是轮流递禅的，分明是禅让说的扩大反映。这是儒家的想法，也为邹子所承继，《周礼·大司马》"司爟掌行火政令"，注引郑司农说："邹子曰春取榆柳之火，夏取枣杏之火，季夏取桑拓之火，秋取柞楢之火，冬取槐檀之火。"《论语》"钻燧改火"（《阳货》），《集解》引马融旧注，所列五木之火与此相同。皇侃疏云："改火之木，随五行之色而变也。榆柳色青，春是木，木色青，故春用榆柳也。枣杏色赤，夏是火，火色赤，故夏用枣杏也。桑柘色黄，季夏是土，土色黄，故季夏用桑柘也。柞楢色白，秋是金，金色白，故秋用柞楢也。槐檀色黑，冬是水，水色黑，故冬用槐檀也。"据此，可知邹衍亦承认五行四季之运行，但他把它扩大了，而且由相生之序倒而为相克之序，建立了"终始五德说"，以为人事界变化的说明。虽然同是臆说，但在两千多年前便想在五个简单的原素中寻求一种周期律，并运用以解说宇宙人生，不能不说是一种勇敢的思想上的飞跃。

"终始五德说"虽在承认革命上和五行气运说不甚相同，但它在五行相继、终而复始的一点上，依然采取着循环变化的观念，看不出人事界的发展，所以它的革命性依然是有限度的。而尤其可怜的是，这种有限度的革命学说，没有得到它的正当的发展，似乎就在邹子存世的当时便已经起了质变。《史记·封禅书》上说得很明白：

> 自齐威、宣之时，邹子之徒论著"终始五德"之运。及秦帝而齐人奏之，故始皇采用之。而宋毋忌、正伯侨、充尚、羡门子高最后皆燕人，为方仙道，形解销化，依于鬼神之事。邹衍以阴阳主运，显于诸侯，而燕、齐海上之方士传其术，不能通。然则怪迂阿谀苟合之徒自此兴，不可胜数也。

是这些不通的方士把邹衍学说和道家的方仙、墨家的鬼神苟合了起来，于是才构成了汉儒所说的阴阳家的怪态，邹衍从此也就蒙上了污垢了。

邹衍的主要思想很明显地是儒家思、孟一派的发展，九州见于《禹贡》，五行见于《洪范》，都是思、孟一派的儒者的创说。邹衍出自儒家，故"其归必止乎仁义节俭，君臣上下六亲之施"，依然保存着儒家的态度。《淮南子》曾揭载他的一段逸事："邹衍事燕惠王尽忠，左右谮之王，王系之狱，仰天哭，夏五月，天为之霜。"（《太平御览》卷十四所引，又见《文选》卷三十九注）这也是儒者所愿夸示的一种道德。邹子的为人和立说是这样，他对于辩要采取平正通达的态度，我们是可以理解的。

九　荀子

荀子在儒家中是参加辩争的最积极的一位代表。孔子虽然主张"正名"，但他想不说话——"予欲无言"。孟子虽然好辩，但他说是出于不得已——"予岂好辩哉？予不得已也"。到了荀子，则成为"君子必辩"，而于辩中分别出小人、君子与圣人。

> 君子必辩。凡人莫不好言其所善，而君子为甚焉……君子之行仁也无厌，志好之，行安之，乐言之，故言"君子必辩"。小辩不如见端，见端不如见本分。小辩而察，见端而明，本分而理，圣人士君子之分具矣。有小人之辩者，有士君子之辩者，有圣人之辩者。不先虑，不早谋，发之而

当，成方而类，居错迁徙，应变不穷，是圣人之辩者也。先虑之，早谋之，斯须之言而足听，文而致实，博而党正，是士君子之辩者也。听其言则辞辩而无统，用其身则多诈而无功，上不足以顺明王，下不足以和齐百姓，然而口舌之均，噡唯则节，足以为奇伟偃却之属，夫是之谓奸人之雄。圣王起所以先诛也，然后盗贼次之。盗贼得变，此不得变也。（《非相》）

所谓"圣人之辩"应该是达到了"从心所欲不逾矩"的那种境地者的言论，见理已经明澈，无须乎预备，横说顺说都正当而有体统。这是侧重在内容——伦理，并不是侧重在形式——论理。所谓"小人之辩"是泛指当时的诸子百家，就是儒家的别派也是包含着的。他的《非十二子篇》便是证明。玄嚣、魏牟、陈仲、史鳅、墨翟、宋钘、慎到、田骈、惠施、邓析，都被他骂倒了之外，子思、孟轲也被他骂得很毒辣。但他所最不高兴的似乎就是名家，惠施、邓析被他骂到的机会很多，而且有时是破口大骂。

山渊平，天地比，齐、秦袭，入乎耳，出乎口，钩有须，卵有毛，是说之难持者也，而惠施、邓析能之。（《不苟》）（邓析颇疑是墨家别派邓陵之误，陵或作林，后人不察，误改为邓析。邓析虽辩，但与战国时辩者实异其统类）⑤

不法先王，不是礼义，而好治怪说，玩琦辞，甚察而不惠，辩而无用，多事而寡功，不可以为治纲纪。然而其持之有故，其言之成理，足以欺惑愚众，是惠施、邓析也。（《非十二子》）

不邮是非然不然之情，以相荐撙，以相耻怍，君子不若惠施、邓析，若夫谪德而定次，量能而授官，使贤不肖皆得其位，能不能皆得其官，万物得其宜，事变得其应，慎、墨不得进其谈，惠施、邓析不敢窜其察……若夫充虚之相施易也，坚白同异之分隔也，是聪耳之所不能听也，明目之所不能见也，辩士之所不能言也，虽有圣人之知未能偻指也。不知无害为君子，知之无损为小人。工匠不知无害为巧，君子不知无害为治。王公好之则乱法，百姓好之则乱事。而狂惑戆陋之人乃始率其群徒，辩其谈说，明其辟（譬）称，老身长子不知恶也，夫是之谓上愚。曾不如相鸡狗之可

以为名也。(《儒效》)

这样对于名家的深恶痛绝，自然足以表示荀子的门户之见的酷烈，但惠施、公孙龙和墨家辩者的一部分实在也把名辩的潮流引向错误的路上去了。辩术的正规的法则没有得到阐发，而只是作些游戏式的诡辩。这种倾向确遭受了普遍的非难。道家内部自相谴责，如庄周之责惠施；墨家内部也自相訾应，如《经上》之訾《经下》。阴阳名法，无一不以苟察为非。荀子在这种反诡辩的潮流当中，他除破邪之外，也很想做些显正的功夫。虽然他也并没有多么大的成就，但他是在朝建设的道路走。他有《正名》一篇，主要便综合着他的关于这一方面的思想，他要把走错了路的名辩挽回到纯正的"正名"的要求上来：

> 今圣王没，名守慢，奇辞起，名实乱，是非之形不明，则虽守法之吏，诵数之儒亦皆乱也。若有王者起，必将有循于旧名，有作于新名。

他是在向时代呼吁，大喊其"正名"，但这和孔子时代的"正名"的要求已经有点两样了。孔子当时主要是想正旧的名，而荀子则是想正新的名，反而在旧名里面又发现了一段光辉。所以他说："后王之成名，刑名从商，爵名从周，文名从礼。散名之加于万物者则从诸夏之成俗曲期。远方异俗之乡则因之而为通。"就这样对于新旧来它一个调和。

其次他是反对"合同异"的，同异一定要使它明白，是非一定要准确，名实一定要相符。"异形，离心交喻，异物，名实玄纽"，即是使不同的形物，离开实际，眩而为同，那种"合同异"的办法是要不得的，它使"贵贱不明，同异不别"。这样便致意思不能相通，事功无由推进。所以他主张别同异："知者为之分别，制名以指实；上以明贵贱，下以辩同异。"(《正名》)

同异之起由于五官，五官与客观接触，即所谓"天官之当簿其类"。"凡同类同情者，其天官之意物也同"，反之，如异类异情者，则其天官之意物也自异。故形色以目异，声音以耳异，甘苦以口异，香臭以鼻异，疾痒以体异，由感而生喜怒哀乐之情，情复以心异。人同此官，人同此心，则同者必同，而异者必异。因之便诱导出了他的"制名之枢要"。

> 同则同之，异则异之。单足以喻则单，单不足以喻则兼。单与兼无所

相避则共，虽共不为害矣。知异实者之异名也，故使异实者莫不异名也，不可乱也，犹使同实者莫不同名也。故万物虽众，有时而欲遍举之，故谓之物。物也者大共名也。推而共之，共则有（又）共，至于无共然后止。有时而欲遍举之，故谓之鸟兽。鸟兽也者大别名也，推而别之，别则有（又）别，至于无别然后止。名无固宜，约之以命，约定俗成谓之宜，异于约则谓之不宜。名无固实，约之以命，约定俗成，谓之实名。名有固善，径易而不拂，谓之善名。物有同状而异所者，有异状而同所者，可别也。状同而为异所者，虽可合，谓之二实。状变而实无别而为异者谓之化，有化而无别，谓之一实（如蚕化为蛹之类）。此事之所以稽实定数也，此制名之枢要也。（《正名》）

这些意见和《墨子·经上》派的见解相近，此所谓"大共名"即彼"达名"，"大别名"即彼"类名"，别至于无别者即彼"私名"。准据常识，说出了名词产生的路数，而重在名实相符，同异有别。

《正名篇》更进还作了一些名实期命说辩等的界说之外，对于名学的方法依然没有什么发明。"实不喻然后命，命不喻然后期，期不喻然后说，说不喻然后辩"，所谓命即是名，所谓期当是形容之意，这些程序也是常识。说辩要怎样才能合理，怎样便是悖理，他在方法论上毫无建树，而只注重在所说的内容，便是所谓"道"——"道也者治之经理也。心合于道，说合于心，辞合于说。正名而期，质情而喻，辩异而不过，推类而不悖。听则合文，辩则尽故，以正道而辩奸，犹引绳以持曲直。是故邪说不能乱，百家无所窜……是圣人之辩说也。"这是他所标榜的辩说的最高阶段了，然而只是论理上的"道"的演绎。他不是想探索名辩法则的论理以寻求真理，而只是根据一种主观观念的论理放为说辞而已。故尔他的方法也和墨家《经上》派差不多，至多只做到了一点正名与推类的工作。

在名学方法上虽然没有用到什么功夫，荀子的兴趣却是偏向在心理揣摩的方面去了——"凡说之难，以至高遇至卑，以至治接至乱。未可直至也，远举则病缪，近世（曳）则病傭。善者于是间也，未必远举而不缪，近世而不傭，与时迁徙，与世偃仰，缓急赢绌，府然若渠匽隐栝之于己也，曲得所谓焉，然而不折伤。"（《非相》）这主要是说逢人说人话，见鬼说鬼话，即是揣摩形势，揣摩心理。但要怎样才能够"与时迁徙，与世偃仰"，而"缓急赢绌"适得其度，他也没有说出一个道理来。这倾向到他的弟子韩非有了更进一步的发展，有名的《说难》及《难言》诸篇便是从这儿滥觞起来的。但这种探索只能属于宣传术或所谓雄辩术的范围，而异于所谓逻辑学了。

1945 年 1 月

注释

①见作者《宋钘、尹文遗著考》一文（《青铜时代》）。

②《淮南·人间训》："兒说之巧，于闭结无不解。"——作者注

③见《孟子·告子上》。

④《孟子·滕文公下》。

⑤陵与林，古每通用。如《周书·王会篇》"央林以酋耳"，《尚书大传》作于陵氏；《左传》僖十四年"诸侯城缘陵"，《穀梁》作缘林；《六韬·绝粮篇》"依山林险阻水泉林木而为之固"，《通典》五十六作山陵；《大招》"山林险隘"，旧校林一作陵。——作者注

前期法家的批判

  法家的产生应该上溯到子产。《左传》昭公六年三月"郑人铸《刑书》"；当时郑国是子产执政，这至少可以说是新刑律的成文化。晋国的叔向诒书反对，说"先王议事以制，不为刑辟"，而责难子产"相郑国，作封洫，立谤政，制参辟，铸《刑书》……民知争端矣，将弃礼而征于书，锥刀之末，将尽争之"。子产没有接受他的意见，但也回答了一封信，说"不能及子孙，吾以救世也"，表明着《刑书》之铸是有迫切的必要。

  叔向的书无疑是经过后人润色过的东西，但在大旨上很合乎当时的时代精神。在那新旧交替的时代，叔向站在保守的立场，想维持旧日的礼制而反对新政，认为刑辟之设是争端的开始，其实这正是倒因为果。事实上是旧的礼制已经失掉了统治作用，世间上有了新的争端，故不得不用新的法令来加以防范。子产说他是为"救世"，正是现实的政治家所表露出的真心话。

  这新的争端是什么呢？便是春秋中叶以还，财产的私有逐渐发展，私有权的侵犯也逐渐发展，为保障私有权的神圣，便不得不有适合于新时代的法令之产生。子产的《刑书》虽然已经失传，但它的内容是承认私有财产权并保护私有财产权是毫无疑问的。有名的《舆人诵》，便是绝好的证明。"取我衣冠而褚之，取我田畴而伍之，孰杀子产，吾其与之。"这表明在初期对于私有财产加以新的编制的时候，大家感觉着不自由。然而仅仅三年之后，新编制的意义正是承认并保护私有财产，大家也明白了，于是乎诵声一变。"我有子弟，子产诲之，我有田畴，子产殖之，子产而死，谁其嗣之？"[①]私有财产得到保障，而且更加发展了。这位被人讥为"虿尾"的政治家子产，确实是一位新时代的前驱者。叔向尽管反对他的政策，然而时势所趋，更有趣的是仅仅相隔二十三年，而叔向自己的祖国，赵鞅、荀寅"遂赋晋国一鼓铁以铸刑鼎，著范宣子所为《刑书》"了。

在晋国铸刑鼎的时候，据《左传》（昭公二十九年），仲尼也曾表示反对的意见，"晋其亡乎，失其度矣"，主张晋国当守唐叔之法度，使"贵贱不愆"，和叔向反对子产时的意见相差有限。这固然也表示时代的新旧之争，但不一定就真是仲尼的话。叔向书和仲尼语都带有预言性质，一言郑之将败，一言晋之必亡，这分明是在晋、郑败亡后撰述这些故事者的润色。古者"刑不上大夫，礼不下庶人"，一上一下，待遇云泥，这自然就是贵贱有序。但时代不同了，虽在庶人，有产即尊，虽在大夫，无产即卑。礼必须下下来，刑也必须上上去。这是一种新的秩序，但在过渡时期，和旧秩序比照起来，自然也就是"贵贱无序"了。

社会有了变革，然后才有新的法制产生，有了新的法制产生，然后才有运用这种新法制的法家思想出现。故尔法家倾向之滥觞于春秋末年，这件事的本身也就足以证明春秋中叶以后在中国社会史上实有一个划时代的变革。

各国都在变法，各国都应该有法家式的前驱者，特书缺有间，我们不能够知其详尽了。在这儿我想就几位代表人物，略略加以叙述。

一　李悝

李悝在严密意义上是法家的始祖，《汉书·艺文志》有"《李子》三十二篇"，列为法家之首，注云"名悝，相魏文侯，富国强兵"。可惜这三十二篇书已经亡佚，只有关于刑律和农政两项还在别的文献里面保存了一些梗概。

《晋书·刑法志》云："秦汉旧律，其文起自魏文侯师李悝。悝撰次诸国法，著《法经》，以为王者之政莫急于盗贼，故其律始于《盗》《贼》。盗贼须劾捕，故著《网》《捕》二篇。其轻狡越城、博戏、借假不廉、淫侈逾制，以为《杂律》一篇。又以其律《具》其加减。是故所著六篇而已。然皆罪名之制也。商君受之以相秦。汉承秦制，萧何定律，除参夷连坐之罪，增部主见知之条，益事律《兴》《厩》《户》三篇，合为九篇。"据此可知秦汉以后的刑律大抵是祖述李悝，而李悝《法经》是治"盗贼"为首要，这便是说，新起的法家精神是以保卫私有财产权为本位的。

李悝《法经》及其刑律虽然失传，但他的遗意遗法，毫无疑问，是被包含在秦汉以来的律法里面了。《唐律疏议》于此有所补充，足证李悝之法至唐犹存，特略有增损而已。

> 魏文侯师于李悝，集诸国刑典，造《法经》六篇：一《盗法》、二《贼法》、三《囚法》、四《捕法》、五《杂法》、六《具法》。
>
> （原注）一《盗法》，今《贼盗律》是也；二《贼法》，今《诈伪律》是也；三《囚法》，今《断狱律》是也；四《捕法》，今《捕亡律》是也；五《杂法》，今《杂律》是也；六《具法》，今《名例律》是也。
>
> 商鞅传授，改法为律。
>
> （原注）改法为律者，谓《盗律》《贼律》《囚律》《捕律》《杂律》《具律》也。
>
> 汉相萧何，更加悝所造《户》《兴》《厩》三篇，谓《九章之律》。
>
> （原注）《户》者，《户婚律》；《兴》者，《擅兴律》；《厩》者，《厩库律》。
>
> 魏因汉律为一十八篇，改汉《具律》为《刑名》第一。晋命贾充等增损汉、魏律为二十篇，于魏《刑名律》中分为《法例律》。

但李悝的建树并不专在于刑律，他还有更积极一方面的经济政策。《史记·孟荀列传》，谓"魏有李悝尽地力之教"，可惜他这项教令也遗忘了，仅仅在《汉书·食货志》里面还保留了一点梗概：

> 李悝为魏文侯作尽地力之教，以为地方百里提封九万顷。除山泽邑居，参分去一，为田六百万亩。治田勤谨，则亩益三斗（原作升，依臣瓒校改）；不勤，则损亦如之。地方百里之增减，辄为粟百八十万石矣。又曰：籴甚贵伤民，甚贱伤农；民伤则离散，农伤则国贫。故甚贵与甚贱，其伤一也。善为国者，使民无伤而农益劝。今一夫挟五口，治田百亩。岁收亩一石半，为粟百五十石。除十一之税十五石，余百三十五石。

食，人月一石半，五人终岁为粟九十石，余有四十五石。石三十，为钱千三百五十。除社闾尝新春秋之祠用钱三百，余千五十。衣，人率用钱三百，五人终岁用千五百，不足四百五十。不幸疾病死丧之费及上赋敛，又未与此。此农夫所以常困，有不劝耕之心，而令籴至于甚贵者也。是故善平籴者，必谨观岁有上中下熟。上熟其收自四（百五十石之四倍，收六百石），余四百石，中熟自三（百五十石之三倍，收四百五十石），余三百石。下熟自倍（百五十石之二倍，收三百石），余百石。小饥则收百石，中饥七十石，大饥三十石。故大熟则上籴三而舍一（余四百石中籴三百石），中熟则籴二，下熟则籴一，使民适足，价平则止。小饥则发小熟之所敛，中饥则发中熟之所敛，大饥则发大熟之所敛，而粜之。故虽遇饥馑水旱，籴不贵而民不散，取有余以补不足也。行之魏国，国以富强。

这在中国的政治经济史上应该是极重要的一段文字，在这儿把战国初年的农民生活、田制物价等都叙述得非常明白。土地依然是国有，"地方百里提封九万顷"，也显然还保存着井田制的痕迹，而"山泽邑居，参分去一"，已经不再是旧时的规整的井田了。"一夫百亩"虽还是古代的孑遗，除经常的"十一之税"而外，还有临时的赋敛，生活是独立的，当时的农夫明显地脱离着奴隶的阶段了。这情形依然在过渡时代当中。但最值得注意的是"平籴"。他把收成好的年辰分为上中下三等，把收成不好的年辰也分为上中下三等。收成好，政府便将米谷购上，收成不好便将所购上的米谷平价发卖。中国以后的均输、常平仓等办法，事实上就是导源于这儿的。这是最有实质的惠民政策，无怪乎"行之魏国"而"国以富强"了。

可惜的是这样的一位重要人物，而司马迁的《史记》却不为之立传，他的思想渊源和生活出处，我们不能知其详了。《韩非·内储说上》载有他的一段故事，说他曾"为魏文侯上地之守，而欲人之善射"，乃下令以射之能中与否决讼狱，于是乎上地的人都习射，后来便因此战败了秦人。又《外储说左上》另有一段故事，说他小用方术，以鼓励他的左右，但反为秦人所败。这些故事都表示他是位善良而相当机敏的人。《吕氏春秋·恃君览》里面又有这么一段故事：

> 魏武侯谋事而当，攘臂疾言于庭曰："大夫之虑莫如寡人矣！"立有间，再三言。
>
> 李悝趋进曰："昔者楚庄王谋事而当，有大功，退朝而有忧色。左右曰：'王有大功，退朝而有忧色，敢问其说？'王曰：'仲虺有言，不谷悦之。'曰："诸侯之德，能自为取师者王，能自取友者存，其所择而莫如己者亡。'今以不谷之不肖也，群臣之谋又莫吾及也，我其亡乎？'曰，此霸王之所忧也，而君独伐之，其可乎？"
>
> 武侯曰："善。"
>
> 人主之患也，不在于自少而在于自多。自多则辞受，辞受则原竭。李悝可谓能谏其君矣，一称而令武侯益知君人之道。（《骄恣》）

这却表示着李悝具有儒家的气息。同一故事在《荀子·尧问篇》与《新序·杂事一》均作为吴起，假使三占从二，可能是吕氏的门下记错了人。不过从这儿也可以得到一些痕迹，便是吕门离李悝不远；即使是记错了，必须李悝是具有这种色彩的人，然后才能够联想得到。魏文侯时本是人才集中时代，师有子夏、段干木、田子方，臣有翟璜、乐羊、西门豹、吴起，大抵都是儒者。同时还有一位李克，曾参与文侯置相的咨询，《汉书·艺文志》儒家有"《李克》七篇"，注云"子夏弟子，为魏文侯相"，说者多以为即李悝的异名，我看是很正确的。因为悝、克本一声之转，二人时代相同，地位相同，思想相同，而李悝尽地力之教，在《史记·货殖列传》及《平准书》则说"李克务尽地力"。儒家中既有李克，法家中又有李悝者，也就如儒家中既有"《公孙尼子》二十八篇"，杂家中又有"《公孙尼》一篇"。《古今人表》中把李悝与李克分为二人，那应该是班固的错误了。

二　吴起

吴起在一般只认为是兵家，但其实他也应该是法家的一位重要人物。在先秦文献中，言兵时固然早已以孙、吴对举，而言法时则是以商鞅、吴起对举的。吴起并不是单纯的一位兵家，即就兵法来说，应该只是法的一个分支。

关于吴起，我曾经有《述吴起》②一文详细论述，在这儿只想把他的面貌再画出一个简单的轮廓。

他曾经师事过曾申，也师事过子夏，自然也是在初期儒家的影响中陶冶出来的人。他曾事魏文侯与武侯，为魏守西河，出于翟璜所荐。后为王错所谗，乃逃入于楚，为楚悼王令尹仅一年，而悼王没。仇视吴起的"楚之贵戚"射杀吴起于悼王尸次。这是悼王二十一年的事。

吴起在魏的期间比较长，在楚的期间比较短。在魏所留下的德政是兵制的建设。魏惠王时公叔痤为将，与韩起战浍北，痤获胜，惠王郊迎，赏田百万，公叔痤不敢受，他曾经这样说过："夫使士卒不崩，直而不倚，挠拣而不辟者，此吴起余教也。"那时吴起早已死了，惠王还"索吴起之后，赐之田二十万"（以上见《战国策·魏策》），足见魏国的兵制是吴起的余教。那么魏国的兵制又是怎样的呢？

> 雄桀之士，因势辅时，作为权诈以相倾覆。吴有孙武，齐有孙膑，魏有吴起，秦有商鞅，皆禽敌立胜，垂著篇籍。当此之时，合纵连衡，转相攻伐，代为雌雄。齐闵以技击强，魏惠以武卒奋，秦昭以锐士胜。世方争于功利，而驰说者以孙、吴为宗。（《汉书·刑法志》）

由这段文字看来，可知齐的技击创始于孙膑，魏的武卒创始于吴起，秦的锐士创始于商鞅，魏的武卒又是怎样一种情形呢？《刑法志》引用了荀卿的话（案出《荀子·议兵篇》）：

> 魏氏之武卒……衣三属之甲，操十二石之弩，负矢五十个，置戈其上，冠胄带剑，赢三日之粮，日中而趋百里。中试则复其户，利其田宅。

这是一种常备兵的设置，这无疑便是所谓"吴起余教"了。他的兵书四十八篇，在《汉志》属于"兵权谋"类，可惜已经失传，现存《吴子》六篇"乃是伪托。他的兵法自然无从得而详悉了。

《吕氏春秋·执一篇》载一故事，乃吴起与商文争相（《史记·吴起传》误作田文），吴起曾举三事自负。第一事是："治四境之内，成训教，变习俗，使君臣有义，父子有序。"第二事是："今日置质为臣，其主安（爱）重，今日释玺辞官，其主安（爱）轻。"第三事是："士马成列，马与人敌，人在马前，援枹一鼓，使三军之士乐死若生。"以军事列在第三位，而以政事列在第一位，足见吴起自己也并不以兵家自甘。他在楚国的一段短暂的期间便纯粹是以政治家的姿态出现的。但他在楚国立了些什么法制，详细的情形可惜一样地无法知道了。只他所执行的一些原则，在各种文献里面略有散见。

> 楚悼王素闻起贤，至则相楚。明法审令，损不急之官，废公族疏远者，以抚养战斗之士，要在强兵，破驰说之言纵横者。（《史记·吴起列传》）
>
> 吴起谓荆王曰："荆所有余者地也，所不足者民也。今君王以所不足益所有余，臣不得而为也。"于是令贵人往实广虚之地，皆甚苦之。（《吕览·贵卒》）
>
> 吴起教悼王以楚国之俗曰："大臣太重，封君太众。若此则上逼主而下虐民，此贫国弱兵之道也。不如使封君之子孙三世而收爵禄，裁减百吏之禄秩，损不急之枝官，以奉选练之士。"（《韩非·和氏》）
>
> 吴起事悼王，使私不害公，谗不蔽忠，言不取苟合，行不取苟容，行义不顾毁誉，必有伯主强国，不辞祸凶。（《战国策·秦策》范雎语）
>
> 吴起为楚悼罢无能，废无用，损不急之官，塞私门之请，一楚国之俗，南收扬越，北并陈、蔡，破横散从，使驰说之士无所开其口。（《战国策·秦策》蔡泽语）

据这些资料看来，吴起行之于楚的办法，和商鞅后来行之于秦的差不多完全一致。毫无疑问，吴起也应该列入于法家的。只是他在楚国行法未久而遭了暗杀，以致前功尽弃，因此他的法家履历便不及商鞅的那么显著了。

吴起的态度，是扶助楚国的公室和私门斗争，而主要的策略是在争取人民。"令贵人往实广虚之地"，自然是强迫贵人们和他们的所属去垦荒，而贵人们所遗留下的土地大概是收归国有了。"以抚养战斗之士"，"以奉选练之士"，自然就是收回国有了的土地的用途，而这些"战斗之士"或"选练之士"应该就是由人民选拔出来的。就这样使人民得到了解放和富裕的机会，借此以和私门争取不足的人民，并诱致邻国的人民。怎样"扶养"或"奉"的情形无从知道了，只他苛于大臣封君，而惠于人民士卒，是毫无疑问的。在这儿我感觉着吴起不失为当时的一位革命的政治家，他的不幸是在悼王死得太早。假使悼王迟死，让他至少有十年或五年的执政期间，则约定俗成，他的功烈决不会亚于商鞅。战国的局势主要是秦、楚的争霸，吴起的霸业如在楚国成功，后来统一了中国的功名恐怕不必一定落在秦人的手里了。

三　商鞅

商鞅是李悝的学生，与吴起同是卫人而年辈略后。他也是在魏文、武二侯时代儒家气息十分浓厚的空气中培养出来的人物，他的思想无疑也是从儒家蜕化出来的。《史记·商君列传》说他初见秦孝公的时候说以"帝王之道"，未能投合，继说以"霸道"，再进说以"强国之术"，而后孝公大悦，遂见任用。这些大概是事实。这也表明他虽然学过儒术，但他是更重实际的一位政治家，也很想"及其身显名天下，安能邑邑待数十百年"的。故他不用于魏便尽可以远走高飞，入秦而谋魏；入秦乃因孝公宠臣景监而求见，可见他是怎样的不择手段。有名的欺骗公子卬以败魏师的事，虽然是兵不厌诈，人各为主，但那样的出卖朋友、出卖故国，实在是可以令人惊愕的事。

但他是一位时代的宠儿，生当大变革的时代，又遇着信任专一的孝公，使他能够放手做去，收到了莫大的功名，他比起李悝、吴起来实在是更加幸运的。秦王政后来之所以能够统一中国，是由于商鞅变法的后果，甚至于我们要说秦、汉以后的中国的政治舞台是由商鞅开的幕，都是不感觉怎么夸诞的。

商鞅的"变法之令"在《列传》中叙述得比较详细："令民为什伍，而相收司（纠伺）连坐。不告奸者腰斩，告奸者与斩敌首同赏。匿奸者与降敌同罚。民有二男以上不分异者倍其赋。有军功者各以率、受上爵，为私斗者，各以轻重被刑。大小僇力本业，耕织致粟帛多者复其身。事末利及怠而贫者举以为收孥。宗室非有军功论，不得为属籍。明尊卑爵秩等级，各以差次。名田宅臣妾衣服，以家次。有功者显荣，无功者虽富无所芬华。"主要是重耕战，贱工商，奖励告密，实行连坐。"奸"是什么呢？当然就是盗贼及违反法令者之类了。《韩非》书中也屡次提到商鞅变法的故事，所说的情形更为综括，但大抵和《列传》差不多：

> 古秦之俗，君臣废法而服私，是以国乱兵弱而主卑。商君说秦孝公以变法易俗而明公道，赏告奸，困末作而利本事。（《奸劫弑臣》）
>
> 公孙鞅之治秦也，设告相坐而责其实，连什伍而同其罪，赏厚而信，刑重而必。（《定法》）
>
> 商君教秦孝公以连什伍，设告坐之过，燔《诗》《书》而明法令，塞私门之请而遂公家之劳，禁游宦之民而显耕战之士。（《和氏》）

只有"燔《诗》《书》"一项为《列传》所无，不知究竟是不是事实。假如是事实，那焚书之事便不始于秦始皇了。在商鞅入秦之前，秦国可能已有《诗》《书》，如《书经》中的《秦誓》是秦穆公誓师之辞，《国风》中有《秦风》多系襄公时代的诗。传世《石鼓文》，据我所考定，也是襄公八年时的作品，而它的情调结构颇近于大小《雅》。但这些高度的文化生活只限于上层，而秦国老百姓的一般生活则是非常原始的。请看商君的自白吧：

> 始秦戎翟之教，父子无别，同室而居，今我更制其教而为其男女之别。大筑冀阙，营如鲁、卫矣。③

这些事是在孝公十二年。"作为冀阙，筑宫庭于咸阳，秦自雍徙都之，而令民父子兄弟同室内息者为禁。"可见商君也在着手于文教工作，他假如曾经"燔《诗》《书》"，主要是在防止上层的文弱化吧。

商君主张严刑峻法，他自己是有一番理论根据的。《韩非·内储说上·七术》有下列的一节文字：

> 公孙鞅之法也重轻罪。重罪者人之所难犯也，而小过者人之所易去也，使人去其所易，无离（罹）其所难，此治之道。夫小过不生，大罪不至，是人无罪而乱不生也。
>
> 一曰：公孙鞅曰："行刑重其轻者。轻者不至，重者不来，是谓以刑去刑。"

这"公孙鞅曰"以下的话见今《商君书·靳令篇》，但和这《靳令篇》大同小异的文字复收为《韩非》书的《饬令篇》。在这儿似乎透露出了造作《商君书》者为谁的一个线索。现存《商君书》除《境内篇》殆系当时功令，然亦残夺不全者外，其余均非商鞅所作。其作伪之最显著者当推《徕民》与《弱民》二篇。前者言及"长平之胜"，乃秦昭王四十七年白起破赵长平，坑降卒四十二万人之事，在商君死后八十二年。后者不仅语袭《荀子·议兵篇》，而言"秦师至，鄢郢举……唐蔑死于垂沙"，乃楚怀王二十八年、秦昭王六年时事，也不是商君所能见到的。伪此书者，我疑就是韩非的门人，乃韩非死后留仕于秦者，揣摩商君之意而为之，文多槁瘠，意杂申、韩，故如《靳令》这篇文字，既被编为《商君书》，亦可收入《韩非》书了。

战国时法家所共同的一个倾向，是强公室而抑私门。这里是含有社会变革的意义的。从春秋中叶以来私肥于公的实际漫衍而为下克乎上的斗争。有的私门已经占了胜利而化为了公家，如韩、赵、魏、齐，有的还在演变中，如秦、楚、燕，而这些旧的公家也被逼得非采取新法不可了。吴起变法于楚，商君变法于秦，都是这种意义。故商君的"坏井田，开阡陌"，在这变法过程中是更为重要的事项，它是把生产方式和社会制度改革了。

> 十二年，初取小邑为三十一县（《列传》同，《秦本纪》作"四十一县"）。令为田，开阡陌。
>
> 十三年，初为县有秩史。
>
> 十四年，初为赋。（据《史记·六国表》）

把旧有的井田制打破，承认土地的私有而一律赋税，这是一个划时代的变革。因为这一变革，故地方制度也不能不变革，故有县令以下的"有秩史"等有薪俸的公家官吏出现。县令以下的职官，汉时是沿用着的，《汉书·百官表》云："县令、长皆秦官，掌治其县。万户以上为令，秩千石至六百石。减万户为长，秩五百石至三百石。皆有丞、尉，秩四百石至三百石，是为长吏。百石以下，有斗食佐史之秩，是为少吏。大率十里一亭，亭有长，十亭一乡，乡有三老、有秩啬夫、游徼。三老掌教化；啬夫职听讼，收赋税；游徼，徼巡，禁贼盗。县大率方百里，其民稠则减，稀则旷。乡亭亦如之。皆秦制也。"《后汉书·百官志》说得比这更详，在里之下便是什伍的单位，"里有里魁，民有什伍，善恶以告。本注曰：里魁掌一里百家。什主十家，伍主五家，以相检察。民有善事恶事，以告监官"。这些"秦制"不用说也就是商君的遗法了。这些新兴官吏，主要是用来推行法令和征收赋税的，而在本质上是保护私有财产的机构，同时不用说也就是一些地方上的有产者参与政权的梯阶了。

关于爵秩等级，汉人也是沿用着的。《汉书·百官表》云："爵一级曰公士，二上造，三簪袅（颜师古注云：以组带马曰袅，簪袅者言饰此马也），四不更（颜注云：言不豫更卒之事也）。五大夫，六官大夫，七公大夫，八公乘（颜注云：言其得乘公家之车也），九五大夫，十左庶长，十一右庶长，十二左更，十三中更，十四右更（颜注云：更言主领更卒，部其役使也），十五小上造，十六大上造（颜注云：言皆主上造之士也。案《秦本纪》及《商君书》均作'大良造'，传世《商鞅量》亦称'大良造鞅'，则上字盖后人所更易），十七驷车庶长（颜注：言乘驷马之车而为众长也），十八大庶长，十九关内侯，二十彻侯（颜注：言其爵位上通于天子）。皆秦制。"这些秦制，当然也一样是商鞅的遗法了。

《列传》还记述有"平斗桶权衡丈尺"一事，这也是后来秦始皇"同律度量衡"的张本。这事是在孝公十八年，存世《商鞅量》可为证。量作长方形的熨斗状，并不甚大，其铭为"十八年，齐遣卿大夫众来聘。冬十二月乙酉，大良造鞅爰积十六尊五分尊〔之〕一为升"。器底有秦始皇二十六年刻辞，足证商君之法沿用未改。马叔平告余云："此量尊字即寸字，十六寸二分积为升，与《王莽嘉量》同。"马曾以《新莽嘉量》尺度其长广深度，其容积与文相合，因知《新莽度量》仍系周、秦之旧。这更可以说是商君遗法传世的物证了。

商君时的秦国社会是由奴隶制转入封建制的过渡阶段，由于土地制的变革，表示得非常明了。此外如上举"大小僇力本业，耕织致粟帛多者复其身"，就是解放奴籍；"事末利及怠而贫者举以为收孥"，便是自由民依然可以降为奴隶。又《荀子·议兵篇》说到秦国的兵制：

秦人，其生民也狭厄，其使民也酷烈。劫之以势，隐之以厄，忸之以

> 庆赏，鱪之以刑罚，使天下之民所以要利于上者非斗无由也。厄而用之，
> 得而后功之，功赏相长也，五甲首而隶五家。

据《汉书·刑法志》，这是秦昭王时的"锐卒"，而所沿用的是商君旧法。这儿也表示着过渡时代的面貌，成了"锐卒"的只要打仗得到五名著甲者的首级，不仅自己解放了奴籍，而同时还可得到五家的家奴。

商君的法，自然也并不就十全十美，祖述他的韩非也曾简单地批评过他，第一说他行法而不用术，第二说他的法未尽善。

因为行法而不用术，故虽使"其国富而兵强，然而无术以知奸"，结果是把富强供给了人臣的把持："及孝公、商君死，惠王即位，秦法未败也，而张仪以秦殉韩、魏。惠王死，武王即位，甘茂以秦殉周。武王死，昭襄王即位，穰侯越韩、魏而东攻齐，五年而秦不益一尺之地，乃成其陶邑之封。应侯攻韩八年，成其汝南之封。自是以来，诸用秦者皆应、穰之类也。故战胜则大臣尊，益地则私封立，主无术以知奸也。"（《定法》）

法未尽善处，只举了一项以之为例：

> 商君之法曰："斩一首者爵一级，欲为官者为五十石之官。斩二首者爵二级，欲为官者为百石之官。"官爵之迁与斩首之功相称也。今有法曰"斩首者令为医匠"，则屋不成而病不已。夫匠者手巧也，而医者剂药也，而以斩首之功为之，则不当其能。今治官者智能也，今斩首者勇力之所加也，以勇力之所加而治智能之官，是以斩首之功为医匠也。（《定法》）

这段文字有点含糊，"今有法曰'斩首者令为医匠'"似乎是假设。商君的法应该只是斩首者可以为官，官中既包含有医匠，故韩非引申之，便为"斩首者令为医匠"。韩非所反对的，因而也只是斩首者可以为官而已。假使是这样，那么韩非的非难不免有类深文周纳。斩首者可以为官，官类甚多，为上者自可以量才录用，绝不会让不懂医匠的人去做医匠的。

商君的法必然有缺点是毫无问题的事，可惜我们现在已不能知其详尽了。至于他的用法而不用术，正是初期法家的富有进步性的地方。初期法家主张公正严明，一切秉公执法，以法为权衡尺度，不许执法者有一毫的私智私慧以玩

弄法柄。吴起、商鞅是这样，就是染上了黄老色彩的慎到（见《稷下黄老学派的批判》，本文不再赘述）也是这样。"术"是执法者以私智私慧玩弄法柄的东西，这倡导于老聃、关尹，而发展于申不害，再结穴于韩非。故如申不害与韩非，严格地说时已经不是纯粹的法家了。

纯粹法家以富国强兵为目标，他们所采取的是国家本位，而不必一定是王家本位。他们的抑制私门是想把分散的力量集中为一体以谋全国的富强，人民虽然受着严刑的压迫以为国家服役，但不必一定为一人一姓服役，因而人民的利益也并未全被抹杀，人民的大部分确实是从旧时代的奴隶地位解放了。商君正是这种法家的成功的代表，他的行法不避亲贵，因太子犯法而"刑其傅公子虔，黥其师公孙贾"。等到太子即位，公子虔之徒实行报复的时候，诬告商君造反，发吏逮捕，商君只好逃亡，然而找不到地方潜藏，因为"商君之法：舍人无验者，坐之"（如留宿无稽的人，发觉便须连坐），没有人敢于收容，结果他是被秦惠王车裂了。就这样，商鞅真可以说是弄到了"作法自毙"，然而在这儿正表示他的大公无私；鬼祟的权谋数术，专为一人一姓谋利益的办法，是还没有把他污染的。他的身世虽然是一个悲剧的结局，但他的事业确是成功了；吴起未能收之于楚的，他却已收之于秦，在他确实是比吴起更要幸运得多。这儿有偶然的因素存在，便是偶然碰着秦孝公命长，而楚悼王命短。不过中国的必变却是必然的，假使掉过来，楚悼王命长，秦孝公命短，则吴起必能成功于楚而收到变革中国的全功。或者两个王者都短命，则秦、楚之外的国家必会有完成这项使命的。

使商鞅成了功的秦孝公，我们也不好忘记，他确实是一位法家所理想的君主。他能够在二十余年间让商君一人负责，放手做去，不加以干涉，真是难能可贵的事。《战国策·秦策》载他要死的时候，打算传位给商鞅，而商鞅不受。这大概是事实，也正表示着秦孝公是怎样一位大公无私的人，而对于当时的新潮流，就连君位禅让说都是想躬行实践的。古时候的政治家要想成功，最难得的是这君臣的际遇。齐桓公之于管仲都远不如这秦孝公之于商鞅，至于后代的蜀先主之于诸葛亮、宋神宗之于王安石更是大有愧色了。

四 申不害

申不害与商鞅正整同时，迟商鞅死一年，其当韩国之政比商鞅之当秦政亦较后，学者多称"申商"，叙申于商之前，殊觉不甚妥当。

申子虽被汉以后人称为"法家"，其实他和李悝、吴起、商鞅等的倾向完全不同，严密地说时是应该称为"术家"的。《韩非·定法篇》说得很清楚："今申不害言术，而公孙鞅为法。术者，因任而授官，循名而责实，操杀生之柄，课群臣之能者也。此人主之所执也。法者，宪令著于官府，刑罚必于民心，赏存乎慎法，而罚加乎奸令者也。此臣之所饬也。"术是帝王南面之术，就是所谓权变，这和法认真说倒是不两立的东西。术导源于黄老，故司马迁以老、庄、申、韩同传，而说申"学术以干韩昭侯"，这是很有分寸的。

《申子》书，司马迁以为二篇，《艺文志》以为六篇，可惜都失传了，现在我们所能见到的只是一些零章断句。比较完整的似乎就只有《群书治要》卷三十六所引的《大体篇》，我们不妨把它整揭在下边：

> 夫一妇擅夫，众妇皆乱；一臣专君，群臣皆蔽。故妒妻不难破家也，乱臣不难破国也。是以明君使其臣并进辐凑，莫得专君焉。今人君之所以高为城郭而谨门间之闭者，为寇戎盗贼之至也。今夫弑君而取国者，非必逾城郭之险而犯门间之闭也，蔽君之明，塞君之听，夺之政而专其令，有其民而取其国矣。今使乌获、彭祖负千钧之重而怀琬琰之美，令孟贲、成荆带干将之剑卫之，行乎幽道，则盗犹偷之矣。今人君之力非贤于乌获、彭祖而勇非贤于孟贲、成荆也，其所守者非特琬琰之美、千金之重也，而欲勿失，其可得耶？
>
> 明君如身，臣如手；君若号，臣若响；君设其本，臣操其末；君治其要，臣行其详；君操其柄，臣事其常。为人君者操契以责其名，名者天地之纲，圣人之符；张天地之纲，用圣人之符，则万物之情无所逃之矣。故善为主者，倚于愚，立于不盈，设于不敢，藏于无事。窜端匿迹，示天下无为。是以近者亲之，远者怀之。

> 示人有余者人夺之，示人不足者人与之。刚者折，危者覆，动者摇，静者安。名自正也，事自定也，是以有道者自名而正之，随事而定之也。鼓不与于五音而为五音主，有道者不为五官之事而为治主。君，知其道也；官人，知其事也。十言十当、百为百当者人臣之事，非君人之道也。
>
> 昔者尧之治天下也以名，其名正则天下治，桀之治天下也亦以名，其名倚而天下乱，是以圣人贵名之正也。主处其大，臣处共细。以其名听之，以其名视之，以其名命之。镜设精，无为而美恶自备。衡设平，无为而轻重自得。凡因之道，身与公无事，无事而天下自极也。

既名为《大体》，大约就是他的根本义了。从这儿可以看出，他的主张完全是以人主为本位。"一臣专君"，他可不问这"一臣"的政见如何，即定为"乱臣"，为"弑君而取国者"。人主对于臣下，也就如富家贵室之对于"寇戎盗贼"。这个观点就是他的根本义的大前提。在这个前提之下，要人君使用手段，装着一个糊涂的样子而一点也不要糊涂。他在教人君"无为"，事实上是说不要做粗杂的事，而是要做精微奥妙的机密的事。"正名"即所谓"综合名实"，是他所特别强调的。但要怎样才可以做到呢？怎样才能够"张天地之纲，用圣人之符"呢？虽然书缺有间，找不出明文，但也不外是多设特种网罗，以侦伺所谓"寇戎盗贼"之行径而已。

《吕氏春秋·任数篇》有申不害评韩昭鳌侯的一段故事，所说的话和这《大体篇》的意旨约略相同。韩侯爱弄小智小慧，有一次看见祭庙所用的祭猪太小，他叫人换了它，换的人阳奉阴违，又把原来的猪拿上来。韩侯却是记得很清楚，他说："这不是刚才的猪吗？"换的人也就无辞以对。韩侯的左右问何以知道，他说："由它的耳朵知道（大约耳朵上还留有一些毛）。"就这样，申不害听见，便加以批评说道：

> 何以知其聋？以其耳之聪也。何以知其盲？以其目之明也。何以知其狂？以其言之当也。故曰：去听无以闻则聪，去视无以见则明，去智无以知则公。去三者不任则治，三者任则乱。以此言耳目心智之不足恃也。耳目心智，其所以知识甚阙，其所以闻见甚浅。以浅阙博居天下，安殊俗，治万民，其说故不行。十里之间而耳不能闻，帷墙之外而目不能见，三亩

> 之官而心不能知，其欲东至开梧，南抚多颢，西服寿靡，北怀儋耳，若之何哉？

"耳目心智之不足恃"，假使是作为纯粹的认识论上的问题，在两千多年前便能有这样深刻的见地，倒不失为大有哲学价值的命题；然而申子的本意并不是这样，他是教做人主的人听见要装作不听见，看见要装作不看见，知道要装作不知道，深藏不露，免得人有所提防，因而去听一切，见一切，知一切。《韩非·外储说右上》另外引用了他的一些话，刚好是把这层意思揭穿了。

> 申子曰："上明见，人备之……其知见，人惑之；不知见，人匿之。其无欲见，人司（伺）之；其有欲见，人饵之。故曰：吾无从知之，惟无为可以规（窥）之。"
>
> 一曰：申子曰："慎尔言也，人且知汝；慎而行也，人且随汝。尔有知见也，人且匿汝；尔无知见也，人且意汝。汝有知也，人且藏汝；汝无知也，人且行汝。故曰：惟无为可以规之。"

知道的要装作不知道，不知道的要装作知道，要弄得别人莫名其妙，那你就显得微妙神玄、深不可测了。这简直是一种恶性的专制独裁主义，同在《外储说右上》所引的另外几句话，更可以说是画龙点睛了。

> 申子曰："独视者谓明，独听者谓聪，能独断者故可以为天下王。"

因此在申子的治下是没有言论自由的，他曾经说过："治不逾官，虽知不言。"（《韩非·难三》及《定法》）守着自己的岗位，不准多说话。话都不准多说，自然不准乱动乱想了。故他又说："明君治国，而（能）晦晦，而（能）行行，而（能）止止，三寸之机运而天下定，方寸之机正而天下治，故一言正而天下定，一言倚而天下靡。"（《意林》二所引）明君要把天下人当成木偶，完全靠着自己的"方寸之机"在那儿运转天下。

他是不讲究信义的，他说："失之数而求之信，则疑矣。"（《韩非·难三》）这同样的一句话又见《吕氏春秋·慎势篇》，那儿一开首就说："失之乎数，求之乎信，疑。失之乎势，求之乎国，危。"上句既是申子的话，下句也应该是申子的话，而在《吕氏》并没有标出申子来，我疑心这《慎势》一篇整个是申子的文章。篇中引及慎子："今一兔走，百人逐之，非一兔足为百人分也，由未定。由未定，尧且屈力，而况众人乎？积兔满市，行者不顾，非不欲兔也，分已定矣。分已定，人虽鄙，不争。"《汉书·艺文志》"《慎子》四二篇"下班固自注云"先申、韩，申、韩称之"，大约就是指的这类文字了。近时学者多谓慎到后于申不害，举《盐铁论·论儒篇》，齐湣王之末，"慎到、接子亡去，田骈如薛，而孙卿适楚"为证，言慎到于齐湣末年尚存，则生当在申子之后。但桓宽之说未必可信，而"亡去"二字，虽可作为逃亡而去齐解，亦可作为死亡而去世解，参以班固说，是应该以后解为妥当的。《孟子》书中有慎滑釐，焦循云："釐与来通……到与来为同义，然则慎子名滑釐，其字为到。"其说殆可信。慎到既与孟子同时，则当然能为申不害所称引了。

申不害贵"因"贵"数"，均取则于慎子。但慎子以"法"为依归，以"法制礼籍立公义"，在法之前即人君亦不能"以心裁轻重"，所谓"大君任法而弗躬"，所谓"上下无事，唯法所在"，正是把李悝、吴起等实际家的措施理论化了。而在申子则是以"术"为凭借，而把法放在不足轻重的地位的。虽然他也在言法：

> 君之治也，善明法察令而已。圣君任法而不任治，任数而不任说。黄帝之治天下，置法而不变，使民安乐其法也。（《类聚》五十四，《御览》六三八所引）

> 君必有明法正义，若悬权衡以正轻重，所以一群臣也。（出处同上，又《文选》颜延年《宴华林诗》李注及邹阳《狱中上书吴王》注）

这只是蹈袭慎子等纯正法家的语柄而已，他自己的实践倒反而是玩弄公法。《韩非·定法篇》曾经这样批评过他：

> 申不害，韩昭侯之佐也。韩者，晋之别国也。晋之故法未息，而韩之新法又生；先君之令未收，而后君之令又下。申不害不擅其法，不一其宪令，则奸多。故利在故法前令，则道之；利在新法后令，则道之；利在故新

> 相反，前后相悖，则申不害虽十使昭侯用术，而奸臣犹有所谪其辞矣。故托
> 万乘之劲韩，十七年而不至于霸王者，虽用术于上，法不勤饰于官之患也。

这所说的仿佛只是"奸臣"在玩弄法轨，其实申不害之所以"不擅其法，不
一其宪令"，正是便于自己用术的人好上下其手。这种态度是和理论的法家慎
到，实践的法家李悝、吴起、商鞅诸人，全相剌谬的。这正是法家与术家不同
的地方，商鞅与申不害不同的地方。

申不害这位先生，他的做人行事也很爱弄点权变，他是一位不择手段的
人。《战国策·韩策》有下列一段故事：

> 魏之围邯郸也，申不害始合于韩王，然未知王之所欲也，恐言而未必
> 中于王也。王问申子曰："吾谁与而可？"对曰："此安危之要，国家之大
> 事也，臣请深惟而苦思之。"乃微谓赵卓、韩晁曰："子皆国之辩士也，
> 夫为人臣者言不必用，尽忠而已矣。"二人因各进议于王以事。申子微视
> 王之所悦以言于王，王大悦之。

这件故事又见《韩非·内储说上》，而内容稍有不同，但两说合勘可以看出事
件的全貌。

> 赵令人因申子于韩，请兵将以攻魏。申子欲言之君而恐君之疑己外市
> 也，不则恐恶于赵；乃令赵绍、韩沓尝试君之动貌而后言之，内则知昭侯
> 之意，外则有得赵之功。

赵绍即赵卓，韩沓与韩晁自系一人，而名必有一误。考魏伐赵围邯郸是在
魏惠王十七年，赵成侯二十一年，韩昭侯九年。赵被魏兵，故遣人求救于韩，
于时乃申不害相韩之第二年，与"始合于韩王"之说正相合。韩国究竟参加
了那一边，两说都不明，但就史事看来，就在昭侯九年，韩侯朝魏于中阳，
其明年魏又以韩师败诸侯师于襄陵，足证韩国是参加了魏的一边，而拒绝了
赵的请求。朝魏于中阳一事，《韩策》曾有一段说客的话加以赞扬，谓出于
"申不害之计事"。

> 昭釐侯一世之明君也，申不害一世之贤士也，韩与魏故侔之国也。申

不害与昭釐侯执珪而见梁君，非好卑而恶尊也，非虑过而议失也。申不害之计事曰："我执珪于魏，魏君已（原作'必'）得志于韩，必外靡于天下矣，是魏弊矣。诸侯恶魏必事韩，是我俯于一人之下而伸于万人之上也。夫弱魏之兵而重韩之权，莫如朝魏。"昭釐侯听而行之，明君也。申不害虑事而言之，忠臣也。

参合起来，可见申不害先生是怎样的狡猾。他本心是想答应赵国的要求的，恐怕韩侯疑心他"外市"（倚仗外国的势力买空卖空），唆使赵、韩二人去试探韩侯，知道了韩侯是倾向魏国的，故改变自己的本心，尽力迎合，率性更劝韩侯执珪朝魏，与魏结为同盟。他这人是怎样的无主张，无定见，专门逢迎上层，以图固宠持禄，是明白如画的。

《韩策》另外还载有一件事体，是"大成午从赵来，谓申不害于韩曰：'子以韩重我于赵，请以赵重子于韩，是子有两韩而我有两赵也。'"（这事亦见《韩非·内储说下》，大成午误作大成牛，《史记·赵世家》复误为大戊午，《汉书·古今人表》与《韩策》同）我疑与前"赵令人因申子于韩，请兵将以攻魏"者是一件事，那个"人"就是这位大成午。大成午是赵国的宰相，可能是当国家危急的时候赵相亲自出马了。这个揣测如不误，那他对于申不害的提议虽然很受欢迎而却没有被接受，便是那没有下文的下文了。

《韩非·外储说左上》还有一段故事，也充分表示着申子为人的太不光明磊落。

> 韩昭侯谓申子曰："法度甚不易行也。"
>
> 申子曰："法者见功而与赏，因能而授官。今君设法度而听左右之请，此所以难行也。"
>
> 昭侯曰："吾自今以来知行法矣，寡人奚听矣！"
>
> 一日，申子请仕其从兄官。
>
> 昭侯曰："非所学于子也。听子之谒，败子之道乎？亡其用子之谒？"
>
> 申子辟舍请罪。

这个故事也见《韩策》，"见功而与赏，因能而授官"两句作为"循功劳，视次第"，前一句虽然没有什么不同，而后一句颇有悬隔，"视次第"便可能是专看资格说话了，不知那一边近乎真实。但无论怎样，由这儿又可以看出，申子这个人是怎样的言不顾行。他嘴里尽可以讲些漂亮话，做起事来却是两样，这也正是所谓术了。言行一致，表里通彻，那里还有什么权变呢？假使果然是"因能而授官"的话，则法家的主张是"内举不避亲，外举不避怨"的。只要申子的从兄是一位人才，申子尽可以据理力争，为什么一遭拒绝便要"辟舍请罪"？申子之所以如此，足见他自己心虚，也足见他的从兄不一定是什么了不起的人物，而申子只是循私请谒，偷巧尝试。《韩策》在"辟舍请罪"之下更加了一句"曰君真其人也"（老头子究竟厉害！），这似乎更是有心形容申子的卑鄙了。司马迁说"申子卑卑"，无疑也是包括着他的人格在说的。

申子所事的韩昭侯倒确也是相当厉害的一个人物，《韩非》书中有好些处关于他的逸事，都表示着他是一位爱弄小智小慧、自作聪明的人。故事琐碎，无须乎多举，只举一事以示例。

> 韩昭侯握爪而佯亡一爪，求之甚急。左右因割其爪而效之。昭侯以此察左右之不诚。（《内储说上》）

这"爪"恐怕是爪甲上的套饰，故所以能够"握"之而"佯亡"。像这样专爱使用些小诡计，什么小事情都要管的人，断断乎是难于侍候的，而申子却做了他将近二十年的太平宰相，不显得申子真是有天大的逢迎本领吗？韩非责备他"托万乘之劲韩，十七年而不至于霸王"，实在也未免求之过高。他不仅不是那样的人才，也没有那样的野心。他的恶性的独裁主义恰足以使他与韩昭侯相安无事而已。

值得补充的，是先秦名辩思想的潮流，在申子手里发展到了政治上的实用方面，便是综合名实，所谓"为人君者操契以责其名"，"以其名听之，以其名视之，以其名命之"，"圣人贵名之正"。这更发展而为后世的名分论。包含《慎势篇》的《吕氏春秋》的《审分览》，各篇理论率与申子相符，我疑都是取材于《申子》书，否则也是申子说的敷衍，且引用下列一段文字以为正名之义的注脚：

　　有道之主，其所以使群臣者亦有辔。其辔何如？正名审分，是治之辔已。故按其实而审其名、以求其情，听其言而察其类、无使放悖。

　　夫名多不当其实，而事多不当其用者，故人主不可以不审名分也。不审名分，是恶壅而愈塞也。壅塞之任不在臣下，在于人主。尧、舜之臣不独义，汤、禹之臣不独忠，得其数也。桀、纣之臣不独鄙，幽、厉之臣不独辟，失其理也。

　　今有人于此，求牛则名马，求马则名牛，所求必不得矣；而因用威怒，有司必诽怨矣，牛马必扰乱矣。百官，众有司也；万物，群牛马也。不正其名，不分其职，而数用刑罚，乱莫大焉。

　　夫说以智通而实以过悗（愚忕），誉以高贤而充以卑下，赞以洁白而随以污德，任以公法而处以贪枉，用以勇敢而埋以罢怯，此五者皆以牛为马，以马为牛，名不正也。故名不正则人主忧劳勤苦，而官职烦乱悖逆矣。国之亡也，名之伤也，从此生矣。白之顾益黑，求之愈不得者，其此义耶！

　　故至治之务，在于正名，名正则人主不忧劳矣。不忧劳，则不伤其耳目之主。问而不诏，知而不为，和而不矜，成而不处，止者不行，行者不止，因刑而任之，不制于物，无肯为使。清静以公，神通乎六合，德耀乎海外，意观乎无穷，誉流乎无止，此之谓定性于大湫，命（名）之曰无有。

　　这一大段文字，我不惮烦地把它抄了下来，拿来和上举申子遗说相印证，便可以知道是很合符契的。例如上举"明君治国，而晦晦，而行行，而止止"的那些话，差不多有点不知所谓的，而这儿的"问而不诏，知而不为，和而不矜，成而不处，止者不行，行者不止"，却等于是详细的注释。《吕氏春秋》本是一种杂纂的类典，故我相信这些文字可能就是申子的遗文，至少也可以说是申子学说的引申了。

结 语

以上我把前期法家追踪了一遍。除子产是一位时代的前驱者，虽应时而立法，但无一定的法理意识之外，其他如李悝、吴起、商鞅、慎到、申不害便都是以学者的立场，以一定的法理为其立法的根据的。但从这儿可以追踪出两个渊源。李悝、吴起、商鞅都出于儒家的子夏，是所谓"子夏氏之儒"，慎到和申不害是属于黄老学派。但慎子与申子亦复不同，慎子明法，而申子言术，慎是严格意义的法家，而申是法家的变种——术家了。慎虽属于黄老学派而后于子夏，可知他的明法主张是受了子夏氏之儒的影响。因此，前期法家在我看来是渊源于子夏氏。子夏氏之儒在儒中是注重礼制的一派，礼制与法制只是时代演进上的新旧名词而已。《论语》载子夏论交，"可者与之，其不可者拒之"，正表明着法家精神。荀子骂子夏氏之贱儒"正其衣冠，齐其颜色，嗛然而终日不言"，也正活画出一幅法家态度。思、孟一派的大宗师子游氏更笑"子夏之门人小子"舍本逐末，只"可以当洒扫应对进退"，要算是尽了轻视的能事。根据这些，我们可以明确地知道，子夏氏之儒在战国时代确已别立门户，而不为儒家本宗所重视了。《韩非子·显学篇》言儒分为八："有子张之儒，有子思之儒，有颜氏之儒，有孟氏之儒，有漆雕氏之儒，有仲良氏之儒，有孙氏之儒，有乐正氏之儒"，而独无子夏氏之儒，要在这样的认识之下也才可以得到了解。那是因为韩非把子夏氏之儒当成了法家，也就是自己承祧着的祖宗，而根本没有把他们当成儒家看待的。然而秦、汉以还，子夏这一派又成了儒家的正宗，不仅是礼教的渊源，而且序《诗》，传《易》，受《春秋》，差不多六艺的传授都出自子夏氏。这又是怎么一回事呢？这些都是古文家们所伪造的传统。其所以然的原故，是秦尚法而汉尊儒，法与儒在事实上已混为一家，故尔后起的古文家们在方便上便大捧其子夏了。

1945 年 2 月 18 日

注释

① 《左传》襄公三十年。
② 见《青铜时代》。——作者注
③ 《史记·商君列传》。

韩非子的批判

一

韩非子，根据汉人的分类法，是属于所谓"法家"的，但严格地说时，应该称为"法术家"。

在秦以前，法与术有别，《韩非》书《定法篇》言"申不害言术，而公孙鞅为法"，韩非则兼而言之。故可以说申子是术家，商君是法家，韩非子是法术家。

什么是法？什么是术？

> 人主之大物，非法则术也。法者编著之图籍，设之于官府而布之于百姓者也。术者藏之于胸中，以偶众端而潜御群臣者也。故法莫如显，而术不欲见。（《难三》）

> 申不害言术，而公孙鞅为法。术者因任而授官，循名而责实，操杀生之柄，课群臣之能者也。此人主之所执也。法者宪令著于官府，刑罚必于民心，赏存乎慎法，而罚加乎奸令者也。此臣之所饬（原作师）也。君无术则弊于上，臣无法则乱于下，此不可一无，皆帝王之具也。（《定法》）

据此可知，法就是有成文的国法，是官吏据以统治老百姓的条规；术就是手段，是人君驾驭臣民的权变，也就是所谓"君人南面之术"。

韩非在言法的一方面大体上是祖述商鞅，在全书中称道商鞅的地方很多，比较详细的有下列二项：

> 公孙鞅之治秦也，设告相坐而责其实，连什伍而同其罪，赏厚而信，刑重而必；是以其民用力劳而不休，逐敌危而不却；故其国富而兵强。（《定法》）

> 商君教秦孝公以连什伍，设告坐之过，燔《诗》《书》而明法令，塞私门之请而遂公家之劳，禁游宦之民而显耕战之士。孝公行之，主以尊安，国以富强。（《和氏》）

明法令、设刑赏以奖励耕战，奖励耕战以富国强兵，这是商君变法的精神。商君这位政治家是乘着时代潮流的国家主义者。但韩非不十分满意他。他所不满意商君的有二点，第一是言法有未尽：

> 商君之法曰："斩一首者爵一级，欲为官者为五十石之官。斩二首者爵二级，欲为官者为百石之官。"官爵之迁与斩首之功相称也。今有法曰："斩首者令为医匠"，则屋不成而病不已。夫匠者手巧也，而医者剂药也，而以斩首之功为之，则不当其能。今治官者智能也，今斩首者勇力之所加也，以勇力之所加而治智能之官，是以斩首之功为医匠也。（《定法》）

这段文字有点含糊，"今有法曰斩首者令为医匠"，如是假设，则有点深文周纳；如是事实，则批评是很中肯的。商君法值得批评的地方一定还多，可惜韩非就只举了这一点，而他自己的法案在全书中也是没有拟具出的。不满足商君的第二点呢，是说他言法而不言术，便是有利于国而不专利于君。

> 无术以知奸，则以其富强也资人臣而已矣。及孝公、商君死，惠王即位，秦法未败也，而张仪以秦殉韩、魏。惠王死，武王即位，甘茂以秦殉周。武王死，昭襄王即位，穰侯越韩、魏而东攻齐，五年而秦不益一尺之地，乃成其陶邑之封。应侯攻韩八年，成其汝南之封。自是以来，诸用秦

者皆应、穰之类也。故战胜则大臣尊，益地则私封立，主无术以知奸也。商君虽十饬其法，人臣反用其资，故乘强秦之资数十年而不至于帝王者，法虽勤饬于官，主无术于上之患也。（《定法》）

张仪、甘茂、穰侯魏冉、应侯范雎之徒，是不是毫无功绩于秦，都是秦国的"奸"？这是另外一回事。而商君言法不言术，以国家为本位而不以君主为本位，采取责任内阁而不主张君主专制，从这节的批评中明白地可以看出。故商君与韩非虽同被列于法家，而两人毕竟是大有不同的。

其在申子便有"术"的提出，其实是倡导于道家，老聃发其源，而申不害擅其用。韩非子的本家毋宁是这一派。韩非了与申不害同是韩国人，年代虽不相及，而韩非的幼年应该是呼吸在申不害所遗留下的空气里面，这不能不使他受着根本的影响。《韩非》书中屡次引用申子，正表明其衣钵相承，但韩非也是不满意于申子的。他批评申子也有两点，第一是申子言术而不定法：

> 申不害，韩昭侯之佐也。韩者，晋之别国也。晋之故法未息，而韩之新法又生；先君之令未收，而后君之令又下。申不害不擅其法，不一其宪令，则奸多。故利在故法前令，则道之；利在新法后令，则道之；利在故新相反，前后相悖，则申不害虽十使昭侯用术，而奸臣犹有所谲其辞矣。故托万乘之劲韩，十七年而不至于霸王者，虽用术于上，法不勤饬（原误为饰）于官之患也。（《定法》）

第二点是言术而术有未尽：

> 申子未尽于术也。申子言："治不逾官，虽知不言。""治不逾官"，谓之守职也，可。"知而弗言"是谓过也。人主以一国目视，故视莫明焉；以一国耳听，故听莫聪焉。今知而弗言，则人主尚安假借矣？（同上）

根据以上所举的批评，可知韩非确是把申子与商君二人综合了，而且更向前推进了一大段。这综合倒并不限于申子与商君，如从渊源上来说，应该是道家与儒家。而在行程的推进上则参加有墨、法。法家导源于儒，商君的主张耕战其实也就是孔子的"足食足兵",而法与礼在本质上也并没有多么大的差别。术家导源于老,在下面当得更加申述。韩非把这两家综合了起来,向他所主张的绝对君权上去使用。绝对君权的主张已经就是墨子"尚同"的主张,所谓"一同天下之义","上之所是亦必是之,上之所非亦必非之","上同而下不比"。而"以一国目视""以一国耳听"的多设耳目之办法,更是墨子所发明的。《尚同篇》中有着明显的证据。

> 古者圣王,唯而(能)审以尚同,以为正长,是故上下情请为通。上有隐事遗利,下得而利之。下有蓄怨积害,上得而除之。是以数千万里之外,有为善者,其室人未遍知,乡里未遍闻,天子得而赏之。数千万里之外,有为不善者,其室人未遍知,乡里未遍闻,天子得而罚之。是以举天下之人,皆恐惧振动惕慄,不敢为淫暴,曰天子之视听也神。先王之言曰:"非神也,夫唯能使人之耳目助己视听,使人之吻助己言谈,使人之心助己思虑,使人之股肱助己动作。"助之视听者众,则其所闻见者远矣;助之言谈者众,则其德音之所抚循者博矣;助之思虑者众,则其谋虑速得矣;助之动作者众,即(则)其举事速成矣。故古者圣人之所以济事成功,垂名于后世者,无他故异物焉,曰唯能以尚同为政者也。(《尚同中》)

> 圣王皆以尚同为政,故天下治。何以知其然也?于先王之书也,《大誓》之言然。曰:"小人见奸巧乃闻,不言也,发罪钧。"此言见淫辟不以告者,其罪亦犹淫辟者也。故古之圣王治天下也,其所差论,以自左右羽翼者皆良;外为之人,助之视听者众。故与人谋事,先人得之;与人举事,先人成之;光誉令闻,先人发之。唯信身而从事,故利若此。古者有语焉,曰:"一目之视也,不若二目之视也;一耳之听也,不若二耳之听也;一手之操也,不若二手之强也。"夫唯能信身而从事,故利若此。是故古之圣王之治天下也,千里之外有贤人焉,其乡里之人皆未之均闻见也,圣王得而赏之。千里之内有暴人焉,其乡里未之均闻见也,圣王得而罚之。故唯毋以圣王为聪耳明目与?岂能一视而通见千里之外哉,一听而通闻千里之外哉?圣王不往而视也,不就而听也。然而使天下之为寇乱盗

> 贼者，周流天下无所重足者，何也？其以尚同为政善也。是故子墨子曰："凡使发尚同者，爱民不疾，民无可使。曰必疾爱而使之，致信而持之，富贵以道（导）其前，明罚以率其后。为政若此，虽欲毋与我同，将不可得也。"（《尚同下》）

这样说话体的文章，记录得过于冗长，扼要地说，便是做人君的人要使天下的人都同上层的意旨一致，主要是在多设耳目。怎样去多设耳目呢？便该发动人民告密。告密的有信赏，不告密的有重罪。人民便都"恐惧振动惕慄"，人主也就"神"起来了。这种说法在《墨子》书中骤看去颇像民主政治，而其实只是特种网罗。不信，你请看这些话一落到韩非手里便写得怎样干脆：

> 明主者使天下不得不为已视，使天下不得不为已听。故身在深宫之中，而明照四海之内。（《奸劫弑臣》）
>
> 匿罪之罚重而告奸之赏厚也，此亦使天下必为已视听之道也。（《奸劫弑臣》）
>
> 至治之国，善以止奸为务……然则去微奸之法奈何？其务令之相规（窥）其情者也。然则使相规奈何？曰盖里相坐而已。禁偪有连于已者，理不得相窥，惟恐不得免。有奸心者不令得忘（妄），窥者多也。如此，则慎己而窥彼。发奸之密，告过者免罪受赏，失奸者必诛连刑。如此，则奸类发矣。奸不容细，私告任坐使然也。（《制分》）
>
> 明主之治国也，众其守而重其罪。（《六反》）

这就是"以一国目视""以一国耳听"的办法，墨子发明了而申子未及采用。商君采用了连坐相告之法，但韩非说他"徒法而无术"，主要的原因是商君以国家的富强为本位，而韩非是以君主的利害为本位。当然，术也不仅限于这一种，此外还有一些更精微奥妙的东西。

韩非个人在思想上的成就，最重要的似乎就在把老子的形而上观接上了墨子的政治独裁的这一点。他把墨子的尊天明鬼、兼爱尚贤扬弃了，而特别把尚同、非命、非乐、非儒的一部分发展到了极端。非命是主张强力疾作的，《韩非》全书是对于力的讴歌。你听他唱吧：

> 古人亟于德，中世逐于智，当今争于力。(《八说》)
>
> 上古竞于道德，中世逐于智谋，当今争于气力。(《五蠹》)
>
> 力多则人朝，力寡则朝于人，故明君务力。(《显学》)

这"上古""中世""当今"，叠次继承，固然是一种史观，但同时也是战国时代的三种政见的鼎立，所谓王道、霸道、强道。《荀子·王制篇》："王夺之(其)人，霸夺之与，强夺之地。"意思是说：讲王道的争取人民，讲霸道的争取与国，讲强道的争取土地，也就是这儿所说的亟德、逐智、争力了。儒家是主张王道的，它是采取着人民本位的立场，乘着奴隶制的解纽，想在政治上表现一番新猷，然而又不敢露骨地说出，故只好托诸远古，就俨然王道在古时真正已经实行过的一样。当然，稀薄的史影是有点的，原始社会的形态，那便是儒家托古改制的根据了。托古既成，一般人习以为常，便转化而为故实，故在《孟子》书中说："五霸，三王之罪人也；今之诸侯，五霸之罪人也；今之大夫，今之诸侯之罪人也。"(《告子下》)由王而霸，由霸而强，不是主张，而纯是历史了。

据《史记·商君列传》，商鞅初见秦孝公的时候，先说以帝王之道，秦孝公只打瞌睡，继说以霸道，渐感兴趣，最后说以强国之术，便立见采用了。虽然在王之上还加了一个帝，但在霸之下确有一个强。韩非呢，便是把这强国之术发展到了尽头的。

韩非忌视"文学"，菲薄"技艺"，把"縻组锦绣刻画"认为"末作"，该加以禁制；把"优笑"与"酒徒"等量齐观，不得"乘车衣丝"；无疑是"非乐"的发展，和儒家的敦尚诗书乐舞、重视黼黻文章的观念相为水火。韩非在自成其一家言之后，道家、墨家虽均在所诋毁，然而对于儒家却诋毁得最为厉害。这些倾向是由墨子种的火，经过了韩非的煽扬，而成为了燎原的大势，一直到秦代的焚书坑儒才得了它们的结束。

然而韩非思想，在道家有其渊源，在儒家有其瓜葛，自汉以来早为学者所公认，而与墨家通了婚姻的一点，却差不多从未被人注意。而其实就在较小的节目上，他和墨家的婚姻关系，我们都可以寻检得出的。例如韩非主张"明主之吏，宰相必起于州部，猛将必发于卒伍"(《显学》)，这在《问田篇》本来是田鸠的主张。

> 徐渠问田鸠曰："臣闻智士不袭下而遇君，圣人不见功而接上。今阳成义渠，名将也，而措于屯伯①；公孙亶回，圣相孔也，而关（官）于州部；何哉？"
>
> 田鸠曰："此无他故异物，主有度、上有术之故也。且足下独不闻楚将宋觚而失其政，魏（？）相冯离而亡其国？二君者，驱于声词，眩乎辩说，不试于屯伯，不关乎州部，故有失政亡国之患。由是观之，夫无屯伯之试，州部之关，岂明主之备哉？"

田鸠是墨家显家，秦惠王时入秦，三年不得见，后转入于楚，楚王悦之，与以将军之节入秦，因见秦王（见《吕氏春秋·首时篇》）。在楚时曾与楚王论墨子之学何以"不辩"，说出了不愿使人"买椟还珠"那个脍炙人口的比喻的，也就是他（见《外储说左上》）。《汉书·艺文志》作"田俅子"，为书三篇，分明是列于墨家的。

这位墨家显学，其名其说既两见《韩非》书中，可见他的书早为韩非所揣摩过；"宰相必起于州部，猛将必发于卒伍"，分明是他的主张，而为韩非所蹈袭了。这主张本来是时代使然。在奴隶制解纽时期中，世卿袭禄的制度逐渐崩溃了下来，成为"将相本无种"的时代。但在过渡期间的战国，旧制度还有充分的惰力，新制度还未获得普遍的施行，故尔有人能使宰相官于州部，名将措于屯伯，便荷有先驱者的荣名，而为田鸠誉为"主有度、上有术"了。"主有度、上有术"，就从这样简单的一句话里面，不也可以知道墨家后学也在讲"度"讲"术"的吗？

二

韩非是绝顶的聪明人，他的头脑异常犀利，有时犀利得令人害怕。我们读他的《说难》《难言》②那些文章吧，那对于人情世故的心理分析是怎样的精密！就是那不十分为人所注意的《亡征篇》，把一个国家可以灭亡的征候一直列举出了四十七项。他那样的不厌烦、不屈挠、不急躁的条分缕析，分而又分，"可亡也"，"可亡也"，像海里的波浪一样，一波接一波，一浪叠一浪，不息气地卷地而来，轰隆一声打上崖岸，成为粉碎，又回卷而逝。这和屈子的《天问》可以媲美，我认为也是不愧为一篇奇文的。他所分析的各项，正确与否是另外一回事，而他那样分析手腕出现在二千多年前，总不能不说是一个惊异。

韩非是这样的一位天才，而又生具公子的身份，使他采取了君主本位的立场，故他对于"术"便感觉着特殊的兴趣。他的书中关于"术"的陈述与赞扬，在百分之六十以上。自然现存的《韩非子》有好些并不是韩非的作品，因而在征引之前应该有一番严密的关于资料本身的批判。例如《初见秦》本是吕不韦的东西，我另有专文论及③。又例如《有度篇》说到齐、楚、燕、魏之亡，全是韩非死后的事，其非韩非所作也早为胡适所揭发了④。但有人根据这一篇的"奉公法，废私术"一语，以为韩非是排斥"术治主义"的人，和申子为"正面之敌"⑤，那是从出发点上便弄错了。

术是运用之妙存乎一心的东西，玩弄起来，似乎很不容易捉摸。韩非自己也说过："明主之行制也天，其用人也鬼。"（《八经·因情》）不过，无论是怎样神秘，已经写成文字、着了迹象的东西，我们总可以追求得一个大概的。多设耳目的一项已经叙述过了，此外还有一些重要的大纲，似乎也不外下列的七种：

（一）权势不可假人；

（二）深藏不露；

（三）把人当成坏蛋；

（四）毁坏一切伦理价值；

（五）厉行愚民政策；

（六）罚须严峻，赏须审慎；

（七）遇必要时不择手段。

要打个浅近的比喻时，人君就须得像一只蜘蛛。耳目的特种网是蜘蛛网，这个网便是人君的威势所藉。有了这架网，做人君的还须得像蜘蛛一样藏匿起来，待有饵物时而继之以不容情的宰割。

> 明主者使天下不得不为己视，使天下不得不为己听。故身在深宫之中，而明照四海之内。而天下弗能蔽、弗能欺者何也？暗乱之道废而聪明之势兴也。故善任势者国安，不知因其势者国危。（《奸劫弑臣》）

这面耳目网就是"聪明之势"，再加上其他的法与术便凑成为"威严之势"，这是非常重要的东西，不仅有系于国家的安危，而且要想混一天下、统治中国，实在完全离不了它。有了它，虽是平庸的人也可以宰制天下；没有它，纵然是大圣贤大豪杰也不能统治三家。会用它的时候，你便安富尊荣，尽可以作威作福；不会用它的时候，你就苦身焦虑，也难免遭弑遭劫。

> 凡明主之治国也，任其势。（《难三》）
>
> 万乘之主，千乘之君，所以制天下而征诸侯者，以其威势也，威势者人主之筋力也。（《人主》）
>
> 民者固服于势，势诚易以服人。（《五蠹》）
>
> 有材而无势，虽贤不能制不肖。（《功名》）
>
> 以身为苦而后化民者，尧、舜之所难也；处势而骄下者，庸主之所易也。将治天下，释庸主之所易，道尧、舜之所难，未可与为政也。（《难一》）
>
> 无捶策之威，衔橛之备，虽造父不能以服马；无规矩之法，绳墨之端，虽王尔不能以成方圆；无威严之势，赏罚之法，虽尧、舜不能以为治。（《奸劫弑臣》）
>
> 抱法处势则治，背法去势则乱……弃隐括之法，去度量之数，使奚仲为车不能成一轮；无庆赏之劝、刑罚之威，释势委法，尧、舜户说而人辩之，不能治三家。（《难势》）

韩非所这样重视的势，我把它比成蜘蛛网虽然有点近于亵渎，但韩非自己却爱把它比成车上的马。

> 国者君之车也，势者君之马也。夫不处势以禁诛擅爱之臣，而必德厚以与天下齐行，以争民，是皆不乘君之车，不因马之利，释车而下走者也。（《外储说右上》）

> 国者君之舆也，势者君之马也，无术以御之，身虽劳犹不免乱，有术以御之，身处佚乐之地，又致帝王之功也。（《外储说右下》）

这样看重权势，不是一位极端的王权论者是什么呢？然而近代的研究家中却有着恰恰相反的认识，梁任公便是这样的一位代表。不嫌累赘，且把他的见解介绍在下边吧。

梁氏有《先秦政治思想史》一书，对于先秦的政治思想分为人治主义、法治主义、术治主义、势治主义的四种，而以为韩非是法治派而非势治派，其说如次：

> 术治主义者，亦人治主义之一种也。势治主义，其反对人治之点与法治派同，而所以易之者有异。慎子盖兼主势治之人也，其言曰："尧为匹夫，不能治三人；而桀为天子，能乱天下。吾以此知势位之足恃，而贤智之不足慕也。"（《韩非子·难势篇》引）

> 韩非子驳之曰："夫势者非能必使贤者用己，而不肖者不用己也。贤者用之则天下治，不肖者用之则天下乱。人之情性，贤者寡而不肖者众，而以威势之利济乱世之不肖人，则是以势乱天下者多矣，以势治天下者寡矣……夫势者，名一而变无数也。势必于自然，则无为言于势矣……今日尧、舜得势而治，桀、纣得势而乱，吾非以尧、舜为不然也，虽然，非一人之所得设也。夫尧、舜生而在上位，虽有十桀纣不能乱者，则势治也；桀、纣亦生而在上位，虽有十尧、舜而亦不能治者，则势乱也……此自然之势也，非人之所得设也。若吾所言，谓人之所得设也。"（《难势》）

> 浅见者流，见法治者之以干涉为职志也，谓所凭借者政府权威耳，则以与势治混为一谈。韩非此论，辨析最为谨严。盖势治者正专制行为，而法治则专制之反面也。势治者自然的惰性之产物，法治则人为的努力所创造。故彼非人所得设，而此则人所得设也。是法与势之异也。（原书二三四至二三六页）

这把韩非的面貌简直完全画错了，对于《韩非》全书没有作通盘的检点，自然是错误之源，而更加主要的原因却是把《难势篇》根本没有读懂。

《难势篇》的结构分为三大段，主要是对于慎到学说即贵"势"的一辩一答，而韩非是拥护慎到的。第一段引慎子学说：

> 慎子曰：飞龙乘云，腾蛇游雾，云罢雾霁，而龙蛇与蚯蚓同矣，则失其所乘也。贤人而诎于不肖者，则权轻位卑也。不肖而能服于贤者，则权重位尊也。尧为匹夫，不能治三人，而桀为天子能乱天下，吾以此知势位之足恃，而贤智之不足慕也。夫弩弱而矢高者，激于风也，身不肖而令行者，得助于众也。尧教于隶属而民不听，至于南面而王天下，令则行，禁则止，由此观之，贤智未足以服众，而势位足以正贤者也。

这是辩难的公案。第二段"应慎子曰"以下是反对慎子的言论，便是所谓"难"。大意是说势固然必要，但须有贤者乘之则天下治，如以不肖者乘之则天下反乱，不能够"释贤而专任势"；故"以国为车，以势为马，以号令为辔，以刑罚为鞭策，使尧、舜御之则天下治，桀、纣御之则天下乱"。这是儒家式的主张，或许也就是韩非所假托的口气；但这决不是韩非自己的主张，我们再看第三段"复应之曰"以下便明如观火。

"复应之曰"的一段，开首是"其人以势为足恃以治官，客曰必待贤乃治，则不然矣"，结尾是"奚可以难夫道理之言乎哉？客议未及此论也"，中间便是对于"客议"的驳斥。从全篇的文字结构上看来，毫无疑问所谓"其人"是指慎到，"客"是指"应慎子曰"的人，"复应之曰"的"之"也就是指的这个"客"。"复应之曰"以下才是韩非自己的主张，他是极力在替慎到辩护，而对于尚贤的见解加以驳斥的。

博学能文的梁先生不知道何以竟把这样的文字都弄错了。他所引的"韩非子驳之曰"云云，前一半是"客议"，是反慎到者的诘难，后一半才是韩文，是反对反慎到者的辩论，两者是极相反的东西，而梁先生却真把它们"混为一谈"了，真真是有点出人意外。

读懂了《难势篇》，你可以知道像韩非才正是一位极端的势治派，他正是极力主张"专制行为"而为"法治之反面"的。他的主张不用说也是"自然的惰性产物"，因为韩非是韩之诸公子，他的身份便制约了他的主张。

在韩非看来，势有自然之势，有人为之势（"人之所得设"）。尧、舜生而在上位，桀、纣生而为王者，这是自然之势，为人力所无可如何。而他所主张的是人所设定之势，便是所谓多设耳目的"聪明之势"，任法用术的"威严之势"。有了这样东西不必等尧、舜来天下才治，而却一定要等桀、纣来天下才乱，所以以中庸之才便可以平治天下。他的辩论是很犀利的，然而毫不折扣的是诡辩。因为关于中庸之才一得到无限制的权势的使用，那是人人都可以成为桀、纣的这一点，他的脑细胞可惜是停止了作用。

权势既设，这是为人主者所"独擅"的东西，绝对不能够与臣下相共；与臣下相共便是太阿倒持，结果便会为臣下所劫弑。

> 权势不可以借人，上失其一，臣以为百。（《内储说下》）
>
> 夫以王良、造父之巧，共辔而御，不能使马，人主安能与其臣共权以为治？以田连、成窍之巧，共琴而不能成曲，人主又安能与其臣共势以成功乎？（《外储说右下》）

权势绝对不可假借，它是所谓"国之利器，不可以示人"。老子的这句话自然也就是韩非思想的渊源之一，他在《喻老篇》和《内储说下·六微篇》中，两处反复加以诠释，足见得他把这件事情看得如何的重大。不妨把两处的诠释并引在下边吧。

> 势重者人君之渊也。君人者势重于人臣之间，失则不可复得也。简公失之于田成，晋公失之于六卿，而邦亡身死。故曰"鱼不可脱于深渊"。赏罚者邦之利器也。在君则制臣，在臣则胜君。君见赏，臣则损之以为德；君见罚，臣则益之以为威。人君见赏而人臣用其势，人君见罚而人臣乘其威。故曰"邦之利器，不可以示人"。（《喻老》）
>
> 势重者人主之渊也。臣者势重之鱼也。鱼失于渊而不可复得也。人主失其势重于臣而不可复收也。古之人难正言，故托之于'鱼'。赏罚者利器也。君操之以制臣，臣得之以壅主。故君先见所赏，则臣鬻之以为德；君先见所罚，则臣鬻之以为威。故曰"国以利器，不可以示人"。（《六微》）

把势重喻为渊，人臣喻为鱼，照常识上说来有点别扭，究竟是不是老子的原意无由断定。但"国之利器不可以示人"事实上也就是"权势不可以借人"的母型了。由这儿所导引出的术之一，便是权势一定要独擅。《三守篇》的人主的三守是（一）秘密，（二）独擅，（三）自为；《外储说右上篇》的治臣三术是（一）恃势，（二）独断，（三）忍痛。推重权势的结果流而为专制独裁，那是必然的结论。

三

韩非在《史记》木与老、庄、申不害同传。申了之学既"本于黄老而主刑名"，慎到也"学黄老道德之术"，而韩非"喜刑名法术之学，而其归本于黄老"。离先秦不远的司马迁，他的这些评述应该是有根据的。《韩非》书中本有《解老》与《喻老》二篇，所解所喻者同于今本《老子》。但近来有人疑这两篇不是韩非所作，因而怀疑韩非学说也未必本于老子，这问题是值得讨论的。《解老》与《喻老》在我看来可能不是一个人所作，因为这两篇的笔调、思想，对于老子语的解释都不相同，甚至连所引用的底本也有文字上的出入。因而与儒家思想太接近的《解老》一篇大约可以除外，而在思想体系上与《六微篇》及《韩非》全书相符合的《喻老》，实在是无法除外。

老子学派的"君人南面之术"，在《主道》与《扬搉》二篇是表现得极其酣畅的。这两篇差不多通体是韵文，想见作者写它们时是怎样的踌躇满志。近来也有人疑它们不是韩非所作，但理由仅是"这两篇的文体和《五蠹》《显学》诸篇不类"⑥。这根据是很薄弱的。《韩非子》本是韩非的文集，并不是严整的有系统的整套著作。所作之文既非一时，所用之体也并不一致。譬如我今天写散文，明天可以写诗，一时可以用文言，一时也可以用白话，难道根据一面便可以断定体例不同的另一面不是我的作品吗？用韵文著书，是战国中叶以来一种相当普遍的风尚。人君"须执一以静"、"无为于上"、废去智巧的这种主张，和《吕氏春秋·审分览》等篇，即用语亦有相同的地方，更不必等到"汉初的道家"才能说出。认《主道》《扬搉》二篇出于"汉初的道家"者，实在是本末颠倒的看法。

中国古代随着奴隶制的成立，大奴隶主——人君的权位隆重了起来，投射到天上便成为唯一神的上帝。在春秋中叶以后，奴隶制渐就崩溃，大奴隶主的权势降落了，上帝也因而失掉了威严，代替上帝的出现了老聃所倡导的本体——"道"。这种观点，起初本是反既成的阶级统治的，然在时间的经过当中，聪明的统治阶级的残余却又反过来企图利用这个"道"以为阶级统治的新的护符了。在前天子是上帝的儿子，即是以人君的投影作为人君的父亲，现在叛逆的"道"既把上帝的虚影掩盖了，事情很单纯，从新认一个父亲就是。因而"道"便又担荷了太上皇的使命。人君是须得体"道"的，"道"是怎样，人君便该得怎样。在前是天的儿子的"天子"，现在是"道"的体现者的"有道之主"，也就是本体的化身了；只消换上一套新名词，王权于是又得到绝对的保障。

道是唯一无二的，人君也自当独立自恃。"道无双，故曰一，是故明君贵独道之容"（《扬攉》），从这儿找出了绝对独裁的根据。

道是虚静寂寥的，人君也自当深藏不露。"道在不可见，用在不可知，虚静无事，以暗见疵"（《主道》），从这儿发展出绝对的秘密主义。

> 自恃毋恃人。（《外右下》）
>
> 人之为己者不如己之自为也。（《外右下》）
>
> 相为则责望，自为则事行。（《外左上》）
>
> 立国用民之道，能闭外、塞私、而上自恃者，王可致也。（《心度》）
>
> 明主之道在申子之劝独断也……申子曰：独视者谓明，独听者谓聪，能独断者故可以为天下王。（《外右上》）
>
> 明主其务在周密。（《八经·参言》）
>
> 函其迹，匿其端，下不能原；去其智，绝其能，下不能意。保吾所以往而稽勾（原误作"同"，依韵改）之，谨执其柄而固握之……不谨其闭，不固其门，虎乃将存。不慎其事，不掩其情，贼乃将生。（《主道》）
>
> 主上不神，下将有因。（《扬攉》）
>
> 明主之行制也天，其用人也鬼。天则不非，鬼则不困。（《八经·

因情》)

在理论的演进上当然不免有些矛盾的地方。道既然是虚静无为的，那么体道的人便应该恬淡无私——庄子的人生理论便是向这个方向发展的，而在申、韩之流的法家却发展向独裁自恃去了。韩非虽也在提说"无为"——"明君无为于上，群臣竦惧乎下"（《主道》），但这"无为"是"不亲细民，不躬小事"（《外右下》），是"治吏不治民"（《外右下》），"恃术不恃信"（《外左下》）。他也在谈去智去巧，但他所说的是舍去在外面的智，而运用心里的智，即所谓"大智若愚"，说穿了，也就是他所爱用的一个字——"诡"。这种矛盾，就在老子本人已经是表露着的。我们根据今本《老子》来说，凡他所说的"道"大抵是一种宏大无私的观念体，其自身说不出有什么打算，但一说到"德"上来，"德"是体道者的功能，那便全盘是出于打算。譬如他晓得说"知善之为善斯不善矣"，而却要"知其雄守其雌，知其白守其辱"，至如先予后取之类的显然出于阴谋诡计的话更可以不用说了。老子自身都是这样，韩非便把这矛盾更推进了一步。韩非是韩国的公子，他是站在统治者立场的人，为了要拥护自己的立场，就有天大的矛盾都可以大胆地自圆其说的。

"道"的出现，在初本不是专为帝王之便而设的。照"道者万物之始"（《主道》）的定义说来，则万物既都是道的表相，似乎万物都可以成为体道者。庄子是这样看的，在他看来，从人的立场说，任何人都可以和道泯合，便是任何人都可以成为"博大真人"。然而在韩非这样的法家，道既成为人君的护符，体道者便只能限于君人者。因而道也就和万物不同了——"道不同于万物，德不同于阴阳，衡不同于轻重，绳不同于出入，和不同于燥湿，君不同于群臣"（《扬榷》）。本来是为打破奴隶时代的等级观而生出的浑沌的东西，到这儿又分明生出了等级。这也是一种学说的发展，但不用说是应乎当时的统治者地位的相当巧妙的逆用。这逆用很自然地又发展而为垄断。只有帝王是体道者，便只有帝王可以虚静无为，其他的人便都不准。"君臣不同道。"（《扬榷》）一切的臣民都该受王者驱使奴役。凡有不愿受驱使奴役的，如像许由、务光、伯夷、叔齐之类的隐士，"上见利不喜，下临难不恐，或与之天下而不取……或伏死于窟穴，或槁死于草木，或饥饿于山谷，或沉溺于水泉"（《说疑》），这些都是该杀的。还有"世之所为（谓）烈士者，离众独行，取异于人，为恬淡之学，而理恍惚之言"（《忠孝》），这些也是该死的家伙。因而连那种学说都成了罪恶。"恬淡，无用之教也；恍惚，无法之言也……人生必事君养亲，事君养亲不可以恬淡之人，必以言论忠信法术；言论忠信法术不可以恍惚。恍惚之言、恬淡之学，天下之惑术也。"（《忠孝》）这真真是彻底的"只准州官放火，不许百姓点灯"主义，主要的虽是在打庄子，但连法家的老祖宗——老子也被推翻了。专倚仗形式逻辑的人会以为这是一个大矛盾。从这儿既看出韩非是反老、庄，那么所有《解老》《喻老》《主道》《扬摧》诸篇便愈见不是韩非的作品了。然而事实是并不那么简单的。

四

老子毫无疑问是韩非思想的源泉，但并不是唯一的源泉。韩非在先秦诸子中为最后起，他的思想中摄收有各家的成分，无论是作为亲人而坦怀地顺受，或作为敌人而无情地逆击。对于老子思想虽然也逆击了它，而主要的还是顺受的成分为多。对于儒家的态度便是两样，那主要的是无情的逆击，而只走私般地顺受了一些。

韩非攻击儒家的态度在先秦诸子中恐怕要算是最猛烈的。虽然我们知道原始法家出于儒，但他对此并不曾感谢。我们再根据《史记》，也知道他曾"与李斯俱事荀卿"，是荀子的门人，而在他的书中并不曾称述过他的这位老师。仅仅有两处泛泛地提到，其中有一处是有问题的——"燕子哙贤子之而非孙卿"（《难三》），于事无征，于时过早，这位孙卿不必就是荀卿。另一处见《显学篇》：

> 自孔子之死也，有子张之儒，有子思之儒，有颜氏之儒，有孟氏之儒，有漆雕氏之儒，有仲良氏之儒，有孙氏之儒，有乐正氏之儒。

这儿所说的"孙氏之儒"当然便是荀卿子之徒。整个《显学篇》是骂儒家和墨家的，而骂儒的成分要占百分之七十，荀子当然也就在被骂之列了。他们的学说是"愚诬之学，杂反之辞"，是乱天下的根本，这当然是在斥骂老师。根据荀子的理论"言而不称师谓之畔，教而不称师谓之倍（背）"（《大略篇》，与此相类似之语亦见《吕氏春秋·尊师篇》），韩非无疑是荀卿的叛逆徒了。

　　大约古时候研究学问的人也是有两种态度的：一种是为学习而研究，另一种是为反对而研究。或者韩非的研究儒家，师事荀子，也正如我们之研究敌情，法官之研究罪犯那样吧。韩非对于儒家的理论很有研究是毫无问题的，他所抱的是全面反攻的态度，务必要屠其徒，火其书而后快。凡是儒家的东西差不多没有一样不受严厉的反对。君位继承上的禅让说是大成问题的，征诛说也同样，在他看来，禅让征诛不外就是劫弑，而尧、舜、汤、武也就是"奸劫弑臣"。

> 舜逼尧，禹逼舜，汤放桀，武王伐纣，此四王者人臣弑其君者也。（《说疑》）
>
> 尧、舜、汤、武，或反君臣之义，乱后世之教育也。尧为人君而君其臣，舜为人臣而臣其君，汤、武为人臣而弑其主，刑其尸，而天下誉之，此天下所以至今不治者也。（《忠孝》）

但是禅让这种制度并不是儒家的创说，而是原始社会或未开化民族中的一种普遍存在的民主雏形，这在韩非也是知道，而且说得似乎比任何人都还要明白晓畅的。

> 上古之世。人民少而禽兽众，人民不胜禽兽虫蛇。有圣人作，构木为巢以避群害，而民悦之，使王天下，号之曰有巢氏。民食果蓏蚌蛤，腥臊恶臭而伤腹胃，民多疾病。有圣人作，钻燧取火以化腥臊，而民悦之，使王天下，号之曰燧人氏。（《五蠹》）

这或许也只是转述当时学者间的口碑，所谓有巢氏和燧人氏这种"圣人"或神性的英雄并不必真正有，但"民悦之，使王天下"，王是人民选举出来的这种《民约论》的见解，确实是道破了原始社会的实际。儒家是根据这种事实把它夸大起来，发挥为"选贤举能"的禅让说，公平地看来，是站在人民立场的对于父子相承的奴隶统治权的革新理论。绝对主张君权的韩非当然忍受不了。而要反对这种理论，较合理的办法，自然是当承认论敌所根据的事实，因为事实是最大的威力，无可抗抵的，而须对于这事实加以别种看法，简捷了当地说，便是曲解。而曲解的原则也最好是根据论敌所根据的原则，所谓"以子之矛攻子之盾"，这正是韩非的拿手好戏。儒家倡导禅让说，目的是在"变"，好罢，我就把"变"这支矛来攻打你禅让说的盾。世道是在变的，适于古代的不必适于今，"今有构木钻燧于夏后氏之世者必为鲧、禹笑矣，有决渎于殷、周之世者必为汤、武笑矣，然则今有美尧、舜、汤、武、禹之道于当今之世者必为新圣笑矣"（《五蠹》）。简单一句话归总，便是不合时宜，反动！结论呢——

> 圣人不期修古，不法常可，论世之事，因为之备。（《五蠹》）

这是多么冠冕堂皇呀！有这演变的根据，你尧、舜禅让的那种原始落后的玩艺儿算得什么呢！你那套简单透顶的东西，丝毫也值不得赞美。我替你戳穿吧！其所以有那种玩艺儿的产生，是因为古时候的生活太苦，做帝王的人所过的生活还赶不上看门头儿，所以什么人都能够让得来，你尧、舜又有什么稀奇呢？但在现今，世道是变了。你就要叫一个县官让位，都是不可能的事了。

> 古者丈夫不耕，草木之实足食也，妇人不织，禽兽之皮足衣也。不事力而养足，人民少而财有余，故民不争……尧之王天下也，茅茨不翦，采椽不斫，粝粢之食，藜藿之羹，冬日麑裘，夏日葛衣，虽监门之服养不亏于此矣。禹之王天下也，身执耒臿以为民先，股无胈，胫不生毛，虽臣虏之劳不苦于此矣。以是言之，夫古之让天子者是去监门之养而离臣虏之劳也。古传天下而不足多也。今之县令，一日身死，子孙累世絜驾，故人重之。是以人之于让也，轻辞古之天子、难去今之县令者，薄厚之实异也……事异则备变。上古竞于道德，中世逐于智谋，当今争于气力。

这种议论，在《五蠹篇》中很是畅所欲言地叙述着，而在《八说篇》中也有同样的叙述：

> 古人亟于德，中世逐于智，当今争于力，古者寡事而备简，朴陋而不

尽，故有珧唇（铫耨）而椎车者。古者人寡而相亲，物多而轻利易让，故有揖让而传天下者。然则行揖让，高慈惠，而道仁厚，皆椎政也。处多事之时，用寡事之器，非智者之备也。当大争之世，而循揖让之轨，非圣人之治也。故智者不乘椎车，圣人不行椎政。

两处所说的"上古""中世""当今"，约略相当于现今所说的原始社会、奴隶社会、封建社会。韩非去古未远，他对于古代的这种划分是正确的。只他是主张君主本位的人，在由奴隶统治转化为封建统治的过程中，他所强调的是要既存的奴隶主蝉联而为封建主，与那种人民本位的选贤举能的办法不两立。连县令的世家权都要替它辩护，帝王的世袭当然要视同神圣了。

在他的想法，帝王是无须乎贤者能者的，只要有法有术，就是中庸的人都可以充任，甚至就是桀、纣也不要紧。他明白地说着"恃术而不恃信"（《外左下》），"上法而不上贤"（《显学》），"不贤而为贤者师，不智而为智者正"（《主道》）。做主上的人只要你有办法，有手腕，尽可以骄奢淫逸也没多大问题；反过来，假如你没有办法，没有手腕，你就不骄奢淫逸也不见得可以保持你的地位。"有术之主，信赏以尽能，必罚以尽邪，虽有驳行，必得所利"（《外左下》），"有术而御之，身坐于庙堂之上，有处女子之色，无害于治；无术而御之，身虽瘁臞，犹未有益"（《外左上》）。

有威就要用，不用是你自己倒楣；有福就要享，不享是你自己造孽。

> 虎豹必不用其爪牙，而（则）与鼷鼠同威。万金之家必不用其富厚，而（则）与监门同资。有土之君，悦人不能利，恶人不能害，索人欲畏重己，不可得也。（《八说》）
>
> 夫虎之所以能服狗者爪牙也，使虎释其爪牙而使狗用之，则虎反服于狗矣。人主者以刑德制臣者也，今君人者释其刑德而使臣用之，则君反制于臣矣。（《二柄》）
>
> 虎豹之所以能胜人执百兽者，以其爪牙也。当（傥）使虎豹失其爪牙，则人必制之矣。今势重者人主之爪牙也，君人而失其爪牙，虎豹之类也。（《人主》）

虎豹在韩非子的意念中似乎是超人一样的动物，可以说是"超兽"。后世称虎为"山中之王"，大约也就是从韩非思想的实践所得到的印证吧。虎豹之有爪牙，在你做人做狗的弱者虽然说它们残暴，然而此正虎豹之所以能为"山中之王"。桀、纣之有势重，在你做奴隶做百姓的人虽然怨恨，然而此正桀、纣之所以成其为"新圣"。

做人君的既然尽可以不贤不智，甚至骄奢淫逸，做人臣的也当然不要你具备什么仁义道德，只要能够用来作为压制人民的工具的，便是能员，便可以置之高位。"治法之至明者，任数不任人。"（《制分》）人格是不要的，只要工具，只要"狗"。君臣的关系，在韩非有两种看法：一种是看成牧畜，另一种是看成买卖。看成牧畜是旧式的看法，即奴隶制时的因袭观念。他爱说"明君之畜其臣也"云云（见《爱臣》与《二柄》等）那样的话，便是说君之有臣如牲畜犬马。最坦白地是比之如"畜鸟"。

> 明主之牧臣也，说在畜鸟……驯乌者断其下翎，则必恃人而食，焉得不驯乎？夫明主畜臣亦然。令臣不得不利君之禄，不得无服上之名……焉得不服？（《外右上》）

你看这是把人当成人在看待的吗？这当然是旧式的，但另一种买卖式的看法，却十分新式而彻底。他说"臣尽死力以与君市，君重爵禄以与臣市，君臣之际非父子之亲也，计数之所出也"（《难一》），从算盘上来看出君臣，不用说是雇佣关系的反映，确实是另一个时代的新观念。在韩非当时，雇佣关系在社会上是已经建立了，他的书中便有很好的证据。

> 夫卖庸而播耕者，主人费家而美食，调布而求钱易者，非爱庸客也，曰如是，耕者且深，耨者熟耘也。庸客致力而急耕耘，尽巧而正畦陌者，非爱主人也，曰如是，羹且美，钱布且易云也。（《外左上》）

把这样的关系反映到君臣的关系上来，使牲畜的看法一变而为买卖的看法，的确是十分新鲜。但这个新鲜的观念却不是韩非所发明的，除掉是社会关系的反映之外，发明的优先权属于田鲔。《外储说右下》引"田鲔教其子田章曰：主卖官爵，臣卖智力"，这更说得直截了当。田鲔，《御览》八百二十八引作田修，大概是齐国的人吧，时代想不会离韩非太远。

无论看成牲畜，或看成买卖，总之是在打算盘，没有什么仁义道德可讲。君既是虎豹，臣也就应该甘心做爪牙，只要把老百姓镇压得住，摄取他们的血汗与生命，那就国富兵强，主安位尊，而天下太平了。故尔说："君不仁，臣不忠，则可以霸王矣"（《六反》），"君通于不仁，臣通于不忠，则可以王矣"（《外右下》）。不过这儿的"臣不忠"却须得注释，这并不是说做人臣的人敢于不忠，而是只要你化成机械，照着命令行事，没有什么自意识上的忠不忠可言。不用说照着道家惯用的逻辑，"不忠"也就是大忠了。"有道之方，不求清洁之吏，而务必知之术"（《八说》），"有使人不得不爱我之道，而不恃人之以爱为我"（《奸劫弑臣》）。同样，便是有使人不得不忠我之道，而不恃人之以忠为我。你就要"不忠"吧，你也不敢不忠。忠非出于自意识，故谓"臣通于不忠"。

这些见解很明显地和儒家作正面的反对，但要说他没有受儒家的影响吧，却不是那样。他在骨子里是把荀子的"法后王"和性恶说作为现实的根据而把自己的学说建立了起来。性恶说和道体观本来是不调和的，但道是全，物是偏，"道既不同于万物"，不调和也就应该不调和了。法后王与体道说也是不调和的，但道是万变不息，日日翻新，有这一"变"，不调和也就正成为大调和了。好在韩非子的目的是在利，并不一定要讲理；只要这样讲有利，便万事亨通，那倒不管你有理没有理。有理而无利，你就有理又怎么样？没有理而有利，我就没有理你又把我怎么样？"秀才遇着兵，有理说不清"，韩非子是主张"力"的人，是一个伟大的兵；他的"力"就是理，利就是理，诡辩就是理。

他是把一切的人看成坏蛋的。所谓"君人南面之术"的另一种秘诀，也就是要把一切的人看成坏蛋。所以一切的人都不可信，"人主之患在于信人，信人则制于人"（《备内》）。臣下无骨肉之亲固不足信，就是有骨肉之亲的自己的妻室、儿女、父老、兄弟，也同样的不可信，因为这些都是"奸劫弑臣"的媒介，而其本身也最有可能成为"奸劫弑臣"。请读他的《八奸篇》吧："凡人臣之所道（由）成奸者有八术：一曰在同床……二曰在旁……三曰父兄……四曰养殃……五曰民萌……六曰流行……七曰威强……八曰四方。"同床的夫妇孺子，在旁的左右近习，以及父兄，是居于"八奸"的首三位的。《八经·起乱篇》也说："乱之所生六也，主母、后姬、子姓、弟兄、大臣、显贵。"再读他的《备内》吧，那儿把"在同床"的第一奸说得更为具体了。

> 为人主而太信其子，则奸臣得乘于子以成其私，故李兑傅赵王而饿主父。为人主而太信其妻，则奸臣得乘于妻以成其私，故优施傅丽姬杀申生而立奚齐。夫以妻之近与子之亲而犹不可信，则其余无可信者矣。

> 且万乘之主，千乘之君，后妃夫人适子为太子者，或有欲其君之早死者。何以知其然？夫妻者非有骨肉之恩也，爱则亲，不爱则疏。语曰"其母好者其子抱"，然则其为之反也，"其母恶者其子释"。丈夫年五十而好色未解也，妇人年三十而美色衰矣，以衰美之妇人事好色之丈夫，则身见疏贱，而子疑不为后。此后妃夫人之所以冀其君之死者也。唯母为后而子为主，则令无不行，禁无不止，男女之乐不减于先君，而擅万乘不疑，此鸩毒扼昧之所以用也。

虽然这也是常识，却亏他想得周到（如"男女之乐不减于先君"），也说得剔透。韩非子的本领本来就在这些地方见长，他能够以极普通的常识为根据，而道出人之所不能道、不敢道、不屑道。所以他的文章，你拿到手里只感觉到他的犀利，真是其锋不可当。然而他这项利器是很容易给折断的。他只是抓到一个变例便把它扩大起来成为一般。赵王、丽姬并不是没有那样的人，鸩毒扼昧也并不是没有那样的事，但古今来究竟有几位赵王、丽姬，有几件鸩毒扼昧呢？你要说是因为严刑峻法制止了它吧，但这种事变却常常发生于刑罚最严厉的时代与政治最专制的国家，就好像在和极端王权论者开玩笑一样。总之，以变例为一般，那是诡辩，那是横道理，充其量只能够自圆其说而已。

同样，他掊击仁义，也有掊击仁义的根据。他知道人是有好恶心的，好利而恶害。要使人不敢为非作歹，那便要利用这好恶心，严刑以警之，信赏以诱之。"凡治天下必因人情，人情者有好恶，故赏罚可用；赏罚可用则禁令可立，而治道具矣。"（《八经》）

他不相信人是可以自行为善的，人根本是坏东西，所以须得想方法来使他不得为恶。善恶的标准是什么呢？有利于尊主安国的便是善，反之便是恶，国是主的国，简单点，便是以主的安全尊严为唯一的标准。

> 圣人之治国也。固有使人不得不爱我之道，而不恃人之以爱为我也。恃人之以爱为我者危矣，恃吾不可不为者安矣。(《奸劫弑臣》)

> 圣人之治国，不恃人之为吾善也，而用其不得为非也。恃人之为吾善也，境内不什数；用人不得为非，一国可使齐。为治者用众而舍寡，故不务德而务法。夫必恃自直之箭，百世无矢，恃自圆之木，千世无轮矣。自直之箭，自圆之木，百世无有一，然而世皆乘车射禽者何也？隐栝之道用也。虽有不恃隐栝，而有自直之箭，自圆之木，良工弗贵也。何则？乘者非一人，射者非一发也。不恃赏罚而恃自善之民，明主弗贵也。何则？国法不可失，而所治非一人也。故有术之君，不随适然之善，而行必然之道。(《显学》)

"自圆之木""自直之箭"固然是很少，乃至没有。"自善之民"也可以是没有的。木箭必待隐栝而后成为轮矢，人也必须加以人工然后才成为善人，这也可以说是没有问题的。然而人并不等于木箭，隐栝之道也并不限于刑罚，而在韩非子则在二者之间差不多完全画着等号。人是有自意识的，毕竟和木箭不同，而相当于隐栝的加工最重要的是教育与学习，而在韩非子差不多是完全把这些除外了。在他是除明法之外无教育，除耕战之外无学习，假使是有，那便是"二心私学"，那是该当铲除的。而所谓仁义道德，所谓德政，都是宽缓败法的东西，也就是"卑主危国"的东西。"今世皆曰尊主安国者必以仁义智能，而不知卑主危国者之必以仁义智能也。故有道之主，远仁义，去智能，服之以法。"(《说疑》)

何以见得仁义的德政便不及严刑峻罚的法治呢？自然，在好辩的韩非子也不能不有他的辩论，同样，读起来也是很犀利的。

> 严家无悍虏，而慈母有败子，吾以此知威势之可以禁暴，而德厚之不足以止乱也。(《显学》)

> 今有不才之子，父母怒之弗为改，乡人谯之弗为动，师长教之弗为变，夫以父母之爱、乡人之行、师长之智，三美加焉而终不动其胫毛，不

改。州部之吏，操官兵，推公法，而求索奸人，然后恐惧，变其节，易其行矣。故父母之爱，不足以教子，必待州部之严刑者，民固骄于爱，听于威矣。(《五蠹》)

母之爱子也倍父，父令之行于子者十母。吏之于民无爱，令之行于民也万父母。父母积爱而令穷，吏用威严而民听从，严爱之策亦可决矣。且父母之所以求于子也，动作则欲其安利也，行身则欲其远罪也。君上之于民也，有难则用其死，安平则尽其力，亲以厚爱关子于安利而不听，君以无爱利求民之死力而令行。明主知之，故不养恩爱之心，而增威严之势。(《六反》)

慈母之于弱子也，爱不可为前。然而弱子有僻行，使之随师，有恶疾，使之事医。不随师，则陷于刑，不事医，则疑于死。慈母虽爱，无益于振刑救死，则存子者，非爱也。子母之性，爱也。臣主之权，策也。母不能以爱存家，君安能以爱持国？(《八说》)

就这样也由极明显的常识生发出他的大道理，使你任何人看了都只觉得是颠扑不破。但这幻术的机关也同样是容易揭破的，这也不外是把变例扩大而为一般。慈母之子不必都是败子，败子只是子中的变例，但他却抓着慈母有败子，便扩大而为凡慈母之子皆败，更扩大而为凡人类皆败。慈母之爱固有所穷，他抓紧着这有所穷，便扩大而为慈母之爱无不穷。在这有所穷的地方而严威适足以济之，他顺手又把这严威的效用扩大而为无所穷。这就是韩非子的秘诀，戳穿了却是一项纸老虎。同样也可以用常识来反问一下的：慈爱是那样有害的东西，那么把慈爱完全除掉了会是怎样呢？假使没有慈母之爱，那根本可以没有人，还不忙问你这人是善还是恶。假使没有慈母之爱，韩非子在生下来的几天之内便可以饿死，当然不会有工夫来发展他这慈爱无用的学说了。

韩非子的学说，无疑是走私式地受了荀子的影响，但他这样的"刻激寡恩"，荀子却不能负责。荀子提倡人性恶，他的结论是强调教育与学习，目的是使人由恶而善。韩子不是这样，他承认人性恶，好，就让他恶到底，只是防备着这恶不要害到自己，而去充分地害人。"君上之于民也，有难则用其死，安平则尽其力。"尽其力是奴役，用其死是侵略，在这样的情形之下用不着人，只需要牛马和豺狼。因而只需要鞭策驾御，不需要其他。

荀子法后王，那也不过是"郁郁乎文哉，吾从周"的意思，自然也就是强调教化、崇尚礼乐、敦笃政令的归纳。教化是随时运而进展的，礼乐行政以周代为隆崇。而韩子眼目中的"新圣"却就是他自己，或者就是比他年轻一辈的秦始皇。商鞅、申不害自然都是他的老师，而他对于他们都不满足——"申子未尽于术，商鞅未尽于法"（《定法篇》依顾广圻校本）。秦，却是他理想中的国家——"夫慕仁义而弱乱者，三晋也。不慕而治强者，秦也。然而未帝者？治未毕也"（《外左上》）。秦后来是"帝"了，"治"可以说是"毕"了，照韩非子的理论，毫无疑问的是"巍巍乎强哉，吾从秦"了。

总之，荀子还侧重人民，韩非则专为帝王，他们纵然有过师弟的关系，但他们的主张是成了南北两极的。

五

凡人皆有"我"，为人君者欲利用人之"我"以为己之"我"服务，人又谁能够泯灭他的己之"我"呢？这儿自不免有冲突。一面自然要提防人专为其己之我，另一面也不能不使它有所满足，于是刑赏之道便要费些苦心了。人是贪生怕死的、好利恶害的，人主便应该根据这种情欲立出刑赏之道。那样使人人在某种范围之内得以满足其己之"我"，而同时又不得不为我之"我"服务。

> 凡治天下必因人情，人情者有好恶，故赏罚可用；赏罚可用则禁令可立，而治道具矣。（《八经·因情》）
>
> 死力者民之所有者也，情莫不出其死力以致其所欲。而好恶者上之所制也，民者好利禄而恶刑罚，上掌好恶以御民力，事实不宜失矣。（《制分》）
>
> 为人臣者畏诛罚而利庆赏，故人主自用其刑德，则群臣畏其威而归其利矣。（《二柄》）

赏以利诱，刑以禁害，赏大则诱大，刑重则禁重，因而便应当严刑重赏。

> 赏莫如厚而信，使民利之。罚莫如重而必，使民畏之。法莫如一而
> 固，使民知之。（《五蠹》）

而且赏罚所及不止一人，其目的亦非在一人，杀一可以儆百，赏一可以劝万，故刑尤宜重而赏尤宜必。

> 重刑者非为罪人也，明主之法揆也。拔贼，非治所拔也。治所拔也
> 者，是治死人也[7]。刑盗，非治所刑也。治所刑也者，是治胥靡也。故曰
> 重一奸之罪而止境内之邪，此所以为治也。重罚者盗贼也。而悼惧者良民
> 也，欲治者奚疑于重刑？若夫厚赏者非独赏功也，又劝一国，受赏者甘
> 利，未赏者慕业，是报一人之功而劝境内之众也，欲治者何疑于厚赏？
> （《六反》）

但重刑可以无际限，因为你杀一个人可以用种种残酷的方法来杀，杀死了还可以杀他的子孙亲戚，株连到无穷尽。厚赏则不能无际限，譬如你赏一位功臣，已经使他位极人臣了，你不能够说还要让他来登王位。聪明的韩非却没有想到天堂的利用上来，这大约是时代限制了他。因为那时的新思潮是打破传统的天神人鬼的观念的，就是尊天明鬼的墨家后学到后来在竞为论辩的时候也把天鬼的令牌收藏起来了。韩非在思想本质上尽管是主张帝王本位的，他却掩饰得很高明。你看他一面虽然在说"明主之行制也天，其用人也鬼"，他在另一面却又说"用时日，事鬼神，信卜筮而好祭祀者，可亡也"（《亡征》），"龟策鬼神，不足举胜，左右背乡，不足以专战，然而恃之，愚莫大焉"（《饰邪》）。

厚赏既不能无际限，因而赏便必须审慎，不能与重刑同一步骤。所以有时他又说："刑胜而民静，赏繁而奸生。故治民者，刑胜，治之首也；赏繁，乱之本也。"（《心度》）"故用赏过（重）者失民，用刑过（轻）者民不畏。有赏不足以劝，有刑不足以禁，则国虽大必危。"（《饰邪》）因此，重刑与厚赏虽然每每对待而言，而事实上重刑是主体，厚赏是陪衬。韩非的根本用意是要以严刑期于无刑，甚至是要以重罚期于无赏。

> 古之善守者，以其所重禁其所轻，以其所难止其所易。（《守道》）

> 公孙鞅曰:"行刑重其轻者,轻者不至,重者不来。"——是谓以刑
> 去刑。(《内储说上·七术》)
>
> 察君之分,独分也。是以其民重法而畏禁,愿毋抵罪而不敢肯(须)
> 赏。故曰不待刑赏而民从事矣。(《制分》)

这是替君人者打好了的顶如意的算盘,原则不外是买卖上的大利盘剥或大斗小
称。然而韩非尽管聪明,而人也并不尽都是傻瓜。禁愈严而民愈偷,对于重刑
论者是一个刻削的讽刺。因而便有所谓"阴奸"发生出来了。自然,聪明的
韩非子也又有他的一套惩治"阴奸"的办法。

公开出来的刑赏是法,但有不便公开出来的部分则便归于术的范围,这里
是还有好多蹊跷的。

> 官袭节而进,以至大任,智也。其位至而任大者,以三节持之:曰
> 质,曰镇,曰固。亲戚妻子,质也。爵禄厚而必,镇也。参伍责怒,固
> 也。贤者止于质,贪饕化于镇,奸邪穷于固。忍不制则下上,小不除则
> 大。诛而名实当,则径〔诛〕之。生害事,死伤名,则行饮食,不然而
> 与其雠。此谓除阴奸也。(《八经·起乱》)⑧

这一节怕是讲"术"里面的最精微的地方吧。有才能的人做官到了尽头不能
再升了,持以"三节"之外,最后便是明杀、暗杀,或用毒,或假手于人。
像这样的诡略,露骨地用文字表现出来,令人不能不佩服韩非子的神经似乎是
钢铁炼成的。"亲戚妻子,质也",句太简单,可能有两种解释:一种是厚礼
对手的亲戚妻子,而在事实上作为人质,使他有所顾虑不能够背叛;另一种是
实行婚姻政策,与对手结为亲戚,使之得妻生子,形成一条血肉的韧带。大约
两种意思都是包含着的吧?这是最亏本的办法,对于"贤者"自不得不如是。
而独于就是这种"贤者"每每是碍手碍脚的,让他活着吧不方便,杀掉他吧
没有名目,对不住,这样的人也就只好使他冤枉一下了。所谓"势不足以化,
则除之……赏之誉之不劝,罚之毁之不畏,四者加焉不变,则除之"(《外右
上》)的,大抵也就指的这种人了。

杀人都不择手段,做事也当然不择手段。"法立而有难,权其变而事成则

立之。事成而有害，权其害而功多则为之。无难之法，无害之功，天下无有也。"（《八说》）一切都以功利为前提，而且是人主本位的功利。所以只要于人主有利，什么坏事都可以做，什么坏人都可以用。"有道之主，不求清洁之吏，而务必知之术"（《八说》），"虽有驳行，必得其利"（《外左下》）。

事实上韩非所需要的人只有三种，一种是牛马，一种是豺狼，还有一种是猎犬。牛马以耕稼，豺狼以战阵，猎犬以告奸，如此而已。愚民政策是绝对必要的。

> 明主之国，无书简之文，以法为教；无生王之语，以吏为师；无私剑之捍，以斩首为勇。是故境内之民，其言谈必轨于法，动作者归之于功（农），为勇者尽之于军。是故无事则国富，有事则兵强。（《五蠹》）

不准有法外的文书，不准谈历史，不准弄技艺，所有一切文学技艺贤能烈侠之士，甚至大圣显学，都和"优笑酒徒""卜筮、视手、埋狐蛊、为顺辞"之属同列，都是些"二心私学，反逆世者"，应该"禁其欲，灭其迹而不止"，应该"禁其行，破其群，以散其党"。这样的议论，在《诡使》《六反》《八说》《五蠹》《显学》诸篇中反复申说得淋漓尽致。这几篇都是波澜壮阔的文章，是不便分割征引的，但为参证的便利起见，姑且摘录几节在下边吧。

> 先为人而后自为，类名号言，泛爱天下谓之圣〔人〕；言大不称而水可用，行而乖于世者谓之大人；贱爵禄，不挠上者谓之杰；下渐行如此，入则乱民，出则不便也。上宜禁其欲，灭其迹而不止也；又从而尊之，是教下乱上以为治也……仓廪之所以实者，耕农之本务也；而蟇组锦绣刻画为末作者富。名之所以成，城池之所以广者战士也，今死士之孤饥饿乞于道；而优笑酒徒之属乘车衣丝。赏禄所以尽民力，易下死也，今战胜攻取之士劳而赏不沾；而卜筮、视手、理（埋）狐虫（蛊）、为顺辞于前者日赐……夫陈善田利宅，所以厉战士也，而断头裂腹、播骨乎原野者无宅容身，身死田夺；而女妹有色、大臣左右无功者，择宅而受，择田而食。赏利一从上出，所以善制下也，而战介之士不得职；而闲居之士尊显。上以此为教，名安得无卑，位安得无危？夫卑名危位者，必下之不从法令，有

二心私学，反逆世者也，而不禁其行，不破其群，以散其党；又从而尊显之，用事者过矣。（《诡使》）

不事力而衣食则谓之能，不战功而尊则谓之贤。贤能之行成，而兵弱，而地荒矣……故行仁义者非所誉，誉之则害功；工文学者非所用，用之则乱法。（《五蠹》）

斩敌者受赏，而高慈惠之行；拔城者受爵禄，而信廉爱之说；坚甲厉兵以备难，而美荐绅之饰；富国以农，距敌恃卒，而贵文学之士；废敬上畏法之民，而养游侠私剑之属；举行如此，治强不可得也。（《五蠹》）

磐石千里不可谓富，象人百万不可谓强。石非不大，数非不众也，而不可谓富强者？磐石不生粟，象人不可使距敌也。今商官技艺之士亦不垦而食，是地不垦，与磐石一贯也。儒侠无军劳而显荣者，则民不使，与象人同事也。夫知祸磐石象人，而不知祸商官儒侠，为不垦之地，不使之民，不知事类者也。（《显学》）

博习辩智如孔、墨，孔、墨不耕耨，则国何得焉？修孝寡欲如曾、史，曾、史不战攻，则国何利焉？……错法以道（导）民也，而又贵文学，则民之所师法也疑。赏功以劝民也，而又尊行修，则民之产利也惰。夫贵文学以疑法，尊行修以贰功，索国之富强，不可得也。（《八说》）

六

《五蠹》篇是韩非晚年的作品，那里面说到"周去秦为从，期年而举，卫离魏为衡，半岁而亡"都是秦始皇即位前后的事。周之亡在庄襄王三年，即始皇即位前一年，卫之亡当即指始皇六年"五国共击秦，秦拔魏朝歌，卫从濮阳徙野王"（《史记·六国年表》）时事，下距韩非之死（始皇十四年）仅七八年。故《五蠹》《显学》诸篇实可视为韩非的晚年定论。他的文体固定，思想也成熟了。他是综合了先秦诸子，而又完全扬弃着先秦诸子。《显学》篇专打儒、墨，《忠孝》篇的"恍惚之言，恬淡之学，天下之惑术也"，打击道家。名家更是他一向所不表示好感的——"人主之听言也不以功用为的，则说者多棘刺白马之说……言有纤察微难而非务也，故季（真）、惠（施）、宋（钘）、墨（翟）皆画笑也"（《外左上》）。甚至如管仲、商鞅、孙武、吴起，为主张耕战富强说的祖宗，而要收藏他们的书也在必须禁止之列了。

> 境内之民皆言治，藏管、商之法者家有之而国愈贫：言耕者众，执耒者寡也。境内皆言兵，藏孙、吴之书者家有之而兵愈弱：言战者多，被甲者少也。故明主用其力不听其言，赏其功必禁无用。（《五蠹》）

就这样在韩非子所谓"法治"的思想中，一切自由都是禁绝了的，不仅行动的自由当禁（"禁其行"），集会结社的自由当禁（"破其群以散其党"），言论出版的自由当禁（"灭其迹，息其说"），就连思想的自由也当禁（"禁其欲"）。韩非子自己有几句很扼要的话："禁奸之法，太上禁其心，其次禁其言，其次禁其事"（《说疑》），这真是把一切禁制都包括尽致了。

关于他的"禁其言"或许有人要执异议，以为他主张参伍以听，综核名实，似乎并不是完全禁止言论。是的，这儿是有一道言路之门开辟着的，然而只是告奸之门。告奸之外便没有言路吗？表面上是有，你听他说吧：

> 群臣陈其言，君以其言授其事，事以责其功。功当其事，事当其言则赏。功不当其事，事不当其言则诛。明君之道，臣不得陈言而不当。（《主道》）

> 为人臣者陈而言，君以其言授之事，专以其事责其功。功当其事，事当其言则赏。功不当其事，事不当其言，则罚。故群臣，其言大而功小者，则罚；非罚小功也，罚功不当名也。群臣，其言小而功大者亦罚，非不悦于大功也，以为不当名也，害甚于有大功，故罚……故明主之畜臣，臣不得越官而有功，不得陈言而不当。越官则死，不当则罪。（《二柄》）

你看，这多么凶！看你还有什么人敢来说话！他所要求于进言者的，要人人都是预言家，所预言的要和未来的事恰恰相当。说不中固不行，说中了而或大或小也不行。四条之中有三条是死路，谁还敢来冒险瞎闯这条生路呢！更何况只要不言也就是一条生路！所以在韩非的"法治"里所容许的言论，归根便只有告奸的言论，这是无所谓中不中，也无所谓大或小，条条都是生路，条条都有奖品。于是乎其他的"二心私学"也就更不敢摇唇鼓舌了。

韩非就是这样的一位极权主义者，他的议论实在足以使欧洲中世纪的麦迦威理（Machiavelli，1469—1527）减色，而德国的查拉图斯屈拉们也当沦为弟子。秦始皇很崇拜他，读到了他的书便五体投地，是有由来的。"人或传其书至秦，秦王见《孤愤》《五蠹》之书曰：'嗟乎，寡人得见此人与之游，死不恨矣！'"（《史记·韩非传》）这倾慕是何等的殷切！同学的李斯介绍了他，秦王竟用兵力去威胁韩国，公然也就把韩非逼索到了手。韩非入秦应该是他飞黄腾达的时候了，因为他向来是崇拜秦国的人：

> 夫慕仁义而弱乱者三晋（韩、赵、魏）也，不慕而治强者秦也，然而未帝者，治未毕也。（《外左上》）
>
> 彼法明则忠臣劝，罚必则邪臣止。忠劝邪止而地广主尊者，秦是也。群臣朋党比周以隐正道，行私曲，而地削主卑者，山东（六国）是也。乱弱者亡，人之性也。治强者王，古之道也。（《饰邪》）
>
> 治强易为谋，弱乱难为计，故用于秦者十变而谋稀失，用于燕者一变而计稀得。非用于秦者必智，用于燕者必愚，盖治乱之资异也。（《五蠹》）

韩非可以说正合了自己的希望，被秦王请进了"易为谋"的治强之秦；然而却不幸他的法术早为他的同学李斯所蹈袭了，一句莫须有的罪状，"非之来也未必不以其能存韩也为重于韩也"（《存韩篇》），便陷入了他自己所最得意的"行饮食"的毒阱。

有好些学者爱说韩非忠于韩，实有心为"存韩"之谋，其实那是上了李斯的当。韩非毫无疑问是有心用秦的，看他谮姚贾于秦王便可以知道。《战国策·秦策》载"四国为一将以图秦"，姚贾出使四国，"绝其谋，止其兵"，被封千户，以为上卿。韩非却表示不满，在秦王面前说他是"梁监门子，尝盗于梁，臣于赵而逐"。揭发别人的阴私，专作人身攻击，这正是韩非的告奸主义的实践，也是他的公子身份的表露。监门之子，曾为大盗，曾为逐臣，何便不可以为用？韩非自己不正主张"有道之主不求清洁之吏"的吗？无怪乎，他反而被姚贾所反噬，而更为李斯所暗害了。

韩非虽然身死于秦，但他的学说实为秦所采用，李斯、姚贾、秦始皇、秦二世实际上都是他的高足弟子。秦始皇的作风，除掉迷信方士、妄图长生之外，没有一样不是按照韩非的法术行事的，焚书坑儒的两项大德政正好是一对铁证。焚书本出于李斯的拟议，其议辞和令文，不仅精神是采自韩非，连字句都有好些是雷同的。

> 古者天下散乱，莫之能一。是以诸侯（儒？）并作，语皆道古以害今，饰虚言以乱实。人善其所私学，以非上之所建立。今皇帝并有天下，别黑白而定一尊，私学而（乃）相与非法教。人闻令下，则（即）各以其学议之。入则心非，出则巷议。夸主以为名，异取以为高，率群下以造谤。如此弗禁，则主势降乎上，党与成乎下。禁之，便。（《史记·秦始皇本纪》）

这差不多完全是《诡使》《六反》诸篇的提要，而禁令底八条：〔一〕史官非秦记，皆烧之。〔二〕非博士官所职，天下敢有藏《诗》《书》、百家语者，悉诣守尉杂烧之。〔三〕有敢偶语《诗》《书》者，弃市。〔四〕以古非今者，族。〔五〕吏见知，不举者，与同罪。〔六〕令下三十日，不烧，黥为城旦。〔七〕所不去者，医药卜筮种树之书。〔八〕若欲有学法令，以吏为师。除掉第七项之外，不更全部是"无书简之文以法为教，无先王之语以吏为师"⑨的扩充吗！

坑儒是所谓"破其群以散其党"的最彻底的实干，那可不用多费笔墨了。

就是秦二世那位宝贝皇帝也是把《五蠹》篇读得烂熟的。《史记·李斯传》载陈涉、吴广发难时，李斯数欲请间谏二世，而不见允许，反被二世责问道：

> 吾有私议而有所闻于韩子也，曰："尧之有天下也，堂高三尺，采椽不斲，茅茨不翦，虽逆旅之宿不勤于此矣。冬日鹿裘，夏日葛衣，粢粝之食，藜藿之羹，饭土簋，啜土铏，虽监门之养不觳于此矣。禹凿龙门，通大夏，疏九河，曲九防，决停水致之海；而股无胈，胫无毛，手足胼胝，

面目黎黑，遂以死于外，葬于会稽，臣虏之劳不烈于此矣。"

这所称道的韩子语，略见今本《五蠹》篇，已引见前，虽然字句间小有出入，但也不好断定是二世背错，还是后人抄写脱了。总之，二世是有家学渊源的。在这段责问语中表示得很明白。李斯的"恐惧书对"也一连两下引用了韩子曰："慈母有败子而严家无格虏"，"布帛寻常，庸人不释，铄金百镒，盗跖不搏"。前者见《显学》篇，仅上下倒易而"格"本作"悍"；后者见《五蠹》篇，"搏"本作"掇"。这些小小的差异，也正证明李斯出于暗记而未查书。秦代君臣不都是把韩非的文章读得很熟的吗？由此可以知道，韩非之学实在是有秦一代的官学，行世虽然并不很久，但它对于中国文化所播及的影响是十分深刻的。

韩非是文章的妙手，他的权谋的深刻，有时也尽有可能用美妙的画皮来掩饰。像《奸劫弑臣》里下列的一段话便是很可以使人迷恋的。

圣人者审于是非之实，察于治乱之情也，故其治国也，正明法，陈严刑，将以救群生之乱，去天下之祸，使强不凌弱，众不暴寡，耆老得遂，幼孤得长，边境不侵，君臣相亲，父子相保，而无死亡系虏之患。

这俨然是理想的救世者的态度。但从全盘的思想体系来考察，这不外是偶一使用的幌子而已。有人以为这《奸劫弑臣》篇是不可靠的，因为篇中提到圣人，而文末有"厉怜王"的一段，在《战国策》和《韩诗外传》均作为荀卿报春申君的书。但在我看来，却不一定不可靠。即使"厉怜王"一段真是荀卿的信札，也可能是抄纂《韩非子》时录书人的错误。

《问田》篇里还有一段话说得更加直切。有一位叫棠谿公的对韩非说，讲法术是危身之道，劝他不要再讲法术。韩非回答他道："窃以为立法术，设度数，所以利民萌，便众庶之道也。故不惮乱主暗上之患祸，而必思以齐民萌之资利者，仁智之行也。惮乱主暗上之患祸，而避乎死亡之害，知明夫身，而不见民萌之资利者，贪鄙之为也。臣不忍向贪鄙之为，不敢伤仁智之行。"看他这抱负，是以救世主自命了。他是不惮患祸，不避死亡而专为人民谋利益的。这也许不会是欺心之论吧，因为无论是怎样的明君术士，没有人民也"术"

不起来。奴隶主虽然剥削奴隶，何尝又不爱惜奴隶？牛马也要有草吃才能耕作的，主人丰衣足食，牛马的草秣也才可以有足够的分量。极端君权论者的韩非，他所怀抱的"救群生""利民萌"是应该作如是观的。"民智之不可用，独（直）婴儿之心也……故举事而求贤智，为政而期适民，皆乱之端"（《显学》），"人主者明能知治，严必行之，故虽拂于民心，必立其治"（《南面》），这样才是他的本色，但不要以为他的言论有什么矛盾。

1944 年 1 月 20 日

注释

①原书作"毛伯"，据顾广圻校改。——作者注

②《难言篇》一开首便说"臣非非难言也，所以难言者"云云，容肇祖疑非韩所作，以为"首句'臣非非难言也'就是说难言，故接云'所以难言者'。首'非'字不是韩非之名可知"（《古史辨》四，第六六九页）。这是没有读懂"也"字所以生此异说。其实"也"读为耶，开首一句是应该加问号的："臣非非难言也？"——作者注

③见作者《〈韩非子·初见秦篇〉发微》一文（《青铜时代》）。

④《中国哲学史大纲》卷上，第 365 页。——作者注

⑤梁启超《先秦政治思想史》，第 234 页。——作者注

⑥容肇祖说，见《古史辨》四，第 664 页。——作者注

⑦今本原文作"治贼非治所揆也，所揆也者是治死人也"，今依下句文例校改。揆乃拨之误，拨者去也、绝也。——作者注

⑧《管子·小问篇》有三本之说："三本者，一曰固，二曰尊，三曰质。故国父母坟墓之所在，固也；田宅爵禄，尊也；妻子，质也。三者备，然后大其威，厉其意，则民必死而不我欺也。"这和韩非的"三节：质、镇、固"大同小异。《小问篇》虽作为齐桓公与管仲问答之辞，盖前期法家所假托。韩非无疑曾揣摩过《小问篇》，而略略加以改变，并且把它发展了。——作者注

⑨《韩非子·五蠹》。

吕不韦与秦王政的批判

一

　　吕不韦在中国历史上应该是一位有数的大政治家，但他在生前不幸被迫害而自杀，在他死后又为一些莫须有的事迹所掩盖。他的存在的影子已经十分稀薄，而且呈现着一个相当歪曲了的轮廓。这是吕氏的不幸，然而不在2000多年后的今日，吕氏的真面目要想被人认识恐怕也是不可能的事吧。

　　本是濮阳人而成为家累千金的这位阳翟大贾，复经纪商业于赵国的都城邯郸，奔走于秦国的都城咸阳，可知他在当时是新兴的富人阶层，而他的经济活动的范围是跨有现今的山东、河北、河南、山西、陕西各省的。他在当时是真实的一位国际贸易商人。在交通梗塞的当时，在商业上能有这样大范围的活动，可知他绝不是一位寻常的材料，果然他在政治上投了一次机，于是便由商界一跃而进入了政界。

　　关于他在政治上的那一次投机，《史记》本传和《战国策》都有记录，虽然它们的内容多少有点不同。当他父亲还在的时候，他贾于邯郸，结识了为质于赵的秦国的诸庶孽孙——异人，他认为"奇货可居"，便回到家里同自己的父亲有过这么样一段戏剧性的谈话：

　　　　〔吕不韦〕谓父曰："耕田之利几倍？"
　　　　〔父　〕曰："十倍。"

〔吕〕："珠玉之赢几倍?"

〔父〕曰："百倍。"

〔吕〕："立国家之主赢几倍?"

〔父〕曰："无数。"

〔吕〕曰："今力田疾作，不得煖衣余食；今建国立君，泽可以遗世，愿往事之。"（据《战国策·秦策》）

就这样吕不韦便再往邯郸，以金钱资助异人，为他布置门面，另一方面又到秦国去游说，使异人能够争取到继承王位的资格，结果他是成功了，算盘果真是如了意。

异人本是秦昭王的孙子，昭王享国凡56年，死时已经在70岁以上。据《史记》，"昭王四十年太子死，四十二年以其次子安国君为太子"，这就是异人的父亲。但异人的兄弟是有二十几位的，他又不居长，居长的名叫子奚。异人的母亲夏姬也没有宠，因此异人在赵为质是一位相当寒伧的落难王孙。他受着不韦的资助而走到意想外的鸿运，对于不韦当然是要感激的。所以当他后来即了王位的时候，吕不韦便做了他的丞相。

以上所述，《史》《策》都没有什么不同，所不同的是吕不韦游秦之年与他游说的情况。《史记》所记是在昭王末年，安国君为太子的时候。安国君的宠姬华阳夫人是楚国的人，虽有宠而无子。不韦入秦便买贿华阳夫人姊向华阳夫人进言。华阳夫人听从了他，便把异人立为嫡子。《国策》却说在安国君已经即位以后，而不韦所买贿的则是华阳夫人之弟阳泉君。这在年代上说来，相差要在十年以上。秦始皇是异人之子，以秦昭王四十八年生于邯郸，当时异人已经和吕不韦深相结托，大大地阔绰起来了。再隔十年昭王去世，安国君立为孝文王，其时年已五十三，仅立一年而又死去。如把服丧期（据《秦本纪》只一年）除外，则"即位三日"而已。看来《战国策》的年代说显然是有所望误。至所买贿的华阳夫人的亲人究竟是姊是弟，无关重要，或者也有姊也有弟，而《史》《策》各记其一的吧。

因此不韦初入秦游说之年当据《史记》，大率是在始皇生年之前，即秦昭王四十二年至四十八年之间。当然在初入秦之后也可以再次或屡次入秦，《战国策》所记的或许也就是最后一次定立异人为太子时的游说吧。

总之吕不韦在政治上的投机是成功了，他使异人被华阳夫人认为嫡嗣，更被定立为太子，转瞬之间竟公然登了王位，真可以说运气太好，而吕不韦的政治航程从此也就一帆风顺了。

但吕不韦的投机，在一般的传说中却还有续篇。而这续篇两千多年以来便成为了我们中国人的差不多家喻户晓的故事，便是说，秦始皇是吕不韦的儿子。这故事是太普遍了，就连我自己在半个月以前也都是深信不疑，而在认吕不韦为阴谋家之外，于认秦始皇为私生子一点，尤感受着一种私意的满足。因为历史上有好些伟大人物往往是私生子，例如孔子是私生子，耶稣也是私生子。秦始皇之非凡，也正好像为私生子增加了光荣。

秦始皇是吕不韦的儿子，这个传说只见于《史记》。本传上说：

> 吕不韦取邯郸诸姬绝好善舞者与居，知有身。子楚（即异人）从不韦饮，见而说（悦）之，因起为寿，请之。吕不韦怒，念业已破家为子楚，欲以钓奇，乃遂献其姬。姬自匿有身，至大期时生子政，子楚遂立姬为夫人。

这传说虽然得到了久远而广泛的传播，但其本身实在是可疑的。第一，仅见《史记》而为《国策》所不载，没有其他的旁证。第二，和春申君与女環的故事①如像一个刻板印出的文章，情节大类小说。第三，《史记》的本文即互相矛盾而无法说通。关于第三的一层须得加以解释。

怎么说《史记》本文自相矛盾呢？因为他既说秦王政母为邯郸歌姬，然而在下文又说"子楚夫人，赵豪家女也"，这怎么说得通呢？而且既是"大期生子"，那还有什么问题呢？"大期"据徐广说是大过十二月，据谯周说是大过十月。要说不足期还有问题，既是大过了十二月或十月，那还有什么问题呢？所以旧时的学者对于这一事也就早有人怀疑，明时的汤聘尹认为是"战国好事者为之"（《史稗》）。又如梁玉绳的《史记志疑》认为是司马迁有意将"大期"字样写出，以"别嫌明微"，表示传说的不可靠。司马迁有没有这样微妙的用意不得而知，然而传说的不可靠倒是千真万确的。

问题更可以推广到为什么会有这样的传说产生。对于这层，前人也有过一些推测。例如王世贞的《读书后记》便有两种说法：第一种认为是吕不韦自己有意编造，他想用以暗示始皇，知道他才是真正的父亲，应该使他长保富贵；第二种认为是吕氏的门客们泄愤，骂秦始皇是私生子，并使天下的人知道秦国是比六国先亡。事既出于推测，本来是无可无不可，不过照王氏的说法，却未免把吕不韦和他的门客们看得太下作了。我在这儿不想多作辩驳，但却想另外提出一种推测出来。我认为是西汉初年吕后称制的时候，吕氏之族如吕产、吕禄辈仿照春申君与女環的故事编造的。

据《史记·高祖纪》，吕后之父，单父人吕公，"善沛令，避仇，从之客，因家焉"。单父在汉为河内郡山阳县（今河南修武县），与吕不韦所食邑"河南洛阳十万户"在秦同属三川郡。汉初之河南洛阳郡仅为三川郡之一部分，其"户五万二千八百三十九"（《汉书·地理志》），仅及吕氏户口之一半而已。故吕后父吕公可能是吕不韦的族人。即使毫无族姓关系，吕后党人为使其称制临朝的合理化，亦宜认吕不韦为其族祖，秦始皇为其族父，这样便可对刘氏党人说："天下本是我吕家的天下，你刘家还是从我吕家夺去的。"我这自然也只是一种揣测，尚无直接证据，但是至少我们可以断言：秦始皇是吕不韦的儿子的话，确实是莫须有的事。

二

秦始皇不仅不是吕不韦的儿子，而且毫无疑问地还是他的一位强有力的反对者。秦始皇和吕不韦的斗争，一般的人把它太看轻了，似乎认为的确是为了介绍嫪毐，为了太后宣淫，所谓"中冓之言不可道也"的那么一回事。其实就是关系嫪毐的故事，我相信，也一定有很大的歪曲。我们且根据《史记》，再把这一段故事清理一下吧。

异人即位之后便为秦庄襄王，"以吕不韦为丞相，封为文信侯，食河南洛阳十万户"，但庄襄王也只做了 3 年的国王便死了。接着便是秦始皇即位，即位时仅仅 13 岁，还是一个孩子，政权不用说是操在被尊为"仲父"的丞相吕不韦手里的。在这初期的几年，吕不韦在行政上应该不会有过什么掣肘。有之，便是在这时有那怪物嫪毐的出现。始皇八年，"嫪毐封为长信侯，予之山阳地，令毐居之。宫室、车马、衣服、苑圃、驰猎，恣毐，事无大小皆决于毐。又以河西大原郡，更为毐国"。这嫪毐究竟是什么人呢？

> 始皇益壮，太后淫不止。吕不韦恐觉祸及己，乃私求大阴人嫪毐以为舍人，时纵倡乐，使毐以其阴关桐轮而行，令太后闻之，以啗太后。太后闻，果欲私得之。吕不韦乃进嫪毐。诈令人以腐罪告之。不韦又阴谓太后曰："可事诈腐，则得给事中。"太后乃阴厚赐主腐者，吏诈论之，拔其须眉为宦者，遂得侍太后。太后私与通，绝爱之。有身，太后恐人知之，诈卜，当避。时徙宫居雍，嫪毐常从，赏赐甚厚，事皆决于嫪毐。嫪毐家僮数千人，诸客求宦，为嫪毐舍人千余人……
>
> 始皇九年，有告嫪毐实非宦者，常与太后私乱，生子二人，皆匿之，与太后谋曰："王即薨，以子为后。"于是秦王下吏治，具得情实。事连相国吕不韦。九月，夷嫪毐三族，杀太后所生两子，而遂迁太后于雍。诸嫪毐舍人皆没其家而迁之蜀。王欲诛相国，为其奉先王功大及宾客辩士为游说者众，王不忍致法。秦王十年十月免相国吕不韦。
>
> 及齐人茅焦说秦王，秦王乃迎太后于雍，复归咸阳，而出文信侯就国河南。岁余，诸侯宾客使者相望于道，请文信侯。秦王恐其为变，乃赐文信侯书曰："君何功于秦，秦封君河南，食十万户？君何亲于秦，号称仲父？其与家属徙处蜀。"吕不韦自度稍侵，恐诛，乃饮鸩而死。秦王所加怒吕不韦、嫪毐皆已死，乃皆复归嫪毐舍人迁蜀者。（《史记·吕不韦传》）

这故事也仅见于《史记》。吕不韦在这里所演的节目也同样可疑。首段介绍嫪毐的一节，完全像《金瓶梅》一样的小说。我看，这可能是出于嫪毐的捏诬反噬。

嫪毐和庄襄王后，看来很像清末的西太后与李莲英。吕不韦演的是李鸿章的节目，秦始皇却比光绪皇帝能干得多，所以结果是他占了胜利。你看嫪毐的气焰不够十足吗？赐封长信侯，家僮数千人，无聊的说客甘愿做宦官的舍人的也有千余人（和明末向魏忠贤称干儿的一样）。而且"事无大小皆决于毐"，这不是比吕不韦的势力还要来得专擅吗？照情势上看来，他和吕不韦一定是有斗争的，而《战国策·魏策》上有一段文字也恰好可以作为这一个推测的证明。

> 秦攻魏急。或谓魏王曰……秦自四境之内，执法以下至于长輓者，故毕曰"与嫪氏乎？与吕氏乎？"虽至于门闾之下、廊庙之上，犹之如是也。今王割地以赂秦，以为嫪毐功，卑体以尊秦，以因嫪毐。王以国赞嫪毐，则嫪毐胜矣。王以国赞嫪氏，太后之德王也，深于骨髓，王之交最为天下上矣。秦、魏百相交也，百相欺也。今由嫪氏善秦而交为天下上，天下孰不弃吕氏而从嫪氏？天下必（毕）舍吕氏而从嫪氏，则王之怨报矣。

这或人的说法正明明指出吕氏与嫪氏的对立、太后与始皇的对立。嫪毐与太后通谋，明明有篡夺王位的野心，故当他被人告发了之后，他就首先发乱，"矫王御玺及太后玺以发县卒及卫卒官骑戎翟君公舍人，将欲攻蕲年宫为乱"。秦始皇乃"令相国昌平君、昌文君发卒攻毐"。据司马贞《史记索隐》："昌平君，楚之公子，立以为相，后徙于郢，项燕立为荆王。史失其名。昌文君名亦不知也。"考秦只有左右二相国，于时吕不韦为相尚未废免，则昌文君应该就是文信侯的别号，或即"吕不韦"三字的讹误[②]。照道理上讲来文信侯也是应该辅助秦始皇诛锄嫪毐的。在这样的情形之下"战咸阳，斩首数百"，嫪毐被生擒，除掉被处死了的人数之外，迁蜀的舍人也有四千余家。嫪毐的势力算被全灭。但当嫪被生擒时，他当然尽可以栽诬文信侯，极尽他的反噬的能事了。

我们看，假使吕氏和嫪氏果真是同党，在嫪氏诛戮之后，秦始皇为什么还能那么容忍，在一年之后才免吕不韦的相（九年九月诛嫪，十年十月免吕），而且仅仅免他的相？等到齐人茅焦替太后游说，让秦始皇把太后迎回之后，而同时便出文信侯就国。又再隔"岁余"，秦始皇要文信侯与其家属徙蜀，便是充军实边，而在前充军的嫪氏舍人等文信侯一死即被由蜀召回。这儿对立着的嫪、吕二势力之一消一涨，或递消递涨，不是很明白的吗？茅焦，无疑是中伤了吕氏。他对秦始皇所说的话，照《始皇本纪》，仅有"秦方以天下为事，而大王有迁母太后之名，恐诸侯闻之，由此倍（背）秦也"这样几句，并不足以说动秦始皇。《说苑·正谏篇》有下列一段比较详细的记录：

秦始皇帝太后不谨，幸郎嫪毐，封以为长信侯，为生两子。毐专国事，浸益骄奢。与侍中左右贵臣博饮，酒醉，争言而斗，瞋目大叱曰："吾乃皇帝（案于时尚未称皇帝）之假父也，窭人子何敢乃与吾亢（抗)！'所与斗者走行白皇帝。皇帝大怒。毐惧诛，因作乱。战咸阳宫。毐败。始皇乃取毐四肢车裂之，取其两弟囊扑杀之，取皇太后迁之于萯阳宫……齐客茅焦乃往上谒曰：'……陛下车裂假父，有嫉妒之心；囊扑两弟，有不慈之名；迁母萯阳宫，有不孝之行；纵蒺藜于谏士，有桀、纣之治；令天下闻之，尽瓦解无向秦者。臣窃恐秦亡，为陛下危之。'……皇帝……乃立焦为仲父，爵之为上卿。皇帝立驾千乘万骑，空左方，自行迎太后萯阳宫，归于咸阳。太后大喜，乃大置酒待茅焦。乃饮，太后曰："抗枉令直，使败更成，安秦之社稷，使妾母子复得相会者，尽茅君之力也。"

叙得虽相当详细，但显然使用着小说家的笔法，茅焦所说的话也不过把《史记》的文句略略扩充了一下而已。照那样的说话，不仅不能说动秦始皇，而且反会激怒他的。什么"假父"，什么"两弟"，秦始皇受得了吗？故尔像这样写小说也是蹩脚的小说。我们如细心地从嫪、吕两氏的消涨以及前后事实的脉络来推测，茅焦所以解说于秦始皇的，一定是替太后与嫪氏洗刷，而对于吕氏加以中伤。这是很容易的，便是说要吕氏才有篡夺的野心，而太后与嫪氏是忠于王室的人。要这样说，才能够转得过始皇的意念，而始皇的意念也就正转了。故尔迎回太后，即逐出不韦，还大下逐客令。直至十二年，文信侯不韦死，其宾客数千人窃葬于洛阳北芒山，"其舍人临者，晋人也逐出之；秦人，六百石以上，夺爵，迁。五百石以下，不临，迁，勿夺爵"。而到了秋天来，则"复嫪毐舍人迁蜀者"。如没有对立相克，这事实的错综是无法说明的。特惜茅焦之说内容失传，谅亦无法传于外，太史公只是信笔敷衍而已。

但要说吕不韦有篡夺的野心，有什么根据可以赢得始皇的相信呢？有的，这根据就在一部《吕氏春秋》。请研究《吕氏春秋》吧，从那儿你可以知道秦始皇和吕不韦的冲突，就在思想上已经是怎么也不能解的一个死结。

三

魏有信陵君，楚有春申君，赵有平原君，齐有孟尝君，皆下士，喜宾客，以相倾。吕不韦以秦之强，羞不如，亦招致士，厚遇之，至食客三千人。是时诸侯多辩士，如荀卿之徒，著书布天下。吕不韦乃使其客人人著所闻，集论，以为《八览》《六论》《十二纪》，二十余万言；以为备天地万物古今之事，号曰《吕氏春秋》；布咸阳市门，县千金其上，延诸侯游士宾客，有能增损一字者予千金。（《史记·吕不韦传》）

吕不韦者秦庄襄王相，亦上观尚古，删拾春秋，集六国时事，以为《八览》《六论》《十二纪》，为《吕氏春秋》。（《史记·十二诸侯年表》）

《吕氏春秋》二十六篇，秦相吕不韦辑，智略士作。（《汉书·艺文志》）

《吕氏春秋》这部书到现在还存在，虽然次第已经改变为《十二纪》《八览》《六论》，内容也略略有些夺佚或错简。这书是在一定的计划下编成的。《十二纪》每纪各5篇，尾上附一篇《序意》。《八览》每览应该是8篇，但开首的《有始览》只有7篇，可知定然脱落了一篇。《序意篇》也系残文，题名下标注"一作《廉孝》"，则《有始览》所夺的一篇或许怕就是《廉孝》。《六论》每论各6篇。以上合共160篇，论理是应该有161篇的。古人著书，序文照例在书后，《序意》虽在《十二纪》之后，但就全书看来，《十二纪》应该依着《史记》的序列，是在《八览》《六论》之后的。

吕氏辑成这部书的年代，《序意篇》里面表示得很明白，便是"维秦八年，岁在涒滩，秋甲子朔，朔之日良人请问十二纪"云云。"维秦八年"就是秦始皇八年，先秦列国纪年，在金文中每每有这样的例子，如越国的《者汈钟》称"隹越十有九年"，《都公钟》称"隹都正二月"，《都公平侯盂》称"隹都八月"，《邓伯氏鼎》称"隹邓八月"，《邓公簋》称"隹邓九月"之类。前人不明此例，又以涒滩之岁与后世甲子纪年之逆推不合，遂多立异说，或以为"八"乃六或四之讹，又或以为乃统庄襄王而言，都是削足就履之论。古人太岁纪年乃依实际天象而得，与后世甲子并不一贯，即此也就是证明。今要破此证明而求其一贯，那真是以不狂为狂了。

成书于八年，草创或当在六七年时。在这时候，内则始皇已近成人，而嫪氏势力日益膨大，外则六国日见衰颓，天下将趋于一统。吕氏在这时候纂成这一部书，综合百家九流，畅论天地人物，绝不会仅如司马迁所说，只是出于想同列国的四公子比赛比赛的那种虚荣心理的。这书在《汉书·艺文志》被列于"杂家"，而"杂家"中的各书事实上要以本书为代表作，所谓"兼儒墨，合名法，知国体之有此，见王治之无不贯"，正好是对于这部书的批评。"杂"之为名无疑是有点恶意的。这书不仅在思想上兼收并蓄，表现得"杂"，就是在文字结构上也每每钉铰泄沓，表现得"杂"。因为篇数有一定的限制，各篇的长短也约略相等，于是便有好些篇目明明是勉强凑成，或把一篇割裂为数篇（此例甚多），或把同一内容改头换面而重出（例如《应同》与《召类》，《务大》与《谕大》，《去尤》与《去囿》），因而全书的体裁在编制上实在也相当拙劣的。然而这书却含有极大的政治上的意义，也含有极高的文化史上的价值，向来的学者似乎还不曾充分地认识。

首先我们要注意，自春秋末年以来中国的思想得到一个极大的开放，呈现出一个百家争鸣的局面。这是因为奴隶制度解纽了，知识下移，民权上涨，大家正想求得一条新的韧带，以作为新社会的纲领。儒、墨先起，黄老继之，更进而有名、法、纵横、阴阳、兵、农，各执一端，各持一术，欲竞售于世，因而互相斗争，入主出奴，是丹非素。即在本书中对于这种情势也有叙述：

> 老聃贵柔，孔子贵仁，墨翟贵廉，关尹贵清，子列子贵虚，陈骈贵齐，阳生贵己，孙膑贵势，王廖贵先，儿良贵后。此十人者皆天下之豪士也。（《不二》）。故反以相非，反以相是。其所非方其所是也，其所是方其所非也，是非未定而喜怒斗争反为因矣。吾不非斗，不非争，而非所以斗，所以争。故凡斗争者是非已定之用也。今多不先定其是非而先疾斗争，此惑之大者。（《安死》，据卢文弨校，二文当衔接）

像这样对立争持的局势，在作《庄子·天下篇》的人便抱的是一种悲观的态度："悲夫，百家往而不反，必不合矣……道术将为天下裂。"而在吕氏则企图"齐万不同，愚智工拙，皆尽力竭能，如出乎一穴"（《不二》）。

特别是儒、墨，在当时是斗争得最剧烈的两派，差不多彼此之间是不以人相看待的，诚如本书所说"日以相骄，奚时相得？若儒、墨之议"（《下贤》）。然而吕氏却竟把它们兼合了，书中单是以孔、墨对举的辞例便一共有 11 处（《当染》《尊师》《不侵》《谕大》《慎大》《顺说》《贵因》《高义》《博志》《有度》《务大》诸篇）。给予了这两位大师及其徒属以同等的尊敬，这绝不是儒、墨两家自动地所能办得到的事，也不是道家所取的那种"二者交讥"的态度（只《有度》一例多少露此痕迹，盖刊落未尽者，说详下）。

其次，它对于各家虽然兼收并蓄，但却有一定的标准。主要的是对于儒家、道家采取尽量摄取的态度，而对于墨家、法家则出以批判。这是最值得注意的本书的一个原则，也可以说是吕不韦这位古人作为政治家或文化批评家的生命。而且我们还要知道，他是在秦国做丞相，在秦国著书的人，在秦国要批判墨家、法家，与在秦国要推尊儒家、道家，在这行为本身已经就具有重大的意义。因为秦法自商鞅以来便采取了法家的精神，而自惠王以来又渗入了墨家的主张。墨家巨子的腹䵍是惠王的"先生"，唐姑果是惠王的亲信，还有田鸠、谢子这些墨者都曾先后在惠王时代入秦，故秦自惠王时已有墨，而在昭王时却还没有儒。

荀卿，先秦儒家最后的这一位大师，在昭王时曾入秦，昭王见他时开口便说"儒无益于人之国"（《荀子·儒效》）。昭王的丞相应侯范雎问荀卿"入秦何见"。荀子答应他：山川形势胜，民风淳朴，百吏忠实服务，士大夫不朋党比周，朝事无留滞，然而说不上王道，其原因就是"无儒"（《荀子·强国》）。这可见在昭王时儒术还没有入秦，而道家是更无用论了。

惠王享国 28 年，武王继之，仅 4 年而没，昭王继之，在位凡 56 年。荀子游秦当在四一年范雎为相以后、五二年蔡泽代范雎为相以前，或者与吕不韦的初入秦是约略同时的吧。墨术入秦后已七八十年而秦尚"无儒"，这是事实。而在这"无儒"的秦国，仅仅 10 年之后，吕不韦却把大量的儒者输入了，这却也是事实。这个事实在论吕不韦的为人和政见上是必须注意的。

把这些主要的关键弄明白了之后我们再去读《吕氏春秋》，你可以发觉着它并不"杂"，它是有一定的权衡，有严正的去取。在大体上它是折衷着道家与儒家的宇宙观和人生观，尊重理性，而对于墨家的宗教思想是摒弃的。它采取着道家的卫生的教条，遵守着儒家的修齐治平的理论，行夏时，重德政，隆礼乐，敦诗书，而反对着墨家的非乐非攻、法家的严刑峻罚、名家的诡辩苛察。它主张君主无为，并鼓吹着儒家的禅让说，和"传子孙，业万世"的观念根本不相容。我们了解了这些，再去读《吕氏春秋》，你可以发觉它的每一篇每一节差不多都是和秦国的政治传统相反对，尤其是和秦始皇后来的政见与作风作正面的冲突。

吕不韦可以说是秦始皇的死对头，秦始皇要除掉他是理所当然而亦势所必然。他既要除掉吕氏，则"欲加之罪，何患无辞"；而体贴意旨，替吕氏的反对党太后与嫪氏说话的人，如茅焦，难道还不晓得利用这种思想的冲突，作为挑拨离间的工具吗？茅焦或许不必就是太后党，但他是齐人，他要对敌国的君臣离间，他要中伤吕不韦，在他或许也就如魏国的"或人"那样，正是出于忠于祖国的政略。又看秦始皇对于吕不韦的弹压，终不像对于嫪氏那样放手，也足以证明他自己是有些顾忌。那么，凡在吕不韦名下的一些污秽事迹，我们是不能无条件地认为真正的史实的。

四

折衷着道家与儒家的那种宇宙观和人生观是怎样的呢？它是认为宇宙万物出于一元，这个一元叫作"太一"，又叫作"道"，更素朴一点的时候便叫作"精气"。由这浑沌的一元而判生天地，便分阴分阳；由这对立的阴阳两气的推移而生出变化，便有万事万物出现。一既生万，万复归于一，循回返复，无有终穷。

> 太一出两仪，两仪出阴阳。阴阳变化，一上一下，合而成章。浑浑沌沌，离则复合，合则复离，是谓天常。天地车轮，终则复始，极则复反，莫不成当。日月星辰，或疾或徐，日月不同，以尽其行。四时代

兴，或暑或寒，或短或长，或柔或刚。万物所出，造于太一，化于阴阳。（《大乐》）

你看，这"太一"岂不就是《易传》上的太极？《易传》的"太极生两仪，两仪生四象"，"分阴分阳，递用柔刚"，和这儿的话不正是大同小异？注意变化，所谓"剥极必复，复极反剥"，不也和这儿有同一的声息？但这"太一"却本是"道"的别名：

道也者至精也，不可为形，不可为名，强为之〔名〕，谓之太一。（《大乐》）

这不又纯全是道家的口吻？所谓"有物混成，先天地生。寂兮寥兮，独立而不改，周行而不殆，可以为天下母。吾不知其名，字之为道。强为之名曰太〔一〕"（《道德经》第二十五章）。

这"道"，这"太一"，究竟是什么？是观念，还是实体，从这些文句中判断不出。看情形，似乎就是别的篇章中所说的"精气"。

天道圆，地道方……精气一上一下，圆周复杂，无所稽留，故曰天道圆。万物殊类殊形，皆有分职，不能相为，故曰地道方。（《圆道》）

精气之集也，必有入也。集于羽鸟与？为飞扬。集于走兽与？为流行。集于珠玉与？为精朗（良）。集于树木与？为茂长。集于圣人与？为夐明。精气之来也，因轻而扬之，因走而行之，因美而良之，因长而养之，因智而明之。（《尽数》）

这和孟子所说的"浩然之气"，或者"夜气"，显然又有一脉的相通了。写这些字句的人显然在作诗，他在这些观念中感受着高度的陶醉，他的精神在随着宇宙的盈虚而波动，随着精气的上下而抑扬，他在宇宙万汇中显然是看出了音乐。

这些文辞明显地是把儒家与道家折衷了。但是从这里我们仍然只看得出变化，看不出进化，宇宙万物只是在那儿兜圈子。这兜圈子的观念表现得更具体点的，是它采取了五行生胜与五德终始的说法，这表现在《十二月纪》和

《荡兵》《应同》诸篇。

《十二月纪》同于《礼记》中的《月令》，《淮南鸿烈》中的《时则》，《逸周书》中也有这一篇。这论理不是吕氏门下所撰录，但不能出于战国以前。在这里已经采用着石申（战国时魏人）二十八宿的完整系统，而渗透着五行相生的配合。

	日	帝	神	虫	音	数	味	臭	祀
春	甲乙	太皞	勾芒	鳞	角	八	酸	羶	户
夏	丙丁	炎帝	祝融	羽	徵	七	苦	焦	灶
中	戊己	黄帝	后土	倮	宫	五	甘	香	中雷
秋	庚辛	少皞	蓐收	毛	商	九	辛	腥	门
冬	壬癸	颛顼	玄冥	介	羽	六	咸	朽	行
	日	祭先	性	事	色	谷	牲	德	兵
春	甲乙	脾	仁	貌	青	麦	羊	木	矛
夏	丙丁	肺	礼	视	赤	菽	鸡	火	戟
中	戊己	心	信	思	黄	稷	牛	土	矢
秋	庚辛	肝	义	言	白	麻	犬	金	剑
冬	壬癸	肾	智	听	黑	黍	彘	水	盾

这里中央土一项是为吕氏所没有的，依《礼记·月令》补。五性与五事只《孟夏纪》有"礼"与"视"，其他据别种资料补入。五兵据《管子·幼官篇》补入。《管》书无矢，《易》言"金矢""黄矢"故据补。

像这样凡是五项为一系统的东西都整整齐齐地配列起来，自然不足五项的要益它一下，譬如在四季之外添一中气，在四方之内添一中央；超过五项的要损它一下，如数减去一二三四，六牲省去马。没有的，当然可以依照这个公式从新造出，如五帝五神之类都是新编的系统。这在现代看来，当然是牵强附会，有好些项目简直可笑。而且在秦以后，这一套观念更作了畸形的发展，成为了迷信的大本营、妖怪的间谍网，窜入于最基本的生活习惯中，就像恶性癌肿的窜走络一样，足足维持了二千多年的绝对权威。到现在虽然被推翻了，而它的根荄依然没有拔尽。不过这是后来的事，是封建社会使这一思想走入了迷宫，没有得到合理的发展。这一思想在它初发生的时候，我们倒应当说它是反迷信的，更近于科学的。在神权思想动摇了的时代，学者不满足于万物为神所造的那种陈腐的观念，故尔有无神论出现，有太一、阴阳等新的观念产生。对这新的观念犹嫌其笼统，还要更分析入微，还要更具体化一点，于是便有这原始原子说的金木水火土的五行出现。万物的构成求之于这些实质的五个大原素，这思想应该算是一大进步。这本由子思、孟轲所倡导（见《荀子·非十二子篇》）而为阴阳家的邹衍所发展了。在二千多年前的智识水准能分析到这样的程度已经是不容易的，而秦以后的那一大批畸形的发展，子思、孟轲、邹衍都不能任其罪，即思想本身亦不能任其罪。要打破迷信的思想，须推翻封建的机构。我们不要看见五行说后来的迷信化，遗祸于世过深，便连它发生时的进步性都要推翻打倒，那是不科学、不辩证的看法。譬如近代的化学在欧洲中世纪时也曾为迷信的点金术，我们并不因点金术的历史而推翻化学，也不因此而否认希腊的恩披多克列士（Empedocles）的四行（地气水火）为原子论的始祖。要用比附的方法来说吧，或者子思、孟轲就等于恩披多克列士和其一派，而邹衍则如后起的德摩克里特士（Democritus）吧。原子说在印度古代思想中也有，在佛教之前的胜宗以四大（地水火风）为"极微"，为形成万物之根。四项原素与希腊相同，而希腊为后，可能是由印度的输入。子思的五行虽有三项相同，而金木两项与风绝异，应该是有他的独创性的。

把五行配于节季，更把五德的终始作为天地剖判以来的转移过程，这不用说是五行的观念论化，但它的动机也是想利用这更新的见解来作为说明宇宙万物之生成及运动的原理。但五行节季和五德终始的次第不相一致，这是值得注意的。

五行节季是以相生为序——木火土金水，而五德终始则为土木金火水，倒数上去便是相克为序的。五德终始的大略见于《荡兵》篇与《应同》篇：

> 黄、炎固用水火矣，共工氏固次作难矣，五帝固相与争矣，递兴废，胜者用事。（《荡兵》）

> 凡帝王者之将兴也，天必先见祥乎下民。黄帝之时天先见大螾大蝼，黄帝曰："土气胜。"土气胜故其色尚黄，其事则土。及禹之时，天先见

> 草木秋冬不杀，禹曰："木气胜。"木气胜，故其色尚青，其事则木。及汤之时，天先见金刃生于水，汤曰："金气胜。"金气胜，故其色尚白，其事则金。及文王之时，天先见火赤乌衔丹书集于周社，文王曰："火气胜。"火气胜，故其色尚赤，其事则火。代火者必将水，天且先见水气胜。水气胜故其色尚黑，其事则水。水气至而不知，数备，将徙于土。（《应同》）

以相生的次序而递禅，五帝和五神都各有一定的时期交代，这似乎很民主，这大约就是禅让说的扩大（倒过来，当然也就成为根源）。在这儿宇宙每年一次的在兜圈子，五行也跟着兜圈子。

以相克的逆序而转移，帝王便要用兵争取胜负，胜者为主，各人所主的时间无定限，主得不好便要起革命而且可以跳跃。这自然是征诛说的扩大（倒过来，当然也就成为征诛的根据）。在这儿宇宙，宁可说是人事界吧，以不定的大期限在兜大圈子，五行也跟着兜大圈子。

这两套学说断然是采自两家，《月令》成为了儒家的重要典礼，我想那一定是子思、孟轲派的系统。五德终始说分明是采自邹衍，这是阴阳家的本家。邹衍的书可惜失掉了，它的大略就算幸存于本书及《史记·孟荀列传》。邹衍当然是受了儒家的影响，但他完成了另外一个宗派。

但在这两套学说里面都只能看得出变化而看不出进化。儒家本来有"日新"的观念的，就是邹衍也这样说过："政教文质所以云救也，当时则用，过则舍之，有易则易也。故守一而不变者未睹治之至也。"（《汉书·严安列传》）虽不十分明朗，可也包含有进化的念头，特在宇宙原理中似乎没有找到方法来说明，或者也就是那种循环的公式太固定了，涵盖不了实际。

因此《吕氏》书中在讨论宇宙原理的范围之外也透露了些进化的消息。

> 夷（原作东）夏之命，古今之法，言异而典殊。故古之命多不通乎今之言者，今之法多不合乎古之法者。（《察今》）

> 治国无法，则乱；守法则不变，则悖。悖乱，不可以持国。世易时移，变法宜矣。（《察今》）

这很明显地与邹衍"有易则易"之说相平行，同时也接近于荀子的"法后王"的意见。至如《恃君览》一篇，那差不多就是上举《察今》篇的那些话的详细的引证，今摘其大略如下：

> 凡人之性，爪牙不足以自守卫，肌肤不足以扞寒暑，筋骨不足以从利辟（避）害，勇敢不足以却猛禁悍，然且犹裁万物，制禽兽，服狡虫，寒暑燥湿弗能害，不唯（为）先有其备，而以群聚耶？群之可聚也，相与利之也。利之出于群也，君道立也……昔太古尝无君矣，其民聚生群处，知母不知父。无亲戚兄弟夫妻男女之别，无上下长幼之道，无进退揖让之礼，无衣服履带宫室畜积之便，无器械舟车城郭险阻之备，此无君之患……圣人深见此患也，故为天下长虑莫如置天子也，为一国长虑莫如置君也。（《恃君》）

这由原始社会看出来的社会进化是很合乎实际的，这当然是由古代传说得来的概念，但在周遭的后进民族中也可找到直接的证佐，《恃君览》中也是有所序述的，我们可以不必多事征引了。

五

我们跳跃一步来研讨《吕氏》书中的政治主张吧。我在这儿要取一个巧，只想把一些重要的文句汇集起来，无须乎多事说明。

第一，他是反对家天下制的。

> 昔先圣王之治天下也必先公，公则天下平矣。平得于公……天下，非一人之天下也，天下之天下也。（《贵公》）
>
> 置君非以阿君也，置天子非以阿天子也，置官长非以阿官长也。德衰世乱，然后天子利天下，国君利国，官长利官。此国之所以递兴递废也，乱难之所以时作也。（《恃君》）
>
> 天下之士也者，虑天下之长利而固处之以身。若〔人〕也，利虽倍于今而不便于后，弗为也；安虽长久而以私其子孙，弗行也。（《长利》）

> 诛暴而不私,以封天下之贤者,故可以为王伯。若使王伯之君,诛暴而私之,则亦不可以为王伯矣。(《去私》)

第二,他是尊重民意的。

> 先王先顺民心。(《顺民》)
>
> 凡举事必先审民心然后可举。(《顺民》)
>
> 宗庙之本在于民。(《务本》)
>
> 圣人南面而立,以爱利民为心。(《精通》)
>
> 仁人之于民也,可以便之,无不行也。(《爱类》)
>
> 贤人之不远海内之路而时往来于王公之朝,非以要利也,以民为务故也。(《爱类》)
>
> 上世之王者众矣,而事皆不同;其当世之急,忧民之利,除民之害,同。(《爱类》)
>
> 凡君之所以立,出乎众也。(言自众举出。)立已定而舍其众,是得其末而失其本。得其末而失其本,不闻安居……夫以众者,此人君之大宝也。(《用众》)
>
> 民无常用也,无常不用也,唯得其道为可。(《用民》)
>
> 执民之命,重任也,不得以快意为故(事)。(《行论》)
>
> 暴虐奸诈之与义理反也,其势不俱胜,不两立。(《怀宠》)

第三,他是赞成修齐治平的哲人政治的。

> 为国之本在于为身。身为而家为,家为而国为,国为而天下为。故曰:以身为家,以家为国,以国为天下。(《执一》)
>
> 主道约,君守近。太上反诸己,其次求诸人。其索之弥远者,其推之弥疏;其求之弥强者,其失之弥远。(《论人》)
>
> 成身莫大于学。身成则……为人君弗强而平矣;有大势,可以为天下正矣。(《尊师》)
>
> 圣人成其身而天下成,治其身而天下治。故善响者,不于响,于声;善影者,不于影,于形;为天下者,不于天下,于身。(《先己》)

圣人组修其身，而成文于天下。"（《先己》）

圣人行德乎己，而四荒咸饬乎仁。（《精通》）

第四，他讴歌禅让。

尧、舜贤者也，皆以贤者为后，不肯与其子孙，犹若立官必使之方。今世之人主皆欲世勿失矣，而与其子孙，立官不能使之方，以私欲乱之也。（《圜道》）

败莫大于愚。愚之患，在必自用。自用则戆陋之人从而贺之。有国若此，不若无有。古之与贤，从此生矣。非恶其子孙也，非徼而矜于名也，反（返）其实也。（《士容》）

自上世以来，天下亡国多矣，而君道不废者天下之利也。故废其非君而立其行君道者。（《恃君》）

第五，他主张君主无为。

君也者处虚。素服而无智，故能使众智也。智反无能，故能使众能也。能执无为，故能使众为也。无智、无能、无为，此君之所执也。（《分职》）

善为君者无识，其次无事。有识则有不备矣，有事则有不恢矣。不备不恢，此官之所以疑，而邪之所从来也。（《君守》）

得道者必静，静者无知。知乃无知，可以言君道也。（《君守》）

大圣无事而千官尽能。（《君守》）

作者忧，因者平。惟彼君道，得命之情。故任天下而不强（上声）。（《君守》）

古之王者，其所为少，其所因多。因者，君术也；为者，臣道也。（《任数》）

凡君也者处平静，任德化，以听其要。（《勿躬》）

明君者非遍见万物也，明于人主之所执也。有术之主者，非一自行之也，知百官之要也。知百官之要，故事省而国治也。（《知度》）

有道之主，因而不为，责而不诏；去想去意，静虚以待。不伐之

（其）言，不夺之（其）事，督名审实，官复自司。以不知为道。以奈何（好问也）为宝。（《知度》）

凡主有识，言不欲先。人唱我和，人先我随。以其出为之入，以其言为之名。取其实以责其名，则说者不敢妄言，而人主之所执其要矣。（《审应》）

贤主劳于求人，而佚于治事。（《士节》）

古之善为君者，劳于论人，而佚于官事，得其经也。不能为君者，伤形费神，愁心劳耳目，国愈危，身愈弱，不知要故也。（《当染》）

天子不处全，不处极，不处盈。全则必缺，极则必反，盈则必亏。（《博志》）

用则衰，动则暗，作则倦。衰、暗、倦，三者非君道也。（《勿躬》）

人主好以己为，则守职者舍职而阿主之为矣。（《君守》）

人主以好暴示能，以好唱自奋；人臣以不争持位，以听从取容；是君代有司为有司也。（《任数》）

亡国之主必自骄，必自智，必轻物。自骄则简士，自智则专独，轻物则无备。无备召祸，专独位危，简士壅塞。欲无壅塞，必礼士；欲位无危，必得众；欲无召祸，必完备。三者，人君之大经也。（《骄恣》）

世主之患，耻不知而矜自用，好愎过而恶听谏，以至于危。耻无大乎危者。（《似顺》）

人主之所惑者……以其智强智，以其能强能，以其为强为。此处人臣之职也，而欲无壅塞，虽舜不能为。（《分职》）

俗主亏情，故每动为亡败……其于物也，不可得之（是）为欲，不可足之为求，大失生本。民人怨谤，又树大雠；意气易动，蹻然不固；矜势好智，胸中欺诈；德义之（是）缓，邪利之急。身以困穷，虽后悔之，尚将奚及？巧佞之（是）近，端直之远。国家大危，悔前之过，犹不可及。闻言而惊，不得所由；百病怒起，乱难时至。以此君人，为身大忧。（《情欲》）

"天下为公"这样的话，在现在说起来，当然是很平常的了。但在家天下的时代，尤其是在奴隶领主政权的时代，那应该具有一种钢铁的声音。既认"天下为公"，自然就是把天下国家的主体移到了人民身上来。处理天下国家的事当然也就是人民的事，但人民要选择贤者来处理，所以说"君之所以立，出乎众"。君必定要贤人才可以做得，为了要代代都是贤人，那就只好采取禅让的方式。未成为奴隶制前的原始社会，的确也是这样的。但后来奴隶制成立，成为了家天下的方式，君位竟由子孙继承了。以子孙来继承君位，那为君的人便不能保证代代都是贤人。照理想上说来，自然是以恢复禅让制为最好，但这不是那么轻易办得到的。而且在战国中叶，燕国的王哙与子之演过一次禅让的闹剧，闹出了笑话，自不免为当时学者间的禅让说的一个打击，因而便有君主无为的想法出来。那样，如人君贤固然好，如不贤也就不致坏事了。故儒家主张"恭己正南面，垂拱而治"。道家主张"无为而治"。就是法家也是同样，只是主张用"术"（手腕）而已。只有墨家不同，它是绝端主张强力躬行的。

《吕氏》书中的关于政治理论的系统大体上是因袭儒家，虽然在君道一层颇近于道家，有时甚至有些法家的气息（如上举《审分览》语）。无疑，吕不韦本人倒可以说是一位进步的政治家，不然他是不会容许这种理论在他的名下综合起来的。

六

"行夏之时"，是孔子假想执政时准备首先施行的一条政纲。这种以孟春建寅之月为岁首的所谓夏历，和中国的农业社会很适应，施行起来对于一般的农民会很感觉方便，故尔孔子特别重视它。吕氏所重视的也就是这夏历，《十二月纪》便是证明。《十二月纪》是一部王者的年中行事或施政历程，是儒家式的重农制度下的一套重要的典礼。故吕氏即使取自成文，也可证明他把这套典礼是看得怎样宝贵。真的，吕氏本人很有意思，他的出身虽是阳翟大贾，而他却是一位重农主义者，这是值得注意的事。

> 霸王有不先耕而成霸王者，古今无有。此贤者不肖之所以殊也。（《贵当》）

古先圣王之所以导其民者，先务于农。民农非徒为地利也，贵其志也。民农则朴，朴则易用，易用则边境安，主位尊。民农则重，重则少私义，少私义则公法立，力专一。民农则其产竹复（複），其产复则重徙，重徙则死其处而无二虑。民舍本而事末则不合（原作令），不合则不可以守，不可以战。民舍本而事末，则其产约，其产约则轻迁徙，轻迁徙则国家有患皆有远志，无有居心。民舍本而事末则好智，好智则多诈，多诈则巧法令，以是为非，以非为是。（《上农》）

他所说的这些道理究竟是不是绝对正确，我们可以不必追问，但他明白地是重农，不仅是视为重要的生产，而且是视为重要的政略。

儒家是主张德政的，孔子说："导之以政，齐之以刑，民免（勉）而无耻。导之以德，齐之以礼，有耻且格。"这种思想在《吕氏》书中也流荡着。

为天下及国，莫如以德，莫如行义。以德以义，不赏而民劝，不罚而邪止。（《上德》）

古之王者，德回乎天地，澹（瞻）乎四海……虚素以公，小民皆（偕）之。其之（赴也）敌，而不知其所以然。此之谓顺天。教，变容改俗，而莫得其所受（授）之。此之谓顺情……岂必以严罚厚赏哉！严罚厚赏，此衰世之政也。（《上德》）

凡用民，太上以义，其次以赏罚。其义则不足死，赏罚则不足去就，若是而能用其民者，古今无有。（《用民》）

古之君民者，仁义以治之，爱利以安之，忠信以导之，务除其灾，思致其福。故民之于上也……若五种之于地也，必应其类而蕃息于百倍。（《适威》）

礼烦则不庄，业烦则无功，令苛则不听，禁多则不行。（《适威》）

注意德政并不是说不用刑罚，儒家本没有这样的意思，吕氏也没有这样的意思（假使是不用，那便成为道家）。他们只是说不能专用刑罚而已（假使是专用，那便成为法家）。孔子也曾说过"必世而后仁"，又赞成"善人为邦百年，亦可以胜残去杀"。故尔吕氏同时也在主张赏罚必信，赏罚须有充实。

赏罚信乎民，何事而不成！（《慎小》）

为民纪纲者何也？欲也，恶也。何欲？何恶？欲荣利，恶辱害。辱害所以为罚充也，荣利所以为赏实也。赏罚皆有充实，则民无不用矣。（《用民》）

宋人有取（趋）道者，其马不进，倒而投之鹓（溪）水。又复取道，其马〔又〕不进，又倒而投之鹓（溪）水。如此者三。虽造父之所以威马，不过此矣。不得造父之道而徒得其威，无益于御。人主之不肖者有似于此，不得其道而徒多其威。威愈多，民愈不用……故威不可无有，而不足专恃，譬之若盐之于味。凡盐之用，有所托也，不适则败托而不可食。威亦然，必有所托然后可行。恶乎托？托于爱利。爱利之心谕，威乃可行。威太甚，则爱利之心息。爱利之心息而徒疾行威，身必咎矣。（《用民》）

为了调剂刑政，儒家是看重音乐的功用的，吕氏也承继着这个传统，在《仲夏纪》与《季夏纪》中费了不少的篇幅来讨论音乐，他接受了公孙尼子的《乐记》的理论，有时还把它扩张了。在这儿同时还尽了反对墨家的能事。

凡乐，天地之和，阴阳之调也。始生人者，天也。人无事焉，天使人有欲，人弗得不求；天使人有恶，人弗得不辟。欲与恶所受于天也，人不得与（原作兴）焉。不可变，不可易。世之学者有非乐者矣，安由出哉？（《大乐》）

刑之大者为兵。儒家不废刑，故亦不废兵。孔子为政，须"足食足兵"而"教民即戎"。吕氏也承继着这个传统，在《孟秋纪》与《仲秋纪》中，同样费了不少的篇幅来讨论兵。他主张义兵，而驳斥偃兵非攻之说，在这儿也尽了反对墨家的能事。

古之圣王有义兵而无有偃兵。家无怒笞则竖子婴儿之有过也立见，国无刑罚则百姓之悟（忤）相侵也立见，天下无诛伐则诸侯之相暴也立见，故怒笞不可偃于家，刑罚不可偃于国，诛伐不可偃于天下……兵之所自来者远矣，未尝少选不用。贵贱长少贤者不肖相与同，有巨有微而已矣。察兵之微：在心而未发，兵也；疾视，兵也；作色，兵也；傲言，兵也；援推，兵也；连反，兵也；侈斗，兵也；三军攻战，兵也。此八者，皆兵也；微巨之争也。今世之以偃兵疾说者，终身用兵而不自知，悖。（《荡兵》）

凡为天下之民长也虑，莫如长有道而息无道，赏有义而罚不义。今世之学者多非乎攻伐，非攻伐而取救守，则乡（向）之所谓长有道而息无道，赏有义而罚不义之术不行矣……为天下之长患、致黔首之大害者，若说为深。（《振乱》）

关于"非乐"与"非攻"，像这样对于墨家的批评，可以说是相当猛烈，而全书中所取于墨家的地方也很少，如尚贤节用并不是墨家的特见，薄葬也并没有薄到墨家所主张的那样脊骹的地步。此外则墨家兼爱而吕氏不兼，他说"仁也者仁乎其类者也"（《爱类》）。吕氏更采取儒家的孝道，在先秦书籍中首先引用了《孝经》（《察微》）。孝道被认为是平天下治国家之本，"夫执一术而百善至，百邪去，天下从者，其惟孝也。故论人必先以所亲而后及所疏，必先以所重而后及所轻"（《孝行》）。对于亲疏轻重而有先后，是儒家的差等爱，并非墨家的兼爱。

吕氏也主张忠，每将忠与孝并列。"先王之教莫荣于孝，莫显于忠"（《劝学》），"成身莫大于学。身成则为人子弗使而孝矣，为人臣弗令而忠矣"（《尊师》）。"贤者之事也，虽贵不苟为，虽听不自阿，必中理然后动，必当义然后举。此忠臣之行也"（《不苟》）。这和墨家"上之所是亦必是之，上之所非亦必非之"的"尚同"之义亦不相同，故他竟能主张到"废其非君而立其行君道者"（《恃君》）。这是墨家思想中所绝不曾有的。

墨家尊天明鬼，而吕氏则极重理智。书中也有天，但它的天是道，是太一，是精气，是自然，而不是有意想行识的人格神、上帝。对于鬼神之事也采取的是合理的解释：

故曰"精而熟之，鬼将告之"，非鬼告之也，精而熟之也。（《博志》）

圣人之所以过人，以先知。先知必审征表。无征表而欲先知，尧、舜与众人同等。征虽易，表虽难，圣人则不可以飘矣。众人则无道至焉。无

道至则以为神，以为幸。非神非幸，其数不得不然。(《观表》)

这些是极可宝贵的话，不仅对于二千多年前的墨家是绝好的开导，就是对于二千多年后的今天的一些观念论者，也是很亲切的启蒙。鬼神并非真的存在，而实在是精巧和圣智的投影，无知者主观上的产物。在这样的认识之下，对于卜筮等所谓媒介人神的工具也就不足信了。

今世，上（尚）卜筮祷祠，故疾病愈来。(《尽数》)

今夫塞（赛）者，勇力。时日卜筮祷祠，无事焉。善者必胜。(《察贤》)

鬼神既不足信，则妖异自当化除，书中于《明理篇》颇有天妖、人妖、物妖各项的叙述，其主旨认为妖之兴归本于人事的不善，故颜其篇曰"明理"。在现代看来，其所"明"之"理"，虽然并不怎么"明"，但在当年总不失为是一种理性的说法，视神而化之者已大有径庭。《慎大览篇》载有一段故事，正好说明这种态度。

武王胜殷，得二虏而问焉。曰："若（汝）国有妖乎？"一虏对曰："吾国有妖。昼见星而天雨血，此吾国之妖也。"一虏对曰："此则妖也，虽然，非其大者也。吾国之妖甚大者，子不听父，弟不听兄，君令不行，此妖之大者也。"

既不承认上帝鬼神，照儒家的思想系统上说来，便当承认自然中的必然性，便是命。吕氏对于命也恰好下出了一个定义："命也者，不知所以然而然者也。人事智巧以举错者不得与焉。故命也者就之未得，去之未失。国士知其若此也，故以义为之决（判断），而安处之。"(《知分》)命，这种必然性，在自然界中总是存在的，不必对于它低头，也不必对于它反脸，我行我是（义），随它去！这种正是儒家的态度，而和墨家的也恰相反。故他又说：

凡人物者阴阳之化也。阴阳者造乎天而成者也。天固有衰嗛废伏，有盛盈蚠息，人亦有困穷屈匮，有充实达遂，此皆天之容，物〔之〕理也，而不得不然之数也。古（故）圣人不以感私伤神，俞（愉）然而以待耳。

（《知分》）

　　达士达乎死生之分，达乎死生之分则利害存亡弗能惑矣。（《知分》）

《吕氏》全书重理智的色彩相当浓厚，因此它对于淫辞诡辩也是反对的。它是抱着儒家"正名"的本旨，要准乎义理，合乎实用，而不为苟辩、苟察。

　　名正则治，名丧则乱。使名丧者淫说也。说淫，则可不可而然不然，是不是而非不非……凡乱者刑（形）名不当也……刑名异充而声实异谓。（《正名》）

　　至治之世，其民不好空言虚辞，不好淫学流说，贤不肖各反（返）其质，行其情，不雕其素。（《知度》）

　　凡君子之说也非苟辩也，士之议也非苟语也，必中理然后说，必当义然后议。（《怀宠》）

　　辩而不当论，信而不当理，勇而不当义，法而不当务，惑而乘骥也，狂而操吴干将也。大乱天下者必此四者也。所贵辩者为其由所论也，所贵信者为其遵所理也，所贵勇者为其行义也，所贵法者为其当务也。（《当务》）

　　坚白之察，无厚之辩，外矣。（《君守》）

这所反对的当然不止名家，就是墨家后学的辩者之流也是在所反对之列的。且看《荡兵篇》所说，"援推，兵也……今世之以偃兵疾说者，终身用兵而不自知，悖。故说虽强，谈虽辩，文学虽博，犹不见听"，便分明指斥的是墨家；便是"援推"二字也就是《墨子·小取篇》中关于辩论上的术语"援也者，曰子然，我奚独不可以然也？推也者，以其所不（否）取之，同于其所取者予之也"。

七

在多士济济的吕氏门下，我们可以相信九流百家都是有的，墨家、法家、名家不用说都有，但这些分子显然不占势力。特别值得注意的是《吕氏》书中把墨子和孔子相提并称的地方那么多，而却处处攻击墨子的学说。但攻击他的学说时却又是混含着说的，绝不道出任何派别任何个人的名字。如像说"世之学者有非乐者矣"，或者说"今之世，学者多非乎攻伐"，有时甚至于连这样混含着的指示都不提。这里一定是有所顾虑的。这固然可以解释为政治家或学者们的礼貌，但我相信，在吕门之外，秦国之墨者一定还很多，故尔不好明目张胆地攻击。

道家颇占势力，其中庄子的门人一定相当多，书中每称引《庄子》（《去尤》），有好些辞句与《庄子》书完全相同，如《必己篇》差不多强半是采自《庄子》的《外物篇》。又如《有度篇》的下列一节，更根据庄子的主张来批评孔、墨。书中指名孔、墨而加以批评的就只有这一节，特别是批评孔子。

> 孔、墨之弟子徒属充满天下，皆以仁义之术教导于天下，然而无所行教者。术犹不能行，又况乎所教！是何也？仁义之术外也。夫以外胜内（言负担太重），匹夫徒步不能行，又况乎人主！唯通乎性命之情，而仁义之术自行矣。先王不能尽知，执一而万物治。使人不能执一者，物感之也。故曰：通意之悖（《庄子》作"彻志之勃"），解心之缪，去德之累，通道之塞（"通"，《庄》作"达"）。贵富显严名利（《庄》作"富贵"），六者悖意者也（《庄》无下"者"字，下同）。容动色理气意，六者缪心者也。恶欲喜怒哀乐，六者累德者也。智能去就取舍（《庄》作"去就取与知能"），六者塞道者也。此四六者不荡乎胸中则正。正则静，静则清明（《庄》无"清"字，下同），清明则虚，虚则无为而无不为也。

"故曰"以下乃《庄子·庚桑楚篇》的一节，明明是引书，故称"故曰"，只是没有把《庄子》标明出来。像这些地方自然是庄子之徒透露了他们的门户。语气已经和平得多，只说"通乎性命之情而仁义之术自行"，没有说"掊击圣人……攘弃仁义"（《庄子·胠箧》）那样激烈的话。大约就因为这样，才逃过了主编者的眼目而未被删掉的吧？

但无论怎么说，儒家总是占最大势力的。高诱序谓"不韦乃集儒者（原作书）使著其所闻"，虽不必便是事实，但可以说是得其近似。儒家中究竟有些什么人，无从查考了。我们所能确切知道的有一位李斯。《史记·李斯列传》"至秦，会庄襄王卒，李斯乃求为秦相文信侯吕不韦舍人，不韦贤之，任以为郎"，可见李斯颇为吕不韦所重用，在《吕氏春秋》的撰辑上他一定是尽了力的。李斯是荀卿的弟子，在初当然还未放弃儒术，因此吕氏之所以特别要大量地引用儒者入秦，并大量地引用儒术著书，我相信李斯一定参加了意见，而且这意见也就是荀卿的意见。《荀子·强国篇》中有下列一段，便是证明。

> 力术止，义术行。曷谓也？曰：秦之谓也。威强乎汤、武，广大乎舜、禹，然而忧患不可胜校也，諰諰然常恐天下之一合而轧己也。此所谓力术止也……然则奈何？曰：节威反文。案（爱）用夫端诚信全之君子治天下焉，因与之参国政，正是非，治曲直，听咸阳。顺者错之，不顺者而后诛之。若是，则兵不复出于塞外，而令行于天下矣。若是，则虽为之筑明堂于塞外而朝诸侯，殆可矣。假今之世，益地不如益信之务也。

据杨倞注，以为《新序》作"李斯问孙卿"云云，是否果为李斯所问虽不能断定，但荀子对于秦怀抱有莫大的希望，希望秦能够施行儒术却是事实。儒家原来是反秦的，但到荀卿时，秦的力量已经充分强大，早迟有统一中国的情势，故他不得不改变儒家的态度。他自己也曾经亲自入秦，见昭王，见应侯，为儒家传道。他的说法没有为昭王与应侯所采用，但不久之间却为吕不韦所采用了。吕不韦本人无论在赵的邯郸或秦的咸阳，都有可能亲自见过荀子，甚至可以说，他可能还是荀子的门人。因为荀卿晚年曾回赵国，同赵孝成王"议兵"，于时应该就是吕不韦在邯郸的时候。不韦入秦应该与荀子是约略同时，但我们找不出直接的证据来。即使不韦不曾见过或师事过荀子，而荀子的意见由李斯间接传到，那可是毫无问题的。

这种见解，对于秦国的政治是一种改革，吕不韦却在这儿执行了起来，虽然在政治上的施设没有留下什么，只留着表示他的政见的一部书。毫无问题，秦国内部也有莫大的阻力存在的。阻力的初期是后党的嫪毐，其后便是秦始皇自己了。

秦始皇诛锄嫪毐的时候已经22岁，不再是孩子了。这位未来的大独裁者，据《史记·本纪》所载，精神和肉体两方面显然都很有缺陷。以下是尉缭所说的话：

> 秦王为人蜂准，长目，挚鸟膺，豺声，少恩而虎狼心。居约易出人下，得志亦轻食人。③

这所说的前四项都是生理上的残缺，特别是"挚鸟膺"，现今医学上所说的鸡胸，是软骨症的一种特征。"蜂准"应该就是马鞍鼻。"豺声"是表明有气管炎。软骨症患者，骨的发育反常，故尔胸形鼻形都呈变异，而气管炎或支气管炎是经常并发的。有这三种征候，可以下出软骨症的诊断。因为有这生理上的缺陷，秦始皇在幼时一定是一位可怜的孩子，相当受了人的轻视。看他母亲的肆无忌惮，又看嫪毐与太后谋"王即薨，以子为后"（《吕不韦传》），可见他还那么年轻的时候便早有人说他快死，在企图篡他的王位了。这样身体既不健康，又受人轻视，精神发育自难正常。为了图谋报复，要建立自己的威严，很容易地发展向残忍的一路。身居王位，要这样发展也没有什么阻碍。结果他是发展向着这一条路上来了。"少恩而虎狼心"，便是这种精神发展的表征。

始皇周围有些什么人物，也不甚详细。在攻嫪毐的时候有相国昌平君、昌文君，于时不韦尚未免相，昌文君应该就是不韦，而昌平君的思想系统也不明。为太后说话的齐人茅焦，被始皇尊为"仲父"，显然是反吕不韦的，但他的思想也没有什么朕迹。大梁人尉缭来说秦王，是在不韦免相的一年，他为秦王所十分敬礼，致"衣服食饮与缭同"，而且"卒用其计策"。这位先生是有著作的，今存《尉缭子》二十四篇，内容系言兵，当即《汉书·艺文志》兵形势类"《尉缭》三十一篇"之残，但系依托。又《艺文志》杂家有"《尉缭》二十九篇"，注云"六国时"。颜师古引刘向《别录》云"缭为商鞅学"，则是尉缭乃法家，可惜这书已经失传了。但他是法家这一点，由秦始皇喜欢韩非的书可以作为旁证。秦始皇采用了法家的主张是毫无问题的。

法家的主张，自孝公采用商鞅的变法以来便是秦国的传统，但有一点除孝公以外都没有认真实行，便是法家的君道的主张。法家也主张人君不管事，虽然申、韩之流和道家的无为，儒家的德化不同，而是要用术。韩非子说得最明白:"明君之道使智者尽其虑,而君因以断事,故君不穷于智。贤者敕其材,君因而任之,故君不穷于能。有功则君有其贤,有过则臣任其罪,故君不穷于名。是故不贤而为贤者师,不智而为智者正。"(《主道》)又说:"君执柄以处势,故令行禁止。柄者杀生之制也,势者胜众之资也……故明主之行制也天,其用人也鬼。"(《八经》)人主只管用人,不管行政,不用说也是在调剂世袭制的弊病。秦国的列君,只有孝公对于商鞅是做到了。商鞅俨然是责任内阁的首相。但自孝公一死,惠文王便不甘于无所作为,把商鞅车裂了。尔后武王、昭王可以说都是守着惠文王的传统,丞相时常是换来换去的。穰侯魏冉在昭王前半曾经专擅过一段长远的时期,但经"一夫开说,身折势夺而以忧死",而他的位置被范雎夺去了。不几年又换成蔡泽,但都不安于位。

惠王的这个传统是和墨家的君道主张一致的,人君要自己动手,强力疾作,不能垂拱待治。人君要做一切的表率,苦干到底,假使不能苦干,那做人臣的,做人民的,便都会怠惰,国家也就因而乱亡。惠王实践了这种主张,可能就是得到墨家的传授。墨家巨子腹䵍是惠王的先生,墨者唐姑果是惠王的亲信,在他的一代先后有墨者集中于秦,墨家的主张对于秦的政治不能说没有影响。当然秦国也并没有全部采用墨术,但部分地采用了,尤其是君道,我看是毫无问题的。

到了秦始皇把这力疾躬行的君道更是实践到了极端。侯生、卢生等批评他的话最为扼要:

> 始皇为人,天性刚戾,自用,起诸侯,并天下,意得欲从,以为自古莫及己。

> 专任狱吏。狱吏得亲幸。博士虽七十人,特备员弗用。丞相诸大臣皆受成事,倚办于上。上乐以刑杀为威,天下畏罪持禄,莫敢尽忠。上不闻过而日骄,下慑伏谩欺以取容。

> 秦法不得兼方,不验辄死。然候星气者至三百人皆良士,畏忌讳谀,不敢端言其过。

> 天下之事,无大小皆决于上。上至以衡石量书,日夜有呈。不中呈,不得休息。(《史记·秦始皇本纪》)

这真是一位空前的大独裁者，一切是自己动手，丞相大臣都是具员，博士良士仅顾饭碗，天下是狱吏的天下。这和吕不韦的主张不是如像立在地球的南北两极吗？明白了这层对立的关系，吕不韦要被秦始皇赶掉，甚至干掉，不是容易了解的事吗？

大独裁者的征候在他十几岁时可能早就有些表现，吕不韦当得在替他心焦。《吕氏春秋》一书之所以赶着在八年做出，可能是有意向他说教。然而结果是无效，或者反生了逆效果。在书成后的第三年吕氏便失足，再后年余便被逼自鸩了。

当吕不韦免相的一年，秦始皇大下逐客令，吕氏门下那些儒家、道家当然在被逐之列。在这时那位李斯先生便变了节，有名的《谏逐客书》是脍炙人口的文章，但那只是一篇煽情的诔辞。文章里面，提到秦穆公用五子、孝公用商鞅、惠王用张仪、昭王用范雎，而于庄襄王用吕不韦则绝口不提，这正表示李老夫子的聪明。在这时吕不韦正背了时，李斯假如要提到他，一定会触犯始皇的怒鳞的。李斯本来是吕门的人，不与吕氏同进退，而觍颜以媚秦始皇，恋恋于禄位，他的操守实在可成问题。然而近时论者颇有人以为他是荀子的门徒，始皇用他，便是始皇用了儒术，那样皮相的见解恰恰说到事实的反面。事实是李斯献媚于秦始皇，把自己所学抛进茅坑里去了。后来在他做了丞相的时候，他的先生荀卿"为之不食"（《盐铁论·毁学》），不是没有来由的。其实秦始皇又何尝用了他呢！"丞相诸大臣皆受成事，倚办于上"，哪里有他的事做？他不过善于体贴意旨，应时做过一些传声筒而已。治驰道，兴游观，下焚书令，要算是他的最大的德政，然而也不过是先意承志而已。到后来在二世时代与赵高争宠失败，还从狱中上书，把秦自孝公以来的一切文治武功都写在自己项下，甚至于说出"缓刑罚，薄赋敛……万民戴主，死而不忘"的话，那未免夸诞得可笑。

八

秦始皇这一位大人物，在他的思想、政见和其他一切的态度上，和吕不韦或他的一群可以说是正相反对的。我们认得清吕不韦，也就可以认得清秦始皇；反过来，我们假如认得清秦始皇，那也就更认得清吕不韦。他们是怎样正反对的呢？我们再来研讨一下秦始皇这一面的情形吧。

还是先从宇宙观和人生观上来说。和吕氏的无神论相对比，秦始皇是一位有神论者，而且沿守着秦人的原始信念，怀抱着一个多神的世界。《史记·封禅书》"秦并天下，令祠官所常奉天地名山大川鬼神可得而序也"以下所载，叙述得很详，天神地祇人鬼无所不有。"唯雍四畤，上帝为尊"，至上神的存在是维持着的。在他二十七年的时候"作信宫渭南。已，更命信宫为极庙，象天极"。信宫就是神宫，神者伸也，伸与信古字通用。天极者，据《史记·天官书》"中宫天极星，其一明者，太一常居也"。这太一是上帝的别名，和吕氏的道的太一，同名而异实。故尔极庙应该就是至上神庙。

抱着那样一种多神的宇宙观当然怀着极浓厚的迷信。尽管《琅邪台刻石文》有着这样的话，"古之五帝三王，知教不同，法度不明；假威鬼神，以欺远方"，而始皇自己却是更加"假"得厉害。不，他不是"假"，而是真的在信仰。你看，他不是在封泰山，禅梁父，听信一般方士的鬼话，求神山，求仙人，求不死药吗？他因"燕人卢生以鬼神事，因奏图录曰'亡秦者胡也'，乃使将军蒙恬发兵三十万人击胡"（三十二年）。这迷信的程度不是可以惊人的吗？他信仰鬼神，不仅认为鬼神可以祸福人，还相信可以用法术嫁祸于人——"祝官有秘祝，即有灾祥，辄祝祠移过于下"（《封禅书》）。

这群神分镇的宇宙，在他的心目中是固定不变的，因此他不仅否认进化，而且否认变化。他自己就是至上神的化身，所以他的天下也应该万世不变，在他之后，要"二世、三世至千万世，传之无穷"。这都还是让了价的，事实是他自己想长生不老，一直活到"无穷"。

有趣的是他却相信了邹衍的"终始五德"之说：

> 始皇推"终始五德"之传，以为周得火德，秦代周德，从所不胜。方今水德之始，改年始，朝贺皆自十月朔。衣服旄旌节旗皆上黑。数以六为纪。符、法冠皆六寸，而舆六尺，六尺为步。乘六马。更名河曰德水。以为水德之始，刚毅戾深，事皆决于法，刻削毋仁恩和义，然后合五德之数。于是急法，久者不赦。（《本纪》二十六年）

邹衍明于五德之传，而散消息之分，以显诸侯，而亦因秦灭六国，兵戎极烦，又升至尊之日浅，未暇遑也，而亦颇推五胜。而自以为获水德之瑞，更名河曰德水。而正以十月，色上黑。(《历书》)

秦始皇既并天下而帝，或曰黄帝得土德，黄龙地螾见。夏得木德，青龙止于郊，草木畅茂。殷得金德，银自山溢。周得火德，有赤乌之符。今秦变周，水德之时。昔秦文公出猎，获黑龙，此其水德之瑞。于是秦更命河曰德水，以冬十月为年首，色上黑，度以六为名，音上大吕，事统上法。(《封禅书》)

自齐威、宣之时，邹子之徒论著"终始五德"之运。及秦帝而齐人奏之，故始皇采用之。(《封禅书》)

奏上这"终始五德"的大约就是齐人徐市或博士齐人淳于越之流。承认天地不变、皇统万世一系的人，却又采用了这个循环变化的假说，在外表上显然是一个矛盾。但在始皇自己大约一点也不以为矛盾的。为什么呢？因为他尽可以这样想，使水德永远支配下去，不再转移为土德。

在采用邹衍说的这一点，和吕不韦的态度有部分的平行，但吕氏在原则上承认变化，而他是不承认的。吕氏同时采用了儒家相生的系统，以建寅之月为岁首，而他却以建亥之月为岁首。二者之间的距离可以说依然很大。

秦始皇的性格相当矛盾，有时也显然在和神鬼斗争。例如二十八年他东行郡县，"浮江，至湘山祠，逢大风，几不得渡。上问博士曰：'湘君何神？'博士对曰：'闻之，尧女，舜之妻，死而葬此。'于是始皇大怒，使刑徒三千人，皆伐湘山树，赭其山"。又如在他要死的那一年（三十七年），"梦与海神战，如人状。问占梦博士。曰：'水神不可见，以大鱼蛟龙为候。今上祷祠备谨，而有此恶神，当除去，而善神可致。'乃令入海者赍捕巨鱼具，而自以连弩候大鱼出，射之"。像这样，他的英雄气概真显得有点唐吉珂德式了。他和湘君斗，和海神斗，事实上是承认着有这样的神。其之所以敢于和它们斗，是他自信就是上帝的化身，在权威上还要高一等或数等。

他的人生观自然是一位非命主义者，他不相信"死生有命，富贵在天"，所以他想永远长生，而富贵始终在他自己的手里。他那么不可一世的人，被几位狡猾的方士便玩弄得和土偶一样。三神山没有着落，不死药落了空，仙人化为了烟霞，方士们逃跑了。但等他病得要死的时候，他依然"恶言死，群臣莫敢言死事"，他老先生可以说是死不觉悟的了。然而"凡生于天地之间，其必有死，所不免也"（《吕氏·节丧》），盖世的大英雄终也敌不过大限的来临，只好遗诏给他的长子扶苏，"与丧会咸阳而葬"。

他同时又是一位纵欲主义者，大约因为不相信命，所以敢于极端享乐。他的儿女相当多，二世胡亥是第十八位王子，就可以证明。读李斯的《谏逐客书》，可知在未兼并天下之前，已经有不少的郑、卫的声色和"随俗雅化，佳冶窈窕"的赵女在他的周围；在既兼并天下以后，大兴土木，在咸阳北阪上仿造各国宫室，"所得诸侯美人钟鼓以充人之"，"咸阳之旁二百里内，宫观二百七十，复道甬道相连"，充满着"帷帐钟鼓美人"。就是在他死后，二世命"先帝后宫，非有子者出焉不宜，皆令从死，死者甚众"——真也不知道死了多少女子。这只是他纵欲的一项。

其次是李斯所夸口的"治驰道，兴游观，以见主之得意"，这正是秦始皇的空前的大享乐。"治驰道"一事书于二十七年，但这工程不止是一年的事，其比较详细的情形见《蒙恬传》与贾山《至言》。

> 始皇欲游天下，道九原，直抵甘泉；乃使蒙恬通道，自九原抵甘泉，堑山堙谷，千八百里。（《史记·蒙恬传》）

这条路还没有通成，秦始皇便死了。司马迁自己是走过这一条路的，他在《蒙恬传》后的赞语里说："吾适北边，自直道归。行观蒙恬所为秦筑长城亭障，堑山堙谷，通直道。"这只是北边的一条直道，大约修筑最迟。此外还有好几条直道，多少替我们留下了这项记录的却要感谢汉初的贾山了。他的《至言》（上汉文帝言治乱之道的奏疏）是很可宝贵的文献。那里面说：

> 〔秦〕为驰道于天下，东穷燕、齐，南极吴、楚，江湖之上，濒海之观毕至。道广五十步，三丈而树，厚筑其外，隐（凭）以金椎，树以青松。（《汉书·贾山传》）

这规模的宏大和修筑的合乎近代式，就是现今某些国家的公路都不见得能够赶上。这些直道在地下必然断片地还有留存，我相信将来在田野考古上一定会有发现的希望的。直道的修筑对于交通的沟通上是有了莫大的贡献，后来陈涉、吴广起义，周文的兵长驱直入，很快就到了戏下的，就是取的直道。但始皇筑这直道的动机却完全为的是"游观"，十年之间，五大巡行，是无可否认的事实。

他的宫室的壮丽当然也很惊人：

> 始皇以为咸阳人多，先王之宫庭小……乃营作朝宫〔于〕渭南上林苑中。先作前殿阿房，东西五百步，南北五十丈。上可以坐万人，下可以建五丈旗。周驰为阁道，自殿下直抵南山。表南山之巅以为阙。为复道，自阿房渡渭，属之咸阳，以象天极阁道绝汉（银河）抵营室也。（《本纪》三十五年）

真是堂哉皇哉，前无往古。这在贾山的奏疏上也略有记述：

> 起咸阳而西至雍，离宫三百，钟鼓帷帐不移而具。又为阿房之殿，殿高数十仞，东西五里，南北千步。从车罗骑，四马鹜驰，旌旗不挠。

两书所说的大小度数稍有出入，或者《史记》是据阿房前殿的大小而言，贾山是指朝宫全体而言的吧。《三辅黄图》也有记述，大小与《史记》同，而于内部构造较详：

> 阿房宫亦曰阿城，惠文王造宫未成而亡，始皇广其宫规，恢三百余里。离宫别馆弥山跨谷，辇道相属。阁道通骊山八十余里。表南山之巅以为阙，络樊川以为池。作阿房前殿，东西五百步，南北五十丈，上可坐万人，下建五丈旗。以木兰为梁，以磁石为门。周驰为复道，渡渭，属之咸阳，以象太极阁道抵营室也。

这"三百余里"的数字是从《史记》"咸阳之旁二百里内宫观二百七十，复道甬道相连"而来，而更加夸大了一些，概称为"阿房宫"，大约是六朝人的语法吧。这些宫殿，古代劳动人民的伟大创造，建起来固然不容易，烧起来却也太容易了。后来楚霸王入咸阳，一火而焚，三月不灭，想见当时四处放火的壮观。前有秦始皇，后有楚霸王，短期间便出了这么两位大豪杰，实在也只好说是天生一对了。但从建设重于毁坏这一点说来，我们是应该宽假秦始皇而痛恨楚霸王的。请注意：楚霸王原本是楚国的一位没落贵族。

阿房宫是毁灭了，但有有名的唐人杜牧的《阿房宫赋》流传。那虽然不免出于文人的幻想（因为阿房宫并未完成），却是把秦始皇穷奢极乐的精神表现得最为酣畅。

像这种极端纵欲的生活，和《吕氏春秋》中所主张的生活态度也真是相反到了极端。吕氏主张卫生，主张节欲，主张不可勉强。

> 凡生之长也，顺之也。使生不顺者欲也。故圣人必先适欲。（《重己》）
>
> 圣人察阴阳之宜，辨万物之利以便生。故精神安乎形而年寿得长焉。长也者非短而积之也，毕其数也。毕数之务，在乎去害。何谓去害？大甘、大酸、大辛、大苦、大咸，五者充形则生害矣。大喜、大怒、大忧、大恐、大哀，五者接神则生害矣。大寒、大热、大燥、大湿、大风、大霖、大雾，七者动精则生害矣。故凡养生莫若知本。知本则疾无由至矣。（《尽数》）
>
> 凡食无强，厚味无以。烈味重酒，是以谓之疾首。食能以时，身必无灾。凡食之道，无饥无饱，是之谓五藏之葆。口必甘味，和精端容，将之以神气。百节虞欢，咸进受气。饮必小咽，端直无戾。（《尽数》）

像这些关于卫生的教条，就是现在看起来也是很合乎科学的。而对于秦始皇，也俨然在耳提面训的一样。但我想那位伟大的独裁者，对于吕氏这书一定是视为眼中钉的。

无形世界的神鬼既有等级，有形世界的生人也当然有等级，古时候"人有十等"的那种观念，在始皇的意识中是根深蒂固的。他是自命不凡的人，"以为自古莫及己"，除了少数的人他认为可以尊敬或利用，如茅焦、尉缭、韩非、王翦、蒙恬等人，其他都是亚流，天下的黔首不用说都是该受奴役的。这种不平等的观念也为《吕氏》书中所无有。吕氏不承认圣人是天生，而谓"圣人生于急学"（《勤学》）。人同是太一所造，阴阳所化，有贤有愚主要是由于后天的教养，故又说"成身莫大于学"（《尊师》）。"人与我同耳"（《察今》），这是多么平等的看法！故他主张以众人的勇力为勇力，以众人的耳目为耳目，以众人的智慧为智慧。"以众勇，无畏乎孟贲矣；以众力，无畏乎乌获矣；以众视，无畏乎离娄矣；以众知，无畏乎尧、舜矣。"但秦始皇那样的大天才根本就看不起这一套。他本来就是贤于尧舜、明过离娄、力超乌获、勇赛孟贲的人，"自古莫及己"，连低级的神鬼都应该向他低头的，谁还要把你庸众当成神圣！

九

秦始皇的政治主张和吕氏的对立，还要更加明显。

吕氏说"天下非一人之天下也，天下之天下也"，而在秦始皇则是天下一人之天下也，非天下之天下也。他要一至万世而为君，使中国永远是嬴姓的中国。

他是极端专制，不让人民有说话的余地的。就连学者们"偶语《诗》《书》"都要"弃市"，"以古非今者"要夷三族。他的钳民之口，比他的前辈周厉王不知道还要厉害得多少倍。

当然他反对那一套修齐治平的迂腐的理论，因为他自己就不讲什么道德。他逐放母亲，囊杀婴儿，逼死有功的重臣，毒杀有数的学者，如尉缭批评他的"少恩而虎狼心……得志亦轻食人"，照史实看来，是一点也不曾过分。吕不韦被他逼死了，单因"窃葬"的原故，更对于他的宾客们大加窜逐，"籍其门"。其实那些"窃葬"的舍人们倒应该是些有良心的人，并不因吕氏的失足而改变他们的情谊。然而这样的人，他哪里看得惯呢！他所乐用的是李斯那样的变节汉，出卖朋友的专家，姚贾那样的"梁之大盗，赵之逐臣"，赵高那样的腐刑之余、该受死刑的要犯。

既以尚法为水德，在秦是应天承运来杀人，当然要"专任狱吏，狱吏得亲信"，而"乐以刑杀为威"。秦行监察制度颇为严密，中央有御史大夫，地方各郡有监御史。《本纪》："二十六年分天下为三十六郡，郡置守、尉、监。"所谓"监"便是这监御史的省称。守治民，尉典兵，监则担任特种任务。这制度应该是承周而来，周初时对于殷之顽民有三监，金文《仲幾父簋》有"诸侯诸监"之语，但其详细的情形不可考。汉初改为临时派遣，到武帝元封五年复经常设置，更名为部刺史。据颜师古《汉书·百官公卿表》注引《汉官典职仪》云：

> 刺史班宣，周行郡国，省察治状，黜陟能否，断治冤狱。以六条问事，非条所问，即不省。
>
> 一条：强宗豪右，田宅逾制，以强凌弱，以众暴寡。
>
> 二条：二千石不奉诏书，遵承典制，倍（背）公向私，旁诏守利，侵渔百姓，聚敛为奸。
>
> 三条：二千石不恤疑狱，风厉杀人，怒则任刑，喜则淫赏，烦扰刻暴，剥截黎元，为百姓所疾。山崩石裂，妖祥讹言。
>
> 四条：二千石选署不平，苟阿所爱，蔽贤宠顽。
>
> 五条：二千石子弟恃怙荣势，请托所监。
>
> 六条：二千石违公下比，阿附豪强，通行货赂，割损正令。

官因秦制，职权不必仍沿秦旧，但它的性质是可以想见的。秦时这监察制度似乎一直贯到了地方行政的基层。地方治权，秦分四等：郡、县、乡、亭。"大率十里一亭，亭有长。十亭一乡，乡有三老、有秩啬夫、游徼。三老掌教化。啬夫职听讼收赋税。游徼、徼循禁贼盗。县大率方百里，其民稠则减，稀则旷。乡亭亦如之。"（《汉书·百官公卿表》）乡的三职也和守、尉、监相仿佛，有秩啬夫管理刑狱，论理就是属于监的系统了。

天下是一面大刑狱的网，所谓政事，除游观、建筑，南征北伐、东漕西转外，似乎也只是断狱了。

> 秦始皇兼吞战国，遂毁先王之法，灭礼仪之官。专任刑罚，躬操文墨，昼断狱，夜理书。自程决事，日县石之一。而奸邪并生，赭衣塞路，囹圄成市。（《汉书·刑法志》）

这也就是《本纪》所说的"衡石量书，日夜有呈（程）。不中呈，不得休息"。石为120斤，言每日所处理之官文书以120斤为标准，达不到标准不能停止办公。这些"书"在当时大抵是用竹木简，故能积累成那样大的重量。但就是那样，分量已是不小的。

刑的严酷与花样之多，恐怕也是古今无两。单是死刑，据可考见的就有12 种之多。有弃市，有戮死，有腰斩，有车裂，有坑，有矺（磔），有凿颠、抽胁、釜烹，有戮尸，有枭首，有具五刑。特别是具五刑可谓集刑戮之大成。它是"先黥劓，斩左右趾，笞杀之，枭其首，菹其骨肉于市"，此外还要"夷三族"。犯了诽谤詈诅之罪的人是"先断舌"，大率是断舌以代劓或黥吧。

死刑之外有"鬼薪""黥为城旦"等奇怪的刑名。鬼薪是三年的有期徒刑。城旦是四年的有期徒刑，"论决为髡钳，输边筑长城，昼日伺寇虏，夜暮筑长城"。长城就是这种徒刑囚筑起来的，可见受刑者之多。还有所谓"籍"，是"籍没其一门皆为徒隶"。所谓"谪"，就是充军。这些怕是永远的无期徒刑吧。"君不见长城下，古来白骨相撑柱"，中国人所以不要地狱，地狱的想象哪有这样的森严！然而中国人也不要天堂，天堂的神秘又哪有秦始皇那样支配者的生活之玄妙呢！

你以为他不玄妙吗？你看，咸阳二三百里的范围之内都有离宫别馆，而且都有地下的通路所谓"复道甬道"相联系，秦始皇自己便是神仙中人，他的起居认真是神出鬼没的。在他的卅五年有这样一段故事：

> 卢生说始皇曰："臣等求芝、奇药、仙者，常弗遇，类有物害之者。方中，人主时为微行，以辟（避）恶鬼，恶鬼辟，真人至。人主所居而人臣知之，则害于神。真人者入水不濡，入火不蒸，陵云气，与天地久长。今上治天下，未能恬淡。愿上所居宫毋令人知，然后不死之药殆可得也。"④

秦始皇也天真得可爱，他公然听信了。他说他欣赏真人，便自称为"真人"，不再称"朕"。从此他的生活便愈见秘密化了。他所在的地方有人泄漏便要犯死罪。有一次他行幸梁山宫，从山上望见李斯的车骑很多，不高兴。侍从的人有的去告诉了李斯，李斯便把车骑减少了。始皇明白是有人泄漏，查问不出，便把当时侍从的人通通杀掉了。就因为这样极端的秘密主义，所以他在沙丘死了之后，尸臭可以用鲍鱼臭来掩盖，人也不疑。而他的宝贝儿子二世皇帝继承了他的衣钵，"常居禁中……公卿希（稀）得朝见"，终竟把皇帝的御碗也打破了。吕不韦就好像早料到会有这样的事情一样，他在他的书中早就下出了警告：

> 先王所恶，无恶于不可知。不可知，则君臣父子兄弟朋友夫妻之际败矣。十际皆败，乱莫大焉……不可知之道，王者行之废，强大行之危，小弱行之灭。（《壹行》）

像这样一位极端的秘密主义者、极权主义者、实行万世一系的人，他当然反对君主无为说，而对于禅让说论理是尤当反对的。但在《说苑·至公篇》却有一段珍奇的传说，因为它太珍奇了，我要把它整抄在下边：

> 秦始皇帝既吞天下，乃召群臣而议曰："古者五帝禅贤，三王世继，孰是？将为之。"博士七十人未对。鲍白令之对曰："天下官，则让贤是也；天下家，则世继是也。故五帝以天下为官，三王以天下为家。"
> 秦始皇帝仰天而叹曰："吾德出乎五帝，吾将官天下，谁可使代我后者？"
> 鲍白令之对曰："陛下行桀、纣之道，欲为五帝之禅，非陛下所能行也。"
> 秦始皇帝大怒曰："令之前！若（汝）何以言我行桀、纣之道也？趣说之！不解，则死！"
> 令之对曰："臣请说之。陛下筑台干云，宫殿五里，建千石之钟，万石之虡。妇女连百，倡优累千。兴作骊山，宫室至雍，相继不绝。所以自奉者殚天下，竭民力，偏驳自私，不能以及人。陛下所谓自营仅存之主也，何暇比德五帝欲官天下哉！"
> 始皇暗然，无以应之，面有惭色。久之，曰："令之之言，乃令众丑我。"遂罢谋，无禅意也。

这无疑地是小说，始皇不会作那样的异想，鲍白令之也哪里敢那样严厉地当面斥责始皇呢？即使就认为确有其事吧，然而秦始皇结果是家了天下，欲传子孙以及万世，却更是事实。

十

最足以代表秦始皇尚法精神的是焚书、坑儒这两件大事。

焚书在三十四年，这时兼并天下已经 8 年了，原因是仍然有人怀疑郡县制而主张分封子弟功臣。结果在这时又让李斯投了一次机。始皇叫他裁判这件事体，他却把它扩大了起来，成为了焚书的禁令。

> 丞相臣斯昧死言："古者天下散乱，莫之能一。是以诸侯（儒?）并作，语皆道古以害今，饰虚言以乱实。人善其所私学，以非上之所建立。今皇帝并有天下，别黑白而定一尊，私学而（乃）相与非法教。人闻令下，则（即）各以其学议之。入则心非，出则巷议。夸主以为名，异取以为高，率群下以造谤。如此弗禁，则主势降乎上，党与成乎下。禁之，便。臣请：〔一〕史官非秦记，皆烧之。〔二〕非博士官所职，天下敢有藏《诗》《书》、百家语者，悉诣守尉杂烧之。〔三〕有敢偶语《诗》《书》，弃市。〔四〕以古非今者，族。〔五〕吏见知，不举者，与同罪。〔六〕令下三十日，不烧，黥为城旦。〔七〕所不去者，医药卜筮种树之书。〔八〕若欲有学法令，以吏为师。"

他这建议得到始皇的认可，或许早已授意于他而让他出来当号筒，结果是在严刑峻法的威胁高压之下，普天四海大烧其书，所没有烧的就只有博士官所职和医药卜筮种树诸书而已。博士官所职当在中央，不久再经楚人一炬使秦宫被烧，三月不灭，藏在中央的图书应该也就被烧光。这无论怎么样说都不能不视为中国文化史上的浩劫。书籍被烧残，其实还在其次；春秋末叶以来，蓬蓬勃勃的自由思索的那种精神，事实上因此而遭受了一次致命的打击。

焚书之后，接着便是坑儒。这事是在三十五年。起因是方士侯生、卢生等骗了始皇几年，畏罪潜逃，始皇发觉了便恼羞成怒。据他自己说："吾前收天下书不中用者，尽去之；悉召文学方术士甚众，欲以兴太平；方士，欲以炼求奇药。今闻韩众去不报，徐市等费以巨万计，终不得药，徒奸利相告日闻。卢生等，吾尊赐之甚厚，今乃诽谤我，以重吾不德也。诸生在咸阳者，吾使人廉问，或为妖言以乱黔首。"于是他叫御史把咸阳诸生通通捉来审问，诸生互相告密，始皇便亲自圈了"为犯禁者四百六十余人"，把他们在咸阳都活埋了。由这经过看来，是因方士的逃跑而牵怒到儒生，方士逃了而儒生则被坑了。近人有替始皇辩护的，谓被坑者不是儒生而是方士，我自己在前也曾这样说过。但这是不正确的，没有把《本纪》的原文过细读清楚。被坑的是替死鬼儒生，所以始皇长子扶苏也才说："诸生皆诵法孔子，今上皆重法绳之，臣恐天下不安。"照扶苏的话看来，所坑的儒实在是不折不扣的孔子之徒。

关于坑儒还有另一种说法。据《儒林传正义》所引卫宏的《诏定古文尚书序》云：

> 秦既焚书，恐天下不从所改更法，而诏诸生，到者拜为郎，前后七百人。乃密种瓜于骊山陵谷中温处。瓜实成，诏博士诸生说之，人言不同。乃令就视。为伏机。诸生贤儒皆至焉，方相难不决，因发机，从上填之以土。皆压，终乃无声也。

这与460余人的被坑，不知道是传闻的异辞，还是前后两事。《通考·学校考》是作为两事而叙述着的：

> 始皇使御史案问诸生，转相告引，至杀四百六十余人。又令冬种瓜骊山，实生，命博士诸生就视。为伏机，杀七百余人。二世时，又以陈胜起，召博士诸生议，坐以非所宜言者，又杀数十人。

秦始皇对于儒家这样下手，自然有他的理由，因为他们在一切的观点上差不多都是对立的。在日后陈胜、吴广起义的时候，儒家参加革命来得特别踊跃，也自然有他们的理由了。

就和诸生和方术士有别的一样，儒家和阴阳家毕竟是不同的两派。方士们是神仙家，看卢生说秦始皇以"真人"，又说始皇的生活不"恬淡"，神仙家显然和道家有结合，后来的道士传统事实上就渊源于这儿。关于这些方士们的下落，《说苑·反质篇》有一段后话。据说坑了460余人之后，卢生始终没有捉到，侯生后来被捉着了。始皇听说，便"升东阿之台，临四通之街"，打算痛骂一顿之后车裂他。但反而被侯生抢白了一阵，说始皇之淫"万丹朱而十昆吾桀纣"。秦始皇被他骂得"喟然而叹",反而把他释免了。这或许是小说，或许也怕是事实，因为始皇自己就是一位大神仙家、大方士、大真人，他在焚书坑儒之后的三十六年，不是也还在使"博士为《仙真人诗》，及行，所游天下，传令乐人歌弦之"吗？所以他对于儒生不能恕，而对于方士却能恕。

秦始皇的精神从严刑峻法的一点说来是法家，从迷信鬼神的一点说来是神仙家，从强力疾作的一点说来是墨家。墨家也尊天右鬼，重法尚同。这三派的思想在他的一身之中结合起来成为了一个奇妙的结晶体。而他又加上了末流道家纵欲派的思想实践，那光彩是更加陆离了。因此我们要说秦始皇也把先秦诸子的大部分综合了，这也是说得过去的。但他所综合的与吕不韦所综合的方面正相反，也是明白如火的。

秦始皇的成功一多半是时代的凑成。中国自春秋以来，由十二诸侯而成七国，无论在政治上与思想上所走的都是趋向统一的路线，而始皇承六世的余威，处居高临下的战略地位，益之以六国诸侯的腐败，故他收到了水到渠成的大功。但这并不是说他的方法是用正确了。相反的，假如沿着吕不韦的路线下去，秦国依然是要统一中国的，而且统一了之后断不会仅仅十五年便迅速地彻底崩溃。

十一

和始皇的名字相连而被后人讴歌的是"一法度衡石丈尺，车同轨，书同文字"（二十六年），这也是李斯临死所自夸功之一，"更克画平斗斛度量文章，布之天下，以树秦之名"。但这与其说是一二人的大力使然，而其实是时代的趋势。据我们从金文的研究上看来，春秋战国时代的列国铜器，无论是在北部的秦、晋、燕、齐，在南部的徐、楚、吴、越，其文字结构与文章条理并没有什么不同。这断然是两周七八百年间自然进化的成果。正统以外的文字，如陶玺戈戟之类的刻文，每多不能认识，大约系由于故求苟简，或有意出奇，如后世的花押之类。这不仅六国有之，秦亦有之。始皇时所划除的或许就是这些文字吧。

始皇之法多沿商鞅，兵制刑名固不用说，就是度量衡的统一也是以商鞅之法为标准的。存世有商鞅量便是这件事情的实质上的物证。量乃长方形，有柄。量之左侧有铭："十八年齐遣卿大夫众来聘，冬十二月乙酉，大良造鞅，爰积十六尊（寸）五分尊〔之〕一为升。"这是孝公十八年时的器皿，下距始皇二十六年凡一百三十四年。而量之底复有《始皇刻辞》：

> 二十六年皇帝尽并兼天下，诸侯黔首大安，立号为皇帝。乃诏丞相状（隗状）、绾（王绾）法度量则，不壹嫌疑者，皆明壹之。

这与它种权量《始皇刻辞》全同，足证始皇所据之量仍是商鞅量法。又铭中两"尊"字，马叔平告余云："均即寸字，十六寸二分积为升，与王莽嘉量同。"马氏曾以《新莽嘉量》尺度量之，其容积与文相合，故断为寸字，因又知新莽之度量实仍周、秦之旧。据此我们可以知道，书同文字、画一度量之事，不仅李斯不能引以为是自己的功劳，就是始皇也是不能居其功的。

郡县制的设立，世人也多以为是始皇的大功，然秦虽设郡，未废侯封（详下），而秦郡多沿燕、赵之旧，顾炎武已言之（《日知录》二十二），县则春秋中叶已见于齐国。宋时出土的《齐侯镈钟》乃齐灵公灭莱时的器皿，铭文有言"锡汝釐（即莱）都××，其县三百"。虽其县必甚小，然已有县制存在固无疑问。关于郡县制的说法在《吕氏》书中无可考见，而于相反的一面却言"诛暴而不私，以封天下之贤者，故可以为王霸；若使王霸之君诛暴而私之，则亦不可以为王霸矣"（《去私》）。又说"多封建所以便其势也"（《慎势》）。看来他是倾向于维持划土分封的说法的。这在吕氏是一个矛盾，因为君位既主张禅让，地方政权为什么要主张分封呢？但假使吕氏门下的分封说，诸侯也须禅让举贤，那么和郡县制也就实同名异了。

万里长城的完成也是和始皇的名字联系着的一个伟大的奇迹。"秦已并天下，乃使蒙恬将三十万众北逐戎狄，收河南，筑长城。因地形，用险制塞，起临洮至辽东，延袤万余里。"（《蒙恬传》）但这工程并不是由秦开始，战国时燕、赵、秦、齐均已有长城，到了秦代仅把北部的长城联接为一而已。筑长城的工人大抵是受了徒刑的罪犯，其中包含有官吏。"三十四年适（谪）治狱吏不直者筑长城"，但这必居其中的仅少的一部分，是毫无疑问的。

始皇和吕氏的重农相反，颇有重商的倾向。虽然《琅邪台刻石》有"上农除末，黔首是富"那样的话，李斯议焚书时也说过"今天下已定，法令出一，百姓当家则力农工"，然而他那样征伐连年，徒役遍地，农业事实上是要大受影响的。而且赋敛甚重，三分取二（"收泰半之税"），所以弄得"男子不得修农亩，妇人不得剶麻考缕，羸弱服役于道，大夫箕会于衢，病者不得养，死者不得葬"（《淮南·人间训》）。而有钱的人却依然有钱，并乘着这纷扰的时候而大发其国难财，这种倾向直到汉初都还存在。《史记·平准书》云：

> 汉兴接秦之弊，丈夫从军旅，老弱转粮饷，作业剧而财匮。自天子不能具钧驷，而将相或乘牛车，齐民无盖藏……不轨逐利之民，蓄积余业，以稽市物，物踊腾。粜米至石万钱，马一匹则百金。天下已平，高祖乃令贾人不得衣丝乘车，重租税，以困辱之。

"弊"既"接秦"而来，可知秦时已有其弊。所说的虽然是汉初的情形，但这种战时的社会趋势，自然经济的必然结果，决不是短期间所形成的，事实上秦始皇的政策实有以促成之。秦始皇是奖励囤积居奇的人，《货殖列传》上便有明显的证据：

> 乌氏倮畜牧，及众，斥卖。求奇缯物，间献遗戎王。戎王什倍其偿，与之畜。畜至，用谷量马牛。秦始皇帝令倮比封君，以时与列臣朝请。而巴蜀寡妇清，其先得丹穴，而擅其利数世，家亦不訾。清，寡妇也，能守其业，用财自卫，不见侵犯。秦皇帝以为贞妇而客之，为筑女怀清台。夫倮鄙人牧长，清穷乡寡妇，礼抗万乘，名显天下，岂非以富耶？

这虽然只是两个例子，但也正是两个绝好的例子。这重商政策的色彩不是很浓厚的吗？但这待遇也并不是一般的豪富都能享受的，这儿有严重的差别存在。例如初并天下的那一年"徙天下豪富于咸阳十二万户"，这是出于有强迫性的政治行为，豪富离开了土地或其他的产业，实等于籍没他们的财产。又如"蜀卓氏之先，赵人也，用铁冶富，秦破赵，迁卓氏，卓氏见虏略"，"宛孔氏之先，梁人也，用铁冶为业，秦伐魏，迁孔氏南阳"，这更明显地是谪戍的性质。这待遇的差别是怎么发生的呢？在我看来很简单，便是秦人与非秦人，或顺民与非顺民而已。

然而秦始皇毕竟是幸运，有时候连错误都要错得恰到好处。例如有名的郑国渠，便是出乎意外地使他得到了名利的双收。在他生平无数好大喜功的工程中，直接于生产有益、于人民有益的，恐怕就只有这一种。

> 韩闻秦之好兴事，欲罢（疲）之，无令东伐，乃使水工郑国间说秦。令凿泾水，自中山西邸（抵）瓠口为渠。并（平行）北山，东注洛，三百余里，欲以溉田。中作而觉，秦欲杀郑国。郑国曰："始臣为间，然渠成亦秦之利也。臣为韩延数岁之命，而为秦建万世之功。"秦以为然，卒使就渠。渠成而用溉，注填阏之水，溉泻卤之地四万余顷。收皆亩一钟。于是关中为沃野，无凶年，秦以富强，卒并诸侯。因名曰郑国渠。（《汉书·沟洫志》）

郑国渠的开凿，据《李斯传》与《始皇本纪》，是在吕不韦免相的十年，那年的十月不韦方被免相，可知渠的开凿可能还在吕不韦执政时代，而完成是在他去相以后。有这渠的完成，使秦得到了军饷的来源，所以日后连年用兵而能支持下去，终于把六国兼并了。这不真是连错也错到了好处的吗？

十二

秦始皇的武功不用说更是赫赫震人的。自十七年至二十六年，十年之间把六国次第全灭，但这功劳差不多全是王氏父子所建立的。

（年代）	（所灭国）	（将兵者）
十七年	韩	内史腾
十九年	赵	王翦、羌瘣
廿二年	魏	王贲
廿四年	楚	王翦
廿五年	燕	王贲
廿六年	齐	王贲

王贲是王翦的儿子，再加上王翦的孙子王离，这频阳王家出了三代名将。

始皇在武力上的成功一多半就依靠在这父子孙三代。此中战功最大的是王翦的攻楚，在这儿是有一番波折的。《史记·王翦传》叙述得很有趣：

> 秦始皇既灭三晋（韩、赵、魏），走燕王，而数破荆师，秦将李信者年少壮勇，尝以兵数千逐燕太子丹至于衍水中，卒破得丹。始皇以为贤勇。于是始皇问李信："吾欲攻取荆，于将军度用几何人而足？"李信曰："不过用二十万人。"始皇问王翦。王翦曰："非六十万人不可。"始皇曰："王将军老矣，何怯也！李将军果势壮勇，其言是也。"遂使李信及蒙恬将二十万，南伐荆。王翦言不用，因谢病，归老于频阳。

李信、蒙恬两路进攻，起初虽然是连战连捷，但后来为楚军所大败，七都尉阵亡，秦兵溃走。消息传来，激得秦始皇大怒，亲自骑马跑到频阳去向王翦谢罪，要他想办法。他说："寡人以不用将军计，李信果辱秦军。今闻荆兵日进而西，将军虽病，独忍弃寡人乎？"看他这情形是多么着急，大有声泪俱下的光景。的确，假使这时没有王翦，楚兵乘胜而西，其他五国无论已亡未亡者必先后响应，秦始皇统一天下的梦说不定是会全盘破灭的。王翦结果是出山了，他依然要60万人，始皇也就只好答应他。王翦和始皇都是了不起的名演员，当王翦出师的时候，始皇还亲自到灞上送行，王翦当面请求了许多"美田宅园池"。始皇说："老将军，你去吧，你还怕穷不？"王翦说："这次出征，就有功也不会封侯，所以要趁着这个时候为儿孙求点产业。"说得秦始皇大笑。而且王翦到了潼关，他还连派了五批人回去请求田产。王翦的部下就有人说未免迹近要挟了。王翦在这儿答应的话很值得照原文录出：

> 不然。夫秦王粗而不信人，今空秦国甲士而专委于我，我不多请田宅为子孙业以自坚，顾令秦王坐而疑我邪？

这用心的确是周到。我们从这话里面可以见到秦始皇性格的又一叙述，还可以见到当时秦、楚的斗争也实在彼此都是孤注一掷，假使王翦这一去也被打败，秦国就会完了。幸而王翦这位将军究竟是身经百战的老将，他尽管有那样的大军，而他采取的却是坚壁高垒的战术，等楚将退兵之后，他才从后追击。这儿是有经济战做后盾的，这样的战术没有充足的粮饷，当然不能成功，王翦是成功了，可见他的后方接济做得很好。而楚将之所以引退，也一定是军粮匮乏的原因，因此受秦人的追击而至于大败，竟一蹶不振。王翦再分兵北并齐、燕，南征百越，中国的局面也就归于一统。

王翦的战功是很辉煌的，秦始皇毕竟有过人之处。我们看他那样刚戾自负的人，差不多万事都要自己动手的，偏偏没有带过一次兵。他虽然"粗而不信人"，但到情急势迫的时候，他却能够对于贤能者去卑躬屈节，请罪求救。在武力征服上，这是使他成功的要素。对六国、百越他以全力信王翦，对匈奴他后来以同样的全力信蒙恬，所以他在军事上的确是成功了。他在军事上能信任人才之所以获得成功，也就反衬着他在政治上的完全独裁之所以终归失败。假使秦始皇在政治上也能以全力信任吕不韦而走他所拟的路线，秦以后的历史也许会是另外一种面貌。

吕不韦并不反对用兵，东、西周便是在庄襄王时被他灭了的。他的书里面强调着义兵的功用，并也有征服四夷的观念。

> 十里之间而耳不能闻，帷墙之外而目不能见，三亩之宫而心不能知，其以东至开梧，南抚多颢，西服寿靡，北怀儋耳，若之何哉？（《任数篇》引申不害语）

这种观念是先秦学者所公有的观念，阴阳家最夸大，就是孟子那样的儒家也在说"朝秦楚而抚四夷"。这观念为秦始皇所实践了一部分，但他的战略却是错了。

用兵南越是在二十五年与三十三年。《本纪》云："二十五年，王翦遂定荆江南地，降越君，置会稽郡……三十三年发诸尝逋亡人赘婿贾人，略取陆梁地（陆梁疑即彝族的古名），为桂林、象郡、南海，以适遣戍。"这固然显示着武力上的成功，但这成功的一大半我们应该归之于楚人。楚国在两周八百年间的和平经营使南部中国实早已半分汉化。秦以武力征服之虽为时甚速，然而阻碍横生，且成为了日后亡国的因数。

> 秦皇挟录图，见其传曰："亡秦者胡也。"因发卒五（三）十万，使蒙公、杨翁子将，筑修城（长城），西属流沙，北联辽水，东结朝鲜，中

国内郡挽车而饷之。又利越之犀角象齿，翡翠珠玑，乃使尉屠睢发卒五十万为五军，一军塞镡城之岭，一军守九疑之塞，一军处番禺之都，一军守南野之界，一军结余干之水，三年不解甲弛弩，使监禄无以转饷。又以卒凿渠而通粮道，以与越人战，杀西呕君译吁宋。而越人皆入丛薄中，与禽兽处，莫肯为秦虏，相置杰骏以为将而夜攻秦人，大破之，杀尉屠睢，伏尸流血数十万。乃发适戍以备之。(《淮南子·人间训》)

秦之时尝使尉屠睢击越，又使监禄凿渠通道，越人逃入深山林丛，不可得攻。留军屯守空地，旷日持久，士卒劳倦，越乃出击之，秦兵大破。乃发适戍以备之。(《汉书·严助传》)

屠睢的出击当是三十三年的一次，显然为越人的游击战术所困，是打了大败仗的。而且大兵远戍，不仅劳民伤财，国内空虚，所以便宜了陈涉、吴广的起义，且"宿兵无用之地"(《史记·律书》)，不能回师拯救。秦人的用兵，虽然收到了初期的成功，从结果上看来事实上是失败了。南部中国以后之所以彻底汉化，历史明显地告诉我们，并不是采取秦始皇式的办法。

讨匈奴是在三十二年。《本纪》云："燕人卢生使入海还，以鬼神事，因奏录图书曰：'亡秦者胡也。'始皇乃使蒙恬发兵三十万人北击胡，略取河南地。"又《蒙恬传》云："秦已并天下，乃使蒙恬将三十万众北逐戎狄，收河南，筑长城。因地形，用险制塞，起临洮至辽东，延袤万余里。于是渡河据阳山，逶蛇而北，暴师于外十余年，居上郡。"

对北的用兵和对南的性质不同，对北是防卫的反攻，对南是积极的经略。北方的游牧民族自殷代以来便是时常侵略中国的，秦始皇的北进，和赵武灵王及赵将李牧、燕将秦开等一样，毫无疑问地是反抗侵略。但秦所采取的整个战略是南进北守，征南用了50万人，而御胡则为30万，由这兵力的悬殊可知秦的主力是用于南征。加以万里长城的完成，在北面更布就了一个守势。尤其不应该的是南北两面同时作战，所以弄得供应不灵，天下扰攘。秦代统治的颠覆无疑就因此而被促进了。

秦人尚军功，将位在相位之上，看《琅邪台刻石》的列名次第便可以明白：

> 维秦王兼有天下，立名为皇帝，乃抚东土，至于琅邪。
>
> 列侯武成侯王翦（原误为王离）、
>
> 列侯通武侯王贲、
>
> 伦侯建成侯赵亥、
>
> 伦侯昌武侯×成、
>
> 伦侯武信侯冯毋择、
>
> 丞相隗状、
>
> 丞相王绾、
>
> 卿李斯、
>
> 卿王戊、
>
> 五大夫赵婴、
>
> 五大夫杨樛从，
>
> 与议于海上。（二十八年）

看这列名次第，可知武人在秦代的位置的隆崇，而秦代虽号称郡县制，但也未尽废除侯封。在当时居于最高位的王翦，军功固然不可一世，但除善于带兵之外，显然是没有什么政治上的远见的。司马迁批评他道：

> 王翦为秦将，夷六国。当是时，翦为宿将，始皇师之。然不能辅秦建德，固其根本，偷合取容，以至场身。（《王翦传赞》）

这批评，看来是并不过苛。

十三

以上所述，可见秦始皇与吕不韦，无论在思想上与政见上，都完全立于两绝端。为明了起见，我可以制一个对照表在下边。

	吕不韦	秦始皇
世界观	无神	有神
	变化	不变
	有命	无命
	适欲	纵欲
	重理智	重迷信
	平等	阶级
政治主张	官天下	家天下
	民本的	君本的
	哲人政治	狱吏政治
	讴歌禅让	万世一系
	君主任贤	君主极权
	裂土分封	分设郡县
一般倾向	反对秘密	极端秘密
	重儒道	轻儒道
	轻法墨	重法墨
	急学尊师	焚书坑儒
	隆礼正乐	恣威淫乐
	重农	重商

像这样绝端的对立，两人的关系当然不能善终。但为什么会相异到这样呢？这并不是两个人的对立的问题，而是两个时代的对立。周、秦之际在中国历史上是一个大转换的时期，这不论历史观的新旧是一致着的，在旧时以为是封建制向郡县制的推移，而在我看来则是奴隶制向封建制的推移。殷、周是奴隶社会，自春秋中叶以还奴隶逐渐得到自由，向来的奴隶主大多数失掉了他的优越地位，零落了下来，在社会阶层中生着上下的对流，至秦末汉初更呈出鼎沸的现象，而社会便彻底起了质变。吕不韦是封建思想的代表，秦始皇则依然站在奴隶主的立场。秦始皇把六国兼并了之后，是把六国的奴隶主和已经解放了的人民又整个化为了奴隶。

（一）二十六年："徙天下豪富于咸阳十二万户。"

（二）二十八年："南登琅邪，大乐之，留三月，乃徙黔首三万户琅邪台下，复十二岁，筑琅邪台。"

（三）二十八年："使刑徒三千人，皆伐湘山树，赭其山。"

（四）三十三年："发诸尝逋亡人赘婿贾人，略取陆梁地，为桂林、象郡、南海，以适遣戍。"（50 万人守五岭）

（五）三十四年："适治狱吏不直者筑长城及南越地。"

（六）三十五年："隐宫徒刑者七十余万人，乃分作阿房宫或作骊山。"

（七）三十五年："徙三万家骊邑，五万家云阳，皆复不事十岁。"

（八）三十六年："迁河北榆中三万家。"

（九）三十七年："始皇初即位，穿治骊山，及并天下，天下徒送诣七十余万人。穿三泉，下铜而致椁，宫观百官，奇器珍怪，徙藏满之。"

仅就《始皇本纪》中所表见者可得这九项，第九项与第六项大概是一件事。像这样大规模地把豪富或黔首任意迁徙谪戍，把亡人贾人赶出从军，把大批的刑徒、奴产子拿来做苦役（继后又拿来当兵），这不是大规模的奴隶制的复活吗？这里戍南越的既明言是亡人、赘婿、贾人，可知戍北边筑长城的也一定是奴隶。故狱吏不直者可被适治去筑长城，也可适南越。就是陈涉、吴广等那批"闾左"，其实也就是专门任苦役的奴隶。陈、吴起义了，仓卒之间秦国发不出兵来，乃"令少府章邯免骊山徒人、奴产子，悉发以击楚大军"，公然有好几十万人（章邯后降项羽，降卒被坑于新安城南者二十余万；又其前陈余遗邯书，有"今将军为秦将三岁矣，所亡失以十万数"之语）。

奴隶制向封建制的转移，隶书的普及可以作为一个标识。奴隶所用的简便字体在汉代便一般化了。姓氏的混同与普及也可以作为一个标识。在古，女子有姓，男子有氏，春秋时犹然。继则姓氏不分，男子以氏为姓，有姓者为贵族，故古时"百姓"实乃贵族。庶人本无姓氏，然在战国年间，庶人抬头，于是姓氏始见普及。陈涉、吴广之姓陈姓吴，尽管"少时尝与人佣耕"，可见都是已经解放了的自由人，然而明明在做着秦人的奴隶。

因此秦始皇时代看来是奴隶制的大逆转。由奴隶制言，可以比为回光返照。由后一阶段的封建制言，可以比为水达沸点前的一时镇静。然而在那镇静的外貌下是有猛烈的冲击的。果然，等秦始皇一死，不及一年天下鼎沸了。

十四

秦代政治的本质弄清楚了，吕不韦的真相也就觉得更加清晰，吕氏可以算得是一位有数的政治家，不幸遭受迫害，并被埋没了两千多年。关于他的事迹，虽然有《吕氏春秋》一书存在，但我们所能知道的依然太少。他的书并不记载他的私事和功业，只有在《序意篇》中略略露了一次法相，而不幸文又残缺。

> 维秦八年，岁在涒滩，秋甲子朔，朔之日，良人请问《十二纪》。
> 文信侯曰："尝得学黄帝之所以诲颛顼矣，爰（曰）：'有大圜在上，大矩在下，汝能法之，为民父母。'盖闻古之清世，是法天地。凡《十二纪》者，所以纪治乱存亡也，所以知寿夭吉凶也。上揆之天，下验之地，中审之人。若此，则是非、可不可，无所遁矣。天曰顺，顺维生。地曰固，固维宁。人曰信，信维听。（圣？）三者成当，无为而行。行也者，行其理也。行数（须）循其理，平其私。夫私视使目盲，私听使耳聋，私虑使心狂。三者皆私，设精（甚），则智无由公。智不公，则福日衰，灾日隆。"

这不用说是残文，但多少也隐括了他纂辑本书的大意，也表露了他为人的态度。他叫宾客著书，而不使他们涉及自己的私事，不正是他的大公无私的精神吗？说者往往说他著书的动机仅是为名，而对于他的书加以菲薄；又或者以为他有私心，想篡取秦政的王位，这些都不免是受了蒙蔽的见解。好名何必要著这样的书？要篡位，尽可以在始皇幼时夺取之于孤儿寡妇之手，何必要等他活到二十一岁，再来发表和他的思想、政见、气质完全相反的著作呢？

作为封建思想的礼赞者，吕氏是主张急学尊师的人，至少是赞成这样。他说"圣人生于急学"（《劝学》），"成身莫大于学"（《尊师》）。这在当时的历史阶段上是比较进步的思想。他把尊师当成和孝亲一样的达德，"说义必称师以论道，听从必尽力以光明"（《尊师》）。孝道之被重视，是因为私有财产权合法化，财产继承权受到重视。师道之所以尊，是因为学术文化下移，读书成为了职业。这种尊师重道的思想是奴隶制时代所不能有的。但吕氏所要人尊敬的师是"视徒如己，反己以教"（《诬徒》）的"善教者"，也有那种势利的老师是他所斥责的。

> 不能教者，志气不和，取舍数变，固无恒心。若晏阴，喜怒无处，言谈日易，以恣自行。失之在己，不肯自非，愎过自用，不可证（诤）移。见权亲势及有富厚者，不论其材，不察其行，驱而教之，阿而谄之，若恐弗及……

像这样的丑态，在《诬徒篇》中还有一些叙述，足见两千多年前的人情和后代也相差得并不多么远。这样的师当然是不足尊的。

始皇曾尊吕氏为"仲父"，当然是以师礼事之；拿吕氏的著书来说，他并不"阿而谄之"，可以说是够了师格的。同时我想，吕门的三千食客中应该也有为吕氏所师事的人，可惜这些人都湮没无闻了。除变了节的李斯外，我们知道的有十二岁而为说客的甘罗，曾为他的少庶子；有吕氏曾请他相燕的张唐；有在吕氏失脚后出亡于赵而赵欲相之的司空马。但这几位似乎只是政客而不是学者，吕氏门下的那批学者可能是完全被消灭了。然而像《吕氏春秋》这部书，我相信，是有永存的价值的。它不是度过了秦人的火，又度过了楚人的火，一直传存于现世，已经有二千多年的寿命了吗？人可以诛灭，真理总是烧不绝的。

但吕不韦除掉这部《吕氏春秋》之外，还有一样遗存的物件，便是他当年所造的铜戈。戈为山东潍县陈簠斋所藏，其上有铭，文为"五年相邦吕不韦造，诏吏图，丞×，工寅"。五年，是秦始皇的五年。相邦即相国，汉人讳邦，始改邦为国。诏吏图，是诏县的长吏名叫图。丞×、工寅，都是一职一名。何以知道是这样的呢？因为有上郡戈的铭文可资比证。

上郡戈藏朝鲜平壤中学，余曾得其照片[5]，铭文为"二十五年上郡守×造，高奴工师窜，丞申，工鬼薪×"。这二十五年大约也就是始皇二十五年。上郡守的名字可惜看不清楚。高奴是上郡的首县，故城在延安东，俗呼为高楼城。工鬼薪某者，乃受三年徒刑之人被发遣在那儿做铜匠的。

这两件戈铭的文例完全相同，因此可以知道"诏吏"当得是诏县之吏，但不知道这诏县是该当于现在的什么地方。秦时县制，县官"万户以上为令，减万户为长，皆有丞、尉，是为长吏"（《汉书·百官公卿表》）。那么这诏吏的图先生也应该是吕氏门下的一位人物，但连他的姓是什么也无从查考了。

1943 年 10 月 3 日夜脱稿

注释

①见《战国策·楚策》。——作者注

②吕字，金文有作❸者，如《中子化盘》吕国之吕作❸，与"昌"字十分近似。不字，古文作❉或❉，与"文"字亦相近。韦字作❉，如下部夺失，则易误为"君"。——作者注

③"长目"疑当作"马目"，如此方与上下文的"蜂""挚鸟""豺""虎狼"等动物名汇为类。"马目"形容其眼球突出。——作者注

④《史记·秦始皇本纪》。

⑤参看《金文续考·上郡戈》。——作者注

后 记

——我怎样写《青铜时代》和《十批判书》

一

小时四五岁起所受的教育是旧式的，"四书""五经"每天必读，虽然并不怎么懂，但毫无疑问，从小以来便培植下了古代研究的基础。

我和周、秦诸子接近是在十三四岁的时候，最先接近的是《庄子》，起初是喜欢他那汪洋恣肆的文章，后来也渐渐为他那形而上的思想所陶醉。这嗜好支配了我一个相当长远的时期。我在 20 年前曾经讴歌过泛神论，事实上是从这儿滥觞出来的。

在《庄子》之后，我读过《道德经》《墨子》《管子》《韩非子》。对于《墨子》我从前也曾讴歌过他，认为他是任侠之源。《墨经》中关于形学和光学的一些文句，我也很知道费些心思去考察它们，就和当时对于科学思想仅具一知半解的学者们的通习一样，隐隐引以为夸耀，觉得声光电化之学在我们中国古人也是有过的了。

十七八岁时作过一些诸子的抄录，把警粹的文句摘取下来，目的自然是在供给作文章时可以运用的辞藻（五年前我曾经回过我峨嵋山下的老家，发现了这样的抄本，现今我还把它保存着）。

这些虽然说不上是研究，但也总可以说是我后来从事研究工作的受胎时期了。

我是生在过渡时代的人，纯粹的旧式教育在十二三岁时便开始结束，以后便逐渐改受新式教育。尤其在 1913 年出国，到日本去留学之后，便差不多完全和旧式教育甚至线装书都脱离了。

在日本的学生时代的十年期间，取得了医学士学位，虽然我并没有行医，也没有继续研究医学，我却懂得了近代的科学研究方法。在科学方法之外，我也接近了近代的文学、哲学和社会科学。尤其辩证唯物论给了我精神上的启蒙，我从学习着使用这个钥匙，才认真把人生和学问上的无门关参破了。我才认真明白了做人和做学问的意义。

学生时代完结（1923 年），中国大革命的浪头逐渐高涨，解放祖国应该是每一个中国人民的使命，1926 年我便参加了北伐。不幸仅仅一年多，我又不能不向日本去度亡命生活了。

亡命生活又是十年，在日本人的刑士与宪兵的双重监视之下，我开始了古代社会的研究。为了研究的彻底，我更把我无处发泄的精力用在了殷墟甲骨文字和殷周青铜器铭文的探讨上面。这种古器物学的研究使我对于古代社会的面貌更加明瞭了之后，我的兴趣便逐渐转移到意识形态的清算上来了。

在 1934 年与 1935 年之内，我写了些关于屈原的研究和一篇《老聃·关尹·环渊》，还有是用日本文写的《周易之制作时代》和《先秦天道观之进展》（日本文原名为《天之思想》）。这后两篇由我自己译成了中文，曾经有单行本问世，现在我已经把它们收在《青铜时代》里面去了。

1937 年我写过一篇《驳"说儒"》，是反驳胡适的《说儒》而作，原名为《质问胡适》，曾在钱亦石兄所主编的《中华公论》上发表过。发表当时，适值卢沟桥事变与"八一三"战役的爆发，时代的大波澜把它湮没了，未曾获得世人的注意。往年我曾经把它收进《蒲剑集》，新近我也把它收进《青铜时代》里面去了。

卢沟桥事变使我结束了十年的亡命生活，回到祖国，接着便忙于抗战的宣传，把学术研究工作便又完全中断了。

我的从事古代学术的研究，事实上是娱情聊胜无的事。假如有更多的实际工作给我做，我倒也并不甘心做一个旧书本子里面的蠹鱼。然而时代毕竟善于调侃，回国以来转瞬八年，时局尽管是怎样繁剧，国内国外都是一片烽火连天，而我在最近的两三年间却又得到了充分的闲暇，使我走起回头路来。

我写了六种历史剧，写作的经过，我在每一个剧本的后记里面都有详细的叙录，不必在这儿重提。我在这儿很想把两个学术论集——《青铜时代》与《十批判书》——的各篇的写作过程叙述一下。上面所提过的在日本写出的几篇，因为当时的日记已被丢在日本，写作的记忆已经模糊，我可以不用再缕述了。

回国以来担任了将近三年的宣传工作，后来又被改任为文化工作委员会的主任委员。五年来的"文化工作"最近告了结束，我这两个集子也不先不后适在这时完成，倒也是值得纪念的事。但我也须得多谢文工会的一些朋友，是他们没有让我过问会内的杂务，使我得集中精力读书。又因为每星期的纪念周须得有工作可以报告，我便把朋友作为对象，火迫地赶写了一些文字出来以供报告的资料。看是凑巧，今天我的工作刚好告了一个段落，而文工会也被迫解散了。多年朝夕共处的朋友要向四方分散，这一事，实在不免使我增加回忆。

同处在一个环境里面，大概是不能不感受同一风气的影响。历史研究的兴趣，不仅在我一个人重新抬起了头来，同一倾向近年来显然地又形成了风气。以新史学的立场所写出的古代史或古代学说思想史之类，不断地有鸿篇巨制出现。这些朋友的努力对于我不用说又是一番鼓励。我们的方法虽然彼此接近，而我们的见解或所得到的结论有时却不一定相同。我不否认我也是受了刺激。我的近两三年来的关于周、秦诸子的研究，假使没有这样的刺激或鼓励，恐怕也是写不出来的。

我比较胆大，对于新史学阵营里的多数朋友每每提出了相反的意见。我坚持着殷、周是奴隶社会，重新提出了更多的证据和说明。我对于儒家和墨家的看法，和大家的见解也差不多形成了对立。我自然并不敢认定我的见解就是绝对地正确。但就我所能运用的材料和方法上看来，我的看法在我自己是比较心安理得的。

秦、汉以前的材料，差不多被我彻底剿翻了。考古学上的、文献学上的、文字学、音韵学、因明学，就我所能涉猎的范围内，我都作了尽我可能的准备和耕耘。

说陈腐了的一句老话：人生如登山。今天这句话对于我却有了新的意义。登山不纯是往上爬，有时候是往下蹿。爬过了一个高峰要到达另一个高峰，必须蹿下一个深谷。今天我或许已蹿到了一个深谷的绝底里，我又须得爬上另一高峰去了。而比较轻快的是我卸下了一些精神上的担子，就是这50年来的旧式教育的积累。

虽然也有人说我已经老了，但我自幸还没有那样的自觉。再能活多少年辰我不知道，我也无须乎知道。我能再活多少年，我就要再学多少年。我的学习的兴趣并没有减衰，不要让它减衰，无疑也就是我活在这人世上的一部分责任。

以下让我根据我的日记追述我这两三年来的研究经过。

二

起初是1943年的7月尾上，于怀兄要我为《群众杂志》写文章，我答应写一篇关于《墨子》的东西。那年有所谓"热气团"通过重庆，我从7月26日起便中暑发烧，一直到29日正午"热气团"过了，我的烧才退了。30日挈眷下乡，移住赖家桥。这是每年的惯例，就像候鸟一样，冬天冷的时候住城，夏天热的时候下乡。

赖家桥在成渝公路上，离城40多公里。桥东不远的公路旁边有一家相当宽敞的农家院子，做了四年半的文工会的在乡地点。就在这院子里面，我把一间原是堆稻草杂具的四面土墙的房屋改修了一下，开了一些窗眼，围了一圈篱栅，也就自成了一个小小的院落。我就住在这儿。

这院子我相当喜欢，特别是门边的一株大白果树最使我留恋。白果树在重庆附近是不容易见到的，而那株树子特别高大，论年龄总当得在百年以上了。夏天，它是我一位无言的伴侣，树如有知，至少我一半的甘苦它应该是知道的。

下乡的第二天，7月31日的日记上，这样写着："读方授楚《墨学源流》，仍在梁（启超）、胡（适）余波推荡中，在打倒孔家店之余，欲建立墨家店。

杜老以为最平允者，其实际不过如此。"杜老是杜守素兄，日本留学时代的老同学，兼三厅以来的老同事，他是墨学研究的专家，而且是相当崇拜墨子的人——只有在这一点上我和他的意见不十分一致。他的生活很艰苦，我们有时戏称他为"墨者杜老"。

墨子，我在前面说过，我在小时也曾经崇拜过他，认他为任侠的祖宗，觉得他是很平民的、很科学的。那时的见解和时贤并没有两样。但约略二十年前我的看法便改变了。我认为他纯全是一位宗教家，而且是站在王公大人立场的人。前后看法的完全相反，在我是有我的客观根据的，我并没有什么"偏恶"或"偏爱"的念头。我的方法是把古代社会的发展清算了，探得了各家学术的立场和根源，以及各家之间的相互关系，然后再定他们的评价。我并没有把他们孤立起来，用主观的见解去任意加以解释。

继续温习了几天的《墨子》，在 8 月 4 日的日记里写着"开始草《墨子的思想》得十页"这么一句。5 日依然写着"草《墨子的思想》"。六日写着"将《墨子的思想》交人录副"。

《墨子的思想》是我这次恢复诸子研究的第一篇文章，就这样费了两天工夫把它写成了。

由于研究《墨子》引起了对于吴起的同情。吴起本是儒家，由魏入楚，辅助悼王变法，不幸遭了贵族们的反对。在悼王死后，他便被一些反动的贵族射杀了。在这贵族中有一位阳城君，而他的老师却是墨家巨子孟胜。在这个故事里面，我看出了儒、墨斗争的政治化。因此在 8 月 12 日的日记里面记着这样的话：

> 对吴起发生兴趣，将《吕氏春秋》中关于吴起的故事抄出。读《吴子》，乃伪托。《艺文志》兵权谋类本有"《吴起》四十八篇"，但今传本仅《图国》《料敌》《治兵》《诠将》《应变》《励士》六篇，大率托为吴起与魏文、武二侯之问答，毫无精义。《治兵》篇中竟有"左青龙，右白虎，前朱雀，后玄武"之语，妄甚。殊感失望。

酝酿了一个星期，我在 20 日便"开始写吴起"。

21 日的日记又这样写着：

> 晨起极早，天尚未明，乃于菜油灯下续草《述吴起》。时复出步中庭，月正当天，颇为明朗。早饭后复就寝移时，始解去困倦。将《论语》温习一遍，看孔子对于军事与政治之主张。"足食足兵""世而后仁""教民即戎"等，应即吴子思想之渊源。续写《述吴起》，至午后四时顷完成。稿约一万二千字。

这以后有几天工夫专门研究建安文学，到 27 日又"查《史》《汉》，获得若干资料，拟写《秦汉之际儒者参加革命之史实》"。这仍然是《墨子》研究的补充，因为时贤有的主张墨家曾参加陈涉、吴广的农民革命，陈、吴失败，故墨家因而灭亡。但考之史籍，毫无迹象可寻。反而是墨家以外的各家都曾有参加革命的人物，而以儒者为最多。

28 日"开始草《秦楚之际的儒者》"。

29 日"续草《秦楚之际的儒者》。午后草成，得十五页，七千字。此为意外之一收获"。

就在写完《秦楚之际的儒者》的同一天晚上，我的兴趣又被吸引到了音乐问题上面去了。因为儒、墨之间所争的主要问题之一便是音乐，我须得彻底根究一下儒家方面对于音乐的见解究竟是怎样，因而公孙尼子的《乐记》便上了我的研究日程。

研究《乐记》费了好几天的工夫，我曾经参考着《史记·乐书》《荀子·乐论》及其他有关文献，把《乐记》按照着刘向《别录》的原有次第加以整理，整个抄录了一遍。一切准备工作停当了。9 月 4 日"夜，开始草《公孙尼子与其音乐理论》"。第二天也就把它完成了。

9 月 7 日的清早，我到金刚村去访问杜老，他依然辛勤地在研究着墨子。我看见他的书架上有一部钱穆著的《诸子系年》，便向他借阅。这书我是早就闻名的，但还没有看过它的内容。翻到了考证公孙尼子的一节，作者的意见和我所见的完全相反。他认为《乐记》是抄袭《荀子》《吕览》《毛诗》等书而成的东西，因而他断定公孙尼子为荀子的门人。我感觉着这样的论据实在是薄弱得可笑。

8 日"夜，临睡前，草《公孙尼子追记》千余文，驳钱穆之说。冰藕一大碗，立群恐其久留变味，乃啖食之几尽"。

三

把《公孙尼子》写好之后，我的兴趣又掉换了一个方向。9 月 13 日的日记这样写着：

> 读《吕氏春秋》，初意欲收集关于惠施之材料，忽尔意动，欲写《吕不韦与秦始皇》，写此二人之斗争。吕不韦当为一非凡人物，汉人名之为"杂家"，其实彼具有集大成之野心，儒、道、墨、法，冶于一炉，细心考之，必有所得。

接连几天，翻来覆去地把《吕氏》读了好几遍，我的一贯的方法是先就原书加以各种注意的标识，再备一个抄本把它们分类摘录下来，这样在下笔的时候便可以左右逢源了。

开始写作是在 9 月 25 日，至 10 月 3 日夜完成——竟成了四万字左右的长文。

在写作当中，便是 10 月 2 日，偶然在报上看见中大出版的《社会科学季刊》的广告，中有程憬《秦代政治之研究》一文，当即以电话通知城内的友人，托为购买。第二天便得到阅读的机会。我的日记里这样写着："程文歌颂嬴政，有意阿世，意见与余正反，毫无新鲜资料。"

在这之后，我曾经"打算开始写《荀子与韩非之比较研究》或《子思孟轲之思想体系》，又想把《庄子与惠施》作一彻底之清算"——10 月 4 日的日记里这样记着。这三项课题虽然也酝酿了几天，但都没有照原订计划进行，而我的注意力专门集中到韩非子身上去了。

从 10 月 10 日起又开始读《韩非子》，翻来覆去地读了好几遍。要征服《韩非子》却费了很大的力气。第一，《韩非子》书很庞杂，有好些不是他的文章。第二，真是韩非的文章如《五蠹》《显学》之类，完全是一种法西斯式的理论，读起来很不愉快。因此我读得非常的勉强，像"不愉快"或"愈读愈不愉快"这样的话在日记里屡见。

写时也很感困难。先想从真伪的考证入手，每篇文章都一一加以考核，也着手写过十几页。但那样必然成为干燥无味的学究式的流水账，而且必然愈拖愈长，我自己的兴趣不容许我写那样的文章，结果我中止了。

还有使我的工作不能不中止的原因，是乡下渐渐寒冷了起来，而立群又将作第四次的分娩，我们又不能不作进城的准备了。

进城是在 10 月 22 日。计在乡间一共住了三个月，算写好了四篇文章，《韩非子》的研究在中途抛了锚。

这一抛锚经过了相当长的时间，一直到去年（1944）的 1 月 12 日又才"开始草《韩非子的批判》"。20 日的夜间写成。这个使我不愉快的《韩非子》，和我足足纠缠了三四个月，但到写好之后自己也认为"清算得颇为彻底"。

不过在入城后的这三个月的期间，立群产了一个男孩，我在左边的鼻道里生过一次疔疮。这些当然也要分担一点耽误了时间的责任。

我的《韩非子的批判》，仍然采取的单刀直入的办法，废弃了最初预计的考证式的打算。但从这预计中有一篇副产物值得提起的，便是《韩非子"初见秦"篇发微》，这是 12 月 17 日写成的。我认为《初见秦》是吕不韦所作。这个副产物也是从乡下带来的胎儿，10 月 13 日的日记里有这样的一段：

> 心境颇寂寞，不愉快。勉强读《韩非子》，除《解老》《喻老》之外，大率全部温习了一遍。其中确有不能一致之处，不知系韩非前后不同之主张，抑系他人文字有所窜入。确为窜入者如首篇《初见秦》即毫无疑问。此篇必作于秦昭王时围邯郸失败事之直后，或疑乃蔡泽或其徒所为。依余所见，实吕不韦所作也（下列论证颇长，已见《发微》中，今从略）。

把《韩非子的批判》写完了的同一天（1 月 20 日），日记里面又写着："明日起拟写《周代的农事诗》。"这是一个新的方面，我的念头又转换到社会机构的清算上来了。好多年辰以来，研究古代社会的人意见不一，但大多数认为周代是封建社会，我是不赞成的。主张封建说的朋友们，对于我的奴隶社会说自然也不赞成。我现在想从周代的农事诗来证成我的说法。但这篇文章，事实上是 1 月 30 日才开始写的，断断续续地写了一个礼拜，就是收在《青铜时代》里面的《从周代农事诗论到周代社会》。

在这前后，我以偶然的机会得以读到清初的禁书《剿闯小史》的古抄本。明末农民革命的史实以莫大的力量引起了我的注意。适逢这一年又是甲申年，是明朝灭亡的 300 周年纪念。我的史剧创作欲又有些蠢动了。我想把李岩与红娘子搬上舞台。因此我对于古代研究便生出了在此和它告别的意思。在这时早有过一个计划，想把性质相同的一些论文收集为一个专集，名为《先秦学说述林》，连《后叙》都写好了（2 月 20 日），而且发表过。这书在重庆的出版未能实现，后来我的计划也改变了。最近福建的东南出版社却照旧替我把它印行了出来，虽觉得多余，但也可以作为我并无留恋于古代研究之意的证据。

史剧没有写成功，想和古代研究告别也没有办到，这原因我在这儿可以不必缕述。但在这儿却须要提到的，不仅和古代研究告别没有成功，而研究的必要反更被促进了。主要的原因在上面已经提到过，是在这个期间之内有好几部新史学阵营里面的关于古史的著作出现，而见解却和我的不尽相同。主张周代是封建制度的朋友依然照旧主张，而对于我的见解采取着一种类似抹杀的态度。这使我有些不平。尤其是当我的《墨子的思想》一文发表了之后，差不多普遍地受着非难，颇类于我是犯了众怒。这些立刻刺激了我。因为假如是不同道的人，要受他们的攻击，那是很平常的事；在同道的人中得不到谅解，甚至遭受敌视，那却是很令我不安。因此，我感觉着须得有一番总清算、总答复的必要。就这样彻底整理古代社会及其意识形态的心向便更受了鼓舞。

四

1944 年，我下乡比较往年早。在 5 月 30 日，全家便又搬到了赖家桥的乡居。

下乡之后酝酿了一个月，到 7 月 3 日才"开始写《古代研究的自我批判》"。起初我的计划是想由社会机构写到意识形态，一直写成一部长篇论文。但到后来我把这计划改变了。我想分成各个单独的论文来写，而综合起来却又可以成为条贯。我尽力地避免了讲义式或教科书式的体裁，而且想写得比较容易懂。但这后一种企图却没有十分达到：因为研讨的是古代的东西，反复征引古文，自然难免要具有晦涩的外貌和内容。不过我也不希望任何人都要阅读我这次的著作，只要是对古代的东西感觉兴趣的人，就稍微晦涩一点，我相信是不大要紧的。我们现在还没有达到可以下结论的时候，自然有时也不免要用辩论的笔调。这或许也就是不能写成为讲义式或教科书式的一种制约。

由 7 月 3 日起，到 18 日止，把社会机构的一部分写完了。这一部分我就尽它占有了《古代研究的自我批判》的题名。中间虽然休息过几天，也还写过些别的文字，但我的意识主要是集中在这一个问题上面的。

我在古代社会的机构上，除掉把我历来的意见综合地叙述出了之外，有了些重要的新的发扬。第一，我把井田制肯定了，由井田制如何转化而为庄园制，我也得到了较合理的阐明。第二，我从工商业方面来证明了和农业的蜕变有平行的现象，即是从事工商业者在春秋中叶都还是官奴，继后才逐渐成为了都市的有产者。第三，《考工记》一书附带着得以考定了它的年代和国别，那是春秋年间齐国的官书。第四，详细地追求了士民阶层的分化，在这上面奠定了后来的封建政权的基础。这些都是比较重要的新的收获，杜老很为我高兴，他看见了我的原稿后竟做了四首诗来送我。虽然有点近于标榜，但也足见只要有辛勤的耕耘，一定可以得到朋辈的承认和慰勉的。四首诗，我摘录三首在下边：

> 殷契周金早擅场，井田新说自汪洋。庐瓜一样堪菹剥，批判依然是拓荒。

> 齐国官书证《考工》，纷纷臆说廓然空。晚周技史增新页，不下美洲发现功。

> 管家娃子扬眉日，正是士林得意时。狗盗鸡鸣君莫笑，帮闲衣钵滥觞兹。

不过第三首仅侧重"帮闲"性质来看"士林"，和我的原意还不大相洽。其实"士林"就是封建社会的层累的统治者，"帮闲"仅是其中一小部分的弄臣而已。

社会机构得到明确的清算，从这里建立起来的意识形态然后才能清算得更明确。我的对于孔子和墨子的见解虽然遭受了相当普遍的非难，但我却得到了更加坚定的一层自信。大家都为后来的渲染所眩惑，孔、墨的基本立场究竟是怎样，不是只凭渲染去看，便是只凭自己的想象去描写；有一项重要的资料，《墨子》书中的《非儒篇》把孔、墨之所以对立的关系突露得非常明白，却一向不为人所注意。我抓到了这一项现成的资料，进行着阐述了孔、墨的基本立场，在公家腐败、私门前进的时代，孔子是扶助私门而墨子是袒护公家的。

杜老曾经说过我"有点袒护儒家"，其实，话不能那样笼统地说。"儒家"那样一个名词，便是非科学的东西。秦、汉以后的儒者和秦、汉以前的已经是大不相同，而秦、汉以前的儒者也各有派别。不加分析而笼统地反对或赞扬，那就是所谓主观主义或公式主义。因为在你的脑筋里面先存了一个既成的观念，而你加以反对或赞扬，你所如何的只是那个观念而已。假如要说我有点袒护孔子，我倒可以承认。我所见到的孔子是由奴隶社会变为封建社会的那个上行阶段中的前驱者，我是在这样的意义上"袒护"他。我的看法和两千多年来的看法多少不同。假使我错了，应该举出新的证据来推翻我的前提。拘守着旧式的观念来排击我的新观念，问题是得不到解决的。但我也实在鼓起了很大的勇气。我在前写了《墨子的思想》已经瞠惑了好些友人，今年我又开始写着《孔墨的批判》，不仅依然反对墨子而在反面还赞扬了孔子，这也恐怕要使好些友人更加瞠惑。然而我不想畏缩。今天已经不是宋儒明儒的时代，但也不是梁任公、胡适之的时代了。只要我有确凿的根据，我相信友人们是可以说服的。

有的朋友也很担心，以为我这样做会是替旧势力张目。但我的感觉却稍稍两样。在我认为答复歪曲就只有平正一途。我们不能因为世间上有一种歪曲流行，而另外还他一个相反的歪曲。矫枉不宜过正，矫枉而过正，那便有悖于实事求是的精神。敌对者不仅不能被你克服，而且你将要为敌对者所乘，把问题弄得更加纷拏的。

就在这样的意识之下，我在 7 月 19 日便开始写《孔墨的批判》，写到 8 月 1 日得到初步的完成。

在这之后，我的研究有点波动。先是想继续"追求儒、墨间的相互影响"，已经写了一些东西，结果不能满意，通通抛弃了。接着便徘徊于儒家八派与黄老学派的探索。在这个时候突然有了一个新的发现，是 8 月 19 日的事，日记里这样记着：

> 读《管子·心术》《白心》《内业》《枢言》《戒》《君臣》《四称》《侈靡》诸篇。忽悟《心术》《白心》《内业》与《庄子·天下篇》宋钘、尹文之学说为近，乃比较研究之，愈觉若合符契。无意之间得此发现，大快于心。此重要学派重见天日，上承孔、墨，旁逮孟、庄，下及荀、韩，均可得其联锁。在灯下更不断发掘，愈发掘愈信其不可易。

20 日我又把《心术》《白心》《内业》等诸篇整个抄写了一遍，发现了《心术下篇》和《内业篇》的中段相同，而简篇是错乱了，依着《内业》把它整理了出来，觉得更有条贯。

这个发现在性质上是属于考证部门的东西，和我所写的《批判》有点不相水乳，因此我便把它写成了另外一篇单独的文字，便是收进《青铜时代》的《宋钘尹文遗著考》。这是在 8 月 26 日开始写作的，28 日完成。它便成为了我的一项重要的副产物。

宋、尹这一派被发现，我对于齐国稷下学宫的黄老学派的清算便得到了一个头绪。

9 月 1 日开始写《稷下黄老学派的批判》，主要依据《庄子·天下篇》的次第，连续批判宋钘尹文、田骈慎到、关尹老聃的三个派别。9 月 19 日得以完成。

这儿来了一个错综。在 9 月 7 日把关于田骈、慎到的一节草完之后，我却回到了《儒家八派的批判》里去。9 月 8 日开始写作，11 日完成。到 18 日又才回写关于关尹、老聃的一节。

儒家八派的追踪，在我认为是尽了我自己的能事。资料多被秦、汉以后的儒者所湮灭或粉饰了，所有的孔门弟子及其门徒都被涂上了正统派的色彩。然而，仔细分析起来，他们内部的派别性实在是相当可观的。而他们对于儒家以外的各派也是在相互影响之下，并不是那么互为水火般的存在。

9 月 21 日开始写《庄子的批判》。《庄子》书是我从小时便爱读的一种，至今都还有好几篇文字我能够暗诵。但写起他的批判来却也相当吃力。主要的原因是书里面的各篇究竟哪些真是庄子本人的，哪些是他的后学或许别派的，实在划分不出一条显明的界线。我只按照着一般学者间比较近于公认的一些见解，把《内篇》七篇作为庄子本人的文字而处理着，其他《外》《杂》诸篇使它们处在从属地位，或则完全除外了。

这一批判写成于 26 日。日记里这样写着："草《庄子》告一段落，拟补写一些庄子后学，但无甚新意。蔺且疑是蔺相如，时代性格均颇相合，可惜别无旁证。"这层意思我没有写在《批判》里面。我当时为了证成这一说也相当绞了一些脑汁，我疑"相如"即是"且"之缓音，但以终觉勉强，我把它抛弃了。

接着写了《荀子的批判》。10 月 15 日开始，31 日完毕。

荀子的思想相当驳杂，最成问题的是《仲尼篇》的"持宠处位终生不厌之术"及"擅宠于万乘之国，必无后患之术"。那完全是后代腐败官僚社会的宦海指南，令人怎么也不能忍耐。我本来是不大喜欢荀子的人，假使我抓到这些"术"便痛贬他一顿，更进而断定无怪乎从他的门下会有韩非那样刻激的术家、李斯那样无耻的卖友者出现，自然是很容易的事（在《先秦学说述林》的《后叙》里已曾这样说过），但我踌躇了。我感觉着荀子不至于这样卑鄙，而且那些"术"和他的《臣道篇》的见解也不能相容。是一真一伪，否则便有一先一后。假使说《臣道篇》是伪作或《仲尼篇》是晚年定论，那么荀子便值得铸铁像了。每读一次《荀子》，对于这一个问题总要伤一次脑筋，想不到妥善的方法来处理。

已经开始写作的第二天，10 月 16 日，我才终于发觉到《仲尼篇》不会是荀子的文章。荀子的中心思想之一是把礼看得很隆重的，而本篇通篇却没有一个"礼"字。因此我又把《荀子》书通读了一遍，统计了各篇中的"礼"字。结果就只有本篇和《宥坐篇》没有，而后者自来是被认为"弟子杂录"的，那么本篇也可断定是"弟子杂录"了。一开首便是问答体，到这时又成了另一个证据。

就这样我总算费了一些心思，没有过于轻率地诬枉古人。

批评古人，我想一定要同法官断狱一样，须得十分周详，然后才不致有所冤屈。法官是依据法律来判决是非曲直的，我呢是依据道理。道理是什么呢？便是以人民为本位的这种思想。合乎这种道理的便是善，反之便是恶。我之所以比较推崇孔子和孟轲，是因为他们的思想在各家中是比较富于人民本位的色彩。荀子已经渐从这种中心思想脱离，但还没有达到后代儒者那样下流无耻的地步。

五

下乡之后，不知不觉之间便整整住了五个月，白果树的叶子逐渐翻黄，气候寒冷了下来，又到了要作进城打算的时候了。但我所想写的东西却还没有完毕。我想写《名辩思潮的批判》，企图把先秦诸子关于名辩的思想综合起来加以叙述。我不想把所谓名家的惠施、公孙龙诸人孤立起来看，也不想对于墨家辩者毫无批判地一味推崇，那种非辩证法的态度是我在整个研究中所企图尽力摒弃的。这工程比较艰巨，但我不能再推延了，很想火迫地把它完成，因为时局一天一天地严重了起来，敌人打通大陆交通线的企图快要如愿，似乎不能容许我再有多的余暇来在旧纸堆中出没了。

11 月 6 日我一个人进了城，准备参加第二天的苏联十月革命纪念日的庆祝。在城里住了 9 天，研究工作是完全停顿了。

19 日往北碚看舍予兄，来回又耽搁了三天。认真"开始写《名辩思潮的批判》"是 29 日。

在这时桂、柳相继沦陷，敌人还有西进的模样，一般人都有惶惶然不可终日的情形。逃难呢？上山呢？大家都在那儿认真考虑着。我在这时候却于 12 月 4 日又把全家搬进了城。有的朋友感着奇怪，他问我："别人都在下乡（逃难）的时候，你怎么又搬进城来了？"我的回答是："敌人不会来的。"我的这个预言倒当真猜中了。（理由很简单，日寇和蒋政权是狼狈为奸的，他何必来？）

进城后的第三天，我又开始继续写作，是关于庄子的部分。但来访的友人很多，"仅一着手，即有人来，进行很不顺畅"。

8日"独山克复消息传出",群情稍见稳定。接着上司下司亦有相继克复的消息。外界传言:"西犯之敌,人数极少,只御单衣短裤,盖准备南下广东,误向西来者。"这样重庆的生活经过一番甚嚣尘上之后,似乎又像洒了水的一样了。然而我自己的生活却是相反,日日为人事繁忙,倒弄得甚嚣尘上,很难得安静下来了。文章一天写得一两页,一两行,或甚至一两字,艰涩得比钻石磴似乎还要费力。就这样一直拖延到1月中旬(是哪一天,日记里失记),才勉强完了卷。

从《墨经》上下篇看出了墨家辩者有两派的不同,是我进城后的一个发现。这个发现在庄子以后是为前人所未曾道过的。《墨经上篇》盈坚白、别同异,《墨经下篇》离坚白、合同异,两者判然不同。《庄子·天下篇》言墨者"以坚白同异之辩相訾",可见是真确的事实。离坚白、合同异是道家别派惠施、公孙龙的主张,《经下》派显明地是受了惠施、公孙龙的影响。《经上》派固然是反对施、龙,然必先有正然后有反,可知墨家辩者的抬头断然是后起的事。先秦人言辩者合称"杨墨",杨在前而墨居后,正是包含有历史程序在里面的。关于辩的资料,墨者幸运,所被保存的比较多,因而推崇墨家的人便差不多都认为古代逻辑是墨家的独擅场,连惠施、公孙龙都被认成为墨者。那是在研究方法上根本有了错误。

游离了社会背景而专谈逻辑也是以前治周、秦诸子者的常态。就是新史学家也未能免此。我是不满意这种办法的。无论是怎样的诡辞,必然有它的社会属性,一定要把它向社会还原,寻求得造此诡辞者的基本立场或用意,然后这一学说或诡辞的价值才能判断。不然,我们只好受着古人的愚弄,得不出他的真相的。

整个说来,无论是先秦名家、墨家辩者或其他学派,关于名辩的努力,都没有达到纯粹逻辑术的地步。或许是资料丧失了吧。但是无征而必地高扬先秦的学术成就,或称颂辩者为最有科学精神,都不免是犯了主观主义的毛病。我自信对于这种态度似乎还能保持了相当远的一个距离。

在《名辩思潮的批判》写完之后,我的关于古代意识形态的研究似乎是可以告一段落了。在前我已经写了法家的韩非和杂家的吕不韦,从春秋末年以来一直到秦代,我算已经作了一个通盘的追迹。假使还有一节断径须得架一座桥梁的话，那便是韩非以前的法家思想的清理。因此我便有了《前期法家的批判》以为补充。

在前期法家中，我清理了子产、李悝、吴起、商鞅、申不害诸人。我是 1 月 30 日开始写的，到 2 月 18 日才把关于申不害的一节草拟完毕。关于慎到，因为在黄老学派中已经叙述了，便没有重提。很想清理《管子》书中的法家思想，也反复研究了好几遍，像《法法》《任法》《明法》诸篇无疑是田骈、慎到一派的传习录。但因找不出其他的证据，这一清理终竟没有完成。

六

凡本文中所述及的一连串的研究，我本来是想把它们集合成为一部书，分为前编和后编的。但为出版上的便宜起见，把它们分成了两部：《青铜时代》是原拟的前编，《十批判书》是后编。

为使《青铜时代》的名称更有所凭借，我在 2 月 8 日赶着起草了一篇《青铜器时代》，是在 2 月 10 日草成的。这本是我十几年来研究青铜器所得的结论。腹稿构成了多年，在最近一两年间我曾作过几次的演讲，现在率性把它写了出来。这是错综在《前期法家的批判》写作期中的一个副产物。

在这儿，我不妨把两个集子的内容整个地撮录在下边：

一、《青铜时代》

（1）先秦天道观之进展

（2）《周易》之制作时代

（3）由周代农事诗论到周代社会

（4）驳《说儒》

（5）墨子的思想

（6）公孙尼子与其音乐理论

（7）述吴起

（8）老聃、关尹、环渊

（9）宋钘、尹文遗著考

（10）《韩非子·初见秦篇》发微

（11）秦楚之际的儒者

（12）青铜器时代

二、《十批判书》

（1）古代研究的自我批判

（2）孔墨的批判

（3）儒家八派的批判

（4）稷下黄老学派的批判

（5）庄子的批判

（6）荀子的批判

（7）名辩思潮的批判

（8）前期法家的批判

（9）韩非子的批判

（10）吕不韦与秦王政的批判

合共二十二篇，除掉四篇是旧作之外，其余都是最近两年写的，而大多数是写在赖家桥的白果树下。假使这两个集子有合印成一部的机会，应该恢复我原来的命名《先秦学说述林》，或者称为《白果树下书》也还别致。

在这里把古代社会的机构和它的转变，以及转变过程在意识形态上的反映，可算整理出了一个比较完整的轮廓。依我原先的计划本来还想写到艺术形态上的反映，论到文学、音乐、绘画、雕塑等的情形，或因已有论列，或因资料不够，便决计不必再添蛇足了。已有论列的如文学，有我的《屈原研究》，那是有单行本行世的。

音乐，我曾经写过一篇《隋代音乐家万宝常》，虽是属于后代的事，但其中也涉历到了古代。古代的音乐，我感觉着我们所固有的东西非常简单，卜辞及金文中所见到的乐器，只有钟、鼓、磬、籥等类。音阶在古只有宫、商、角、徵、羽的五音，其起源还不知道。琴瑟是西周末年由国外传来的新乐器，三《颂》中祭神乐器无琴瑟，《风》《雅》中虽见琴瑟的使用，却是用于燕乐男女之私，足见这类乐器传统不古，没有资格供奉宗庙鬼神，也就如一直到今天二胡、琵琶都还不能进文庙的一样。十二律也是春秋时代由国外输入的，有了它的输入才使五音或七音成为了相对的音符。但这些乐器和乐律的来源，我也还没有得到更确切的阐明，只好等待对于这一方面感觉兴趣的人去继续从事发掘了。

绘画、雕塑，资料不多。一部分可由象形文字上去追求，一部分可得诸青铜器的花纹形制。关于后者，我在《青铜器时代》一文中略略有所叙述。这是应该作为专书研讨的，而且没有插图是不容易说明的事。这些，自然也只好留待研究美术史的专家了。

月来我不断地思念着那株白果树。它的叶盖已经是青翠成云的时候了。假使是在往年，我又是快要作下乡准备的时候，但我现在却十分地踌躇，往年的朋友们已经散了，白果树的无言会给我难堪的忍受。我倒愿意就和我对于古代研究告别的一样，永远和它告别。

1945 年 5 月 5 日

后记之后

一

子思、孟子之学出于子游之说，陈澧《东塾读书录》曾拟议及之。该书卷十二《诸子书》部分有一则云：

> 《非十二子篇》又云："弟佗其冠，神襜其辞，禹行而舜趋，是子张氏之贱儒也。正其衣冠，齐其颜色，嗛然而终日不言，是子夏氏之贱儒也。偷儒惮事，无廉耻而耆饮食……是子游氏之贱儒也。"此诋子游氏甚于子张、子夏氏，何以独恶子游如此？观其非子思、孟子云"世俗……以为仲尼、子游为兹厚于后世"，或子思、孟子之学出于子游欤？

《管子》的《心术》《白心》二篇，近人刘节氏曾云"出宋钘或尹文之手"，见罗根泽《管子探源》：

> 同学刘君子植（节）告余曰：《庄子·天下篇》言："不累于俗，不饰于物，不苛（原作苟，依章太炎先生改）于人，不忮于众，愿天下之安宁以活民命，人我之养毕足而止。以此白心。古之道术有在于是者，宋钘、尹文闻其风而悦之。作为华山之冠以自表。接万物以别囿为始。语心之容，命之曰心之行。"——由此知《心术》上下及《白心》三篇出宋钘或尹文之手。

以上二则均蒙杜守素兄指示，志此以示不敢掠美。

1945 年 6 月 2 日

二

《管子》书中多法家言，但不限于一家。如《法法》《任法》《明法》诸篇其理论确渊源于慎到，而为韩非所本，兹摘录其精粹语如下：

> 惠者民之仇雠也，法者民之父母也。
>
> 凡人君之所以为君者势也，故人君失势则臣制之矣。
>
> 令重于宝，社稷先于亲戚；法重于民，威权贵于爵禄。（以上见《法法》）
>
> 圣君任法而不任智，任数而不任说，任公而不任私，任大道而不任小物，然后身佚而天下治。
>
> 仁义礼乐者皆出于法。
>
> 遵主令而行之，虽有伤败，无罚；非主令而行之，虽有功利，罪死。（以上见《任法》）
>
> 不淫意于法之外，不为惠于法之内。
>
> 先王之治国也，使法择人，不自举也；使法量功，不自度也。（以上见《明法》）

这些主张，很明显地是慎到与韩非之间的桥梁。《明法》篇别有《明法解》，逐句解释，如一经一传，分明是师弟之间所传授的讲义录，至少这一篇或许就是慎到在稷下学宫里的教本。

1945 年 9 月 28 日

蜥蜴的残梦

——《十批判书》改版书后

《十批判书》的初版是 1945 年在重庆付排的，现在把它改排了一次。趁着这改版的机会，我作了一些修改和补充。

比较重要的是"子夏氏之儒"的发见。我在写"儒家八派"的时候，是根据《韩非子·显学篇》的列举而叙述的，但"八派中把子夏氏之儒除外了"，我当时"不知道是什么缘故"（见旧版《儒家八派的批判》）。这缘故，在一两年之后我突然发觉到了。我所清理过的"前期法家"，其实主要就是"子夏氏之儒"。法家多出于三晋，大体上是渊源于子夏的。韩非子的《显学篇》主旨是在骂儒、墨，而韩非子是法家，当然不好骂自己的祖宗，故把"子夏氏之儒"从儒家中剔出了。至于"子夏氏之儒"在西汉以后又成为了儒家的正宗者，那又是古文家们所玩弄的手法。我有了这一发觉，因此在《儒家八派的批判》与《前期法家的批判》中便有了一些添改，特别是在后者我添了一段"结语"，把这些意思写进去了。

《周颂》的《噫嘻》一诗，我在旧版中曾经说它是"没有韵的诗"，那是错误。那诗是有韵的，即以"谷""耦"为韵，而"尔""里"亦可为韵。这要感谢马夷初先生的指示，我在新版中是把这个错误改正了。

在这里还有须得补叙的一两件事。

第一件是《信南山》"中田有庐，疆埸有瓜"的解释。承江绍原先生的指示，解"庐"为植物不始于我，王闿运的《周易说》于《剥》之上九"硕果不食，君子得舆，小人剥庐"是解"庐"为蓏，而且引证了《信南山》：

> 庐蓏通用字，艮为果蓏。《诗》"中田有庐，是剥是菹"，言天子藉田树果蓏，剥取以荐，是小人之职。果在木、象阳，庐在田，象阴也。"得舆"言当恤下，不可自高。

王解，江先生以为不仅比我占先，而且比我正确。这是应该感谢的。不过我觉得解"庐"为芦蓏，恐怕还是要妥当一些。诗上既说"中田有庐，疆场有瓜"，是以两种东西对言，而蓏乃瓜属，似嫌重复。又《周易》"君子得舆"的"舆"字，王仍依字面讲，亦有未照。案当解为蓣，即薯蓣、薯蕷、山药。结在树上的果子虽大而不能食（大约还没有熟），老爷只好吃山药，侍候老爷的只好啃芜菁。山药与芜菁同是块根，但亦有贵贱。山药与芜菁同在地下埋藏，而硕果是在空中悬挂，相为对待，大约也就是阴阳相对吧。阳气未盛，暂仰息于阴元，不得其时，不可亢进，《剥》之上九的爻辞大约也就是这样的意思吧。但这倒无足重轻，解"庐"为植物，王的确是先我而发的。

另一件是关于殷墟的发掘。前中央研究院在安阳小屯及侯家庄曾发掘到殷代宫殿遗址及殷王陵墓，均以大量的活人埋藏于地以供地下的保卫。以墓而言，一墓的殉葬者多至三四百人。这是前史所未有的。《史记·秦本纪》载秦武公殉葬者 66 人，秦穆公殉葬者 177 人，比起来已大有逊色。20 多年前在中东所发掘的古代巴比伦的乌尔王墓，仅仅 59 人殉葬而震动了全世界的，更是小巫见大巫了。这样大规模的用人遗迹，自然是奴隶制的铁证。这些资料都不曾发表，遗物已全部搬往台湾，一时无由考见。我曾经请求参加发掘的郭宝钧先生把大概的情形叙述一下，承他以书面答复了我。我并征得了他的同意，把他的叙述附录在这儿：

> 承询殷代用人情形，略叙如下：
>
> 殷代用人遗迹，见于小屯与侯家庄，小屯为殷人宗庙宫室所在地，侯家庄为殷人陵寝所在地。
>
> 宫室情形，现有堂基柱础遗存。堂基皆夯土筑成，规模宏大，方隅整齐。柱础以大石卵为之，排列有序，距离有定。在正房堂基下中央生黄土内，多埋犬骨一架或至五架。此项犬骨埋葬，必在版筑之先，推想当为破土时厌胜用者。堂基将成，于其上或门旁或门前，多开小方坑，埋人守

卫。卫者均跪像，在堂上或门旁者面向前，在门前者面向后，随葬物一戈一盾，或一戈一狗，或仅一戈，此随建筑而殉者。基址之外，在厢房后者，为南北长方坑，殉斩头人架，其数颇多；间有牛羊兽骨，杂埋其间。正房之前，有车马礼器人骨葬坑，层层前列，渐展渐南。保存较完者，为四列葬坑，有童骸（三架）舷爵车舆等之殉。五列葬坑，有人架二十，分埋五坑，两人跪顶鼎、献、罕、罕、罍、簋、舷、爵等八器，五人承弓饰、刀、戈、舷、爵、罕、卣、壶、罐、方彝等多器。又有牛羊犬骨葬坑多列及烧残牛骨遗存，此当系基址宫室落成后陆续葬入者。甲骨文有埋祭、寮祭、伐人、卯牛卜辞，此项遗存应为实例。

侯家庄殷陵分东西二区。西区大墓六，皆"亚"字形，有东西南北四墓道，规模宏伟，深可十一二公尺。逆推建造之时，墓穴穿成，先于墓底开小方坑，殉人一犬一，然后铺板其上，此颇似殷墟堂基下之犬，当亦厌胜用，盖圹穴死者宫室也。亚形墓室八隅，开方坑八，殉八人。棺椁放置后，加抗木其上，此层陈列仪仗，殉者随仪仗排列，得全首领。以当盗掘者入口处，多被破坏，其数无定。此略当于堂基上之殉者。再上封筑，与墓道平，北墓道近墓室处，排髑髅多级，皆南向，每排十级，多可二十余排。南墓道近墓室处，排无头人骨多架，颈北向，数列略与髑髅等。此略当于两厢后之殉者。封筑至地平，周围复有小墓葬，殉车马礼器，每墓五至十人不等，多可二十墓。此一大墓殉葬情形也。他五大墓亦略若是。东区亚形大墓一，长方形大墓二，墓内葬仪如西区。其西侧另有殉者多列（但不属于此三墓），其墓形若贠字，口形穴内，置髑髅十，皆北向；目形穴内，置无首人架十，五颈南，五颈北，皆俯身，或有随葬一刀一斧一砺，人各一组。如是者每十墓为一排，共数十排。其北更有小墓多座，或专殉器物，或专殉车马，或鸟，或兽，或身首同坑之断头人架，其数另有统计。

两地相比，以殷陵殉者为多，殷墟较少，合共二千人以上。此皆三千年前残暴社会下之牺牲者（推想奴隶居多，近身者或亲信）。即骨架，想实况，当日惴惴临穴之状，令人悯恻，述之有余恨焉！

殷代而后，此风稍戢。濬县辛村西周墓，发现御夫一，两手背缚，俯身，在车旁。另墓一人，屈肢，与犬同葬，在北墓道。另一车马葬坑，车十二辆，马七十二，无人。汲县山彪镇战国一墓，殉四人，分卧墓主前后左右，皆全首领，殆墓主亲近生殉者。然人数均少，较之殷代，所逊远甚。

不持锄头，十三年矣！当日记录，均不在手，骤承下问，愧不能详，谨就追忆所及，参以《考古学报》石璋如先生所述，及闻之于梁思永先生者，撮述一二，聊备采择……（1950年1月29日）

应该感谢郭宝钧先生，他所提供的这项资料是非常重要的。关于殷代的社会制度，好些朋友一直到现在都还采取着很慎重的态度，不敢断定为奴隶社会。有了这项资料，我认为是毫无可以怀疑的余地了。以前搞田野考古的人大抵缺乏社会发展史的知识，有的人更根本不相信社会发展史的阶级划分，故他们对于这些史料不加重视，或则兢兢于古器物尺度轻重的校量，或则根据后来的历法推谱所谓"殷历"，真可以说是捧着金饭碗讨饭了。

最近读了参加殷墟发掘的另一人董作宾的《殷墟文字甲篇自序》（载《中国考古学报》），其中有些地方在斥责我，而且在反对殷代是奴隶社会的说法。我且摘录一段在下边吧：

殷代不是创造文字的时代，我们就不能根据甲骨文字来研究殷代的社会背景……我们不能据字形说"民"是刺瞎眼睛，"臣"是俯首听命，民与臣是奴隶，殷代的臣民也就是奴隶，因而断定殷代是奴隶社会。这是很有问题。臣、民两字，创造时的用意是否就是如此？即使如此，是否又经过了假借？而殷代的人民也称"人"，也称"众"，众是一块地方下有三人，又何尝又有奴隶的痕迹呢？

虽然承蒙董先生没有直接指出我的名姓，但这指责的是我，那倒毫无问题。但可惜董先生的关门主义关到了家。他虽然也在参加殷墟的发掘，而且在发掘着一个典型的奴隶社会，而他却找不出"奴隶的痕迹"，实在也是值得同情的。

殷代诚然不是开始创造文字的时代，而文字本身却在不断创造之中，就在今天也还在创造，何能一口说尽"不能根据文字来研究社会背景"？据我所知道，甲骨文中就还没有发见民字或从民之字。我说民字是盲的初文，像目中着刺，是据周代的金文来说的。其用为人民之民，可能就是古时候的生产奴隶曾经被盲其一目。盲目为奴的残忍行为一直到最近都还有，请联想一下广东所有的"盲妹"吧。

我说殷代是奴隶社会，而且周代也是，并不是单拿臣民两个字来判断的。我说臣民是奴隶，也并不是单根据臣民的字形。我的头脑幸好还没有那么简单。我所列举的证据，其他还很多。董作宾却仅仅抓到一两个字，根据自己的敌忾来随便逻辑一下，便想把臣民是奴隶的本质否定了，把殷代是奴隶社会的说法否定了。这根本就不是学者的态度。就是这种非学者的态度，逼得他在今天跑到台湾去准备殉葬，这一层，我倒是能够充分理解的。

众字，据我所了解的，在甲骨文中是作日下三人形。殷末周初称从事耕种的农夫为"众"或"众人"，正像农民在日下苦役之形，谁能说没有"奴隶的痕迹"？

人字是大公名，奴隶固然是人，主人也是人，而且男人女人都是人，它并不是奴隶的专名，谁叫你要在它身上去找"奴隶的痕迹"？不逻辑竟到了这样的地步！老实说，做学问的人是不能够这样的，一定要虚心，要把别人的著述先作适量的体会，从全面来了解别人，然后才能进行批判。不懂就不要假充内行。假充内行的结果，只是表示自己的无知。单纯的无知倒还可以救药，只要虚心地多读书，改正一下头脑，知识倒也会积蓄得起来的。假使在无知之中再加上敌忾，敌忾而且很强，巍巍乎俨然一个大权威那样，是的，那才是"很有问题"的！

在今天看来，殷、周是奴隶社会的说法，就我所已曾接触过的资料看来，的确是铁案难移。因此，我对于《十批判书》的内容，整个地说来，依然感觉着是正确的。

我所采取的是历史唯物主义的立场，在这个立场上我仿佛抬举了先秦儒家，因而也就有人读了我的书而大为儒家扶轮的，那可不是我的本意。先秦儒家在历史发展中曾经起过进步的作用是事实，但它的作用老早变质，它的时代也老早过去了。这和爬虫时代一去不复返的一样，我们今天虽然在研究恐龙，珍惜恐龙的骨化石，乃至有时颂扬它的庞大，但有谁会希望恐龙夫子再来做一次生物界的主人呢？即使你希望，也是枉然的。在今天依然有人在怀抱着什么"新儒家"的迷执，那可以说是恐龙的裔孙——蜥蜴之伦的残梦。

1950 年 2 月 17 日记于北京

〔宋〕釋惠洪 撰

周裕鍇 校注

石門文字禪校注

六

上海古籍出版社